CYFRES BEIRDD YR UCHELWYR

Gwaith Gruffudd Llwyd a'r Llygliwiaid Eraill

GWAITH GRUFFUDD LLWYD A'R LLYGLIWIAID ERAILL

golygwyd gan

RHIANNON IFANS

ABERYSTWYTH
CANOLFAN UWCHEFRYDIAU CYMREIG A CHELTAIDD
PRIFYSGOL CYMRU
2000

Y mae cofnod catalogio'r llyfr hwn ar gael gan y Llyfrgell Brydeinig.

ISBN 0 947531 16 5

Cysodwyd gan staff Canolfan Uwchefrydiau Cymreig a Cheltaidd Prifysgol Cymru.
Argraffwyd gan **print in black**, Midsomer Norton.

Dull y golygu

Lluniwyd testunau cyfansawdd o'r cerddi gan ddangos y darlleniadau amrywiol (ond nid rhai orgraffyddol pur) yn yr 'Amrywiadau' ar waelod y testun. Os yw darlleniad amrywiol yn digwydd mewn grŵp o lawysgrifau, cofnodir ef yn orgraff y llawysgrif hynaf yn y grŵp hwnnw. Os oes gair neu ran o linell yn eisiau mewn llawysgrif, nodir hynny drwy roi'r gair neu'r geiriau (yn orgraff y testun golygedig) mewn bachau petryal. Os oes llinell neu linellau yn eisiau mewn llawysgrif, nodir y rheini mewn bachau petryal wrth drafod trefn y llinellau. Fodd bynnag, os yw llinell yn anghyflawn, neu os yw gair neu eiriau'n annarllenadwy oherwydd staen, twll, &c., dynodir hynny â bachau petryal gwag.

Cyflwynir y testun mewn orgraff Cymraeg Diweddar ac wedi ei briflythrennu a'i atalnodi. Diweddarwyd orgraff a sain geiriau, oni bai fod y gynghanedd yn gofyn am sain Gymraeg Canol (gw. GDG³ xlvi); er enghraifft, diweddarwyd -*aw*-, -*aw* yn *o* pan oedd angen (oni bai fod yr odl yn hawlio cadw'r *aw*) ac -*ei*-, -*ei* yn *ai*. Ond ni ddiweddarwyd ffurfiau Cymraeg Canol dilys megis *fal*, *no*(*g*), *ymy*, *yty* (sef 'imi', 'iti'), *wyd* (sef 'wyt'), (*g*)*wedy*, &c.

Yn y geirfaon ar ddiwedd gwaith y beirdd rhestrir y geiriau a drafodir yn y nodiadau (nodir hynny ag 'n'). Rhestrir hefyd eiriau dieithr neu eiriau sy'n digwydd mewn ystyr wahanol i'r arfer, gan gynnig aralleiriad ar eu cyfer. Yn y mynegeion i enwau priod rhestrir pob enw person a phob enw lle sy'n digwydd yn y cerddi.

Diolchiadau

Cydnabyddir yn ddiolchgar gymorth y canlynol: staff Adran y Llaw-ysgrifau a'r Cofysgrifau yn Llyfrgell Genedlaethol Cymru, Aberystwyth, Bwrdd Golygyddol 'Cyfres Beirdd yr Uchelwyr', Yr Athro R.R. Davies, Miss Elen Wyn Hughes, Mr Daniel Huws, Mr Dafydd Ifans, Dr Ann Parry Owen, Mr Tomos Roberts, Yr Athro J. Beverley Smith, Mr Graham C.G. Thomas, a'r diweddar Athro Emeritws J.E. Caerwyn Williams. Y mae arnaf ddyled neilltuol i'r Athro Emeritws R. Geraint Gruffydd.

Cynnwys

GWAITH GRUFFUDD LLWYD

Byrfoddau

Llyfryddol

Act	'Actau yr Apostolion' yn y Testament Newydd
AL	*Ancient Laws and Institutes of Wales*, ed. Aneurin Owen (London, 1841)
AP	*Yr Areithiau Pros*, gol. D. Gwenallt Jones (Caerdydd, 1934)
Arch Camb	*Archaeologia Cambrensis*, 1846–
AWH	*Aspects of Welsh History: Selected Papers of the late Glyn Roberts*, ed. A.H. Dodd and J.G. Williams (Cardiff, 1969)
B	*Bwletin y Bwrdd Gwybodau Celtaidd*, 1921–93
Bangor	Llawysgrif yng nghasgliad Prifysgol Cymru, Bangor
Bangor (Mos)	Llawysgrif yng nghasgliad Bangor (Mostyn) ym Mhrifysgol Cymru, Bangor
Bangor (Penrhos)	Llawysgrif yng nghasgliad Bangor (Penrhos) ym Mhrifysgol Cymru, Bangor
P.C. Bartrum: WG1	*Welsh Genealogies AD 300–1400* (Cardiff, 1974)
BaTh	*Beirdd a Thywysogion: Barddoniaeth Llys yng Nghymru, Iwerddon a'r Alban*, gol. Morfydd E. Owen a Brynley F. Roberts (Caerdydd ac Aberystwyth, 1996)
BD	*Brut Dingestow*, gol. H. Lewis (Caerdydd, 1942)
BDG	*Barddoniaeth Dafydd ab Gwilym*, gol. Owen Jones a William Owen (Llundain, 1789)
BL Add	Llawysgrif Ychwanegol yng nghasgliad y Llyfrgell Brydeinig, Llundain
Bl BGCC	*Blodeugerdd Barddas o Ganu Crefyddol Cynnar*, gol. M. Haycock (Llandybïe, 1994)

Bl B XIV	*Blodeugerdd Barddas o'r Bedwaredd Ganrif ar Ddeg*, gol. Dafydd Johnston (Llandybïe, 1989)
BL Stowe	Llawysgrif yng nghasgliad Stowe, yn y Llyfrgell Brydeinig, Llundain
Bodewryd	Llawysgrif yng nghasgliad Bodewryd, yn Llyfrgell Genedlaethol Cymru, Aberystwyth
Bodley	Llawysgrif yng nghasgliad Llyfrgell Bodley, Rhydychen
ɪ Br	'Llyfr Cyntaf y Brenhinoedd' yn yr Hen Destament
Bren Saes	*Brenhinedd y Saesson*, gol. Thomas Jones (Caerdydd, 1971)
BrM	*Breuddwyd Maxen*, gol. Ifor Williams (Bangor, 1908)
Brog	Llawysgrif yng nghasgliad Brogyntyn, yn Llyfrgell Genedlaethol Cymru, Aberystwyth
BRh	*Breudwyt Ronabwy*, gol. Melville Richards (Caerdydd, 1948)
BT	*Brut y Tywysogyon Peniarth Ms. 20*, gol. Thomas Jones (Caerdydd, 1941)
BT (cyf)	*Brut y Tywysogyon or The Chronicle of the Princes Peniarth Ms. 20 version*, ed. Thomas Jones (Cardiff, 1952)
BT (RB)	*Brut y Tywysogyon (Red Book of Hergest Version)*, ed. Thomas Jones (Cardiff, 1955)
ByCy	*Y Bywgraffiadur Cymreig hyd 1940* (Llundain, 1953)
CA	*Canu Aneirin*, gol. Ifor Williams (Caerdydd, 1938)
CAMBM	*Catalogue of Additions to the Manuscripts in the British Museum in the years 1841–1845* (London, 1850)
Card	Llawysgrif yn Llyfrgell Ganolog Caerdydd
CLC	*Cydymaith i Lenyddiaeth Cymru*, gol. Meic Stephens (Caerdydd, 1986)

CLC²	*Cydymaith i Lenyddiaeth Cymru*, gol. Meic Stephens (Caerdydd, 1997)
CLlH	*Canu Llywarch Hen*, gol. Ifor Williams (Caerdydd, 1935)
CM	Llawysgrif yng nghasgliad Cwrtmawr, yn Llyfrgell Genedlaethol Cymru, Aberystwyth
CMCS	*Cambridge Medieval Celtic Studies*, 1981–1993; *Cambrian Medieval Celtic Studies*, 1993–
CMOC	*Canu Maswedd yr Oesoedd Canol*, gol. D.R. Johnston (Caerdydd, 1991)
CO	*Culhwch ac Olwen*, gol. Rachel Bromwich a D. Simon Evans (Caerdydd, 1988)
CO²	*Culhwch and Olwen*, ed. Rachel Bromwich and D. Simon Evans (Cardiff, 1992)
CO³	*Culhwch ac Olwen*, gol. Rachel Bromwich a D. Simon Evans gyda chymorth D.H. Evans (Caerdydd, 1997)
2 Cor	'Ail Epistol Paul ... at y Corinthiaid' yn y Testament Newydd
1 Cr	'Llyfr Cyntaf y Cronicl' yn yr Hen Destament
2 Cr	'Ail lyfr y Cronicl' yn yr Hen Destament
CT	*Canu Taliesin*, gol. Ifor Williams (Caerdydd, 1960)
Cy	*Y Cymmrodor, The Magazine of the Honourable Society of Cymmrodorion*, 1877–1951
Cylchg CHSFeir	*Cylchgrawn Cymdeithas Hanes a Chofnodion Sir Feirion(n)ydd*, 1949–
Cylchg HC	*Cylchgrawn Hanes Cymru*, 1960–
Cylchg LlGC	*Cylchgrawn Llyfrgell Genedlaethol Cymru*, 1939–
ChO	*Chwedleu Odo*, gol. Ifor Williams (Wrecsam, 1926)
Th.M. Chotzen: Rech	Th.M. Chotzen, *Recherches sur la poésie de Dafydd ab Gwilym* (Amsterdam, 1927)

D	*Dictionarium Duplex*, ed. John Davies (Londinium, 1632)
Dat	'Datguddiad Sant Ioan' yn y Testament Newydd
R.R. Davies: CCC	R.R. Davies, *Conquest, Coexistence, and Change*: *Wales 1063–1415* (Oxford and Cardiff, 1987)
DB	*Delw y Byd*, gol. H. Lewis a P. Diverres (Caerdydd, 1928)
DE	*Gwaith Dafydd ab Edmwnd*, gol. Thomas Roberts (Bangor, 1914)
Deut	'Deuteronomium' yn yr Hen Destament
DGA	*Selections from the Dafydd ap Gwilym Apocrypha*, ed. Helen Fulton (Llandysul, 1996)
DGG	*Cywyddau Dafydd ap Gwilym a'i Gyfoeswyr*, gol. Ifor Williams a T. Roberts (Bangor, 1914)
DGG²	*Cywyddau Dafydd ap Gwilym a'i Gyfoeswyr*, gol. Ifor Williams a T. Roberts (ail arg., Caerdydd, 1935)
DGIA	H.M. Edwards, *Dafydd ap Gwilym: Influences and Analogues* (Oxford, 1996)
DN	*The Poetical Works of Dafydd Nanmor*, ed. Thomas Roberts and Ifor Williams (Cardiff and London, 1923)
DWH	Michael Powell Siddons, *The Development of Welsh Heraldry* (3 vols., Aberystwyth, 1991–3)
L. Dwnn: HV	*Heraldic Visitations of Wales*, gol. S.R. Meyrick (Llandovery, 1846)
EANC	R.J. Thomas, *Enwau Afonydd a Nentydd Cymru* (Caerdydd, 1938)
Ecs	' Ecsodus' yn yr Hen Destament
EEW	T.H. Parry-Williams, *The English Element in Welsh* (London, 1923)
Eseia	'Llyfr y Proffwyd Eseia' yn yr Hen Destament
Esgair	Llawysgrif yng nghasgliad Esgair a Phantperthog, yn Llyfrgell Genedlaethol Cymru, Aberystwyth

Études	*Études celtiques*, 1936–
EWGT	*Early Welsh Genealogical Tracts*, ed. P.C. Bartrum (Cardiff, 1966)
EWSP	*Early Welsh Saga Poetry*, ed. Jenny Rowland (Cambridge, 1990)
G	*Geirfa Barddoniaeth Gynnar Gymraeg*, gol. J. Lloyd-Jones (Caerdydd, 1931–63)
Gal	'Epistol Paul … at y Galatiaid' yn y Testament Newydd
GBDd	*Gwaith Bleddyn Ddu*, gol. R. Iestyn Daniel (Aberystwyth, 1994)
GBF	*Gwaith Bleddyn Fardd ac Eraill o Feirdd Ail Hanner y Drydedd Ganrif ar Ddeg*, gol. Rhian Andrews *et al.* (Caerdydd, 1996)
GC	*Gwaith Casnodyn*, gol. R. Iestyn Daniel (Aberystwyth, 1999)
GCBM i	*Gwaith Cynddelw Brydydd Mawr*, i, gol. Nerys Ann Jones ac Ann Parry Owen (Caerdydd, 1991)
GCBM ii	*Gwaith Cynddelw Brydydd Mawr*, ii, gol. Nerys Ann Jones ac Ann Parry Owen (Caerdydd, 1995)
GDB	*Gwaith Dafydd Benfras ac Eraill o Feirdd Hanner Cyntaf y Drydedd Ganrif ar Ddeg*, gol. N.G. Costigan (Bosco) *et al.* (Caerdydd, 1995)
GDG	*Gwaith Dafydd ap Gwilym*, gol. Thomas Parry (Caerdydd, 1952)
GDG²	*Gwaith Dafydd ap Gwilym*, gol. Thomas Parry (ail arg., Caerdydd, 1963)
GDG³	*Gwaith Dafydd ap Gwilym*, gol. Thomas Parry (trydydd arg., Caerdydd, 1979)
GDLl	*Gwaith Dafydd Llwyd o Fathafarn*, gol. W. Leslie Richards (Caerdydd, 1964)
Gen	'Genesis' yn yr Hen Destament
GEO	*Gwaith Einion Offeiriad a Dafydd Ddu o Hiraddug*, gol. R. Geraint Gruffydd a Rhiannon Ifans (Aberystwyth, 1997)

GGDT *Gwaith Gruffudd ap Dafydd ap Tudur, Gwilym Ddu o Arfon, Trahaearn Brydydd Mawr ac Iorwerth Beli*, gol. N.G. Costigan (Bosco) *et al.* (Aberystwyth, 1995)

GGH *Gwaith Gruffudd Hiraethog*, gol. D.J. Bowen (Caerdydd, 1990)

GGG² *Gwaith Guto'r Glyn*, gol. J. Llywelyn Williams ac Ifor Williams (ail arg., Caerdydd, 1961)

GGrG *Gwaith Gronw Gyriog, Iorwerth ab y Cyriog, Mab Clochyddyn, Gruffudd ap Tudur Goch ac Ithel Ddu*, gol. Rhiannon Ifans, Ann Parry Owen, W. Dyfed Rowlands ac Erwain H. Rheinallt (Aberystwyth, 1997)

GIBH *Gwaith Ieuan Brydydd Hir*, gol. M. Paul Bryant-Quinn (Aberystwyth, 2000)

GIG *Gwaith Iolo Goch*, gol. D.R. Johnston (Caerdydd, 1988)

GILIV *Detholiad o waith Gruffudd ab Ieuan ab Llywelyn Vychan*, gol. J.C. Morrice (Bangor, 1910)

GLGC *Gwaith Lewys Glyn Cothi*, gol. Dafydd Johnston (Caerdydd, 1994)

GLlBH *Gwaith Llywelyn Brydydd Hoddnant, Dafydd ap Gwilym, Hillyn ac eraill*, gol. Ann Parry Owen a Dylan Foster Evans (Aberystwyth, 1996)

GLlF *Gwaith Llywelyn Fardd I ac Eraill o Feirdd y Ddeuddegfed Ganrif*, gol. Kathleen Anne Bramley *et al.* (Caerdydd, 1994)

GLlG *Gwaith Llywelyn Goch ap Meurig Hen*, gol. D. Johnston (Aberystwyth, 1998)

GLlLl *Gwaith Llywarch ap Llywelyn 'Prydydd y Moch'*, gol. Elin Jones (Caerdydd, 1989)

GM *Gwassanaeth Meir*, gol. Brynley F. Roberts (Caerdydd, 1961)

GMB *Gwaith Meilyr Brydydd a'i Ddisgynyddion*, gol. J.E. Caerwyn Williams *et al.* (Caerdydd, 1994)

GMW	D. Simon Evans, *A Grammar of Middle Welsh* (Dublin, 1964)
GMWL	Timothy Lewis, *A Glossary of Mediaeval Welsh Law* (Manchester, 1913)
GO	*L'oeuvre poétique de Gutun Owain*, gol. E. Bachellery (Paris, 1950–1)
GOLlM	*Gwaith Owain ap Llywelyn ab y Moel*, gol. E. Rolant (Caerdydd, 1984)
GP	*Gramadegau'r Penceirddiaid*, gol. G.J. Williams ac E.J. Jones (Caerdydd, 1934)
GPC	*Geiriadur Prifysgol Cymru* (Caerdydd, 1950–)
R.A. Griffiths: PW i	R.A. Griffiths, *The Principality of Wales in the Later Middle Ages*: *i. South Wales 1277–1536* (Cardiff, 1972)
GSCMB	'Guide to the Special Collections of Manuscripts in the Library of the University College of North Wales Bangor' (cyfrol anghyhoeddedig, Prifysgol Cymru, Bangor, 1962)
GSCyf	*Gwaith Dafydd Bach ap Madog Wladaidd 'Sypyn Cyfeiliog' a Llywelyn ab y Moel*, gol. R. Iestyn Daniel (Aberystwyth, 1998)
GSRh	*Gwaith Sefnyn, Rhisierdyn, Gruffudd Fychan ap Gruffudd ab Ednyfed a Llywarch Bentwrch*, gol. Nerys Ann Jones ac Erwain Haf Rheinallt (Aberystwyth, 1995)
GST	*Gwaith Siôn Tudur*, gol. Enid Roberts (Caerdydd, 1980)
GTP	*Gwaith Tudur Penllyn ac Ieuan ap Tudur Penllyn*, gol. Thomas Roberts (Caerdydd, 1958)
Gwyn	Llawysgrif yng nghasgliad Gwyneddon yn Llyfrgell Prifysgol Cymru, Bangor
Haf	Llawysgrif yng nghasgliad Hafod, yn Llyfrgell Ganolog Caerdydd
Heb	'Epistol Paul ... at yr Hebreaid' yn y Testament Newydd

HG Cref	*Hen Gerddi Crefyddol*, gol. Henry Lewis (Caerdydd, 1931)
HGK	*Historia Gruffud vab Kenan*, gol. D. Simon Evans (Caerdydd, 1977)
HMNLW	*Handlist of Manuscripts in the National Library of Wales* (Aberystwyth, 1943–)
HPF	J.Y.W. Lloyd, *The History of Powys Fadog* (6 vols., London, 1881–7)
IG	*Gweithiau Iolo Goch*, gol. C. Ashton (Croesoswallt, 1896)
IGE	*Cywyddau Iolo Goch ac Eraill*, gol. Henry Lewis, Thomas Roberts ac Ifor Williams (Bangor, 1925)
IGE²	*Cywyddau Iolo Goch ac Eraill*, gol. Henry Lewis, Thomas Roberts ac Ifor Williams (ail arg., Caerdydd, 1937)
Io	'Yr Efengyl yn ôl Sant Ioan' yn y Testament Newydd
I Io	'Epistol Cyntaf Cyffredinol Ioan' yn y Testament Newydd
J	Llawysgrif yng nghasgliad Coleg Iesu, Rhydychen
Joel	'Llyfr Joel' yn yr Hen Destament
JWBS	*Journal of the Welsh Bibliographical Society*, 1910–
LBS	S. Baring-Gould and J. Fisher, *The Lives of the British Saints* (4 vols., London, 1907–13)
Luc	'Yr Efengyl yn ôl Sant Luc' yn y Testament Newydd
Ll	*Y Llenor*, gol. W.J. Gruffydd, 1922–51
LlA	*The Elucidarium … from Llyvyr Agkyr Llandewivrevi, A.D. 1346*, ed. J. Morris Jones and John Rhŷs (Oxford, 1894)
LlB	*Cyfreithiau Hywel Dda yn ôl Llyfr Blegywryd*, gol. S.J. Williams a J.E. Powell (Caerdydd, 1942)

LlCy	*Llên Cymru*, 1950–
LlDC	*Llyfr Du Caerfyrddin*, gol. A.O.H. Jarman (Caerdydd, 1982)
LlDW	*Y Llyvyr Du or Weun, Facsimile of the Chirk Codex of the Welsh Laws*, ed. J. Gwenogvryn Evans (Llanbedrog, 1909)
LlGC	Llawysgrif yng nghasgliad Llyfrgell Genedlaethol Cymru, Aberystwyth
LlI	*Llyfr Iorwerth*, ed. Aled Rhys Wiliam (Cardiff, 1960)
J.E. Lloyd: HW³	J.E. Lloyd, *A History of Wales* (third ed., London, 1939)
Llst	Llawysgrif yng nghasgliad Llanstephan, yn Llyfrgell Genedlaethol Cymru, Aberystwyth
LlTA	Marged Haycock, 'Llyfr Taliesin: astudiaethau ar rai agweddau' (Ph.D. Cymru [Aberystwyth], 1983)
Llywelyn Siôn, &c.: Gw	T. Oswald Phillips, 'Bywyd a Gwaith Meurig Dafydd (Llanisien) a Llywelyn Siôn (Llangewydd)' (M.A. Cymru [Caerdydd], 1937)
MA²	*The Myvyrian Archaiology of Wales* (second ed., Denbigh, 1870)
Mal	'Llyfr Malachi' yn yr Hen Destament
Math	'Yr Efengyl yn ôl Sant Mathew' yn y Testament Newydd
MCF	Mynegai Cyfrifiadurol i Farddoniaeth, Llyfrgell Genedlaethol Cymru, Aberystwyth (rhoddir y dyddiad y codwyd yr wybodaeth)
Mont Coll	*Collections Historical and Archaeological relating to Montgomeryshire, issued by the Powysland Club*, 1868–
J. Morris-Jones: CD	John Morris-Jones, *Cerdd Dafod* (Rhydychen, 1925)
Mos	Llawysgrif yng nghasgliad Mostyn, yn Llyfrgell Genedlaethol Cymru, Aberystwyth

MWRL	Catherine A. McKenna, *The Medieval Welsh Religious Lyric* (Belmont, Massachusetts, 1991)
NLWCM	J.H. Davies, *The National Library of Wales Catalogue of Manuscripts*, i (Aberystwyth, 1921)
Nu	'Numeri' yn yr Hen Destament
OBWV	*The Oxford Book of Welsh Verse*, ed. Thomas Parry (Oxford, 1976)
OCD	*The Oxford Classical Dictionary*, ed. M. Cary *et al.* (Oxford, 1949)
OCD²	*The Oxford Classical Dictionary*, ed. N.G.L. Hammond and H.H. Scullard (Oxford, 1970)
ODCC³	*The Oxford Dictionary of the Christian Church*, ed. F.L. Cross and E.A. Livingstone (third ed., Oxford, 1997)
OED²	*The Oxford English Dictionary* (second ed., Oxford, 1989)
P	*A Welsh and English Dictionary*, ed. W. Owen-Pughe (London, 1793–1803, 1832)
PACF	J.E. Griffith, *Pedigrees of Anglesey and Carnarvonshire Families* (Bangor, 1914)
Pant	Llawysgrif yng nghasgliad Panton, yn Llyfrgell Genedlaethol Cymru, Aberystwyth
Pen	Llawysgrif yng nghasgliad Peniarth, yn Llyfrgell Genedlaethol Cymru, Aberystwyth
PKM	*Pedeir Keinc y Mabinogi*, gol. Ifor Williams (Caerdydd, 1930)
PL	*Patriologia Latina*, gol. J.-P. Migne (Paris, 1844–64)
P Tal	*The Poems of Taliesin*, ed. Ifor Williams, English version by J.E. Caerwyn Williams (Dublin, 1968)
Phil	'Epistol Paul ... at y Philipiaid' yn y Testament Newydd
R	*The Poetry in the Red Book of Hergest*, ed. J. Gwenogvryn Evans (Llanbedrog, 1911)

RB	*The Text of the Bruts from the Red Book of Hergest*, ed. J. Rhŷs and J. Gwenogvryn Evans (Oxford, 1890)
RC	*Revue celtique*, 1870–1934
RWM	*Report on Manuscripts in the Welsh Language*, ed. J. Gwenogvryn Evans (London, 1898–1910)
Rhuf	'Epistol Paul ... at y Rhufeiniaid' yn y Testament Newydd
Salm	'Llyfr y Salmau' yn yr Hen Destament
1 Sam	'Llyfr Cyntaf Samuel' yn yr Hen Destament
2 Sam	'Ail Lyfr Samuel' yn yr Hen Destament
SC	*Studia Celtica*, 1966–
SCWMBLO	F. Madan and H.H.E. Craster, *Summary Catalogue of Western Manuscripts in the Bodleian Library at Oxford* (Oxford, 1924)
SDR[2]	*Chwedleu Seith Doethon Rufein*, gol. Henry Lewis (ail arg., Caerdydd, 1967)
SEBC	N.K. Chadwick *et al.*, *Studies in the Early British Church* (Cambridge, 1958)
J.B. Smith: LlaG	J. Beverley Smith, *Llywelyn ap Gruffudd*: *Tywysog Cymru* (Caerdydd, 1986)
T	*The Book of Taliesin*, ed. J. Gwenogvryn Evans (Llanbedrog, 1910)
TA	*Gwaith Tudur Aled*, gol. T. Gwynn Jones (Caerdydd, 1926)
TCHSDd	*Trafodion Cymdeithas Hanes Sir Ddinbych*, 1952–
D.R. Thomas: HDStA	D.R. Thomas, *The History of the Diocese of St. Asaph* (3 vols., Oswestry, 1908–13)
THSC	*The Transactions of the Honourable Society of Cymmrodorion*, 1892/3–
1 Tim	'Epistol Cyntaf Paul ... at Timotheus' yn y Testament Newydd
2 Tim	'Ail Epistol Paul ... at Timotheus' yn y Testament Newydd

TLlM	G.J. Williams, *Traddodiad Llenyddol Morgannwg* (Caerdydd, 1948)
Traeth	*Y Traethodydd* 1845–
Treigladau	T.J. Morgan, *Y Treigladau a'u Cystrawen* (Caerdydd, 1952)
TYP²	*Trioedd Ynys Prydein*, ed. Rachel Bromwich (second ed., Cardiff, 1978)
VSB	*Vitae Sanctorum Britanniae et Genealogiae*, ed. A.W. Wade-Evans (Cardiff, 1944)
WATU	Melville Richards, *Welsh Administrative and Territorial Units* (Cardiff, 1969)
WCD	P.C. Bartrum, *A Welsh Classical Dictionary: People in History and Legend up to about A.D. 1000* (Aberystwyth, 1993)
WG	J. Morris Jones, *A Welsh Grammar* (Oxford, 1913)
I. Williams: ELl	Ifor Williams, *Enwau Lleoedd* (Lerpwl, 1945)
WLSD	*The Welsh Life of St. David*, ed. D. Simon Evans (Cardiff, 1988)
WM	*The White Book Mabinogion*, ed. J. Gwenogvryn Evans (Pwllheli, 1907; adarg., Caerdydd, 1973)
WML	*Welsh Medieval Law*, ed. A.W. Wade-Evans (Oxford, 1909)
W Surnames	T.J. Morgan and Prys Morgan, *Welsh Surnames* (Cardiff, 1985)
WVBD	*The Welsh Vobabulary of the Bangor District*, ed. O.H. Fynes-Clinton (London, 1913)
Wy	Llawysgrif yng nghasgliad Wynnstay, yn Llyfrgell Genedlaethol Cymru, Aberystwyth
YB	*Ysgrifau Beirniadol*, gol. J.E. Caerwyn Williams (Dinbych, 1965–)
YBH	*Ystorya Bown de Hamtwn*, gol. Morgan Watkin (Caerdydd, 1958)

YCM²   *Ystorya de Carolo Magno*, gol. Stephen J. Williams (ail arg., Caerdydd, 1968)

YMTh   *Ymddiddan Myrddin a Thaliesin*, gol. A.O.H. Jarman (Caerdydd, 1951)

ZCP   *Zeitschrift für celtische Philologie*, 1896–

Termau a geiriau

a.	ansoddair, -eiriol	*fl.*	*floruit*
a.	*ante*	g.	(c.) canrif
adarg.	adargraffiad	g.	gwrywaidd
adf.	adferf	gn.	geiryn
amhff.	amherffaith	gol.	golygydd, golygwyd
amhrs.	amhersonol		gan
anh.	anhysbys	grb.	gorberffaith
ardd.	arddodiad, -iaid	grch.	gorchmynnol
arg.	argraffiad	grff.	gorffennol
art.cit.	*articulo citato*	gthg.	gwrthgyferbynier, -iol
At.	Atodiad	gw.	gweler
b.	benywaidd	Gwydd.	Gwyddeleg
ba.	berf anghyflawn	H.	Hen
be.	berfenw	*ib.*	*ibidem*
bf. (f.)	berf, -au	*id.*	*idem*
c. (g.)	canrif	*l.c.*	*loco citato*
c.	*circa*	ll.	lluosog; llinell
C.	Canol	Llad.	Lladin
cf.	cymharer	llau.	llinellau
cfrt.	gradd gyfartal	llsgr.	llawysgrif
Clt.	Celteg, Celtaidd	llsgrau.	llawysgrifau
cmhr.	gradd gymharol	m.	marw; mewnol
Crn.	Cernyweg	myn.	mynegol
Cym.	Cymraeg	n.	nodyn
cys.	cysylltair, cysylltiad	neg.	negydd, -ol
d.g.	dan y gair	*op.cit.*	*opere citato*
dib.	dibynnol	pres.	presennol
dyf.	dyfodol	prff.	perffaith
e.	enw	prs.	person, -ol
eb.	enw benywaidd	pth.	perthynol
e.c.	enw cyffredin	r	*recto*
ed.	*edited by, edition*	rh.	rhagenw, -ol
e.e.	er enghraifft	S.	Saesneg
eg.	enw gwrywaidd	*sc.*	*scilicet*
eith.	gradd eithaf	*s.n.*	*sub nomine*
e.p.	enw priod	td.	tudalen
ex inf.	*ex informatione*	un.	unigol
f.	ffolio	v	*verso*
ff.	ffolios	vols.	*volumes*

GWAITH
HYWEL AB EINION LYGLIW

Rhagymadrodd

Un gerdd a gadwyd inni o waith Hywel ab Einion Lygliw, sef ei awdl foliant enwog i Fyfanwy Fychan o Gastell Dinas Brân yn Llangollen. Ychydig a wyddys am y bardd, ac eithrio ei fod yn ei flodau ganol y bedwaredd ganrif ar ddeg, a'i fod yn ewythr i'r bardd Gruffudd Llwyd ap Dafydd ab Einion Lygliw, yn frawd ei dad.[1] Yr oedd tad Hywel ab Einion Lygliw, os ef yw'r *Eynon Loglev* a grybwyllir, yn byw yn nhrefgordd Rhiwedog, Llanfor, Meirionnydd yn 1292 ac yn talu triswllt o dreth leyg,[2] a rhyw *Eynon Legelou*, yr un un efallai, yn rhingyll yng nghwmwd Tal-y-bont Is Cregennan yn sir Feirionnydd ychydig cyn 1318–19.[3] Enwir Einion 'Legleu' ac Ynyr Fychan yn aseswyr treth leol yn Nhal-y-bont Is Cregennan yn 1318,[4] ac mewn dogfen Ladin heb ei dyddio (?1284–1327) ceir tystiolaeth fod rhyw *Eynnon* (*Eynon*) *Lygliw* o gwmwd *Talypont* yn wdward a ffermwr yn Nhywyn a Dolgellau.[5]

Yn ddiweddarach, fodd bynnag, y mae'n bosibl i Einion Lygliw ddilyn ail yrfa fel clerigwr a mudo o Feirionnydd i Ddyffryn Clwyd. Dyna a awgrymir gan dystiolaeth a gasglwyd gan Dr Andrew Barrell o Roliau Llys Dyffryn Clwyd. Yn ei erthygl 'The Clergy of a Medieval Marcher Lordship: the Evidence of the Dyffryn Clwyd Court Rolls',[6] ceir dau gyfeiriad at ryw Einion Lygliw. Y mae'r cyfeiriad cyntaf yn nodi ei eiddo: 'In April 1346 Einion Llygliw *capellanus* received a third of a burgage in Ruthin from Ieuan Ddu ap Ieuan ap Heilyn.'[7] Yr oedd Einion eisoes, ar Ŵyl Fihangel 1345, wedi talu deugain swllt am siarter i godi trwydded i brynu traean bwrdais (*burgage*) yn Stryd Mwrog yn Rhuthun, y pris i'w dalu ar

---

[1] Gw. yr ach isod, td. 76.

[2] Gw. *The Merioneth Lay Subsidy Roll 1292–3*, ed. K. Williams-Jones (Cardiff, 1976), 3n1, 4.

[3] R.G. Gruffydd, 'A Glimpse of Welsh Medieval Court Procedure in a poem by Dafydd ap Gwilym' yn *Recognitions: essays presented to Edmund Fryde*, ed. C. Richmond & I. Harvey (Aberystwyth, 1996), 176n6.

[4] Gw. K. Williams-Jones, *op.cit.* 96; CLC[2] 353.

[5] Gw. *Calendar of Ancient Petitions Relating to Wales* (*Thirteenth to Sixteenth Century*), ed. W. Rees (Cardiff, 1975), 86, lle y dywedir amdano: 'He was and is woodward and farmer of Tywyn and Dolkellechw (Dolgellau) without any plaint (*querela*) up to the present; for which reason he prays the King to confirm him in the bailiwicks, paying to the Exchequer of Carnarvon the accustomed farm.' Cadarnheir safle yr Einion Lygliw hwn cyhyd â'i fod ef a'i swyddogion yn ymddwyn yn urddasol ac yn deyrngar i'r brenin.

[6] A.D.M. Barrell, 'The Clergy of a Medieval Marcher Lordship: the Evidence of the Dyffryn Clwyd Court Rolls', TCHSDd xliv (1995), 5–23.

[7] *Ib.* 14.

deirgwaith, fesul 13s 4d ar y tair gŵyl.[8] Yn y ddogfen wreiddiol cyfeirir at Einion Lygliw wrth y teitl '*Dominus* Einion *capellanus*'.[9] Deellir, felly, fod Einion Lygliw yn glerigwr mewn bywoliaeth blwyfol, yn ŵr a chanddo ddigon o arian wrth gefn i'w alluogi i brynu a gwerthu tir gan fod yr elw a wnâi o'r taliadau degwm yn gyfalaf hawdd ei gael. Nodir ar y gronfa ddata a grewyd o'r wybodaeth a gasglwyd o Roliau Llys Dyffryn Clwyd, er enghraifft, iddo gael caniatâd ar 14 Hydref 1348 i dderbyn degymau plwyfolion pentref y Gyffylliog a phentref Clocaenog ger Rhuthun.[10]

Y mae'r ail gyfeiriad a geir yn erthygl A.D.M. Barrell yn nodi perthnasau i'r Einion Lygliw hwn ac yn dyddio ei farwolaeth: 'Einion Llygliw *capellanus*, who died during the Black Death, had a daughter for whom he made a marriage contract and a son who succeeded to his bond land in Clocaenog.'[11] Cynigia'r gronfa ddata ddau gyfeiriad at farwolaeth Einion Lygliw. Digwydd y cynharaf o'r rhain mewn cofnod llys dyddiedig 24 Medi 1349 lle y dywedir bod Einion Lygliw *capellanus* wedi marw a bod Dafydd, ei fab, o dan orfodaeth i gymryd ei dir caeth.[12] Câi arglwyddi drafferth i ddod o hyd i denantiaid oherwydd effeithiau difaol y Pla Du a'r prinder pobl a olygai hynny. Gorfodir Dafydd yma i etifeddu tenantiaeth ei dad. Trawodd y Pla Du Ddyffryn Clwyd yn ystod haf 1349 gan ladd o leiaf chwe chlerigwr.[13] Tybed ai dyma a aeth â bywyd Einion Lygliw rywbryd rhwng 31 Mawrth 1349 (gw. troednodyn 17 isod) a 24 Medi 1349? Yn ddiweddarach fe fu Dafydd (tad Gruffudd Llwyd, y bardd, o bosibl) yn ddigon ffodus i fedru ildio'r traean bwrdais a ddaliai yn Stryd Mwrog yn

[8] ESRC Data Archive, Colchester, Essex: Dyffryn Clwyd Court Rolls 1294–1422, Roll 6/79 (ESRC Study Number 3679). Diolchir i Dr Llinos Smith am gael defnyddio'r gronfa ddata hon, a'r wybodaeth a gasglwyd ohoni. Lluniwyd y gronfa ddata o Roliau Llys arglwyddiaeth Dyffryn Clwyd gyfan yn ystod y blynyddoedd 1340–52, 1389–99, ac o Roliau Llys cwmwd Llannerch yn ystod y blynyddoedd 1294–1422.

[9] Dilynir arweiniad A.D.M. Barrell, *art.cit.* 10–11, ar y gwahaniaeth rhwng *dominus* a *capellanus*: 'The courtesy title *dominus*, which is frequently used in medieval sources as a mark of respect to beneficed clerks, appears fairly often in the court rolls and may well usually imply that the person in question had some parochial responsibilities which gave him a status in the community more exalted than that of most of his fellows, although the title is also occasionally used for lordship officials. As for other titles, the scribes seem to have equated the Latin *capellanus* with the Welsh *offeiriad* ... *capellani* were considered to be involved in ecclesiastical business, although this need not imply that they were all priests, still less beneficed.'

[10] ESRC Data Archive, Colchester, Essex: Dyffryn Clwyd Court Rolls 1294–1422, Roll 9/1591 (ESRC Study Number 3679).

[11] A.D.M. Barrell, *art.cit.* 19–20 ynghyd â throednodiadau 76, 77.

[12] ESRC Data Archive, Colchester, Essex: Dyffryn Clwyd Court Rolls 1294–1422, Roll 9/245 (ESRC Study Number 3679). Y mae'n ddiamau fod nifer o glerigwyr yn briod a chanddynt blant.

[13] A.D.M. Barrell, *art.cit.* 20 ynghyd â throednodyn 28. Ymhellach: 'All that can be said is that at least around a third of the beneficed clerks perished in the plague of 1349; the proportion may have been much higher', gw. *ib.* 11–12.

Rhuthin i John le Carter a'i wraig Alice ar 15 Mehefin 1350.[14] Ymhen cwta ddwy flynedd, sef ar 23 Chwefror 1352, cofnodir i Ddafydd roi ugain swllt am swydd parciwr Clocaenog,[15] a roddai iddo gyfrifoldeb dros dir ac, yn ôl pob tebyg, geirw.

Digwydd yr ail gofnod ynghylch marwolaeth Einion Lygliw *capellanus*, a ddaliai draean bwrdais yn Stryd Mwrog, mewn cofnod llys dyddiedig 23 Chwefror 1350. Dywedir yno mai i ddwylo Einion ap Maredudd a'i etifeddion Seisnig yr aeth y bwrdais.[16] Y mae'n amlwg fod Einion ap Maredudd, er bod iddo enw Cymraeg, yn byw ym mwrdeistref Rhuthun ac yn etifeddu yn ôl y drefn Seisnig ac felly yn cael etifeddu o fewn y dref. Ond gan fod cofnod fod Dafydd wedi ildio'r bwrdais i John le Carter a'i wraig Alice ar 15 Mehefin 1350 tybed beth yw arwyddocâd y cofnod hwn?

Cyflwynir yn y gronfa ddata hefyd rai manylion ynghylch anghydfod a fu rhwng Einion Lygliw *capellanus* a Dafydd Goch ap Cynwrig ychydig fisoedd cyn marwolaeth Einion. Haera Einion fod Dafydd wedi torri cytundeb a wnaed rhwng y ddau wrth drefnu priodas Lleucu, merch Einion, a Dafydd Goch.[17] Yn ôl y cytundeb yr oedd Einion i dalu Dafydd Goch gan swllt arian ar yr amod y byddai Dafydd yn ad-dalu'r cyfan i Einion, ynghyd â decpunt o ddirwy (hanner y ddirwy i'w thalu i arglwydd Dyffryn Clwyd, sef teulu Grey o Ruthun, a'r hanner arall i'w thalu i Einion Lygliw), pe byddai Dafydd Goch, neu rywun arall yn enw Dafydd Goch, yn dwyn achos ysgariad rhyngddo ef a Lleucu. Gwadodd Dafydd fod cytundeb wedi ei lunio rhyngddynt o gwbl a dygwyd ef gerbron ei well. Tystiodd naw unigolyn, ar lw, fod cytundeb o'r fath wedi ei lunio, a gorfodwyd Dafydd i ad-dalu'r can swllt i Einion; talodd ddecpunt o gosb, ac fe'i traddodwyd i gastell Rhuthun.[18]

Y mae Rholiau'r Llys hefyd yn tystio, ar yr un dyddiad, fod Dafydd Goch wedi torri cytundeb arall a wnaeth ag Einion Lygliw ynghylch daliad o dir prid o eiddo William ap Craghcorniok, daliad a oedd yn nwylo Dafydd Goch.

Y mae'r cwestiwn yn codi, wrth gwrs, ai'r un Einion Lygliw y ceir sôn amdano ym Meirionnydd ac yn Nyffryn Clwyd. Byddai o leiaf yn ddwy ar hugain oed yn talu triswllt o dreth leyg yn Llanfor yn 1292; ymhen agos i drigain mlynedd yn ddiweddarach byddai dros ei bedwar ugain yn trefnu cytundeb priodas Lleucu, ei ferch. Y mae hynny'n gwbl ddichonadwy, a rhaid addef bod yr enw yn un anghyffredin. Y casgliad hwnnw a

---

[14] ESRC Data Archive, Colchester, Essex: Dyffryn Clwyd Court Rolls 1294–1422, Roll 10/489 (ESRC Study Number 3679).

[15] *Ib*. Roll 12/406.

[16] *Ib*. Roll 10/303.

[17] *Ib*. Roll 9/1942 (31 Mawrth 1349).

[18] Y mae'r achos yn parhau a Dafydd yn apelio (yn Ffrangeg) yn erbyn y ddedfryd ar bwynt technegol, gw. *ib*. Roll 9/1982 (28 Ebrill 1349) lle y gellir dilyn yr hanes hwn ymhellach.

dderbynnir yma felly, ond gan gydnabod ei bod o hyd yn bosibl fod yma ddau berson gwahanol yn dwyn yr un enw.

Digwydd enw *Eignoun Vaghan ap Eignon Heglu* fel un a fu'n ymosod ar Arglwyddiaeth Rhuthun yn 1322,[19] ond o fynd yn ôl at y ddogfen wreiddiol yn y PRO[20] fe welir bod y copïydd, am yr untro hwn yn unig, wedi defnyddio priflythyren hollol wahanol i'w arfer yn llythyren gyntaf yr epithet, ac mai *L* yw'r llythyren anghyffredin honno. *Leglu* (Llygliw) a geir yn y ddogfen wreiddiol a brawd Hywel ab Einion, y bardd, oedd hwnnw.[21] (Diddorol yw sylwi bod yr epithet *Llygliw*, ansoddair yn golygu 'o liw llygoden',[22] wedi cael ei gyfnewid am *Llwyd* erbyn dyddiau Gruffudd ymhen cenhedlaeth.)

Digwydd yr awdl mewn deg llawysgrif yn dyddio o'r unfed ganrif ar bymtheg i'r ddeunawfed ganrif, sy'n golygu bod bwlch o tua chanrif a hanner rhwng llunio'r gerdd a'r copi cynharaf ohoni. Yn ôl llawysgrif LlGC 1553A, a gopïwyd rhwng 1580 a 1600, Hywel ab Einion o Faelor yw'r awdur, ac yn ôl llawysgrif LlGC 6209E, llawysgrif yn dyddio o ddiwedd yr ail ganrif ar bymtheg neu ddechrau'r ddeunawfed ganrif, *Yr hon Owdl a gad mewn twll ynghastell dinas Brân wedi ei hesgrifenu ar femrwn.*

Edrydd yr awdl serch hon hanes y bardd yn anfon march yn llatai at Fyfanwy Fychan i Gastell Dinas Brân. Fodd bynnag, yr oedd Castell Dinas Brân yn adfeilion ganol y bedwaredd ganrif ar ddeg ac felly nid yno y dylid edrych am gartref tymhorol Myfanwy Fychan. Fe ddisgrifir y wraig honno ar ddechrau'r gyfres o doddeidiau fel *Mireinwawr Drefawr* (ll. 37), a dilynir yma awgrym yr Athro Emeritws R. Geraint Gruffydd mai Myfanwy ferch Iorwerth Ddu ab Ednyfed Gam ab Iorwerth Foel o'r Pengwern yn Llangollen yw'r ferch hon, merch sy'n hanfod o deulu Tudur Trefor.[23] Fel gwraig ddibriod y cyferchir Myfanwy yn yr awdl hon, ac at dras Tudur Trefor yr apelir, heb sôn o gwbl am ei chysylltiad â theulu ei gŵr. Sylwer, fodd bynnag, mai fel Myfanwy *Fychan* y'i cyferchir yn y teitl; tybed a yw'r gerdd a'i theitl yn gyfoes â'i gilydd? Priododd Myfanwy â Goronwy Fychan ap Tudur ap Goronwy ap Tudur Hen, gŵr a oedd yn hanfod o linach Penmynydd ym Môn ac a fu'n amlwg iawn yn rhengoedd y Tywysog Du yn ystod y brwydro yn Ffrainc.[24] Claddwyd Goronwy Fychan a Myfanwy yn Llanfaes, yn Nhŷ'r Brodyr Llwydion, ond fe symudwyd y beddrod adeg

---

[19] *Rotuli Parliamentorum*, i, 397; am grynodeb, gw. W. Rees, *op.cit*. 29–30.

[20] PRO SC 8/5 rhif 242.

[21] Gw. yr ach isod, td. 76.

[22] Gw. G.P. Jones, 'A List of Epithets from Welsh Pedigrees', B iii (1926–7), 36. Am ddefnydd pellach o'r a., cf. R 1336.8–9 *llycliỏ dy vleỏ yn drewi* (Gruffudd ap Maredudd); GDG³ 362 (137.3) *Ymddiddan y brawd llygliw*. Digwydd ffurf negyddol yr a. mewn cywydd serch: *Y ddyn lanwaith, berffaith, bur, / Ddilygliw, ddwyael eglur*, gw. *Cywyddau Serch y Tri Bedo*, gol. P.J. Donovan (Caerdydd, 1982), 40 (XXX.43–4).

[23] Gw. R.G. Gruffydd, *l.c.*; P.C. Bartrum: WG1 'Tudur Trefor' 13. Am awgrymiadau eraill, gw. G.V. Price, *Valle Crucis Abbey* (Liverpool, 1952), 138, 149; Bl B XIV 182.

[24] AWH 199–200.

diddymu'r mynachlogydd i eglwys Gredifael, Penmynydd.[25] Cofadail ysblennydd o alabastr gwyn ydyw,[26] yn saith troedfedd naw modfedd o hyd ac arno ffigur gŵr a gwraig, yn chwe troedfedd a hanner o hyd. Y mae dau angel yn cynnal pen y naill a'r llall o'r ffigurau, a dyma ddisgrifiad Charles R. Hand o'r portread o Fyfanwy:

> She wears a necklet of a double row of pearls and her cloak is linked across the breast by a chain attached to a large cirular ornament within a square, on either side. This same decoration, often repeated but on a smaller scale, depends from the neck, down the front of the dress to the centre of her plain girdle from which it hangs to a little above the knee. Her gown fits close to the waist and the skirt hangs in folds to her feet which originally rested upon two young hounds.[27]

Canodd sawl bardd i Oronwy Fychan a Myfanwy, ac yr oedd llinach Penmynydd yn noddwyr amlwg i'r beirdd yn y bedwaredd ganrif ar ddeg. Cadwyd llawer o'r gwaith hwnnw yn Llyfr Coch Hergest ac y mae'n syndod na chofnodwyd yr awdl hon yn eu mysg.[28] Efallai, fodd bynnag, fod hyn yn ategu mai cerdd i Fyfanwy ym Mhowys yw hon, cyn iddi fudo i Fôn. Petai'r gerdd hon wedi ei chanu ym Mhenmynydd ym Môn, byddai'n syndod na chofnodwyd yr awdl gyda'r cerddi eraill a ganwyd iddi yno ac a gofnodwyd yn Llyfr Coch Hergest. Bu'r awdl, neu efallai'r cyfieithiad Saesneg ohoni a ymddangosodd yng nghyfrol Thomas Pennant *Tours in Wales*, yn destun ysbrydoliaeth yn y bedwaredd ganrif ar bymtheg i Geiriog ganu ei rieingerdd enwog 'Myfanwy Fychan'.

Ychydig sy'n sicr am Gastell Dinas Brân. Y mae'n debygol fod y castell yn dwyn enw Brân (neu Fendigeidfran) fab Llŷr Llediaith ac mai ei gaer neu ei amddiffynfa (*dinas*) ef ydoedd hon yn draddodiadol.[29] Gŵr cysyllt-iedig â gogledd-orllewin Cymru yw hwnnw, gan mwyaf, erbyn hyn ac nid â bro Llangollen, ond noder y cyfeiriad yn chwedl 'Branwen ferch Llŷr' at Fryn Saith Marchog, rhwng Rhuthun a Chorwen, lle y gadawodd Brân saith tywysog i reoli'r wlad pan ymadawodd am Iwerddon, yn cynnwys ei fab ei hunan.[30] Fodd bynnag, ceir tystiolaeth sy'n awgrymu bod y

---

[25] Y mae Colin Gresham yn llai sicr, fodd bynnag: 'It is generally thought that the alabaster tombs now at Beaumaris, Penmynydd, and Llandegai were also removed from Llanfaes', gw. C.A. Gresham, *Medieval Stone Carving in North Wales* (Cardiff, 1968).

[26] Yn ôl traddodiad fe ddaethpwyd o hyd i weddillion Siwan yn y beddrod hwn: credir iddi gael ei chuddio ym meddrod Myfanwy Fychan yn ystod cyfnod helbulus yn hanes Cymru gyda golwg ar adfer ei gweddillion i'w priod le ar adeg mwy sefydlog, gw. Charles R. Hand, 'Llanfaes Friary and its Mystery Monuments', Arch Camb lxxiv (1924), 166–7.

[27] Charles R. Hand, *art.cit.* 168.

[28] Am gerddi eraill i Fyfanwy Fychan, gw. 'Moliant Goronwy Fychan ap Tudur o Benmynydd a Myfanwy ei wraig' (Sefnyn) yn GSRH cerdd 3; 'Moliant Myfanwy wraig Goronwy Fychan ap Tudur o Benmynydd' (Rhisierdyn) yn GSRH cerdd 5.

[29] Am awgrymiadau eraill, gw. W.H. Tregellas, 'Castell Dinas Brân, near Llangollen, Denbighshire', Arch Camb xi (1865), 50–2.

[30] PKM 38 (ll. 26)–39 (ll. 1).

traddodiadau am Frân wedi eu crynhoi ym Mhowys a gogledd-ddwyrain Cymru ar un adeg.[31] Posibilrwydd arall yw fod yr enw lle *Din Brein* wedi esgor ar bersonoli *Brân*, a bod y cymeriad a ddeilliodd o hynny wedi denu ato draddodiadau a oedd yn wreiddiol ynghlwm wrth gymeriadau eraill.[32]

Adfeilion y castell a godwyd yng nghwmwd Iâl yn wreiddiol,[33] yn ôl pob tebyg ar orchymyn Gruffudd ap Madog (m. 1269),[34] yw'r adfeilion a welir heddiw, ac awgrymwyd mai ar safle hen gaer gynharach, caer a gysylltir â Chadell, tywysog Powys, ar ddechrau'r nawfed ganrif[35] ac a losgwyd yn y ddegfed ganrif,[36] y'i codwyd.

Er bod tywysogion Powys Fadog wedi ochri gyda Llywelyn ab Iorwerth er 1215, yn sgil ei farwolaeth yn 1240 newidiodd Gruffudd ap Madog ei blaid a sefyll gyda Harri III. Cymerodd yn wraig Emma, merch Henry Audley o swydd Amwythig, a chartrefodd yng Nghastell Dinas Brân. Yng nghyfnod uchafiaeth brenin Lloegr yr oedd Gruffudd ap Madog yn ffyddlon iddo ef, ond gyda chynnydd Llywelyn ap Gruffudd a'i ymosodiad ar diriogaeth Powys Fadog yn union ar ôl i Lywelyn feddiannu'r Berfeddwlad,[37] pleidiai Gruffudd ap Madog achos tywysog Gwynedd gan ymostwng iddo yn 1257,[38] yn wyneb oerfelgarwch brenin Lloegr, a pharhau'n ffyddlon iddo hyd farwolaeth Gruffudd ym mis Rhagfyr 1269.[39] Bu blynyddoedd olaf Gruffudd ap Madog yn rhai llewyrchus iawn.[40] Cynhaliodd undod ei deyrnas a chryfhaodd ei safle fel rheolwr drosti ac yn sgil hynny ymddengys iddo ymgymryd â gwaith helaeth ar adeiladau'r castell.

Wedi dyddiau Gruffudd ap Madog, arglwydd newydd Castell Dinas Brân oedd Madog ap Gruffudd ond byr fu ei dymor yno. Ailddosbarthwyd yr etifeddiaeth: Maelor i Fadog a Nanheudwy i'w frawd, Llywelyn; am y castell, fe'i llosgwyd i'r llawr gan y gwarchodlu cyn i iarll Lincoln, Henry de Lacy, gyrraedd yno 10 Mai 1277 i ymosod arno.[41] Er i Henry de Lacy

[31] Gw. GLlLl 23.142n; GBF 25.60n; P. Mac Cana, *Branwen Daughter of Llŷr* (Cardiff, 1958), 135–8; Brinley Rees, 'Taleithiau'r Mabinogi', YB x (1977), 91–2.

[32] *Ib.* 138–9.

[33] J.E. Lloyd: HW³ 244n87.

[34] Gw. J.B. Smith: LlaG 223–4n105; W.H. Tregellas, *art.cit.* 55; CLC² 195 d.g. *Dinas Brân*. Am farn wahanol, gw. 'Llangollen—Report', Arch Camb xc (1935), 325 sy'n awgrymu mai yn nyddiau Madog ap Gruffudd (m. 1236), tad Gruffudd ap Madog, y codwyd Castell Dinas Brân, a D.J. Cathcart King, 'Two Castles in Northern Powys: Dinas Brân and Caergwrle', Arch Camb cxxiii (1974), 113–39 sy'n awgrymu mai *c.* 1270 (ar ôl marwolaeth Gruffudd ap Madog yn 1269) y'i codwyd, gw. yn arbennig d. 130.

[35] Gw. CLC² 195.

[36] W.H. Tregellas, *art.cit.* 49.

[37] J.B. Smith: LlaG 86n12.

[38] *Ib.* 93–4.

[39] Gw. BT 218–19 *blwydyn wedy hynny ybuant varw yn yr vn dyd y mis racvyrr gruffud vab mad'. vab gruffud maelawr. amad'. vychan yvrawt. ac ykladpwyt wynt ymanachloc lynnegwestyl.*

[40] Ar y cerddi mawl i Ruffudd ap Madog, a ganwyd yn ôl pob tebyg yn ystod y cyfnod hwn, gw. GBF cerddi 25 a 26 (Llygad Gŵr).

[41] J.B. Smith: LlaG 300.

argymell ailadeiladu'r castell, nid oes dim tystiolaeth i hynny ddigwydd. Yn sgil ymgyrchu pellach yn yr ardal yn 1282 dosbarthwyd Maelor a Iâl, ynghyd â Chastell Dinas Brân, i iarll Surrey, John de Warenne, ym mis Hydref y flwyddyn honno.[42] Yng nghastell Holt yr oedd ei gartref ef, a gadawodd i Gastell Dinas Brân adfeilio. Go brin, felly, i Fyfanwy Fychan erioed roi blaen ei throed yng Nghastell Dinas Brân, ond wrth ei lleoli yno y mae'r bardd yn defnyddio'r castell yn gartref 'seremonïol' iddi. Ond tybed a oedd arwyddocâd symbolaidd i Gastell Dinas Brân, a'i fod yn symbol o awdurdod dros yr ardal, er nad oedd yn gastell a ddefnyddid yn gartref yn y cyfnod hwn?

Perthyn yr awdl i draddodiad yr *amour courtois* a oedd mor boblogaidd yng Nghymru yng nghyfnod Dafydd ap Gwilym, bardd a oedd, o bosibl, yn cyfoesi â Hywel ab Einion Lygliw, neu'n canu ychydig yn gynharach nag ef. Pwysleisir yma harddwch Myfanwy, chwant eithafol y bardd amdani, a'i drallod a'i boen dirdynnol o fethu â'i hennill. Eithr fe symudodd y *genre* i dir soffistigedig iawn yn yr awdl odidog hon. Cwyn gyfreithiol yw cnewyllyn y gerdd. Y mae Myfanwy Fychan yn dwyn achos yn erbyn Hywel ab Einion Lygliw am iddo honni mwy amdani nag y mae hi'n fodlon ei gydnabod. Ymddengys fod y bardd wedi canu ei chlodydd yn ddigon derbyniol, ond ei fod hefyd wedi mynd gam ymhellach a honni ei bod yn noddwraig iddo, a hynny heb ei chaniatâd, *nid gan gennad* (ll. 46). Yn wyneb cyhuddiad o'r fath y mae'r bardd yn syrthio ar ei fai. Canlyniad anffodus hynny yw fod Myfanwy Fychan yn caledu tuag ato, gan achosi ei wallgofrwydd. Ymetyb ef i'r sefyllfa newydd honno drwy ddwyn achos yn ei herbyn hi a chael *ynad—eglur* i weithredu fel llefarydd ar ei ran yn y llys (llau. 73–4). Fodd bynnag, y mae'r ferch yn gwrthod ymateb; nid yw'n fodlon rhoi *iawn ... na gwad* (ll. 72), rhoi iawndal na gwadiad iddo, ac felly nid oes dim i'w wneud ond troi at Dduw am gyfiawnder. Erfyn y bardd ar Dduw i ddial ei gam yn gyfnewid am y ffaith fod y bardd naill ai wedi canu iddo eisoes neu'n bwriadu gwneud hynny yn y dyfodol: *dros gain brydiad* (ll. 86).

Y mae tair adran fydryddol i'r awdl. Egyr gyda chadwyn o naw englyn unodl union. Y mae pob un o'r pum englyn cyntaf, sydd ar yr un odl -*wy*, yn enwi Myfanwy unwaith: [*c*]*aer Fyfanwy* (ll. 4), *feinwar Fyfanwy* (ll. 7), *eirian Fyfanwy* (ll. 11), *glaerllun Myfanwy* (ll. 14) ac *Adnabod Myfanwy* (ll. 18) (ac fe'i henwir eto yn ll. 56); a phob un o'r pedwar englyn dilynol, sydd ar yr un odl -*an*, yn enwi Brân unwaith, ac felly yn cysylltu'r gyfres englynion â'r teitl, sydd, y mae'n debyg, yn ychwanegiad diweddarach, yn codi o gynnwys y gerdd. Cloir y pedwar englyn olaf hyn ag enw Brân: *eurllys Frân* (ll. 24), *brenhinblas Brân* (ll. 28), *ucheldir Brân* (ll. 32), a [*l*]*lys Frân* (ll. 36), ac enwir *Dinbrain* 'Dinas Brân' yn englyn olaf yr awdl (ll. 92). Y mae'r bardd yn cynnal cymeriad llythrennol yn esgyll pob englyn, ac

---

[42] *Ib.* 359.

eithrio'r ail. Cyfres o doddeidiau sy'n dilyn, gyda llinell gyntaf pob toddaid yn cynnal y cymeriad llythrennol *M-*, yn deyrnged i enw Myfanwy. Cyferchir Myfanwy a chyfeirir ati yn yr ail berson, er enghraifft *Gwarandaw fy nghwyn* (ll. 38), *tuag atad* (ll. 40), *Mi, dy fardd* (ll. 41), sy'n cyflwyno elfen o agosrwydd ac o gynefindra. Dau englyn unodl union sy'n cloi'r awdl, gyda gair olaf y gyfres doddeidiau (ll. 86) yn cyrchu gair cyntaf yr englyn cyntaf o'r ddau (ll. 87), a'r englyn cyntaf yn cyrchu'r ail. Diddorol yw sylwi mai cyrchu llinell gyntaf y toddaid (ll. 37) a wna gair olaf y gerdd.[43]

---

[43] Cf. GGrG cerdd 6, lle y mae llinell olaf y gerdd yn cyrchu dechrau'r awdl (ll. 45), yn hytrach na dechrau'r gyfres englynion sydd yn agor y gerdd, gw. *ib.* 101.

1

Moliant Myfanwy Fychan o Gastell Dinas Brân

Neud wyf ddihynwyf, hoen Creirwy—hoywdeg
A'm hudodd mal Garwy,
O fynag byd, rhwym gwŷd rhwy,
4   O fynor gaer Fyfanwy.

Trymaf fu cariad, tramwy—hoen eurne,
Hwn arnad, dy facwy;
Dy fâr, feinwar Fyfanwy,
8   Ar a'th gâr ni bu fâr fwy.

Gofyn ni allaf, namyn gofwy—cur
Dyn mewn cariad fwyfwy,
Fynog, eirian Fyfanwy,
12   Fuchudd ael, fun hael, fyw'n hwy.

Eurais wawd ddidlawd ddadl, rhwy—eglurllwybr,
I glaerllun Myfanwy;
Euraf i haul amaerwy
16   Er ei mwyn o eiriau mwy.

Nid hawdd, ardeml cawdd, ardwy—adneuboen,
Adnabod Myfanwy;
Hoen a'th gâr, afar ofwy,
20   Hoed brwyn ir ddwyn erddi 'dd wy'.

Gorwydd cyrch ebrwydd, ceirch ebran—addas,
Dwg dristwas, dig Drystan,
Llwrw buost, farch llary, buan,
24   Lle arlloes bre eurllys Frân.

Gwn beunydd, herwydd herw amcan—dilyd
Deuliw berw Caswennan,
Golwg, deddf amlwg diddan,
28   Gwelw freichfras, brenhinblas Brân.

Gyrrais a llidiais farch bronllydan,—hoyw,
    Er hoen blodau'r sirian
    (Gyrrodd ofal yr Alban),
32   Garir, braisg, ucheldir Brân.

Lluniais wawd ddefawd ddifan,—traul ofer,
    Nid drwy lafur bychan,
    Lliw eiry cynnar pen Aran,
36   Lloer bryd, lwys fryd o lys Frân.

Mireinwawr Drefawr, dra fo brad—i'm dwyn,
    Gwarandaw fy nghwyn, frwyn freuddwydiad;
Meu glwyf a mawrnwyf, murniad—hun oheb,
40   Gwrtheb teg ateb tuag atad;
Mi, dy fardd digardd dygn gystuddiad—Rhun,
    Gyfun, laes, wanllun, i'th lys winllad,
Mynnu 'dd wyf draethu heb druthiad—na gwŷd
44   Wrthyd, haul gymryd, gamre wastad,
Mynud hoyw fun loyw, oleuad—gwledydd,
    Glodrydd gain gynnydd, nid gan gennad,
Maint anhun, haelfun hwylfad,—em cyfoeth,
48   Ddoeth, fain, oleugoeth, fy nau lygad.
Medron boen goroen nid digarad—was,
    Heb ras, mau drachas o'm hedrychiad,
Magwyr furwydr hydr hydreiddiad—lwysle,
52   Mygrwedd haul fore eurne, arnad.
Megais, llwyr gludais llawer gwlad—yn ddwys
    Dy glod, lwys gynnwys pob datgeiniad,
Mal hy oedd ymy amwyll gariad—graen
56   Myfanwy, hoen blaen eiry gaen gawad.
Meddwl serchawl hawl, liw ton hwyliad—welw,
    Arddelw dy gynnelw, heb dy ganiad.
Medd trist ni wnaeth Crist croesteg (f'eirthiad—llwyr),
60   Wanwyr o'u synnwyr, drwy sud syniad,
Murn boeni â mi o'm anynad—hawl,
    Serchawl eneidiawl un fynudiad.
Mul y bwriais trais tros ddirnad,—Dduw gwyn,
64   Tremyn ar ddillyn porffor ddillad
Megis ti, ferch rhi, rhoddiad—gymyrredd,
    Mwyfwy anrhydedd, wledd wledychiad.
Marw no byw fwyf, glyw gloyw luniad—cyngaws,
68   Hoednaws, nid anhaws ym amdanad.
Meddw ofeiliaint braint, braidd o'm gad—llesmair
    I gael yr eilgair wrth offeiriad.

Masw i mi, profi prif draethiad—a wnawn,
72   Lle ni'm rhoddid iawn, ne gwawn, na gwad.
Mesur cawdd, anawdd i ynad—eglur
    Adrodd fy nolur, ddwysgur ddysgiad.
Meithglwyf, neud athwyf, doethbwylliad—riain,
76   Maith dy arwyrain cain o'm caniad,
Modd nad gwiw fy lliw, lleuad—rhianedd,
    Na'm gwedd, hud garedd, gan hoed girad.
Meinir, neu'th berthir, gwn borthiad—poenau,
80   Yn *nau* hoen blodau blawd ysbyddad.
Medraist, aurdelaist er adeilad—gwawd,
    Im nychdawd ddifrawd, ddyfrys golliad.
Meddylia o'th ra a'th rad—i'th brydydd
84   Talu y cerydd, Duw lywydd, Dad,
Meddiannus Dëus, dyad—ffyddlonder,
    Nêr dreisgwyn bryder, dros gain brydiad.

Prydydd wyf tros glwyf trais glud—hoen gwaneg,
88   Iaith laesteg i'th lwystud,
      Fynog riain fain, fynud,
      Fun arlludd hun, eirllwydd hud.

Ym neud glud dy hud, hydr riain—wanlleddf
92   O'r wenllys ger Dinbrain;
      Aml yw gwawd, gynefawd gain,
      O'm araith i'th dwf mirain.

Ffynonellau
A—BL Add 14978, 33ᵛ B—BL Add 15001, 259ʳ C—Gwyn 4, 103 D—
LlGC 1553A, 275 E¹—LlGC 2021B [= Pant 53], 44ʳ E²—LlGC 2021B [=
Pant 53], 107ʳ F—LlGC 4973B, 369ᵛ G—LlGC 6209E, 216 H—LlGC
17113E [= Gwysanau 24], 22ʳ (*gyda'r llau. olaf ar f. 25ʳ*) I—Pen 221, 212
(*llau. 1–2*) J—Pen 240, 5

Ymhellach ar y llawysgrifau, gw. tt. 345–55.

Darlleniadau'r llawysgrifau
1 *ACDE²G–J* Nid; *CD* dihunwyf, *E¹* ddihunwyf; *D* creirụyf. 2 *D* aur; *ABE¹F*
fal. 3 *BE¹F* o fan o'r byd; *E¹* rwym gwyd; *CE¹* rwy, *D* rhụyf. 5 *ABE¹F* yw,
CE²J un, *D* im; *D* tramụyf; *A–E¹F* eurnef. 6 *C* arnaf; *D* fackụyf. 7 [*C*]. 8 *E¹*
fu. 9 *ACDE²GHJ* allawdd, *E¹* allawd; *A* nam/n, *CDE²GHJ* no mi/n/; *C* kor.
10 *BF* dug. 11 *A* fynawdd, *D* Vynac. 12 *A* fuchwydd; *A* fyw yn. 13 *D* didlaụd
dadl; *E¹E²J* rwy; *D* eglurlụybr, *H* adneuboen; [*C*]. 14 *D* glaerlun; [*CE¹E²HJ*].

15 *D* eu; [*CE¹E²HJ*]. 16 [*CE¹E²HJ*]. 17 *CG* Neud; [*E¹E²HJ*]. 18 *CH* vefanwy. 19 *C* ith. 20 *ABE¹F(J)* ir ddwyn yr ai'r ddwy, *DE²GH* yrddwyn yr er ddwy, *J* i'r ddwyn yr er ddwy. 22 *G* tristwas; *DG* Trystan. 23 *C* bost; *DG* ḷaryf. 24 *DG* ḷef; *A* fry. 25 *ACDE²GHJ* dilid. 26 *A(J)* delw, *E¹F* ddelw; *G* Laswennan. 27 *C* dedh. 30 *A* blodau sorian, *BE¹F* blodau sirian. 31 *E¹* gyrrawd; *B–DF(J)* ir. 32 *A* brasc ywcheldir. 33 *D* didlaṵd, *E¹* ddifawd; *D* diḍan. 35 *BF* cymar. 36 *G* llwys. 37 *C* Mireinwawr o drefawr, *D* Mireinṵaṵr Trefaṵr, *E²* Mireinfawr (Mireinwawr) drefawr; *A* drofo brad, *BE¹F(J)* drofa brad, *D* tre fo haul brad; *E²J* ymddwyn *gydag* i'm dwyn *yn amrywiad yn J*. 38 *AGJ* gwrandaw, *C* Gwrandaw di, *D* gṵarndaṵ, *E²* Gwrando; *E²* fwyn (*am frwyn y testun*); *A* frwyddwydiad, *E²* fynediad, *HJ* vreddwydiad. 39 *CE²HJ* huno heb *gyda* hun oheb *yn amrywiad yn J*, *D* hun no heb. 40 *H* adad. 41 *CE²J* Run. 42 *A* wanlyn; *ABE¹F(J)* wrth (*am* i'th *y testun*); *C* wenllad. 43 *A* rwyf; *D* iḍ ṵy, *G* iddwy; [*C*]. 44 *DG* Gymru (*am* gymryd *y testun*); *ADG* gṵastad; [*C*]. 45 *C* Munud; *C* olead gwawrdhydh (gwledydh). 46 *DG* ganiad. 48 *AC* Doeth. 49 *H* Medrau; *ABF(J)* hoen; *ABF(J)* wyf; *A* ddigarad, *C* digariad, *H* di gardd. 50 *A* drvchas; *C* maen, *DG* ne (*am* mau *y testun*). 51 *ABE¹F* murwydr, *CDG* frwydr, *E²* vurfrwydr; *E¹* hyd; *CE²H* hydroddiad; *DG* lṵys lef. 52 *DG* foref eurnef. 54 *A–HJ* kynnwys; *A* bob; *ABE¹F* atceiniad, *D* datcanniad (datceinniad), *G* dadkennydd. 55 *C* hi; *ABE¹F(J)* am wyl, *C* annwyl. 57 *C* lliw. 58 *ABDE¹F(J)* dygn elw, *C* dygnwelw, *E¹H* dygynnelw; *ABE¹F(J)* gynheiliad. 59 *BDE¹FGJ* Modd; *ABFJ* nerthiad, *E¹* neirthiad. 60 *ABF(J)* lud, *D* sad; *A* seiniad. 61 *HE²* boen; *A* i mi; *D* am(*am* o'm *y testun*); *y ll. yn C yw* maeth glwyf nid aethwy doeth fwylliad grasawl. 62 *A* aneidiawl, *C* Eidawl; *D* (fun); *A* fvnidiad, *B–H* vynediad. 63 *A–E¹F* duw. 64 *H* tremyn; *G* ddillym. 65 *CE²J* Ri rodhiad. 66 *D* f anrhydeḍ. 67 *A* na bwyf glwyf gloew, *BE¹F(J)* na byw nwyf glyw gloyw, *D* na byṵ mṵy glyṵ gloyṵ; *A* kyngnaws. 69 *AE¹FJ* Meddwl; *E²* oveiliant. 71 *A* im; *BCE¹FG* brofi; *BE¹F* brif. 72 *A* nim rodd i, *BE¹F* ni'm rhoddi, *CJ* ni roddid, *D* na roḍid im, *E²* ni roddiad, *G* na roddid, *H* ni rhoddid; *C* nawn nag iawn, *DG* iaṵn na gṵaṵn. 74 *BF(J)* a drodd, *E²HJ* ardrawdd. 75 *D* maithglṵy, *E²GHJ* Maethglwyf; *DG* rhiain; [*A–CE¹F*]. 76 *DG* darṵyrain. [*A–CE¹–FHJ*]. 77 *D* nid; [*CE²H*]. 78 *G* hydd; *E¹* nam hoed (*am* gan hoed *y testun*); [*CE²H*]. 79 *ABDE¹FGJ* nith (*gyda* neu'th *y testun yn amrywiad yn BF*); *G* berchir; [*CE²H*]. 80 *ABE¹FJ* nenn, *DG* dy; *D* flodau flaen, *G* blodau blaen; *A* spadad, (*B*)*FJ* ysbaddad; [*CE²H*]. 81 *C* ardelaist, *D* aurḍeiliaist; *E¹* [er]; *D* ardeiliad (adeilad), *E²* adeiliad. 83 *DG* Meddyliaf oth raf, *E²* Meddyliad. 84 *D* Dalu; *ABE¹F(J)* dofydd. 85 *BFJ* ddeus ddyad, *C* Deus diwad, *DG* deus dyfiad. 86 *C* gann bridiad. 88 *C* Aeth. 89 *A* fanawg, *D* Mynaṵg. 90 *D* arḷuyḍ; *D* eurḷuyḍ hyd. 91 *A* nid; *D* [dy]; *G* hyder rhiain; *A* wanllef. 92 *A* riain brain, *DG* gaer Dinbrain.

Teitl
[*HI*], *A* [   ] owdwl [   ]h [   ]ydd ei [   ] bran, *BE¹F* Awdl i Fefanwy fechan
o Gastell Dinas Bran, *C* Owdl i fefanwy fechan o gastell dinas bran a gant
Howell ap Einion, *D* Cerdd Myfanwy (*mewn llaw wahanol*), *E²* Howel ab
Eingion I Fyfanwy o Gastell dinas Bran (*mewn llaw wahanol*), *G* Owdl
Voliant i Vefanwy Vechan o gastell Dinas Bran. Yr hon Owdl a gad mewn
twll ynghastell dinas Brân wedi ei hesgrifenu ar femrwn, *J* Awdl i Fefanwy
fechan o Gastell Dinas bran o waith Howel ap Einion Lygliw.

Priodoliad
[*I*], *A* howel ab eingan llygliw, *B* Hywel ap Eingion lygliw a'i cant. Edrych ai
ewythr i Ruffudd llwyd ap Dd ap Einion lygliw oedd yr Hywel yma, eb D^r
Davies., *C* Howel ap Eingion, *D* Hoụel ab Einion o Vaelor, *E¹F* Hywel ap
Eingion lygliw ai k edrych ai ewythr i Ruffudd llwyd ap Dd ap Einion
lygliw oedd yr Hywel yma, *E²H* howel ap eign ai kant I vevanwy vechan o
gastell dinas bran, *G* Howel ap Einiawn o Vaelor ai kant, *J* Howel ap
Eignion ai kant i Vevanwy Uechan o Gastell Dinas bran. Edrych ai ewythr
i Ruffudd Llwyd ap Dafydd ap Einion Lygliw oedd yr Hywel yma.

Trefn y llinellau
ABF 1–74, [75–6], 77–94.
C 1–6, [7], 8–12, [13–16], 17–42, [43–4], 45–74, [75–80], 81–94.
DG 1–94.
E¹ 1–13, [14–17], 18–74, [75–6], 77–84, [85–6], 87–94.
E²H 1–13, [14–17], 18–75, [76–80], 81–94.
I 1–2, [3–94].
J 1–13, [14–17], 18–75, [76], 77–94.

Moliant Myfanwy Fychan o Gastell Dinas Brân

Yr wyf yn ddifywyd, [un o] ddisgleirdeb Creirwy nwyfus a
    phrydweddol
A'm hudodd fel [yr hudwyd] Garwy,
O ran testun edmygedd [y] byd, caethiwed chwant gormodol,
4   O ran caer farmor Myfanwy.

Dwysaf fu cariad, [wrth] deithio tuag at [y ferch o] ddisgleirdeb
    euraid,
Hwn tuag atat [ti], dy was ieuanc;
Dy lid, Fyfanwy luniaidd a gwylaidd,
8   Ni bu [erioed] lid trymach tuag at y sawl a'th gâr [di].

Ni allaf ddeisyf, ond yn hytrach [oddef] ymweliad poen
Gŵr mewn cariad yn gynyddol,
Urddasol, hardd Fyfanwy,
12   [Un a'i] hael [o liw] eboni, ferch fonheddig, [am] fyw'n hwy.

Addurnais ble dibrin ar gerdd foliant, eithafol [ei] chwrs
    disglair,
I ffurf hardd Myfanwy;
Addurnaf ar gyfer [yr un megis] cylch [yr] haul
16   Er ei mwyn [hi] ragor o eiriau.

Nid hawdd, [hi sy'n] noddwraig dicter [ac yn] gynheiliad poen
    parhaus,
Yw dod i adnabod Myfanwy;
Angerdd y sawl sy'n dy garu, hynt tristwch,
20   Dioddef o'r newydd hiraeth trist er ei mwyn yr wyf.

[Y] march buan [ei] hynt [y mae] ceirch yn borthiant teilwng
    [iddo],
Cluda ŵr ifanc trist, [un o] ddigofaint Drystan,
Y llwybr yr aethost ar hyd-ddo [o'r blaen], farch parod, cyflym,
24   [Hyd y] lle [y mae] ucheldir eang llys ysblennydd Brân.

Yr wyf yn gyfarwydd yn wastadol, ar gyfrif bwriad [i ddwyn]
    cyrch [er] canlyn
[Merch sy'n] ddwywaith tecach ei lliw na['r] ewyn [yn y] culfor
    rhwng Llŷn ac Enlli,
Ag ymddangosiad, [yn ôl] arfer hysbys [er] diddanwch,
28   [Y march] llwydwyn [a] choesir, llys brenhinol Brân.

Gyrrais ac ysbardunais farch llydan ei fron [a] bywiog,
Er mwyn [yr un o] liw blodau'r ceirios
(Achosodd boen meddwl [cyn belled â]'r Alban),
32   [Un] hirgoes, nerthol, [hyd at] ucheldir Brân.

Lluniais gân foliant [yn ôl] arfer ddi-fai, nychdod ofer [fu
    hynny],
Drwy gyfrwng nid ychydig [o] ymdrech,
[I un o] liw eira cynnar copa['r] Aran,
36   [I un o] bryd [y] lloer, [i un o] fwriad tirion o lys Brân.

Arglwyddes ysblennydd Trefor, tra fo dichell yn fy nwyn
    ymaith,
Gwrando ar f'achwyniad, [y] breuddwydiwr prudd;
Dolur sydd yn eiddo i mi a chwant cryf, bradlofruddiaeth [sydd
    yn] nacáu cwsg,
40   Ymateb i gyfarchiad hyfryd wedi'i gyfeirio atat ti;
Mi, dy fardd di-fai [o] gystudd blin [megis cystudd] Rhun,
[Tydi yr un] eiddil ei chorff, wylaidd, gytûn yn dy lys [sydd yn]
    heilio gwin,
Yr wyf yn ewyllysio datgan heb weniaith na chelwydd
44   Wrthyt, [un] debyg [i'r] haul, [un] ddigynnwrf [dy] gerddediad,
Ferch ddisglair o ystum lawen, [di sydd yn] llewych gwledydd,
Clodfawr dy haelioni [a] gwych [dy] lwyddiant, nid gyda
    chaniatâd,
Cymaint anhunedd, ferch haelionus o natur dda, faen
    gwerthfawr [y] wlad,
48   [Un] synhwyrgall, fain, olau a hardd, [sy'n gormesu] fy nau
    lygad.
Poen penfeddw llawenydd gŵr ifanc nid annerbyniol,
Heb rodd, eiddof [fi] yw chwerwder mawr o ganlyniad i'm
    hedrychiad,
Noddwraig ddisglair-amddiffynnol [a] chadarn [y] lle hardd yr
    ymwelir yn aml ag ef,
52   O bryd hardd lliw euraid yr haul cynnar, arnat [ti].
Meithrinais, cludais yn gyfan gwbl [i] lawer gwlad yn ddyfal
Dy foliant, [dydi'r ferch] dirion [dy] dderbyniad [i] bob
    datganwr [barddoniaeth],
Fel yr oedd imi'n feiddgar gariad ynfyd [ac] alaethus
56   [Tuag at] Fyfanwy [o] liw brig [yr] eira [sy'n] gawod
    orchudd[iol].
Honiad meddwl yn llawn serch, [tydi o] liw symudiad ton welw,
Yw hawlio dy nawdd, heb dy ganiatâd.

Dywed yr un trist na wnaeth Crist hardd Ei groes ([ti yw] fy
    ngwasgariad cyflawn),
60   [Ddynion] gwan a gwyredig o ran eu pwyll, yn ôl [y] fath
    feddwl,
Fy nghosbi'n ddichellgar oherwydd fy honiad anghyfiawn,
Carwr obsesiynol [a chanddo] un cymhelliad.
Yn ffôl y cyflawnais gam drwy fwriadu, Dduw sanctaidd,
64   Taith tuag at ferch hardd [a chanddi] ddillad porffor
Megis ti, ferch brenin, urddas haelioni,
[Yn meddu ar] anrhydedd cynyddol, llywodraethwraig gwledd.
Boed imi farw yn hytrach na byw, pennaeth [ar] ddisglair
    ffurfiant cwyn a ddygir i gyfraith,
68   Natur tristwch [sydd imi], ni fyddai [hynny yn] anos i mi o'th
    achos [di].
Pryder meddwol [yn deillio o] uchelfraint, prin y mae gwasgfa
    yn caniatáu i mi [fyw]
I gael yr ail air gan offeiriad.
Diwerth i mi, rhoi prawf ar brif lefarydd a wnawn,
72   Lle na roddid i mi, [dydi o] liw gwawn, [nac] iawndal na
    gwadiad.
[Gan] faint [fy] nhrallod, anodd yw i farnwr amlwg
Ddisgrifio fy ing, hyfforddiant taer ei boen.
Clwyf mawr, fe euthum, ferch synhwyrgall,
76   Mawr yw dy foliant hardd oherwydd fy nghân,
I gyflwr lle nad yw fy ymddangosiad yn wych, leuad
    brydweddol anghyffredin [ymysg] merched,
Na'm gwedd, chwant cyfareddol, oherwydd galar creulon.
Ferch, fe'th anrhydeddir, yr wyf yn gynefin â dioddefaint
    poenedigaethau,
80   Yn lliw dwbl blodau [a] blagur draenen wen.
Amcenaist, telaist yn wych yn gyfnewid am lunio moliant,
Imi gamwri dihoenedd, dinistr buan.
Ystyria ar gyfrif dy urddas a'th raslonrwydd [tuag at] dy
    brydydd
84   Ddial y cam, Duw lywydd, Dad,
Dduw ac iddo awdurdod, [a'th] anian yn ffyddlondeb,
Arglwydd nerthol a sanctaidd [Ei] ofal, yn gyfnewid am ganiad
    hardd.

Prydydd ydwyf oherwydd dolur gormes dyfal [un o] afiaith ton,
88   [Un o] leferydd isel a phersain yn dy wlad hyfryd,
Urddasol ferch fain, foneddigaidd,

Merch [sy]'n rhwystro cwsg, [un sy]'n llwyddiannus [a]
   chyfareddol [ei] gair.

92

Dyfal yw dy gyfaredd arnaf, ferch eofn, hardd a thyner
O'r llys golau ger Dinbren;
Lluosog yw cân foliant, arfer hardd,
O'm traethiad i [glodfori] dy ffurf ysblennydd.

Nodiadau

1

1 **Creirwy—hoywdeg** Creirwy ferch Ceridwen a oedd yn enwog am ei phrydferthwch, gw. TYP² 198, 311; WCD 148–9. Yn ôl un englyn dienw yng 'Ngramadegau'r Penceirddiaid' yr oedd hefyd o *Enwir fryd, rhyhir frad rhwy*, gw. GEO Atodiad C, rhif 4.3; efallai fod adlais o hynny yn y gair *hoywdeg* gyda'i ystyr 'ymddangosiadol deg eithr twyllodrus neu ffuantus mewn gwirionedd' yn ogystal â'r ystyr 'llon a golygus' a'r cyffelyb.

2 **Garwy** Garwy Hir, cymeriad chwedlonol a glodforid am ei ddewrder milwrol ac am ei sgiliau fel carwr, ond nodir mai dim ond yma y cyplysir ei enw â Chreirwy. Yn GMB 1.3 *kyghor Arwy* (anh.) fe'i gwelir yn batrwm o ddoethineb yn ogystal. Ymhellach, gw. G 523; GDG³ 484; TYP² 354–5.

3 **mynag** Yma fe'i deellir i olygu 'arwydd', gw. GPC 2534, a'i ddirnad fel 'testun edmygedd'. Am yr ystyr 'arwydd', y gellid ei ddehongli i olygu 'coron', gw. GBF 36.94 *Penn v'eneit heb vanac arnaʋ* (Gruffudd ab yr Ynad Coch).

4 **caer Fyfanwy** Sef Castell Dinas Brân, cartref 'seremonïol' Myfanwy Fychan; ymhellach ar Fyfanwy, gw. y Rhagymadrodd uchod.

7–8 Gellid hefyd aralleirio 'Dy lid, Fyfanwy luniaidd a gwylaidd, / Ar y sawl sy'n dy garu ni bu lid mwy.'

7 **Myfanwy** Myfanwy Fychan, gw. y Rhagymadrodd uchod.

20 **ir ddwyn** Er bod rhywbeth yn chwithig yn y cyfuniad o *ir* + be., dilynir darlleniad llsgr. C a deall yma'r f. *dwyn* 'dioddef' a'r a. *ir* 'yn ffres, o'r newydd'.

21–4 Yn y llau. hyn gofyn y bardd i'r march ei gludo'n ddiogel at Fyfanwy; yn y gorffennol bu i'r bardd anfon neges ati (llau. 29–36), ond ymdrech seithug fu honno (ll. 33), a chwbl ddi-fudd.

22 **Drystan** Drystan fab Tallwch a garai Esyllt, gwraig ei ewythr March ap Meirchion, gw. I. Williams, 'Trystan ac Esyllt', B v (1925–31), 115–29; TYP² 329–33; CLC² 730–2. Yr oedd Drystan hefyd yn enwog am ei filwriaeth, fel y dengys dau o 'Drioedd Ynys Prydain', gw. *ib*. 33–4, 37–8; GBF 54.26 *Deuodeu Drystan, daryan dorri* (Bleddyn Fardd). Yn ôl TYP² 103–4 yr oedd Drystan yn berchen ar *orderchvarch* chwedlonol

(sef march i'w anfon yn llatai) o'r enw Gwelwgan Gohoywgain; yr oedd anfon march yn llatai yn gonfensiwn arferol gan Ogynfeirdd y 12g., gw. GLlF 30.4 *Gwelwgann Gohoywgein mein mawr* (Gwilym Rhyfel) a noder yr a. *gwelw* yng nghyd-destun y llatai hwn, isod ll. 28, ac eto i oleddfu *ton* yn ll. 57.

24 **arlloes** Dilynir yn fras awgrym petrus G 41 mai a. sydd yma yn golygu rhywbeth fel 'gwag' neu 'clir'; cf. D.G. Jones, 'Buchedd Mihangel a'r *Legenda Aurea*', B v (1929–31), 12 (llau. 15–16) *val y bai arlloes lle r demyl yn y lleon*. Nodir yno'r posibilrwydd (n2) mai'r un *arlloes* a geir yn DGG² 25 (XVI.30) *Lle arloes â lliw eurloyw* (Dafydd ap Gwilym); gw. hefyd GDG³ 35 (13.56) *A'r Llystyn yn arlloesty* a'r mynegai (td. 563) d.g. *arloes* ac *arlloes*. Ar *diarlloes*, fodd bynnag, gw. GBF 10.26 *Y'th uytyn diarlloes* (Y Prydydd Bychan) a aralleirir 'Yn dy fyddin ddiysgog'. Rhoddai hynny'r ystyr 'symudadwy' i *arlloes*, a fyddai'n a. annisgwyl i oleddfu *bre*, eithr gw. GDG³ 450.

Brân Y cawr chwedlonol Bendigeidfran fab Llŷr Llediaith, y mae'n debyg, ffigur amlwg yn ail gainc y Mabinogi yn rhinwedd ei swydd fel brenin Ynys Prydain, a brawd i Franwen sy'n rhoi ei henw i'r gainc; arno, gw. WCD 51–2, TYP² 284–6, a'r Rhagymadrodd uchod.

26 **Deuliw ... Caswennan** Gthg. G 312 d.g. *delw* ynglŷn â diwygio.

Caswennan Yn ôl G 116 'y culfor rhwng Llŷn ac Enlli'. Yn ôl un o'r chwedlau am Arthur fe ddrylliwyd ei long, Gwennan, ar y creigiau yn y Swnt; am y *Cas-* yn ei henw, cf. hen enwau Celtaidd megis Caswallon: gw. DGG² 231. Er mai i Hywel ab Einion Lygliw o Faelor y priodolir y gerdd hon, ac mai teulu o Bowys oedd y Llygliwiaid (er bod cofnod fod Einion Lygliw yn rhingyll yn Nhal-y-bont, Is Cregennan, i'r de o Afon Mawddach), yr awgrym yw fod Hywel ab Einion wedi croesi Swnt Enlli, o bosibl ar bererindod i'r ynys, ac wedi nodi cynnwrf y Swnt brochlyd. Gw. hefyd ll. 35n isod.

28 **gwelw freichfras** Posibilrwydd arall yw mai cyfeiriad at y bardd ei hun sydd yma.

Brân Gw. uchod ll. 24.

29 **llidiais** Ffurf 1 un.grff.myn. y f. *llidiaf*: *llidio* a dilynir yma yr ystyron 'annog, cymell, ysbarduno (march)' a gynigir yn GPC 2175; ond gellid hefyd ystyr wreiddiol *llid* sef 'gwres', peri bod gwres corff y march yn uchel, gw. I. Williams, 'llid, llawd, trallawd, edlid, aelawd, aeled', B viii (1935–7), 230–2. Y mae Dafydd ap Gwilym yn arfer ystyr arall eto i'r gair, 'angerdd teimlad', sef ei ymateb nwydus i bresenoldeb ei gariad a thybed nad oes arlliw o hynny yn y ffurfiau *dig* a *cawdd* yn yr awdl hon.

30 **sirian** Confensiwn gan Feirdd yr Uchelwyr oedd cymharu gwedd merch â blodau'r ceirios (blodyn anghyffredin o hardd ac aelod o

deulu'r rhosyn), yn ogystal ag â'r ffrwyth, cf. DN 89 (XXXII.4) *Seren gain sirian i gwallt*.

31 **yr Alban** Yr oedd brwydro rhwng Lloegr a'r Alban yn ystod y 14g. ac fe drechwyd y Sgotiaid ym mrwydr Nevill's Cross yn 1346; tybed ai atgof o hynny sydd yma? Cyfeiria Dafydd ap Gwilym at frwydrau yn Ffrainc a Sgotland, gw. GDG³ 31 (12.9–10) *eglur / Oglais Lloegr a Phrydyn*, ib. 156 (58.30) *Brwydr yng ngwlad Ffrainc neu Brydyn*. Posibilrwydd arall yw mai *yr* yn golygu 'i'r' a geir yma.

32 **Brân** Gw. uchod ll. 24.

33 **defawd ddifan** Ar y cyfuniad hwn, cf. GC 1.53 *Gŵyr Ieuan ddifan, ddefawd ffrwst—brwysgdreth*.

35 **Aran** Dilynir yma awgrym yr Athro G.A. Williams (mewn sgwrs) a deall cyfeiriad at Aran Benllyn neu Aran Fawddwy, dau o gopaon cwbl amlwg sir Feirionnydd y mae modd eu gweld o ben Dinas Brân. Tybed a oes yma godi cap i fro mebyd Hywel ab Einion Lygliw (a chymryd ei fod yn hanfod o sir Feirionnydd)? Awgrym J. Lloyd-Jones yw mai cyfeiriad at un o drumau'r Wyddfa sydd yma, gw. J. Lloyd-Jones, *Enwau Lleoedd Sir Gaernarfon* (Caerdydd, 1928), 76; dyma'r unig gyfeiriad at y copa yn y farddoniaeth gynnar, gw. G 35. Gellid rhesymoli rhywfaint ar darddiad Hywel ab Einion Lygliw drwy nodi y gallai'r teulu fod o Faelor, iddynt symud i Benllyn, ac yna i gantref Meirionnydd, cf. ll. 26n uchod.

36 **Brân** Gw. uchod ll. 24n.

37 **Trefawr** Yr oedd Myfanwy Fychan ferch Iorwerth Ddu ab Ednyfed Gam o'r Pengwern yn Llangollen yn hanfod o linach Tudur Trefor, gw. P.C. Bartrum: WG1 'Tudur Trefor' 13; *Aspects of Welsh History*, ed. A.H. Dodd and J.G. Williams (Cardiff, 1969), 200. Hefyd y mae dwy drefgordd, Trefor Uchaf a Threfor Isaf, ym mhlwyf Llangollen, gw. WATU 209.

38 **cwyn, frwyn** Ar y trawiad, cf. GDB 36.44 *Y'm kŵyn brŵyn dŵyn brenhin Gŵyned* (anh.)

breuddwydiad Dilynir yma awgrym G 76 a'i ddeall i olygu 'breuddwydiwr', yn hytrach na GPC 322 sy'n cynnig yr ystyr 'breuddwyd, cyflwr breuddwydiol, synfyfyrdod, ffansi'.

41 **Rhun** Cyfeiriad, y mae'n debyg, at Run ap Maelgwn Gwynedd neu Run Hir, fel y'i gelwid. Yr oedd yn un o 'Dri Gwyndeyrn Ynys Prydain', gw. TYP² 7, ac yn un o 'Dri Hualog Ynys Prydain', gw. *ib.* 29; fe'i clodforir ef am ei ffyrnigrwydd mewn rhyfel, gw. GCBM i, 16.79 *Run auael auwy*, ac am ei ddoethineb, gw. BRh 20 (llau. 8–9) *gwr y mae o vreint idaw dyuot pawb y ymgyghor ac ef*. Am bosibiliadau pellach, gw. TYP² 500–4.

43 **heb druthiad—na gwŷd** Am y cyfuniad *truthiad* a *gwŷd* 'celwydd', cf. GDG³ 389 (147.33–4) *Mawr o gelwydd, brydydd brad, / A draethodd Dafydd druthiad.* Ar *truth* 'gweniaith', gw. *Y Gymraeg yn ei Disgleirdeb*, gol. Thomas Jones (London, 1688).

44 **wrthyd** Gellid yma 'wrthyt, tuag atat', neu efallai 'er dy fwyn', gw. GCBM i, 21.74 *Gôr a wnaeth kymryd gôrhyd gôrthi* a aralleirir 'Gŵr a gymerodd wrhydri er ei mwyn.'

gwastad Yma dilynir awgrym G 633.

45 **goleuad—gwledydd** Taenwyd clod Myfanwy Fychan dros sawl *gwlad*, neu ranbarth o Gymru, fel yr ategir yn ll. 53 isod.

46 **clodrydd ... gynnydd** Ar y cyfuniad, cf. GBF 27.18 *Hydr glodrydd gynnydd* (Llygad Gŵr).

47 **hwylfad** Unig enghraifft, gw. GPC 1939.

gem cyfoeth Yn y farddoniaeth defnyddir *gem* yn ffigurol yn ddisgrifiad canmoliaethus am wŷr a gwragedd; am enghreifftiau, gw. G 527 a GPC 1391.

48 **fy nau lygad** Am *llygad* yn ddelwedd am 'anwylyd', gw. GPC 2261.

49 **medron** Fe'i deellir yn amrywiad ar *madron*, a. yn golygu 'penysgafn, penfeddw, syfrdan, hurt', gw. GPC 2302. Posibilrwydd arall yw mai amrywiad ar enw'r dduwies Modron, mam Mabon, sydd yma, gw. Bl B XIV, 183.

51 **magwyr** Yn ogystal â'r ystyr 'mur, gwal, pared ... amddiffynfa', &c., gw. GPC 2320, gellir deall *magwyr* yn ffigurol i olygu 'cynheiliad, noddwr', cf. GSRh 5.8 *magwyr hywledd* (Rhisierdyn am y Fyfanwy Fychan a gyferchir yma), *ib.* 7.36 *magwyr winllad* (Rhisierdyn); ar *gwinllad* yn yr awdl hon, gw. uchod ll. 42.

murwydr hydr Ar y cyfuniad *gwydr* a *hydr*, cf. GCBM i, 27.8 *Hoed hydyr am hoetylwydyr wodrut.*

hydreiddiad Unig enghraifft; fe'i deellir yn a., gan ddilyn awgrym petrus GPC 1954.

glwysle Cf. y defnydd o *lwys fryd* uchod ll. 36, *dy glod lwys* isod ll. 54, *glwystud* isod ll. 88.

55–6 Neu tybed ai honni ei bod hi yn ei garu ef a wneir yma, 'Fel yr oedd imi'n feiddgar gariad ... Myfanwy'?

56 **hoen blaen eiry gaen gawad** Am y trawiad, cf. GLlLl 21.11 *Ym blaen caen cawad unbyn*; R 1326.26 *liô eiry kaen* (Gruffudd ap Maredudd). Sylwer mai gair unsill yw *eiry* yma.

58 **arddelw** Term cyfreithiol; am ymdriniaeth lawn, gw. T.P. Ellis, *Welsh Tribal Law and Custom in the Middle Ages* (Oxford, 1926), i, 74–5; *ib.* ii,

326 d.g. *avouchment*; GMWL 24–5. Am yr ystyr 'hawl, gwarant, proffes, cyffes', gw. G 36.

59 **trist** Gellid hefyd 'darostyngedig' yn unol â'r ystyr yn YBH 235 (ll. 3162) *dic uuant athrist*, (*engrés 'cross and chagrined'*), gw. *ib.* 235.

Crist croesteg Am y trawiad, cf. R 1197.10–11 *croesdec euraϬc lyϬ yϬ crist* (Gruffudd ap Maredudd).

eirthiad Yn betrus y cynigir mai e., 'gwasgariad', o'r f. *eirthiaf*: *eirthio* sydd yma. Am ddefnydd o'r be./e. yn y farddoniaeth, gw. GLlLl 1.8 *Y deuaϬd eirthyaϬ, detyf neirthyad*, ib. 20.5 *Hy bytei Arthur, eirthyaw hyn—a'e lu*.

60 **gwanwyr** Oherwydd gofynion yr odl â *synnwyr* fe'i deellir yn gyfansoddair o *gwan* a *gŵyr* yn golygu 'gwan a gwyredig'.

synnwyr … syniad Am y cyfuniad, cf. GCBM ii, 16.139 *yn synnϬyr synnyeit* a'r nodyn yno.

sud Benthyciad o'r S. *suit* 'dull, ffurf', gw. WG 67.

64 **ar** Fe'i defnyddir i gyflwyno'r lle neu'r person a gyrchir; y mae *at* wedi ei lwyr ddisodli bellach, gw. GPC 173.

dillyn Anghytunir â G 356 sy'n dosbarthu'r enghraifft hon o'r gair yn a. 'hardd'. Yma fe'i cymerir yn e. 'merch hardd' a gellid hefyd 'anwylyd', cf. GDG³ (82.29–30) *Na phâr … / Grogi dillyn y gwragedd*.

porffor ddillad Y mae dillad porffor yn aml yn symbol o statws brenhinol, ac os a. yw *dillyn* uchod yma gallai *porffor ddillad* fod yn enwol am y ferch sy'n eu gwisgo.

67 **glyw … cyngaws** Ar y trawiad, cf. GBF 1.7 *O lyw glyw gleϬddrud gynghaϬs* (Y Prydydd Bychan). Ystyr *cyngaws* yma yw 'dadl gyfreithiol', gw., e.e., LlB 105 (ll. 18) *brawt gyghaws* 'dadl ynghylch barn neu ddedfryd', *ib.* 113 (llau. 9–13) *Ny dyly … kyghaws* a gw. y nodyn ar y cymal. Y mae'r ystyr ychydig yn wahanol yng nghyfraith Gwynedd, gw. LlI 46 (llau. 10–12) *Ac ena e mae yaun e'r egnat gouyn e'r haulur, 'Puy dy keghaus ty a puy dy kanllau?' Ac yna e mae yaun e'r haulur eu henwy*. Eithr cymerir mai terfyniad gweithredydd sydd yn *lluniad* ac nid terfyniad haniaethol.

69 **meddw ofeiliaint** Yma, ystyrir mai un. yw *gofeiliaint*, gw. GPC 1429. Ar y trawiad, cf. GGrG 8.51–2 *meddwaint / A gywaint gofeiliaint* (Gruffudd ap Tudur Goch).

70 **eilgair** Fe'i deellir i olygu 'mwy nag un gair' yma. Ni ddisgwylid i'r eg. *gair* dreiglo ar ôl *eil-*, cf., e.e., GCBM ii, 1.10 *Yn eil geir molyant, moli Ywein*, ond disgwylid orgraff hŷn i'r ffurf os dyna ail elfen y cyfansoddair.

offeiriad Yr offeiriad teulu oedd yr ail o ran pwysigrwydd o blith yr un swyddog ar bymtheg a oedd yn y llys, gw. LlB 13 (llau. 1–20); yr oedd gan y frenhines hithau wyth o swyddogion yn cynnwys offeiriad y frenhines ac ohonynt hwy ef oedd yr ail uchaf ei statws, gw. D. Jenkins, *The Law of Hywel Dda* (Llandysul, 1986), 28–9. A chymryd bod *wrth* y ll. yn golygu 'oddi wrth', os byddai'r bardd yn marw byddai angen offeiriad arno i roi'r sagrafen olaf iddo.

72 **iawn ... na gwad** Ar y cyfuniad, gw. TA 269 (LXVI.148–50) *A chynnyg iwch iawn a gwad*; / *Od wyd frau, fal dy dad fry,* / *Iawn a gwad a wnei, gwedy.* Geirfa gyfreithiol sydd yma, cf. *mi af mi am tevlv heb arthvr i geisio naill ai gwad ai iawn iti* yn I. Williams, 'Trystan ac Esyllt', B v (1929–31), 116 (llau. 19–20).

gne gwawn Ar y cyfuniad, cf. GC 5.1. *Aelaw iawn yw dawn gne gwawn gwawtchweg.*

73 **ynad** Enghraifft bellach o eirfa gyfreithiol. Swydd ynad oedd datgan y gyfraith a dyfarnu ar achosion cyfreithiol, gw. GMWL 299; D. Jenkins, *Cyfraith Hywel* (Llandysul, 1976), 96–9. Yma fe ymddengys ei bod yn rhan o'i swydd i gyflwyno achos y cwynwr (sef y bardd) ar ddechrau'r achos llys, cf. rôl y ceiliog bronfraith, gw. GDG³ 326 (123.31) *Darlleodd ymadrodd mydr*; R.G. Gruffydd 'A Glimpse of Welsh Medieval Court Procedure in a poem by Dafydd ap Gwilym' yn *Recognitions: essays presented to Edmund Fryde*, ed. C. Richmond & I. Harvey (Aberystwyth, 1996), 169–70. Eithr fe'i deellir i olygu 'dyn gwybodus, doeth' yn GCBM ii, 16.155 *Nyt ynat neb drut ny drefn6y—g6asca6t* / *Kynn g6isca6 auar6y* a gellid yr ystyr honno yma. Posibilrwydd arall yw dirnad yma dopos a deall *ynad—eglur* i olygu 'ynad eglur [ei leferydd]'.

75 **doethbwylliad** Unig enghraifft, eithr digwydd *doethbwyll* yn a. ac yn eg., gw. GSRh 2.55 *Dyn doethbwyll didwyll* (Sefnyn); R 1329.30–1 *wyry. wirionheul y doethb6yll* (Gruffudd ap Maredudd).

76 **Maith ... caniad** Y mae'r ll. hon sillaf yn fyr yn y llsgrau.; fe'i diwygiwyd drwy gyflwyno ffurf lawn ar y rh. blaen 2 un.

77 **Modd nad gwiw fy lliw, lleuad—rhianedd** Y mae'r aralleiriad yn gofyn treiglo cytsain flaen *lleuad*, ond y mae'r gair sy'n dilyn yr orffwysfa yn gallu cadw neu hepgor y treiglad a ddylai fod iddo os yw hynny'n fanteisiol i'r gynghanedd, gw. Treigladau 196.

82 **difrawd, ddyfrys** Ar y cyfuniad, cf. R 1337.23 *Llys dyfrys divra6t* (Hywel Ystorm).

83–6 Posibilrwydd arall yw mai'r ferch a gyferchir yma, ac mai'r 'cain brydiad' yw'r awdl.

83 **gra** Defnyddir yr ystyr 'ffwr, pân a ddefnyddid i addurno gwisgoedd', gw. GPC 1518, yn drosiadol i olygu urddas y sawl a wisgai'r dilladau

hynny. Eithr gellid deall *gra* yn ei ystyr lythrennol pe dilynid yr awgrym uchod, gw. llau. 83–6n.

87 **trais glud** Sylwer y digwydd yn gyfansoddair yn un o awdlau Gruffudd ap Maredudd i Dudur ap Goronwy o Benmynydd, mab Myfanwy Fychan, gw. R 1209.17–18 *achaʊs traʊs treisglut heildut haelder*.

88 **llaesteg** Digwydd yr a. hwn deirgwaith yn y farddoniaeth gynnar, a hynny bob tro i oleddfu lleferydd merch, gw. GCBM i, 5.4 *Kymraec laesdec o lys dyfrynt* (am Efa ferch Madog ap Maredudd); GDB 22.2 *Gʊann, llaesdec areith, gyfreith gyfrann* (Goronwy Foel am Farared ferch Rhys Fychan); a'r enghraifft hon.

91 **im neud glud dy hud** Ystyr *glud* yw 'dyfal, cyndyn, yn glynu'; yr oedd hud Myfanwy Fychan wedi glynu wrth y bardd, ac yr oedd o dan ei chyfaredd yn union fel yr oedd Garwy wedi'i ledrithio gan Greirwy (gw. llau. 1–2). Gafaelodd Dafydd ap Gwilym yn y ddelwedd hon wrth lunio'r cywydd 'Merched Llanbadarn'; teimlai yntau ei fod wedi'i hudo a'i fod dan orfodaeth i garu'n angerddol, yn fwy felly na Garwy ac eraill o'r un anian ag ef, gw. GDG³ 130 (48.14–15) *Ni bu mor lud hud â hwn— / Anad gwŷr annwyd Garwy.*

gwanlleddf Digwydd y cyfansoddair hwn, hefyd, yng ngwaith Goronwy Foel, gw. GBF 22.5 a'r nodyn uchod ll. 88.

92 **gwenllys** Gellid hefyd aralleirio 'llys gwyn', cf. GSRh 1.29 *Rhoddiad Angharad yng ngheyrydd—gwyngalch.* Cf. hefyd At.ii.7n isod.

ger Beth yw ergyd *ger* yma? A yw'n awgrymu nad Castell Dinas Brân yw Dinbren? A yw'r bardd yn dweud fod llys Myfanwy *ger* 'yn ymyl' Castell Dinas Brân? Byddai hyn yn cyd-fynd â'r awgrym yn y Rhagymadrodd mai yn y Pengwern yr oedd ei chartref ac nid yn y castell.

Dinbrain Dinbren, sef Castell Dinas Brân, Llangollen yn ôl WATU 58. Eithr y mae Dinbrain hefyd yn enw ar drefgordd, sef y wlad o dan y castell; yno y mae dwy fferm, Dinbren Uchaf a Dinbren Isaf, a thebyg mai cyfeiriad at y drefgordd honno sydd yma. (Diolchir i'r Athro G.A. Williams am yr wybodaeth hon.) Dyma enghraifft gymharol brin o'r hen gyflwr traws yn y Gymraeg, lle y mae *brain* yn y cyflwr genidol.

Geirfa

Enwau personau

Brân 24n, 28, 32, 36 (gw. hefyd
  caer Fyfanwy, Dinbrain)
Creirwy Creirwy ferch Ceridwen
  1n
Crist 59n

Drystan Drystan fab Tallwch 22n
Garwy 2n
Myfanwy 4n, 7, 11, 14, 18, 56
Rhun 41n

Enwau lleoedd

Alban, yr 31n
Aran 35n
Caswennan 26n

Dinbrain Dinbren 92n (gw. hefyd
  caer Fyfanwy, Brân)
Trefawr Trefor 37n

GWAITH
LLYWELYN AP GWILYM LYGLIW

Rhagymadrodd

Ni wyddys dim am fywyd Llywelyn ap Gwilym Lygliw ar wahân i'r ffaith ei fod yn aelod o deulu'r Llygliwiaid. Un cywydd o'i waith a gadwyd, ac fe'i priodolir i Siôn Cent mewn pymtheg llawysgrif, i Hywel Hir mewn saith llawysgrif arall, ac y mae'n ddienw yn llawysgrif BL Add 31062. Dwy lawysgrif yn unig sy'n ei dadogi ar Lywelyn ap Gwilym Lygliw.

Cofir am Siôn Cent fel awdur cerddi duwiol a phriodolwyd iddo ar sail hynny nifer o gerddi crefyddol ei gyfnod (a chyfnodau diweddarach) ar gam. Yn dilyn ei archwiliad ef o'r cywydd a olygir isod,[1] y mae Ifor Williams yn ei wrthod o ganon Siôn Cent er bod mwyafrif y llawysgrifau yn ei briodoli iddo,[2] a dilynir ei arweiniad yma. Pan fo llawysgrifau yn priodoli cywydd duwiol i Siôn Cent a llawysgrifau eraill o'r un cyfnod yn ei briodoli i fardd arall llai hysbys, cymerir bod hynny'n dystiolaeth i ddilysrwydd y tadogiad lleiaf ffasiynol; ac i gadarnhau hynny yn achos y cywydd hwn, nid oes ynddo ddim o nodau crefft Siôn Cent.

Y mae'n bosibl mai gŵr mewn urddau eglwysig oedd Hywel Hir gan fod nifer o'r llawysgrifau yn rhoddi iddo'r teitl *magister*. Os felly hawdd fyddai tadogi'r cywydd hwn arno yntau hefyd oherwydd natur grefyddol ei gynnwys, er mai dyma'r unig gywydd crefyddol sydd gan Hywel Hir wrth ei enw. Yn ôl *Y Bywgraffiadur Cymraeg*, bardd a oedd yn ei flodau yn ystod hanner cyntaf yr ail ganrif ar bymtheg oedd Hywel Hir[3] (ddwy ganrif, yn fras, wedi dyddiau Siôn Cent), ac y mae'r llawysgrifau sy'n priodoli'r cywydd hwn iddo ef[4] yn dyddio o'r un cyfnod, yn fras, â'r rhai sy'n ei briodoli i Lywelyn ap Gwilym Lygliw.[5] Ni welodd Ifor Williams y llawysgrifau sy'n tadogi'r cywydd ar Lywelyn ap Gwilym Lygliw ac felly fe'i priodola i Hywel Hir—yn niffyg priodoliad arall yn hytrach na chydag unrhyw arddeliad, gellid tybio: 'Rhoir ef i Siôn Cent yn Hafod 5, Llan

---

[1] Gw. ei restr 'Cywyddau Gwrthodedig i Siôn Cent', IGE clxxvi–clxxvii. Dywed Ifor Williams iddo edrych ar drigain o gywyddau a briodolwyd i Siôn Cent, 'ond ar ôl manylu ar eu hiaith a'u cynnwys, a phwyso tystiolaeth y llsgrau. yn ôl eu hoed, ni fedrais brintio ond 18, ac o'r rheini y mae lle cryf i amau dau neu dri', gw. IGE² lxiii–lxiv.

[2] Fe'i derbyniwyd i ganon Siôn Cent gan T. Matthews, *Gwaith Siôn Cent* (Llanuwchllyn, 1914), 19–21.

[3] Gw. ByCy 383.

[4] Bangor (Penrhos) 1573 (*c.* 1590–1637); BL Add 14906 (16/17g.); BL Add 14979 (*c.* 1590); Bodewryd 1 (diwedd yr 16g./dechrau'r 17g.); Brog (y gyfres gyntaf) 6 (1627–30); Card 4.10 (ail hanner y 18g.); LlGC 1559B (canol y 17g.).

[5] LlGC 13079B (16/17g.); Llst 135 (*c.* 1600).

47.134, ond i Mr. hoell hir yn Add. MS. 14906. Gwell credu mai'r olaf a'i piau, yn hytrach na dal bod Siôn mor ansicr yn ei gelfyddyd.'[6]

Fodd bynnag, naws diwedd y bedwaredd ganrif ar ddeg neu ddechrau'r bymthegfed ganrif sydd i'r cywydd hwn, cywydd canoloesol, cyn-Brotestannaidd,[7] ac os oes sail i ddyddiad *Y Bywgraffiadur* nid Hywel Hir yw ei awdur. Y mae holl waith arall hysbys Hywel Hir yn barodi ar waith Dafydd ap Gwilym, sef y ddau gywydd 'Hwyl anniben fargen faith' (dau gopi) ac 'Unswydd wyf i ansawdd fad' (tri chopi), cywyddau hwyliog sy'n adrodd hanes y bardd yn mynd i garu merch ond yn cael ei lesteirio gan anawsterau byd natur. Er mai rhyw ddau neu dri o gopïau o'r cywyddau hwyliog a gadwyd, ceir saith priodoliad i Hywel Hir o'r cywydd 'Llawer gwaith y darlleais'.

Er nad oes tystiolaeth ddiymwad i awduraeth y cywydd hwn, at ei gilydd diogelach fyddai tadogi'r cywydd ar Lywelyn ap Gwilym Lygliw nag ar neb arall gan nad oes dim rheswm dros ei briodoli i fardd cwbl anhysbys oni bai mai ef yw'r awdur, er mai yn betrus y deuir i'r casgliad hwnnw.

O ran cynnwys y mae tair adran i'r cywydd, sef y darn agoriadol hanesyddol (llau. 1–34), yr ail adran sy'n disgrifio gweledigaeth yr Apostol Paul o uffern (llau. 35–70), ac yn drydydd yr adran rybuddiol, gyda phwyslais ar weddi, sy'n cloi'r gwaith (llau. 71–92). Adroddir yn adran gyntaf y cywydd Hanes yr Iachawdwriaeth yng Nghrist dros bum oes y byd, fel y'i hadroddir yn yr Ysgrythur. Nodir y *wialen drwynwen* (ll. 19) a'r *neidr ddu* (ll. 20) yn ddau symbol (gwrthgyferbyniol eu lliw) o'r Iachawdwriaeth honno, ac ategir symboliaeth y neidr gan Grist ei hun yn Io iii.14. Yn dilyn y gyfeiriadaeth hon y mae strwythur y cywydd yn simsanu a'r bardd yn symud at y ddraig (ll. 24), cyn ailgrybwyll y Dilyw (llau. 27–8) a Chwymp Adda ac Efa (llau. 29–34), ynghyd ag arwyddocâd hynny i'r ddynoliaeth gyfan. Wrth ddwyn sylw at yr uffern a allai fod yn rhan i ni yn sgil anufudd-dod Efa (ll. 34), arweinir y bardd yn naturiol at weledigaeth Paul o'r lle aruthr hwnnw.

Mydryddiad o 'Breuddwyd Pawl Ebostol' o Lyfr yr Ancr[8] yw ail ran y cywydd hwn (llau. 35–70). Perthyn cynnwys gweledigaeth Paul i lenyddiaeth y Cyfandir rhagor nag i lenyddiaeth gynhenid Cymru,[9] ac fe sylfaenwyd y weledigaeth gyfandirol ar dystiolaeth yr Apostol Paul yn

---

[6] IGE[1] cxlvi n1.

[7] Er mai cerdd gyn-Brotestannaidd yw hon, y mae'n werth nodi nad yw'r propaganda ar ran y Mynaich Gwynion sydd yn y testun gwreiddiol sy'n sail iddi, hanes *eneit manach gwyn* 'Breudwyt Pawl Ebostol' yn cael ei arwain i'r nefoedd oherwydd ei weithredoedd da, wedi ei godi i'r gerdd hon.

[8] LlA 152–6.

[9] Ymhellach ar y testun 'Breudwyt Pawl Ebostol', gw. J.E.C. Williams, 'Breuddwyd Pawl a Phurdan Padrig' (M.A. Cymru [Bangor], 1936); *id.*, 'Welsh versions of the *Visio Pauli*', Études x (1962–3), 109–26.

2 Cor xii.2–5 lle dywed y gŵyr am ŵr a gipiwyd i Baradwys ac a glywodd draethu'r anhraethadwy.

Prif bwrpas gweledigaethau'r Oesoedd Canol oedd rhybuddio yn erbyn dychrynfeydd y byd a ddaw, ac yn sgil hynny annog gwell buchedd yn y byd hwn. Yr oedd breuddwyd neu weledigaeth yn dwyn pwysau mawr yn y cyfnod ac yn dod yn bur agos at fod yn dystiolaeth ddigamsyniol o wirionedd. O'r herwydd fe'u defnyddid gan y Tadau Eglwysig i ategu eu hathrawiaethau—ynglŷn â nefoedd ac uffern, ymysg pynciau eraill. Swydd-ogaeth ymarferol sydd i'r cywydd hwn felly, yn fwy na swyddogaeth lenyddol. Fel y dywedwyd am gyfieithiadau Saesneg William Herbert o gerddi Lladin ac o benillion Eingl-Ffrengig y bedwaredd ganrif ar ddeg: 'There can be little question, I think, that these pieces were designed primarily for pulpit use'[10] ac at ddibenion hyrwyddo dysgeidiaeth.

Pwyslais rhybuddiol sydd i adran olaf y cywydd. Yma rhestrir y Saith Pechod Marwol a allai daflu'r pechadur ar ei ben i boenau uffern oni bai ei fod yn edifarhau, yn adolygu ei ffordd o fyw, ac yn dilyn y *wachelffordd uchel* (ll. 85), sef y llwybr golau sy'n arwain i'r nefoedd. Ni ellir honni bod yma gywydd athrylithgar farddonol, ond yn ei ddiweddglo y mae ei gadernid pennaf.

Y mae i'r cywydd hwn 92 o linellau a phob llinell wedi'i chynganeddu, os yn elfennol weithiau. Cyfartaledd y cynganeddion yw a ganlyn: cynghanedd draws 36, sef 39.1 y cant; cynghanedd groes 25, sef 28.3 y cant; cynghanedd sain 18, sef 19.6 y cant; a chynghanedd lusg 12, sef 13 y cant. Yn ôl meini prawf Thomas Parry,[11] drwy groen ei ddannedd, os o gwbl, y gellir cynnwys y cywydd hwn gyda chanu'r bedwaredd ganrif ar ddeg ac y mae'n debycach mai ar ddechrau'r bymthegfed ganrif y dylid ei osod. Ond o ran natur addysgol ei gynnwys, canrannau'r cynganeddion, a'i ergyd clo, y mae'r cywydd hwn yn ymdebygu'n agos i gywydd a briodolwyd mewn cyfrol arall yn y gyfres hon i Ddafydd Ddu o Hiraddug ac a ddyddiwyd yn betrus i'r bedwaredd ganrif ar ddeg.[12]

Nid oes stamp bardd proffesiynol ar y cywydd hwn. Y mae'r llinell gyntaf yn dlawd ei chynghanedd a drwod a thro nid yw'r gynghanedd yn gywrain o gwbl. Nid yw'r llinellau yn gwbl wastad o ran cyfrif eu sillafau: y mae llinell 86 un sillaf yn rhy hir, a cheir saith sillaf yn llinellau 29, 37, 52, 53, 64, 66 ac 81 drwy geseilio; deusill yw *dioddef* yn llinell 31 a theirsill yw *diogi* yn llinell 71. Ymddengys fod y bardd yn odli *chwi* a *gwedy* yn llinell 91, ond efallai fod ynganiad *gwedy* yn nes at *gwedi* i glust y bardd. Y mae'r cywydd yn cynnal cymeriad llafarog gweddol gyson.[13]

[10] C. Brown, *Religious Lyrics of the XIVth Century* (Oxford, 1924), xiv.
[11] Gw. T. Parry, 'Dafydd ap Gwilym a'r Cyfrifiadur', YB xiii (1985), 114–22 a'r cyfeiriadau yno.
[12] Gw. GEO cerdd 3.
[13] Gw. J. Morris-Jones: CD 291.

Gweledigaeth Pawl yn Uffern

Llawer gwaith y darlleais
Llyfr mawr er llafur i'm hais
A gwybod lle mae'r gobaith
4 Ac enwau'r gwŷr, gwan yw'r gwaith:
Addaf, Noe, Abram oeddynt,
A Moesen fu gymen gynt,
Dafydd (pan*d* teg fu'r dyfyn?)
8 Broffwyd, brenin gwalltlwyd gwyn,
Cymen fuont bob ennyd:
Cyn Croes dyna bumoes byd!
O darllain un gŵr deirllith
12 O fewn hwn, llyfr Brytwn, brith,
Ef a wŷl a fu o waith
A thalm o bethau eilwaith
A manegi oes Moesen
16 A'r Llif Rhudd a ŵyr llyfr hen.
A fynnwyd ei 'sgrifennu
Â llaw dyn yw, o'r lliw du:
O'r wialen drwynwen a drig
20 Ac o'r neidr ddu grynedig.
Arwydd fu o'r wyraidd Fair
O'i genau ni ddug anair.
Dinistrawdd, diffyrfawdd ffydd
24 Y ddraig wenwynffaig anffydd
Hyd pan aeth, cyhyraeth cam,
I'r wybr *o* waith plant Abram.
Wybr a dduodd a boddi
28 Y bobl, medd y Beibl i mi.
Gwenwyn Efa ag un afal:
Gwae'r byd, hi a'r gŵr â'r bâl!
O ddydd Addaf hyd Ddioddef
32 Y buon' oll heb y nef,
A genais, er o gynnwll:
Hi droes y pumoes i'r pwll.
Na ddyged neb gamddegwm,
36 Nac ewch, or cewch, dir i'r cwm
Lle y gwelas Pawl Ddiawl ryw ddydd,
Oer o boen, ac eiry beunydd,

        A mil o eneidiau mân,
40   Ochi anferth a chwynfan
        O fewn gwynt, ofnog ei wedd,
        Ac eiry heb gael trugaredd
        A Diawl cornfudr, dwl, carnfoll
44   A welai Bawl yn wlyb oll
        Yn dwyn, a'i gorn yn ei dâl,
        Eneidiau'r bobl anwadal
        A'u bwrw'n faich fal brain fil
48   Â'i gigwain hagr ei gwegil:
        Rhai i'r pair yn gludweirioedd
        A rhai i'r iâ, rhywyr oedd;
        Rhai a droed i'r rhod rydwym
52   A rhai ymysg nadredd yn rhwym
        Ac eraill wedy eu gyrru
        Â bwyall dân i bwll du.
        Ynghrog pob gradd onaddun
56   A bach drwy dafod pob un:
        Rhai yn griddfan rhag annwyd
        A rhai dan blwm tawdd mewn rhwyd
        A chythraul ar ei chwethroed
60   Â bêr cam mwy no bar coed.
        Pob rhyw ddyn a 'sgymuner
        I boen y gyrrir â bêr
        A'i braich yn dân hyd ei bron
64   A wnaed am dyngu anudon.
        A gymer gamddegymawl
        Â i'r gerwyn dân ar gyrn Diawl
        Ac enaid mewn coffr gwynias
68   Â golwg ryn heb gael gras
        Wrth bilerau gau i gyd
        A gwynt garw o gant gwryd.
        Gwae chwi, diogi digael,
72   Glythineb, godineb gwael,
        Balchedd, llid, ffordd y bylchant,
        Cenfigen chwerwen a chwant:
        Llyma'r pynciau, myn Ieuan,
76   Och dagr tost, a'ch dwg i'r tân!
        I'ch iaith gwrandewch y weithan
        Ar lais yr Ysgrythur lân
        I ogelyd iâ golas
80   A'r lle brwnt a'r llu heb ras:
        Nedwch i'ch eneidiau i'ch ôl
        A meirw mewn pechod marwol;

Dewch â'ch llef hyd y nefoedd,
84 Gweddïwch, eich heddwch oedd;
Ewch i'r wachelffordd uchel
O'r pwll lle mae mwya'r apêl
Ar y Mab serchog D'rogan
88 A'ch tynnawdd o'r tawdd a'r tân.
A ddoetpwyd mewn proffwydi
Ystyriwch a choeliwch chwi:
O'ch delir chwi, gwedy gwaith,
92 Ar ôl, ni'ch prynir eilwaith.

Ffynonellau

A—Bangor (Penrhos) 1573, 232 B—BL Add 14906 [= RWM 45], 30ʳ C—
BL Add 14979, 65ʳ D—BL Add 31062, 76ʳ E—Bodewryd 1, 135 F—Brog
I 2, 275ʳ G—Brog I 6, 60ᵛ H—Card 2.619 [= Haf 5], 120 I—Card 4.10 [=
RWM 84], ii, 1207 J—Card 5.44, 31ᵛ K—J 101 [= RWM 17], 367 L—
LlGC 970E, 59 M—LlGC 1559B, 593 N—LlGC 2010B [= Pant 42], 163
O—LlGC 4710B, 236 P—LlGC 13061B, 100ʳ Q—LlGC 13068B, 5ᵛ R—
LlGC 13071B, 109 (*llau. 35–6, 53–6, 61–4, 67–74, 77–92*) S—LlGC
13072B, 55 T—LlGC 13079B, 77ʳ U—LlGC 13167B, 133 V—LlGC
13168A, 151–2, 155–6 W—Llst 47, 176 X—Llst 134, 39ᵛ Y—Llst 135, 107

Ymhellach ar y llawysgrifau, gw. tt. 345–55.

Darlleniadau'r llawysgrifau

1 *I* eu (*am* y *y testun*), *U* a (*am* y *y testun*); *D* darllenais (darlleais), *K* darlleais
gyda n *wedi'i hychwanegu rhwng yr* -e- *a'r* -a-, *O* Deuhellais, *U* Deuallais;
[*RV*]. 2 *ABCEIMOQSU* y llyfr *wedi'i gywiro mewn inc o liw gwahanol yn* llyfr
y testun yn E; *BM* ar, *Q* wir; *Q* y llafir m; *A–DF–QUWXY* ais; [*RV*]. 3 *BDFHJ–*
PUWX er (*am* a *y testun*); *DFHKOP* ple *wedi'i gywiro yn* lle *y testun yn* D, E
llei, *U* Ble y; *ABCEGIMOU* mae; [*QRV*]. 4 *ABCEIMS* ag enwav, *DFJKLPWX*
ag enwi, *G* a genaü, *HU* ag enwi r, *O* Ag Henwir; *A–F–NPSWX* gwn i, *HU*
[gwn] ywr, *O* Hwn ywr; [*QRV*]. 5 *A–IKMPSUWX* Adda; *O* Noha, *U* Noah;
OU Abraham; [*RV*]. 6 *S* [a] moysen; *ABCEGIM* oedd, *OU* A Fu, *SY* y fy;
[*RV*]. 7 *DFHJKLNOPWX* a dafydd; *ADFHJKLNPWX* teg fvr, *BCEIMQ* teg a
fy r, *GS* teg i fü/r/, *O* Deg A Fu Er, *T* pan tec vyr, *U* Deg A Fy yr, *Y* pan tec
y fyr; [*RV*]. 8 *A* brenin gwaldlwyd gwyn, *BCIM* brenin gwall wyd gwyn,
DFHJKLPWX vrenin walldlwyd wyn, *G* brenin gwarllwyd gwynn, *N* frenin
gwalllwyd gwyn, *OU* Frenin walltllwyd wyn, *S* frenin gwalltlwyd gwyn, *T*
brenin gwalltllwyd gwyn; [*RV*]. 9 *B* kynnen; *ABCEGIM* afv, *DHP* vyon, *OU*
a Fuon, *S* y fyon; [*QRTVY*]. 10 *ABCEIM* cynn yr oes, *G* kyn a roes, *H* ken
kroes; *SPU* bymoes; [*QRTVY*]. 11 *Q* [o] darllain, *S* O darllen, *Y* O darlen; *A*
gwr bedeillith, *B–PSUWX* gwr bedairllith, *Q* awnae wr daerllith, *Y* vn gwr

dairlyth; [RV]. 12 *DHLPWX* o hwnn, *G* fewn hwn, *OU* A Hwn, *Q* yn hwn; *ACIS* lyfr, *DFHKOU* sydd lyfr, *JLNPWX* sy lyfr; *ABCEGIM* brongrwn, *D* grwn, (*D*)*FHJKLNOPSUWX* byrgrwnn, *T* biwttwn; [RV]. 13 *C* y fo a, *E* efo a, *I* Y fe a, *Q* a, *S* Y fo y, *Y* ef y; *MSY* wyl y fv, *Q* thal i ni gwedi n; *Q* gwaith; [QRV]. 14 *Q* a thal am obaith ailwaith; [R]. 15 *ABCEGIM* mynegi, *FK* mynegais; [R]. 16 *CI* a llif rhudd, *OU* or llif Rhydd, *V* A lliw rhydd; *ABCEIM* i mae-r, *DFHJKLNPWX* awnar, *G* maer, *O* A wnaer, *Q* wyr y, *S* y na, *U* A Wnay yr, *V* ynar; [R]. 17 *O* Ai Fywud, *S* A ffenn gwedy, *X* i vynnwyd, *U* Y Fowyd, *V* A ffin wedi; *AFJKLN* ysgrivenny, *BC*(*D*)*WX* i ysgryvennu, *DEHPU* i sgryfenv, *G* i sgrifennüw, *M* ev scrifenv, *O* Ai scrifennu, *S* scrifenny; [QRTY]. 18 *V* A llaw dyn [yw]; *ACEGI* a gallv, *BM* ag a lliw, *OU* yn y lliw, *S* ag o lliw, *V* alliw; *G* düw; [QRTY]. 19 *DFHJKLNOPTUWXY* gwialen, *G* o wialen, *V* Ar wialen; *Y* y dric; [Q–S]. 20 *DFHJKLNPUWX* ar y naidr, *OV* Ar Nider; *TY* [ddu]; [Q–S]. 21 *A* a wyr ddifai, *BCEIM* vn awyr ddifai, *DFHJKNOP* ar wirif ddifai, (*D*)*WX* ar wyrydd ddi vai, *G* vn o wyrif ddifai, *L* vydd or wyrydd vair, *Q* y fur wyry vair, *S* fy or wiri difai, *T* a vu or wiraidd vair, *U* ar Wûrf Ddifai, *V* afy ar wyryf ddifai, *Y* yfy ar wireidd fair; [R]. 22 *A–FHJ–NPVWX* y genid a ddigonai, *G* y genid a/n/ digonai, *I* Ei genid a ddigonai, *L* ai genav ni ddyg anair, *OUV* Y Genid o Ddig A Wnai, *S* Y genyd y dioganai; [R]. 23 *D* ffyrvawdd, *N* diffarfawdd; [*ABCE–IKMP–VY*]. 24 [*ABCE–IKMP–VY*]. 25 *Y* pyn; [*ABCE–IKMO–SUV*]. 26 *DJNWX* ywch blant, *L* ywch plant; [*ABCE–IKMO–SUV*]. 27 *DJLNPSWX* awyr ddüodd, *FKV* awyr a ddvodd, *G* wybr a ddüoedd, *HU* awyr ddüoedd, *O* Awur Ddû oedd, *TY* yr wybren anodd; *ACEGI* yw boddi, *BM* oi boddi, *TY* y boddi; [QR]. 28 *TY* ar bobyl; [QR]. 29 *AC–MOPSUWX* gwen efa, *BN* Gwên Efa, *V* Gwaith efa; *V* ai hnig afal; [QR]. 30 *U* Gwae Bûd; *CI* efor gwr ar, (*D*)*JNX* hi aü gwr ai, *U* Hi Ai Gwr ar; [QR]. 31 *A–EHIMP* adda; *DFHJKLNOPSWX* i, *Y* hed; [QR]. 32 *DFHJKLNOPSUWX* boen; *Y* byan; *DFHJKLNOPSWX* heb vn i nef, *G* heb vn nef, *U* Heb vn ei Nef, *V* heb dduw nef; [QR]. 33 *A* os canaf er yscynnwll, *B* os kanaf or yskymwll, *C* o kana or yscynwll, *DFHKLNPWX* oi kamav kynn oes kymwyll, *E* os camaf er yscymwll, *G* os kannaf er ys kynnwll, *I* Os Cana er yscynwll, *J* oy kamav kynn oes kymwll, *OU* Ai cammay cyn oes cymwyll, *S* Os kam yn oes kymwll, *V* Am kany ohwn kyn oes kanwyll; [QR]. 34 *ABCEGIM* a roes, *FKV* hi a droes, *S* hir droes, *TY* a droes; *GHTUY* pymoes; (*D*)*XY* or pwll, *OU* oi Pwyll; [QR]. 35 *A–KM–PRSU–X* na ddygwch mwy, *L* ny ddygwch mwy. 36 *ACEI* na newch o cewch dir ir cwm, *BMQT* nag ewch o kewch dir ir kwm, *DHJLNPRWX* nag ewch or kewch i dir kwm, *FK* nag ewch o kewch i dir kwm, *OU* Nâd Ewch or cewch y Dîr cwm, *S* na ddewch o kewch dir y kwm, *V* Na gewch or kewch yr kwm. 37 *ABCIM* lle gweles, *E* llei gweles, *G* lle gweloedd, *JLNOSU–Y* lle gwelas, *Q* [lle] gwelas, *T* lle gwalas; *EN* yw ddydd, *G* ryd ddydd; [R]. 38 *ABCEGIMS* ar boen, *HOUX* oer boen, *QT* ay boen, *Y* y boen, *V* Affoyne; *ACIM* lle mae eira, *B* lle mwy eira, *E* llei mae eira, *G* lle/m/ eyra, *H* ag airae, *OU* Ag Irad, *Q* oedd eira, *S* ag eira, *TY* yw eira; [R]. 39 *Y* eneidi; [R]. 40 *BCGMQY* a chi, *O* ag ochi, *TV* a chri; *V* achryn fan; [R]. 41 *BM* [i]; [*DFHJKLN–Y*]. 42 *BGM* ag eira heb drigaredd; [*DFHJKLN–Y*]. 43 *AE* ar, *BGM* y, *Q* [ ]; *ABCEGIM* cernfvd, *Q* gornvydr, *Y* karnfydyr; *Q* ddwl; *ACEGIM* cornfoll, *B* kenvoll, *C* kernfoll, *Q* geroll; [*DFHJKLNOPRSU–X*]. 44 [*DFHJKLNOPRSU–X*]. 45 *ACEI* a chorn, (*D*)*KLX* aü gyrn, *GY* y gorn, *Q* ar y gorn, *S* ay goron; *G* [yn] i, *Q* ay, *S* ny; [R]. 46 *ACEI* eneidie pobl, *BM* eneidiav r rai, *FKNS* eneidiav y bobl, *G* enaide pobl, *JLWX* enaidav y bobl, *OU* Eneidiay yr Rhai; *O* Anwdal; [R]. 47 *I* A bwrw; *DSV* faith, *I* farch; *DFHJKLNPWX* oi barn fil, *I* fob Brain fil, *MV* fel brain fil, *OU* Ay Barn Fîl, *Q* bebaen fil, *TY* val baen vil; [R]. 48 *ADFHJKLOPUWX* ar, *Q* [ ], *S* oy; *OU* Gigfran, *TY* gigvain; *DHP* hagr yw i, *N* hagr iw, *O* yn Ei; [R]. 49 *ACEI* pair a glvdweirioedd *wedi'i gywiro'n* gludeirioedd *yn E*, *BM* pair a glvdwair oedd, *DFHJKLPWX* pair glyd a vairioedd, *N* pair yn gludeirioedd, *G* pair yn glydair oedd, *O* Pair Ar Glud A Fwrriodd, *Q* pair yn glydfairoer, *S* payr auglydwayrioedd, *U* Pair Ar Glûd a Fwrrioedd, *V* pair yn gledfeirioedd; [R]. 50 *BGMTVY* [A] rai, *O* A Rhi; *G* ir ia dü, *Q* i eira; *A– QSUWX* rhy oer, *E* a rhy oer *wedi ei gywiro yn* rhy oer, *Y* rhy wer; *G* ydoedd, *Q* [oedd]; [R]. 51 *DFHJKLNOPSU–X* rhai.n.rhedeg, *Q* rhai ai droed, *Y* rai y droid; *DHP* mewn rhod, (*D*)*FJKLNWX* mewn rhan, *O* Rhud Rhod, *Q* yn ry, *S* yr tan, *U* wrth Rhôd, *V* mewn rhod; *Q* drydwym; [*ABCEGIMR*]. 52 *LQ* a rhai ymlith nadredd yn rwym, *OU* A Nodi Rhai Wrth Nadroedd Rhwym, *V* [A] Rhai ymlhith nadroedd yn rhwym; [*ABCEGIMR*]. 53 *ADEFH–LPX* wedy, *BOSU* gwedi i, *G* gwedü, *TY* yn y; [*Q*]. 54 *C* i, *LX* o, *S* y; *D* bwyall ddiawl, *FL* bwyall diawl, *S* bell o dan; *D* i dwll (i bwll), *TY* yr pwll; [*Q*]. 55 *ACEGINRS* yngrrog bob gradd o naddvn, *M* yngrhog pob gradd o naddynt, *TY* a rai yngrog val yr hayddyn, *V* yn wresog pob gradd onaddyn; [*Q*]. 56 *DFHJKLNOPRUWX* am *am* drwy *y testun*; *H* dafad; [*Q*]. 57 *DFHKPU* a rhai; *K* yr *am* yn *y testun*; *HPW* greddfan; *KN* dan; [*RS*]. 58 *V* [A] Rhai; *DFHJKLNOPUWX* dan dawdd plwm, *CI* yn y tawdd plwm, *Q* a roddai; [*RS*]. 59 *U* chwechthroed; [R]. 60 *OU* Berre, *JLNW* hwy na, *HMST* mwy no, *O* mMl; *Y* beer koed; [R]. 61 *W* vn; *R* asgymver; [*ABCE–IKMOPSUV*]. 62 *Q* gyrryd; *DJLNWX* o ber, *Q* or ber; [*ABCE–IKMOPSUV*]. 63 *BDFGHJ–NPWX* a braich, *Q* i vraich, *TVY* ay vraych; *S* [yn]; *DFGHJKLNOPRU–X* gair, *S* gryny; *BM* y bon, *QTVY* y vron. 64 *ACEI* deng naid am, *BM* a dengnaid am, *D* mewn nadau am, *FHJKNPRSVWX* mewn nodav am, *OU* A Noday Am, *Q* a naid am, *Y* a wnayd o; *ABGMSTVY* dyngv nvdon, *DEFHJKLNPRWX* anvdonn, *Q* lw ynydon. 65 *ACEGI* a gymer cam ddygymawl, *DFHJKLNPVWX* awnelo gam ddegamawl, *OU* a wnelo Gam Ddiganmawl, *Q* ar neb a gam ddegemmai, *S* A wnelo kam ddygamawl, *TY* ar neb a gam ddegemo; [R]. 66 *C* [Â] ir gerwyn dan ar gyrn diawl, *DFHJKLNPWX* a i gerwyn dan ar gyrn diawl, *G* or gerwyn dan ar gyrn diawl, *Q* yn boeth yn yffern y bai, *TY* yn boeth yn yffern y bo, *V* fo ar yr gerwyn dan ar gyrnydiawl; [R]. 67 *I* ar enaid, *OU* Ag Eneidiay, *Q* a genaid; *B* mewn koffer

gwnias, *C* mewn kaffor gwnias, *O* Gwae Gwnnias, *U* Gwau Gwnrais. 68
BDGIMOU a golwg grym, *KNRWX* a golwg rym; *OU* Heb Ddym Grâs, *Q*
am gael gras. 69 *A–NPRSWX* ag wrth biler tan, *OU* Ag wrth Fflam Tân, *Q*
wrth bilerav/n/ gav, *V* rhai wrth biler tan gan. 70 *HOQU* [o]. 71 *V* Gwae ni
ar; *ABCEGIM* ddiogi ddigael, *N* dioar degawl, *S* ddiogi digael, *V* diogi difael;
[*Q*]. 72 *S* Gloddineb; *TY* gael; [*Q*]. 73 *ACI* balchedd a llid, *DFHJKLNPRU–X*
llid a balchedd, *O* llid a Balchder, *S* balchedd byd; *BM* ffordd i filkant, *C*
ffordd i bylchwant, *DFHJKLOPRUWX* lled bylchwant, *N* lled bylchant, *TY*
val y pechant, *V* lle pechant; [*Q*]. 74 *FHJKLNRSPWX* kenfigedd, *OU*
cynddaredd, *V* kenfigenedd; *BDFHJ–PR–X* chwerwedd, *Y* cherwedd; *G* ai,
HV [a]; [*Q*]. 75 *GM* llymma; *B* pymkiav, *G* bynkiaü; *ABCE* ifan *wedi ei
gywiro yn* Ieuan *yn E*; [*DFHJKLN–Y*]. 76 *G* dagre; *I* dug; [*DFHJKLN–Y*]. 77
DFHJKLNOPRSU–X a chwithau, *E* ich *wedi ei gywiro yn* chwithau, *QTY* ag
ych iaith; *V* grandech; *HJLPRSV–Y* weithan. 78 *AOTUV* yr yscvthr, *B* yr
skythyr, *F* yr scrythvr, *Y* yr ysgyther. 79 *ABEIM* i fogelvd ia golas *cywirwyd
yn* i ogelyd *yn E*, *C* i fugelud ia golas, *DHJLNPRSWX* i weglyd y ya oglas *FK*
i oglyd yr ia oglas, *G* i mogelüd ia golas, *OU* I weglyd yr Iâ Aglas, *TY*
ymogelwch mae y gwelas, *V* agwechlyd y ja oglas; [*Q*]. 80
DFHJKLNOPRUWX ar llü brwnt ar lle heb ras, *MS* or lle brwnt ar llv heb
ras, *TY* or lle brwnt lle maer lly bras, *V* ar lle brwnt lle maer lly bras; [*Q*]. 81
A nedwch y eneidiav, *D* Gwaeth elwchwi gilio, (*D*)*FJKLNPRWX* gochelwchi
gilio, *HOUV* gwagelwchwi naidio, (*N*) Gwyliwch chwi gilio, *S* mogelwch
neidiwch; *B* yn y nol, *M* 'n ol, *S* yn ol; [*QTY*]. 82 *ABEGM* [a] marw,
CFIKLOUV a marw, *S* na meirw; [*QTY*]. 83 *AE* gwnewch ych llef, *BCGIM*
gwnewch ych lle, *DFHKPRSW* dewch ar llef, (*D*)*JLNX* ewch ar llef; *G* yn i;
[*QTY*]. 84 *DFHJKLNOPRUWX* gweddiwchwi, *G* gweddiwch ywch, *V*
Gweddiwch i ach; [*QTY*]. 85 *BFJ–NRWX* ewch ir ychelffordd ychel, *D*
Dowch ir ymchwelffordd uchel, (*D*) Ewch ir uchelffridd uchel, *HP* dewch ir
ywchelffordd ywchel, *OU* Dowch yw chael yr Ffordd Vchel, *S* Ewch yr ycha
ffordd ychel, *TY* Ar lly ewch yr lle ychel, *V* Er yr ychelfyael [uchel], (*V*)
erchwch yr wchel fyael; [*Q*]. 86 *Y* pwl; *AGS* lle mae mawr apel, *BM* lle maer
mawr i ochel, *CI* lle mae mawr y pel, *DHJLNPRWX* lle mae n vawr y pel, *E*
llei mae/r mawr apel, *FK* llei mae yn vawr y pel, *OU* lle y Mae yn Arwr Pêl,
TVY lle may mwyar pel; [*Q*]. 87 *N* ar y Mab serchog diogan, *S* y mab
serchog dyrogan, *TY* y drigo at Vab drogan; [*ABCEGIMQ*]. 88
DFHJKLNOPRUWX an, *STY* ych; *S* prynawdd; *HJ* ir tan; [*ABCEGIMQ*]. 89
DHJLNPRWX ve ddwetbwyd, *E* a ddwedpwyd, *FK* fe a ddwetbwyd, *M* a
dywedpwyd, *OU* Fy Ddwydwyd, *S* y ddwetbwyd, *V* fo ddoytpwyd;
ABCEGIM wrth broffwydi, *V* drwyr proffwydi; [*QTY*]. 90 *BOU* a choliwch,
HLPRW a choelwch, *JNV* gwachelwch, *X* a choewch; [*QTY*]. 91 *B* Och dolyr
chwi *gydag* i *uwchben yr* -y- *yn* dolyr, *DFHJKLNPRW* on delir ni, *O* os Delir,
S och delyr fry, *U* os Delir Nis, *V* Ny ddaw ef, *X* on delir ni; *DFHJKLN–
RUW* gwedir gwaith *wedi'i gywiro yn* gwedy gwaith *yn D*. 92 *V* o ddyno;

DHKPRUWX nyn prynir, *F* nis prynir, *JLN* na n prynir, *O* Ni Phrynnir, *T* nych pryner, *V* yn pryny; *V* yreylwaith.

Teitl

[*ACE–LNQSTVWY*], *B* i bvm oes byd, *D* Cywydd y LLYVR / Gweledigaeth Pawl yn Uffern, *M* Cyw: i bvm oes y byd, *OU* Cywydd Am Wellay Bychedd, *P* kywydd y llyfr, *R* y mae'r llau. *cyntaf ar goll, ond lle dechrau'r darn a gadwyd y mae'r teitl a ganlyn, mewn llaw wahanol, ar ymyl y ddalen*: Rhan o Gywydd y Poenau yw hwn, *X* llyma gywydd o weledigaeth bawl yn vffern.

Priodoliad

[*D*], *ABCEGM* mastr howel hir ai c, *FHJKLPRWX* sion y kent ai kant, *I* Mr Howel Hir, *N* Sion Gwent ai cant, *OQU* doctor Sion y kent ai kant, *S* John kent, *TY* llywelyn ap gwilim llygliw ay kant, *V* John y kent ay kant.

Trefn y llinellau

ABCEGIM 1–10, 15–16, 11–14, 17–22, [23–6], 27–8, 31–2, 29–30, 33–50, [51–2], 57–8, 53–4, 69–70, 55–6, 59–60, [61–2], 65–8, 63–4, 77–8, 73–4, 71–2, 75–6, 81–2, 85–6, , [87–8], 79–80, 83–4, 89–92.

DLWX 1–20, 23–6, + arwydd or wyryf ddivai / i genid a ddigonai, 27–8, 21–2, 31–2, 29–30, 33–4, 65–6, 37–40, [41–4], 59–60, 45–52, 57–8, 53–4, 67–8, 55–6, 61–4, 69–70, 77–8, 71–4, [75–6], 35–6, 85–6, 79–84, 87–92.

FHKOPU 1–22, [23–6], 27–8, 31–2, 29–30, 33–4, 65–6, 37–40, [41–4], 59–60, 45–52, 57–8, 53–4, 67–8, 55–6, [61–2], 63–4, 69–70, 77–8, 71–4, [75–6], 35–6, 85–6, 79–84, 87–92.

JN 1–20, 23–6, + arwydd fu ar wyrf ddi fai / i genid a ddigonai, 27–8, 21–2, 31–2, 29–30, 33–4, 65–6, 37–8, 59–60, 39–40, [41–4], 45–52, 57–8, 53–4, 67–8, 55–6, 61–4, 69–70, 77–8, 71–4, [75–6], 35–6, 85–6, 79–84, 87–92.

Q 1–2, [3–4], 11–12, 15–16, [17–20], 13–14, 5–8, [9–10], 21–2, [23–34], 35–8, 43–52, [53–6], 57–62, 40, 39, [41–2], 69–70, [71–6], 65–6, 63–4, 67–8, 77–8, [79–90], 91–2.

R [1–34], 53–4, 67–8, 55–6, [57–60], 61–4, [65–6], 69–70, 77–8, 71–4, [75–6],35–6, [37–52], 85–6, 79–84, 87–92.

S 1–18, [19–20], 21–2, [23–6], 27–8, 31–2, 29–30, 33–4, 65–6, 37–40, [41–4], 59–60, [61–2], 45–54, 67–8, 55–6, [57–8], 63–4, 69–70, 77–8, 71–4, [75–6], 35–6, 85–6, 79–84, 87–92.

TY 1–8, [9–10], 11–16, [17–18], 19–20, 25–8, 21–2, [23–4], 29–40, [41–2], 43–74, [75–6], 77–80, [81–4], 85–8, [89–90], 91–2.

V tt. 155–6: [1–13], 14–22, [23–6], 27–8, 31–2, 29–30, 33–4, 65–6, 37–40, [41–4], 59–60, [61–2], 45–52, 57–8, 53–4, 67–8, 55–6, 63;
tt. 151–2: 64, 69–70, 77–8, 71–4, [75–6], 35–6, 85–6, 79–84, 87–92.

Gweledigaeth Pawl yn Uffern

Darllenais droeon
[O'r] llyfr mawr er [bod hynny yn] gystudd i'm mynwes
A [chael] gwybod ym mha le y mae'r gobaith [am achubiaeth]
4   Ac enwau'r dewrion [yn y ffydd], llesg [wyf ynglŷn â]'r gorchwyl
      [hwnnw]:
Adda, Noa, [ac] Abraham oeddynt,
A Moses fu fedrus [yn y dyddiau] gynt,
Dafydd (onid oedd y wŷs [i fod yn frenin ar Israel] yn [un] deg?)
8   Broffwyd, [y] brenin a'i wallt wedi britho [ac yn] wyn,
[Ar] bob achlysur buont yn fedrus:
Cyn Croes [Crist] dyna bum oes [y] byd!
Os darllen unrhyw ddyn dri darlleniad
12   O hwn, [sy'n] llyfr Cymraeg, brith [ei gloriau],
Fe wêl ef [y] gwaith a wnaed
A chyfran o bethau [am yr] eildro
A datguddio cyfnod/einioes Moses
16   A'r Llifeiriant Coch [h.y. y Môr Coch] y gŵyr [y] llyfr
      oedrannus [hwn amdanynt].
Yr hyn a fynnwyd ei ysgrifennu
Mewn [inc] lliw du â llaw dyn [meidrol] yw [hwn]:
Am y wialen a'i blaen yn wyn sy'n parhau [yn arwydd]
20   Ac am y wiber ddu ofnus.
Amlygiad fu o Fair wyryfol
Na ddaeth drygair o'i genau.
Dinistriodd [a] gwanychodd [y ddraig, sef y Diafol y] ffydd
      [Gristnogol],
24   Y ddraig wenwynig ei gwedd, ddi-ffydd
Hyd nes aeth, ysbryd anwir,
I'r awyr oherwydd gwaith disgynyddion Abraham.
Duodd [yr] awyr a boddi
28   Y bobl, medd y Beibl wrthyf fi.
Gwenwyn Efa gydag un afal:
Gwae'r byd, [o'i herwydd] hi a'r gŵr â'r rhaw bâl!
O gyfnod Adda hyd Ddioddefaint [Crist]
32   Y buont oll heb y nefoedd,
[Dyma]'r hyn a genais, er o dwll:
Fe anfonodd hi'r pum oes i'r pydew [sef uffern].
Peidied neb â dwyn camddegwm,
36   Peidiwch â mynd, os cewch, yn sicr i'r pydew [sef uffern]
Lle y gwelodd Pawl [y] Diafol ryw ddiwrnod,
[Yn] oer gan boen, ac eira bob dydd,

A mil o eneidiau iselradd,
40 Ocheneidio hyll a chwynfan
O fewn gwynt, pryderus ei ymddangosiad,
Ac eira heb gael trugaredd
A Diawl budr ei gorn, dwl, a'i garn yn agored/doredig
44 A welai Pawl yn wlyb i gyd
Yn dwyn ymaith, a chanddo ei gorn yn ei dalcen,
Eneidiau'r bobl oriog
A'u taflu'n faich fel mil o frain
48 Gyda'i gigwain hagr ei gwar:
Rhai yn bentyrrau i'r pair [cosbedigaeth]
A rhai i'r iâ, yr oedd yn rhy hwyr [i edifarhau];
Trowyd rhai i [afael] yr olwyn [boenydio] eirias
52 A rhai ynghlwm ymhlith nadroedd
Ac eraill [o'r damnedigion] wedi [cael] eu herlid
Â bwyell dân i bydew chwerw [sef uffern].
Y mae pob dosbarth ohonynt wedi'i grogi
56 A gafaelfach drwy dafod pob un [ohonynt]:
Rhai yn ocheneidio oherwydd oerni
A rhai [eraill] mewn magl o blwm toddedig
A chythraul ar ei chwethroed
60 Gyda gwäell gam fwy [ei maint] na bar coed.
Pob math o berson a ysgymuner
A erlidir â gwäell i boenedigaeth
A'i braich ar dân hyd at ei bron
64 [A hynny] a wnaed oherwydd [iddi] dyngu camdystiolaeth ar lw.
Y sawl sy'n cymryd degwm yn anghyfiawn
A â i'r pair tân ar gyrn [y] Diafol
Ac enaid mewn cist eiriaswyn
68 Gyda golwg rynllyd ddiras
Wrth golofnau twyllodrus i gyd
A gwynt gerwin o bob cyfeiriad.
Gwae chwi, diogi diffrwyth,
72 Glythineb, godineb gresynus,
Balchder, llid, y modd y maent yn gwneud difrod,
Cenfigen llawn chwerwder a chybydd-dod:
Dyma'r achosion, myn Ioan,
76 Och ddagrau blin, sy'n eich cipio ymaith i'r tân!
Yn eich iaith gwrandewch yn awr
Ar eiriau'r Ysgrythur sanctaidd
I osgoi rhew glaswyn [uffern]
80 A'r lle ffiaidd [hwnnw] a'r fintai ddiras [sydd yno]:
Peidiwch â gadael eich eneidiau ar ôl

A marw mewn pechod marwol;
Dewch â'ch cri hyd [at] y nefoedd,
84 Gweddïwch, eich cymod oedd;
Ewch ar y ffordd osgoi uchel
O'r pwll lle y mae'r apêl [am drugaredd] daeraf
Ar Fab serchog y Broffwydoliaeth
88 [Yr hwn] a'ch tynnodd o'r toddion ac [o]'r tân.
[Yr hyn] a ragfynegwyd gan broffwydi
Myfyriwch [arno] a chredwch chwi [hynny]:
Os delir chwi, wedi llafur [bywyd],
92 Ar ôl, ni chewch eich prynu['r] eildro.

Nodiadau

2

5 **Addaf** Y dyn cyntaf, gw. Gen i.27–v.5; ODCC³ 15. Ef oedd tad yr hil ddynol, wedi'i greu ar lun a delw Duw, ac ef hefyd a syrthiodd o ras yng Nghwymp Eden. Gw. hefyd lau. 30, 31 isod.

   Noe Sef Noa, gw. ODCC³ 1157. Dim ond Noa a'i deulu (a gwryw a benyw o bob rhywogaeth o greaduriaid byw) a oroesodd y Dilyw; lladdwyd gweddill y ddynoliaeth, gw. Gen vi–ix. O Noa, felly, y disgyn yr hil ddynol drwy ei dri mab, sef Sem, Cham a Jaffeth. Ar *Noe*, gw. J. Vendryes, 'Gallois Noe, Neuwy, Nouguy', *Bulletin de la Société de Linguistique de Paris*, xliii (1947), 32–7 a J.E.C. Williams, 'Balchnoe', Traeth cxxxiv (1979), 139–41.

   Abram Patriarch Hebreaidd y disgrifir ei fywyd yn Gen xi.26–xxv.11; ODCC³ 6. Oherwydd ei ffydd gadarn yn Nuw fe'i hystyrir yn dad ysbrydol yr Eglwys Gristnogol, gw., e.e., Rhuf iv.11, Gal iii.7, Heb xi.8–10. Y ffurf gyntaf ar ei enw oedd *Abram*, ond pan adnewyddodd Duw ei gyfamod ag ef, gan addo y byddai'n cael plentyn o'i wraig amhlantadwy ac y deuai llinach gref o'r uniad, fe newidiwyd ffurf ei enw yn *Abraham*, gw. Gen xvii.5–7 *ac ni'th enwir di mwyach yn Abram, ond yn Abraham, gan imi dy wneud yn dad i lu o genhedloedd. Gwnaf di'n ffrwythlon iawn; a gwnaf genhedloedd ohonot, a daw brenhinoedd allan ohonot. Sefydlaf fy nghyfamod yn gyfamod tragwyddol â thi, ac â'th ddisgynyddion ar dy ôl tros eu cenedlaethau, i fod yn Dduw i ti ac i'th ddisgynyddion ar dy ôl.* Yn y ll. hon y mae gofynion y mydr yn mynnu'r ffurf gynharaf ar yr enw. Ni ddigwydd ei enw yng nghanu Beirdd y Tywysogion, eithr cf. GC 2.162 *Hy dyly fry fraint gyd â'r Fraham.* Gw. hefyd l. 26 isod.

6 **Moesen** Hen ffurf ar Foses, sef y gŵr a arweiniodd genedl Israel o'i chaethiwed yn yr Aifft, a'r un a dderbyniodd y Deg Gorchymyn ar ei rhan, gw. Ecs xx.1–17, Deut v.6–21. Ymhellach arno, gw. ODCC³ 1118. Y mae'r beirdd yn ystyried Moses yn sylfaenydd cenedl Israel, ac yn drefnydd ac arweinydd praff, gw. D.M. Lloyd, *Rhai Agweddau ar Ddysg y Gogynfeirdd* (Caerdydd, 1977), 22. Am rai o gyfeiriadau'r beirdd ato, gw., e.e., GMB 23.32 (Elidir Sais), GCBM i, 24.4. Gw. hefyd ll. 15 isod.

7–8 Dafydd ... / Broffwyd Brenin cyntaf Jwda, gw. I Sam xvi–I Br ii, I Cr x–xxix; ODCC³ 452–3. Y mae llinach a brenhiniaeth Dafydd yn ganolog i'r ffydd, *Sicrheir dy deulu a'th deyrnas am byth o'm blaen*, gw. 2 Sam vii.16. Fel proffwyd dan ysbrydoliaeth yr Ysbryd Glân y canodd Dafydd rai o'r Salmau.

10 pumoes Y pum oes yw'r pum cyfnod yn oes y byd a fu cyn dyfodiad Crist i'r ddaear, sef o gyfnod Adda hyd y Dilyw, o'r Dilyw hyd Abraham, o Abraham hyd Ddafydd, o Ddafydd hyd y Gaethglud ym Mabilon, ac o'r Gaethglud hyd Ymgnawdoliad Crist, gw. GDG³ 434 a HG Cref 214–15. Pan ddisgynnodd Crist i uffern ar ôl y croeshoelio fe achubodd bum oes y byd o afael y Diafol, gw. J.E.C. Williams, 'Efengyl Nicodemus yn Gymraeg', B xiv (1950–2), 108–12. Am gyfeiriadau'r Gogynfeirdd at y thema hon o achubiaeth, gw., e.e., GCBM ii, 17.109, GDB 10.73–4 (Llywelyn Fardd II), R 1330.10–12 (?Gruffudd ap Maredudd). Enwir yn llau. 5–10 Adda, Noe (y Dilyw), Abraham, Moses, a Dafydd, *dyna bumoes byd* (ll. 10). Sonia Einion ap Gwalchmai am y *chwech oes byd*, gw. GMB 27.48, sy'n cynnwys yr oes ar ôl dyfodiad Crist i'r ddaear.

12 Brytwn Sef 'Cymraeg', cf. RB 139.25 *brwtwn 'Britonem'*, *ib.* 171.13 *vrytwn 'Britannum'*, *ib.* 256.6 *llyf(y)r brwtwn 'librum Britannici sermonis'*, gw. G 81 d.g. *Bryttanyeit*.

brith Gall yr a. hwn fod yn cyfeirio at gloriau'r gyfrol neu at y ffaith fod hanes dyn (a drafodir yn y gyfrol) yn frith.

16 Llif Rhudd Y Môr Coch, gw. Ecs xiv.21–2.

19 gwialen drwynwen Y mae'n debyg mai gwialen Aaron, brawd Moses, a olygir yma; ar Aaron, gw. ODCC³ 1. Yr oedd llwythau Israel yn cenfigennu wrth Aaron am i Dduw ei alw i'r swydd offeiriadol. Cadarnhaodd Duw safle Aaron drwy beri i'w wialen ef flaguro a dwyn blodau ac almonau gerbron y drugareddfa, tra oedd gwiail y llwythau eraill yn gwywo, gw. Nu xvii.1–11. Cysgod o'r ffrwythau sy'n dod o offeiriadaeth Crist yw'r ffrwythau hyn.

20 neidr Y mae'n dra thebygol mai cyfeiriad at Nu xxi.4–9 sydd yma, sef hanes yr Israeliaid yn anniddigo ar eu taith o'r Aifft ac yn siarad yn erbyn Duw. Fe'u cosbir ganddo drwy foddion seirff gwenwynig, ond dyry Duw hefyd waredigaeth i'r Israeliaid drwy gyfrwng sarff bres a ddyrchefir ar drostan: pe câi Israeliad ei frathu gan un o'r seirff gwenwynig, câi ei iacháu o edrych ar y sarff bres ddyrchafedig, ac y mae honno hefyd yn arwyddo iachawdwriaeth a glendid ysbrydol. Posibilrwydd arall yw fod yma gyfeiriad at Ecs iv.1–4 a hanes troi gwialen Moses yn sarff fel arwydd i'r genedl fod Duw wedi ymddangos i Foses; yn *ib.* iv.17 fe dderbyn Moses wialen gan Dduw fel cyfrwng arwyddion.

21 **Mair** Sef y Forwyn Fair, ODCC³ 1047–9. Y mae iddi le blaenllaw yn niwinyddiaeth yr Eglwys Gatholig fel mam Crist, a nodir yn eglur yn yr Efengylau ei bod wedi beichiogi o'r Ysbryd Glân a hithau ar yr un pryd yn forwyn ddiwair. Un nodwedd arni, fel y mynegir yn y ll. a ganlyn, oedd glendid ymadrodd.

24 **y ddraig** Sef y Diafol, cf. Dat xii.7–9. Fel arfer yn y farddoniaeth fe ddefnyddir y gair yn ffigurol am ymladdwr neu arweinydd daearol, a hynny gydag ystyr ganmoliaethus, ond yma fe'i deellir yn ei ystyr Ysgrythurol, er mai'r enghraifft gyntaf a gofnodwyd o'r gair yn y Gymraeg yn yr ystyr hon yw defnydd William Salesbury ohono yn *Kynniver Llith a Ban* (1551), gw. GPC 1082. Ni ddigwydd llau. 23–4 yn y rhan helaethaf o'r llsgrau. gan gynnwys llsgrau. TY sy'n priodoli'r gerdd i Lywelyn ap Gwilym Lygliw; ar sail y defnydd hwn o'r gair *draig* gellir tybio mai ychwanegiad diweddarach yw'r ddwy l. hyn. Gw. hefyd l. 59n isod.

26 **plant Abram** Cyfeirir yma at ddisgynyddion y patriarch Hebreaidd, y rhai a oedd yn gyfrannog o'r un ffydd ag ef. Ar *Abram*, gw. ll. 5 uchod.

29 **gwenwyn Efa** Y ferch gyntaf a gwraig i Adda, gw. ODCC³ 582. Fe'i henwyd felly *am mai hi oedd mam pob un byw*, gw. Gen iii.20, ac oherwydd y safle hwnnw daeth â cholledigaeth i'r ddynoliaeth gyfan (gw. ll. 30 isod) wrth anufuddhau i Dduw drwy fwyta o'r pren gwybodaeth da a drwg, gw. Gen iii.6.

afal At afal Eden y cyfeirir yma, a ffrwyth y pren gwybodaeth da a drwg a olygir, gw. Gen ii.16–17, er nad yw'r Beibl unwaith yn ei ddiffinio yn afal.

30 **pâl** Oherwydd i Adda dderbyn darn o'r ffrwyth gwaharddedig o law Efa a'i fwyta fe'i cosbwyd gan Dduw. Dedfrydwyd Adda, a thrwyddo ef y ddynoliaeth gyfan, i oes o waith, gw. Gen iii.19, *Trwy chwys dy wyneb y byddi'n bwyta bara hyd oni ddychweli i'r pridd*. Cf. GSRh 12.5–8.

31 **Dioddef** Dioddefaint Crist, sef y Croeshoeliad.

34 **pwll** Sef pydew uffern, cf. GBF 41.37 (Gruffudd ab yr Ynad Coch), 43.4 (eto).

36 **cwm** Pant cul a dwfn gydag ochrau serth, ac fe'i defnyddir yn ffigurol yma am uffern, cf. R 1360.19–20 *yg(om uffern geu*.

37 **Pawl** Sef Paul, 'Apostol y Cenhedloedd', gw. ODCC³ 1234–8. Fe'i ganwyd yn Iddew ym mlynyddoedd cynnar y cyfnod Cristnogol ac er iddo wrthwynebu'r ffydd am gyfnod, cafodd dröedigaeth ar y ffordd i Ddamascus. Gweithiodd yn ddiarbed ymysg y cenhedloedd gan ddod â'r efengyl i Ewrop, gw. Act xvi.9 ymlaen. Daw'r weledigaeth hon o uffern i ran Paul oherwydd bod i Fair Forwyn, Pedr a Paul le

dyrchafedig yn hierarchiaeth yr eglwys, a chyplysir ynghyd Pedr a Paul fel y pennaf o'r Apostolion. Gw. hefyd l. 44.

38 **oer o boen** Cf. GBF 41.39 *oeron boeneu* (Gruffudd ab yr Ynad Coch).

43 **carnfoll** Sef *carn* a *boll* 'agored, rhwth', gw. GPC 298 lle y rhestrir *ffroenfoll* 'ffroenlydan, ffroenagored', ond dim rhagor o gyfuniadau a. *-boll*. Cf., fodd bynnag, *bronffoll*, *bronfoll* y tybir eu bod yn ffurfiau geiriadurol yn unig dan ddylanwad *ffroenfoll* neu drwy gamddarllen *f* am *ff*, gw. GPC 332. Ai 'carnagored', sef 'trwsgl', yw ystyr *carnfoll*?

44 **Pawl** Gw. ll. 37n uchod.

45 **corn** Cyfeirir, yn anaml, at gorn y Diafol yng ngwaith y Gogynfeirdd, gw., e.e, GBF 40.40 *a'r kythreul cornaƔc*, ond nid yw darlun y beirdd o'r Diafol yn un eglur ac nid yw'n amlwg ai un corn ynteu nifer a oedd ganddo, cf. ll. 66 isod.

49 **cludweirioedd** Sylwer ar yr amrywiadau. Dewiswyd trin y ffurf yn ll. *cludwair*, amrywiad ar *cludair*, er na nodir y ffurf l. hon yn GPC 509. Byddai dewis y darlleniad *a gludweirioedd* a chymryd mai ffurf 3 un.grff.myn. y f. *cludweirio*, amrywiad ar *cludeirio*, sydd yma, yn golygu rhoi ffurf ferfol dafodieithol o'r de-ddwyrain yn y testun.

50 **iâ** Er y gallai uffern y beirdd fod yn lle eithafol o wresog, gallai hefyd fod yn lle oer, gwyntog a gwlyb, cf. 'Breuddwyd Pawl Ebostol' LlA 153 (llau. 27–9) *Odyna ef aƔelei gƔyr agƔraged ymyƔn tan a ia. ar tan yn llosci y neill hanner vdunt. ar oeruel yny crydv or tu arall*; GBF 41.46 *Eiry, ya a rreƔ a ruthyrwynt gleƔ a glaƔ dinev* (Gruffudd ab yr Ynad Coch). Y mae iâ a thân yn baradocs arferol ym mhoenau uffern, yr iâ yn crebachu hanner y corff a'r tân yn ysu'r hanner arall. Daeth disgrifio dioddefaint dwy gosb ddirdynnol, wrthgyferbyniol, yn nodwedd ffasiynol ar weledigaeth ganoloesol. Yn Llyfr Enoch, llsgr. Ethiopaidd a gyfieithwyd i'r Saesneg gan Richard Laurence, disgrifir tŷ mawr: 'When I entered into this dwelling, it was hot as fire and cold as ice', gw. R. Laurence, *The Book of Enoch the Prophet* (Edinburgh, 1892), xiv.12.

rhywyr Gellid yma 'rhy oer' yn ogystal â 'rhy hwyr' yr aralleiriad pe deellid -*wy*- yn amrywiad ar -*oe*-.

51 **rhod** Gwelir yn uffern ffwrn dân, ac yn ei hymyl olwyn o dân gyda mil o forthwylion arni. Ar ddefnyddio olwyn yn ddyfais poenydio neu gosbi yn y 14g., cf. J.E.C. Williams, 'Buchedd Catrin Sant', B xxv (1972–4), 267 (llau. 44–5): *ac yna y gƔnaeth ef pedeir rot. a phob vn yn troi yn erbyn y gilyd. a danned o dur vdunt. ac ar y rhei hynny y dottet y vorwynn.* Ar y defnydd o olwynion yn uffern, gw. 'Breuddwyd Pawl Ebostol', LlA 152 (llau. 19–20), *Yno ymae rot odan Amil oyrd arnei adiefuyl ae try vnƔeith beunyd. Ac ar bop gƔeith ylloskit mil o eneidev.* Ymhellach, gw.

J.E.C. Williams, 'Welsh Versions of *Purgatorium S. Patricii*', SC viii/ix (1973–4), 121–94, ac yn enwedig 168–71; H.R. Patch, *The Other World* (Cambridge, Mass., 1950), 84, 88, 92.

52 **nadredd** Yn ôl 'Breuddwyd Pawl Ebostol', LlA 152 (llau. 10–12), yr oedd o gwmpas ffwrn uffern saith pla, sef eira, tân, iâ, gwaed, seirff, mellt a drewdod. Yr oedd nadredd yn elfen gyffredin yn arteithiau'r gweledigaethau a dylid cyplysu hynny â rhan y sarff yng Nghwymp Adda ac Efa, gw. Gen iii.1–13.

53 **gwedy eu** Darlleniad llsgrau. TY yw *yn y* sydd yn awgrymu defnyddio *yn* gyda bf. mewn cystrawen oddefol, ond nid oes ateg i hynny yn GMW.

55 Y mae darlleniad llsgrau. TY o'r ll. hon yn ddeniadol oherwydd ei symlrwydd, ond byddai ei dderbyn yn golygu cynnwys ll. ddigynghanedd yn y cywydd.

ynghrog Yn ôl 'Breuddwyd Pawl Ebostol', LlA 152 (llau. 4–8), fe wêl Pawl dderi tanllyd ger pyrth uffern, a phechaduriaid ynghrog wrth eu canghennau, rhai ohonynt wrth wallt eu pen, eraill wrth eu dwylo, eraill wrth eu tafodau. Dyma artaith ddigon cyffredin yn y gweledigaethau cynnar, a thebyg bod y dull o grogi yn symbol gweledol o'r pechod a gosbir. Yng Ngweledigaeth Pedr, er enghraifft, y mae'r sawl sydd ynghrog wrth ei dafod yn euog o gabledd.

gradd Sef 'urdd, dosbarth', hynny yw 'angylion, gwŷr eglwysig, bonedd, cenedl ac yml.', gw. G 585.

56 **bach drwy dafod** Ni cheir yn 'Breuddwyd Pawl Ebostol' sôn am osod bachyn drwy dafod pechadur yn uffern; yn hytrach fe sonnir am usurwyr ac ocrwyr, yn wŷr a gwragedd, yn cnoi eu tafodau eu hunain, gw. LlA 153 (llau. 12–14), er nad yw'r gosb honno yn un arbennig o addas ar gyfer y drosedd gan na phechodd yr usurwyr â'u tafod.

59 **chwethroed** Os y Diafol yw'r ddraig y cyfeirir ati yn ll. 24, yna pedair troed a fyddai ganddo, ond gw. ll. 24n. Am greaduriaid chwethroediog eraill mewn llenyddiaeth Gymraeg ganoloesol, gw. DB 88 (llau. 7–9) *Ereill yssyd yno vnllygeidawt, yno y mae Arismabi a Ciclopes; a whethroet udunt.* Tybed ai anghenion y gynghanedd sy'n peri mai chwe throed sydd i'r diafol hwn?

61 **dyn** 'Person dynol', yn yr achos hwn menyw *A'i braich yn dân hyd ei bron* (ll. 63), sef y gosb yn uffern am gamdystiolaethu ar lw. Awgrymir yma y byddai gwraig yn fwy tebygol na dyn o fod yn euog o'r pechod hwn.

65 **camddegymawl** Unig enghraifft, a deellir y terfyniad *-awl* yn ôl-ddodiad a. yn cael ei ddefnyddio'n enwol ac yn cyfeirio at y sawl sy'n derbyn degwm anghyfiawn, offeiriad y mae'n debyg.

66 **cerwyn dân** Nodir yn 'Breuddwyd Pawl Ebostol', LlA 152 (llau. 8–9), fod yn uffern ffwrn dân gyda saith fflam *amliw* yn codi ohoni. Dywed y cywydd hwn fod y sawl sy'n camdystiolaethu ar lw, a'r sawl sy'n camddegymu, yn ymuno â'r sawl a daflwyd i'r ffwrn honno am beidio â gwneud eu penyd yn y byd.

cyrn Gw. ll. 45n uchod.

68 **rhyn** Yma fe'i deellir i olygu 'rhynllyd', ond posibilrwydd arall yw ei ystyr yn y farddoniaeth gynharach, sef 'ffyrnig, cyndyn, diysgog, bygythiol' a'i fod felly am nad oedd yr enaid wedi cael gras, cf. CA 9 (ll. 209) *pareu rynn* ac *ib.* 130; am enghreifftiau yng ngwaith y Gogynfeirdd, gw., e.e., GCBM i, 3.119, 16.74, 161, GCBM ii, 4.101, GLlLl 18.5, 23.29, 24.22, 26.116, 124.

71–4 Cyfeirir yn y llau. hyn at y Saith Pechod Marwol, sef balchder, cenfigen, llid, diogi, cybydd-dod, glythineb, a godineb, a deellir *chwant* y cywydd (ll. 74) i olygu 'trachwant, cybydd-dod'; cf. cywydd Siôn Cent 'I'r Saith Bechod Marwol' yn IGE² 255–6. Yn ystod yr Oesoedd Canol yr oedd amrywiadau ar nifer y pechodau marwol, cf. *ychwepechaot marϭaϭl* LlA 14 (ll. 7); nodir wyth pechod marwol yn GMB 14.46 *Rac llwyth wyth bechaϭd* (Gwalchmai ap Meilyr) a gw. y nodyn ar y ll., ac *ib.* 24.36 *O'r wyth gϭyth, gϭaethaf syberwyt* (Elidir Sais). Ymhellach, gw. Ll. Morgan, 'Y saith pechod marwol yng nghanu Beirdd yr Uchelwyr' (Ph.D. Cymru [Aberystwyth], 1988); GIBH 5.15n. Dylid cadw mewn cof hefyd y saith fflam amliw a godai o'r ffwrn dân (gw. ll. 66n), a'r saith pla a restrwyd o'i chylch. Tybed a fwriadwyd y saith pla i gyfateb i'r Saith Pechod Marwol, ac a fyddai pla arbennig ar gyfer pechod arbennig? Cofier hefyd am y saith sêl, gw. ll. 80n isod.

71 **digael** Deellir yma yr a. *di-gael* yn dwyn yr ystyr 'bod heb gael, diffrwyth', cf. TA 36 (VI.109) *Di-wneir a di-geir a di-gad—o'n iaith.* Y mae gofynion y mesur yn mynnu bod aceniad y gair yn wahanol yma i'r hyn ydyw yng ngwaith Tudur Aled er mwyn osgoi'r bai 'tin âb', sef bod dwy l. y cwpled yn gorffen yn acennog.

73 **bylchant** Ffurf 3 ll.pres.myn. y f. *bylchu* yn golygu 'torri bwlch', gw. GPC 363.

74 **chwerwen** Fe'i deellir yn ffurf f. yr a. *chwerwyn*, ac yn goleddfu'r eb. *cenfigen*. Digwydd yn a. yn D d.g. *amarulentus* a'i ystyr yno yw 'llawn chwerwedd'.

75 **Ieuan** Ai Ioan Fedyddiwr a olygir yma? Ef oedd cefnder Crist a'r un a baratôdd ffordd ar ei gyfer, gw. Eseia xl.3, Mal iii.1, Io i.23. Posibilrwydd arall yw'r apostol a oedd yn draddodiadol yn awdur y bedwaredd Efengyl ynghyd â thri epistol a Llyfr y Datguddiad. Gw. hefyd l. 20n uchod.

76 **dagr** Adffurfiad o'r ffurf ll. *dagrau*, gw. GPC 921.

79 **gogelyd** Ar osgoi uffern, neu *oglyt ... uffern*, cf. T 76.12–13 *Nachꝺyaf ygoglyt gꝺern gꝺerin gꝺaelotwed uffern.*

80 **brwnt** Cf. 'Breuddwyd Pawl Ebostol' LlA 154 (llau. 10–11) *Aphann agoret genev ypydeu. ef agyuodes dreꝺant ohonaꝺ. val ytybygei baꝺl y vot yn ꝺaeth no holl boenev vffernn.* Yr oedd saith sêl ar y pydew budr a drewllyd hwn yn uffern, a châi pwy bynnag a syrthiai iddo ei ddileu o gof Duw.

81 **nedwch** 'Peidiwch â gadael (ar ôl)' yw'r ystyr a ddeellir yma, gw. awgrym petrus GPC 2547 d.g. *nadaf²: nadu, nadael.*

82 **meirw** Digwydd meirw fel be. pan fo'r goddrych yn ll., gw. GPC 2364 d.g. *marw².*

84 **gweddïwch** Gweddi fawr y pechaduriaid yn uffern, ynghyd â Mihangel Sant a Phawl, oedd am drugaredd, gw. 'Breuddwyd Pawl Ebostol' LlA 155 (llau. 15–18) *Alleuein aoruc yniuer a oeddynt yny poenev. alleuein aoruc mihagel aphaꝺl ebostol a millyoed o engylyon ygyt ac ꝺynt yny glyꝺit y llef ynypedveryd nef. yn dyꝺedut Arglꝺyd gist* [sic] *trugarhaa vrth veibon ydynyon.*

85 **gwachelffordd** Digwydd yn chwedl 'Peredur fab Efrog' am ffordd nad yw'n brifffordd, *A thalym o'r prifford a gerdawd hyny gyfaruu ochelfford ac ef, ac y'r ochelford trwy y coet*, gw. G.W. Goetinck, *Historia Peredur vab Efrawc* (Caerdydd, 1976), 61 (ll. 29)–62 (ll. 1).

87 **y Mab ... D'rogan** Sef Crist, y mab y proffwydwyd ei ddyfodiad, cf. GIBH 8.19. Yr un ydyw, o bosibl, â'r Mab Coronog, gw. B. Rees, 'Rhai agweddau ar ganu rhydd cynnar Cymru gyda sylw arbennig i'w gysylltiadau â chanu Saesneg' (M.A. Cymru [Aberystwyth], 1940), 332 a cf. 'Breuddwyd Pawl Ebostol' LlA 155 (llau. 18–21) *Ac yna ygꝺelas paꝺl ynef yn kyffroi a duꝺ ar goron amybenn. Ar niferaoedynt yny vffernn yn gꝺeidi Ac yn dyꝺedut. trugarhaa vrthym vab duꝺ byꝺ gorvchel.*

89 **proffwydi** Proffwydi'r Hen Destament sydd dan sylw yma gan mai yn eu gweithiau hwy, gan mwyaf, y caed y proffwydoliaethau am ddyfodiad y Meseia. Pwysleisiodd Crist yn y pedair Efengyl mai Ef oedd cyflawniad proffwydoliaethau megis Eseia lxi.1–3 o ran ei fywyd a'i waith, ac *ib.* liii o ran ei Ddioddefaint.

91–2 Y mae'r ergyd clo yn y cwpled clo yn drawiadol o debyg i eiddo Dafydd Ddu o Hiraddug yn ei gywydd addysgol yntau, sef mai unwaith y bydd Crist yn prynu gwaredigaeth i bechadur, gw. GEO 3.95–8.

91 **gwaith** Estynnir ychydig ar yr ystyron a roddir yn GPC 1563–4 d.g. *gwaith¹* 'llafur', &c., a *gwaith²* 'taith, siwrnai, cwrs, cyrch, ymfudiad' a deall yma 'einioes' unigolyn ar y ddaear.

Geirfa

afal 29n
anair drygair 22
anudon camdystiolaeth ar lw 64
apêl 86
arwydd amlygiad 21
bach gafaelfach 56n
balchedd 73n
bêr gwäell 60, 62
braich 63
brân: brain 47
brith 12n
bron 63
brwnt ffiaidd 80n
Brytwn Cymraeg 12n
bwyall 54
bylchu gwneud difrod *3 ll.pres.myn.* bylchant 73n
camddegwm degwm anghyfiawn 35
camddegymawl un sy'n derbyn degwm anghyfiawn 65n
carnfoll agored / toredig ei garn 43n
cenfigen 74n
cerwyn pair 66n
cigwain 48
cludwair pentwr cludweirioedd 49n
coffr cist 67
corn 45n cyrn 66n
cornfudr budr ei gorn 43
Croes 10
cwm pydew 36n (gw. hefyd pwll)
cyhyraeth ysbryd 25
cymen medrus 6, 9
cynnwll twll 33
cythraul 59 (am y Diafol)

chwant cybydd-dod 74n
chwerwen llawn chwerwder 74n
chwethroed 59n
darllain darllen 11; *1 un.grff.myn.* darlleais 1
deigryn: dagr 76n
digael diffrwyth 71n
Dioddef Dioddefaint [Crist] 31n
diogi 71n
dir sicr 36
draig 24n (am y Diafol)
drwy gw. trwy
dwl 43
dyn person 61n
dywedyd *amhrs.grff.myn.* doetpwyd 89
eiry eira 38, 42
eu 53n
glythineb 72n
godineb 72n
gogelyd osgoi 79n
golas glaswyn 79
gradd dosbarth 55n
gwachelffordd ffordd osgoi 85n
gwaith 91n
gwalltlwyd brith ei wallt 8
gwedy 53n, 91
gweddïo *2 ll.grch.* gweddïwch 84n
gwegil 48
gweld *3 un.pres.dib.* gwŷl 13
gwenwyn 29n
gwenwynffaig gwenwynig ei wedd 24
gwialen 19n
gwryd cyfeiriad 70
gwynias eiriaswyn 67

Enwau personau

Abram Abraham 5n, 26n
Adda 5n, [30], 31
Crist gw. **Mab ... D'rogan**
Dafydd ... Broffwyd 7–8n
Diawl [24], 37, 43, [59], 66
Efa 29n

Ieuan Ioan 75n
Mab ... D'rogan 87n
Mair 21n
Moesen Moses 6n, 15
Noe Noa 5n
Pawl 37n, 44

Enw lle

Llif Rhudd Y Môr Coch 16n

GWAITH RHYS AP DAFYDD LLWYD AP LLYWELYN LYGLIW

Rhagymadrodd

Ni wyddys odid ddim am Rys ap Dafydd Llwyd ap Llywelyn Lygliw, oni bai fod yr epithet *Llygliw* yn ei gysylltu â theulu Gruffudd Llwyd. Ni welwyd ei enw yn y rhestrau achau, ond cofnodwyd ei enw yn y 'Mynegai i farddoniaeth gaeth y llawysgrifau' yn Llyfrgell Genedlaethol Cymru, Aberystwyth, ac ar y 'Mynegai Cyfrifiadurol i Farddoniaeth'. Ynddynt, priodolir dau gywydd iddo, un drwy gamgymeriad,[1] ac felly dim ond yr un cywydd a olygwyd isod a erys yn gofadail i Rys ap Dafydd Llwyd ap Llywelyn Lygliw.

Cywydd serch i ferch anhysbys yw'r cywydd hwn. Ni cheir ynddo ddim y gellid ei gysylltu â merch benodol, nac ychwaith ddim tystiolaeth fewnol a fyddai o gymorth i leoli'r gerdd na'i dyddio, ac eithrio'r dyddiad 1400 sydd wrth droed y cywydd yn llawysgrif Wy 2; gallai'r dyddiad hwnnw gyfeirio at ddyddiad y gerdd, neu ddyddiad ei chopïo. Gofid y bardd yw ei swildod a'r ffaith fod hynny'n peri iddo fod yn dafotglwm yng ngŵydd ei gariadferch yn ganlyniad i'w *anhyder* yn ei threfniadau i gyfarfod ag ef (llau. 21–2). Eithr bygwth treisio'r ferch a wneir yn y tri chwpled olaf, er ei bod yn anodd gwneud synnwyr cystrawennol o'r testun fel y mae.

Cywydd 52 llinell yw hwn; cynganeddwyd pob llinell, traean ohonynt yn gynganeddion sain sydd, yn ôl meini prawf Thomas Parry, yn awgrymu mai cerdd o'r bedwaredd ganrif ar ddeg yw hon,[2] a thraean arall yn gynganeddion traws. Dylid nodi bod yn y cywydd hwn bum llinell lle y mae pob gair yn air unsill (gw. llau. 10, 16, 45, 49, 52);[3] o'r cyfanswm o 281 gair yn y gerdd, y mae 210 ohonynt yn eiriau unsill, sef cyfartaledd o 75%. Dyry geiriau unsill hynafiaeth i gerdd gan fod beirdd cyfnod cynnar y cywydd yn defnyddio nifer sylweddol o eiriau unsill.[4] Sylwer hefyd ar y brawddegau estynedig yn y gerdd hon, sydd eto'n dyst o'i hynafiaeth.

---

[1] Gwaith Dafydd ab Edmwnd yw'r ail gywydd a briodolir i Rys ap Dafydd Llwyd ap Llywelyn Lygliw yn y 'Mynegai i farddoniaeth gaeth y llawysgrifau' yn Llyfrgell Genedlaethol Cymru, Aberystwyth (1978) ac yn MCF 15 Mehefin 2000. Cynhwysir y cywydd hwnnw yn DE 13–15, 153 a chytunir â'r sylw yno mai i Ddafydd ab Edmwnd y priodolir y cywydd hwnnw yn y llsgrau. yn ddieithriad; cofnod gwallus sydd yn y 'Mynegai' a chopïwyd y gwall i'r MCF.

[2] Gw. T. Parry, 'Dafydd ap Gwilym a'r Cyfrifiadur', YB xiii (1985), 114–22 a'r cyfeiriadau yno.

[3] Cf. englyn dychan Casnodyn i Nest, lle y mae pob gair yn air unsill, gw. GC (cerdd 12).

[4] Gw. I. Williams, 'Llyma fyd rhag sythfryd Sais', Ll i (1922), 69; cf. y llau. canlynol o gywydd Iolo Goch i Owain Glyndŵr (ar fater awduraeth, dilynir G.A. Williams, *Owain y Beirdd* (Aberystwyth, 1998), 11–12): *Pen nen, pur, mur, mawr waladr, / Pôr glew, llew llym cyflym cadr. / Prudd Nudd nêr yw'r mawrner mau, / Pôr dôr dâr, gwanar gwinau*: codwyd y testun o H. Lewis, 'Cywyddau Brud', B i (1922–3), 309.

3
I ferch

Dydd heddiw lle da 'dd oeddwn
I hudo gwaith, hyd y gwn,
Dan braw; betwn dyn heb rus,
4   Drwy ferw uthr, dra efraethus,
Ni byddwn, urddwn ordderch,
Dan y dail, syn gyfail serch,
Megis, rhag ofn dirmygair,
8   Y bûm, hir feddwl a bair.
A mi'n myned drwy'r rhedyn
A'r dail i gadw oed â'r dyn,
Llawer gair i'm llwyr guriaw,
12   Debygwn, a draethwn draw!
A phan ddeuthum y bûm bŵl
Fegis dyn hurt ryfygwl;
Ni ddôi o'm pen air gennyf,
16   Ni chawn lun iawn gan liw nyf.
Ffraeth yn ei habsen, wenferch,
Fyddwn pan soniwn am serch,
Ac yn ei gŵydd ni lwyddai
20   Barabl ym, a'm berw, by lai?
Anhyder yn ei hoedau
A wnaeth y fudaniaeth fau.
Gweini siom, gwayw ni symud,
24   Gwae yn caru a fu fud,
Ac a ellwng drwy flwng draw
Dyn o oed dan ei adaw,
Ac ni wnâi, ban gâi gyhwrdd,
28   Nesnes ei neges yn wrdd.
Fy llatai, arweddai wawd,
Aur ddewin, a ryddywawd
Nad oedd raid dala amnaid teg
32   Na lledofn y dyn lliwdeg,
A gweled o'i bardd gwiwlas
Ei gwg, mae tebyg o gas.
Odid, o'i llid a'i lledwg,
36   A'i llaes drem ewyllys drwg
Hudwn, pe bai o hyder,
Â hyn o sôn hoywne sêr.

	Minne, pe rhôn ym ennyd,
40	A sôn braff wrth iesin bryd,
	Ni myn hon, er a soniwyf,
	Glywed f'aniwed o nwyf;
	Ni chlyw, prid yw, pryd ewyn,
44	Byth nis mawl beth onis myn.
	Dig wyf, hir i'r mud a gâr
	Y bydd ym mhorth y byddar.
	Diwair yw, o daw, er arch,
48	I'r eiloed liw plu'r alarch,
	Nid â yn dwyn gra dan Gred
	Rhiain mor ddisarhäed,
	Mireingorff is mariangoed,
52	Mor ffraeth ag yr aeth o'r oed.

Ffynonellau
A—Bangor 704, 143 B—Brog I 2, 486ᵛ C—J 101 [= RWM 17], 650 D—Llst 118, 236 E—Wy 2, 269

Ymhellach ar y llawysgrifau, gw. tt. 345–55.

Darlleniadau'r llawysgrifau
3 *A* bettawn ddyn. 6 *E* sy/n/. 10 *E* ddyn. 17 *E* ym. 18 *BC* pen. 19 *C* [ni]. 20 *A* a; *ADE* bu. 22 *E* vudainiaeth. 23 *E* Gweu. 30 *E* dewin. 39 *E* pe ran imi. 40 *E* braf. 42 *E* vainwed. 44 *A* Beth nis. 48 *AC* eiliod, *gydag* eiloed *y testun yn amrywiad yn A.* 50 *DE* riain.

Teitl
[*B–D*], *A* Cywydd Merch o waith Rhys ap Dafydd Llwyd ap Llewelyn Llygliw, *E* K. merch.

Priodoliad
[*A*], *B–D* Rhys ap d̶d̶ llwyd ap H̶en llygliw ai kant, *E* Rys ap d̶d̶ ap llwyd ap llewelyn lygliw 1400.

I ferch

[Y] dydd heddiw yr oeddwn [mewn] man da
I rithio gweithred, hyd y gwn,
Dan brawf; pe byddwn ddyn dirwystr,
4   Drwy gynnwrf dychrynllyd, dichellgar iawn,
Ni byddwn, anrhydeddwn garwr,
Dan y dail, syn blethiad serch,
Fel, yn wyneb ofn gwawd,
8   Y bûm, fe achosa [hynny] fyfyrdod maith.
A mi yn mynd drwy'r rhedyn
A'r dail i gadw apwyntmant serch â'r ferch,
Llawer ymadrodd i'm dihoeni'n llwyr,
12   Debygwn, a adroddwn acw!
A phan ddeuthum fe fûm ddilewyrch
Fel dyn dwl, llawn llyfrdra;
Ni ddôi gennyf air o'm genau,
16   Ni chawn gynrychioliad cywir gan [yr un o] liw['r] eira.
Parod fy nhafod fyddwn yn ei habsenoldeb, [yr] eneth hardd,
Pan soniwn am serch,
Ac yn ei phresenoldeb ni ffynnai
20   Parabl i mi, a'm cynnwrf, pam lai?
Amheuaeth yn ei phwyntmantau
A greodd y mudandod sy'n eiddo i mi.
Peri siom, poen nad yw'n symud,
24   Gwae['r sawl] a fu'n dawel wrth garu,
Ac a ollwng yn rhydd drwy ddigofaint acw
Ferch o bwyntmant gan [beri iddi hi] ymadael ag ef,
Ac na wnâi [ef], pan gâi gyfarfyddiad,
28   Ei neges yn agosach ac yn agosach [at ei chalon], yn eofn.
Fy negesydd serch, cludai foliant,
Ddewin gwych, a ddywedodd
Nad oedd raid derbyn cyfarchiad caredig [y ferch]
32   Na [bod mewn] ychydig fraw o'r ferch deg ei hymddangosiad,
Na gweled o'i bardd ifanc a theilwng
Ei gwg, y mae'n debyg i lid.
[Y mae'n] annhebygol, oherwydd ei dig a'i chilwg
36   A'i hedrychiad hir ei barhad o anfodlonrwydd
Y byddwn yn hudo, [hyd yn oed] pe bai [gennyf ddigon] o
        feiddgarwch,
Gyda [chymaint â] hyn o siarad [yr un sydd o] brydferthwch [y]
        sêr.
Minnau, pe rhoddant imi ysbaid fer,

40   A sôn grymus wrth un o ymddangosiad prydferth,
         Ni ddymuna['r ferch] hon, er [cymaint] a soniwyf [wrthi],
         Glywed am fy nolur [a gafwyd] oherwydd angerdd;
         Ni chlyw, gwerthfawr yw, [yr un o] liw ewyn [ton],
44   Nid yw hi byth yn canmol dim onid yw [hi]'n dymuno hynny.
         Yr wyf yn [teimlo'n] chwerw, hir i'r un dileferydd sy'n caru
         [Yw'r amser] y bydd [yn caru] wrth ddrws un fyddar.
         Diwair yw, os daw, oherwydd deisyfiad,
48   [Yr un o] liw plu'r alarch i'r ail apwyntiad serch,
         Nid â o dan [ffurfafen] y byd Crediniol [ac] yn gwisgo ffwr
         Ferch mor barchus [â hi],
         Corff gwych o dan lwyni marian,
52   Mor siaradus ag yr aeth [hi] o'r apwyntiad serch [cyntaf].

Nodiadau

3

1   **heddiw** Llsgrau. *eddyw*.

3   **betwn** Ffurf gywasgedig o *pei yt vewn*, sef 1 un.amhff.dib. y f. *bod* (gw. G 67), heb dreiglad i'r traethiad, cf., o bosibl, R 1037.38 *betón dedwyd dianghut*; gellid esbonio'r diffyg treiglad meddal yma fel calediad *-n dd-* yn *-n d-*.

4   **efraethus** Fe'i deellir yn amrywiad ar *arfaethus* 'cyfrwys, dichellgar', gw. GPC 192.

11   Gellid ystyried diwygio yn *Llawer gair (a'm llwyr guriaw)* / *Debygwn …* er mwyn yr ystyr.

31   Y mae'r ll. hon sillaf yn rhy hir fel y saif, ond gellir cywasgu *dala amnaid*.

40   **sôn braff** Eb. yw *sôn* yn yr achos hwn, cf. GDG³ 227 (83.15) *Bysaleg, iselgreg sôn*.

41   **ni myn** Ar y diffyg treiglad meddal i *b* a *m* yn dilyn y negydd *ni*, gw. WG 423; Treigladau 355–6; GMW 61–2. Fodd bynnag, ceir nifer o enghreifftiau o *ni* + *m-* ac o *ni* + ffurf dreigledig, yn dibynnu ar anghenion y gynghanedd, gw., e.e., GLlBH 4.62n.

42   **aniwed** Amrywiad ar *niwed*, gw. GPC 132, 2585.

49   **dan Gred** Gellid yma yr ystyr 'llw' i *Gred*, ond cf. GGH 41 (9.25) *Dewisglod hynod, ni henwir—dan Gred*.

Geirfa

adaw ymadael â 26
anhyder amheuaeth 21
aniwed dolur 42n
arweddu cludo *3 un.amhff.myn.*
  arweddai 29
blwng digofaint 25
bod *1 un.amhff.dib.* **betwn** 3n
Cred y byd Crediniol 49n
cyfail plethiad 6
cyhwrdd cyfarfyddiad 27
dan 49n
dirmygair gwawd 7
disarhäed parchus 50
efraethus dichellgar 4n
eiloed ail apwyntiad serch 48
ellwng gollwng yn rhydd *3*
  un.pres.myn. **ellwng** 25
gordderch carwr 5
gra ffwr 49
gwiwlas ifanc a theilwng 33

gwrdd eofn 28
heddiw 1n
hoywne prydferthwch 38
iesin prydferth 40
llatai negesydd serch 29
lledofn ychydig fraw 32
lledwg cilwg 35
mariangoed llwyni marian 51
mireingorff corff gwych 51
mudaniaeth mudandod 22
mynnu *3 un.pres.myn.* **myn** 41n
ni 41n
nyf eira 16
praff grymus 40n
prid gwerthfawr 43
pŵl dilewyrch 13
py lai? pam lai? 20
rhyfygwl llawn llyfrdra 14
sôn 40n
uthr dychrynllyd 4

GWAITH GRUFFUDD LLWYD

Rhagymadrodd

Gruffudd Llwyd oedd un o feirdd mwyaf talentog ac amrywiol ei oes. Ychydig, fodd bynnag, sy'n hysbys am ei fywyd. Ni cheir enw Gruffudd Llwyd ab Einion Lygliw yn yr achau cyhoeddedig, a dim ond dau gyfeiriad ato a gafwyd yn achau'r llawysgrifau. Un o'r rheini yw'r cyfeiriad yn LlGC 872D [= Wrecsam 1], 433 (yn llaw Dr John Davies, Mallwyd, 1590–1)[1] sy'n enwi'r bardd dan y pennawd *Llangadfan*. Yno, dywedir mai Gruffudd Llwyd ap Dafydd ab Einion ap Heilyn oedd ei enw, fod iddo dri mab, sef Maredudd, Dafydd ac Einion, a bod iddo wyrion a gorwyrion gan ddau o'r meibion, sef Maredudd ac Einion. Enwir Gruffudd Llwyd hefyd yn Pen 128 (llawysgrif a gopïwyd cyn 1582) wrth drafod teuluoedd Mechain. Sonnir yno yn benodol am orwyrion Gruffudd Llwyd, sef Ieuan a John: *mam ynhwy oedd llevky vz Jenn ap gvttyn yr gytvn a Elwid gruff lloyd ap dd ap Einon ap* [   ].[2] Cofnodir yma, felly, enw pedwerydd mab i Ruffudd Llwyd, sef Ieuan, a bod i'r bardd wyrion a gorwyrion ganddo. Gŵr teulu, felly, oedd Gruffudd Llwyd, a'i ach yn ddwfn yn naear Powys.

Er bod yr ach a gofnodir yn LlGC 872D yn ymestyn dros naw cenhedlaeth, o gyfnod Heilyn hyd gyfnod y brodyr Dafydd a Siôn, a'r brodyr a chwiorydd Mathew, Rhys, Sioned a Lowri yn y nawfed genhedlaeth, ni ddangosir yma enw Llywelyn ap Gwilym, perthynas teuluol y goroesodd un cywydd o'i eiddo, sef 'Gweledigaeth Pawl yn Uffern' (uchod cerdd 2), a ysgrifennwyd *c*. 1400, hyd y gellir barnu o gynnwys a naws y gerdd. Ni ellir lleoli Rhys ap Dafydd Llwyd ap Llywelyn ychwaith yn yr ach hon, aelod arall o deulu Gruffudd Llwyd y goroesodd un gerdd o'i eiddo, sef cywydd 'I ferch' (uchod cerdd 3); yr unig gymorth i'w leoli ef yw'r dyddiad 1400 sydd wrth droed y cywydd hwnnw yn Wy 2, a'r nifer sylweddol o eiriau unsill yn y gerdd sy'n awgrymu cyfnod cynnar ar y cywydd: gallai fod yn gyfoeswr i Ruffudd Llwyd.

Eithr daw trydydd cyfeiriad at ran o ach Gruffudd Llwyd o lawysgrif Pen 287, 526 (yn llaw Robert Vaughan, o hanner cyntaf yr 17g.)[3] lle y cofnodir

---

[1] Ymhellach ar y llsgr., gw. RWM ii, 346–60.

[2] Gw. Pen 128, 794 (ceir gofod gwag yn dilyn *Einon ap* yn y llsgr.). Ar 'Llyver Edward ap Roger', gw. RWM i, 785–805; J.Ff. Griffith, 'Llyfr Edward ap Roger (Peniarth 128)' (M.A. Cymru [Bangor], 1969). Ar briodoli un o gerddi Gruffudd Llwyd i *Guttyn bach or park* a *Guttyn bâch ap Raph*, gw. isod cerdd 5.

[3] Ymhellach ar y llsgr., gw. RWM i, 1102–3. Y tu ôl i Pen 287 y mae gwaith Peter Ellis yn BL Add 28033–4, gw. P.C. Bartrum, 'Notes on the Welsh Genealogical Manuscripts', THSC, 1968, 83–6.

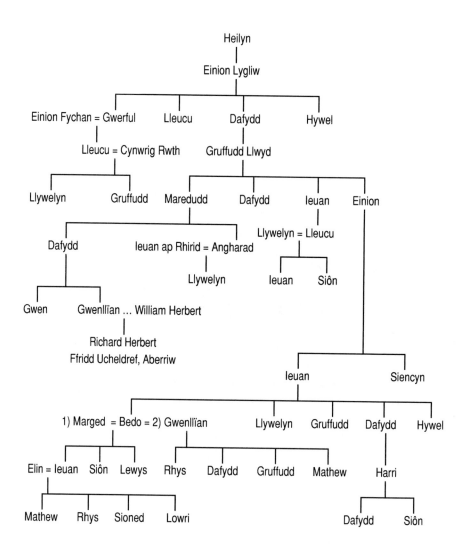

priodas Lleucu (cyfnither i Ruffudd Llwyd) a Chynwrig Rwth: *Cyn'rwth #
lleuci vz Enion vy[n] ap Enion lygliw o veirionydd*.[4] Cyfeirir yn y llawysgrif
honno at lawysgrif hŷn, sef Pen 128, lle y ceir yr wybodaeth: *mam lln ap
kynwrwth oedd llevku vz Engn vychn ap Engnlygliw o veirrionnydd* (Pen 128,
673) ac mewn rhan arall o'r un llawysgrif: *mam Gr ap kynrwth a lln i frawd
oedd llevkv vz engn vychn ap Engn lygliw o veironnydd* (Pen 128, 822).
Deellir o'r cyfeiriadau hyn mai gŵr o Feirionnydd oedd Einion Lygliw, taid
Gruffudd Llwyd, ac ategir hynny gan gyfeiriadau pellach ato yn yr ardal
honno.[5] Mab i Einion Lygliw, ac ewythr i Ruffudd Llwyd, yn frawd ei dad,
oedd y bardd Hywel y cadwyd un awdl o'i eiddo, sef 'Moliant Myfanwy
Fychan o Gastell Dinas Brân' (uchod cerdd 1). Rhoddwyd y manylion a
gafwyd o lawysgrifau LlGC 872D [= Wrecsam 1], Pen 287, Pen 128 a
Rholiau Llys Dyffryn Clwyd ynghyd i lunio'r ach gyferbyn.

Ni roddir pwys ar dystiolaeth honedig Rhys Goch Eryri fod Gruffudd
Llwyd yn hanfod o Einion Yrth,[6] damcaniaeth sy'n seiliedig ar y cwpled:

> Taliesin roddwin rwyddwyrth,
> Taer anian aer Einion Yrth.[7]

Y mae'r gynghanedd yn awgrymu mai sôn am *aer* yn golygu 'brwydr' yn
hytrach nag 'etifedd' a wneir yma, a dilynir awgrym Mr D. Foster Evans
mai chwarae ar enw taid Gruffudd Llwyd, sef Einion Lygliw, a wneir.[8]

Felly, er mai pytiog yw'r dystiolaeth i ach Gruffudd Llwyd, y mae'n
amlwg ei fod yn hanfod o deulu o feirdd. Y mae'r un mor amlwg, o'r achau
yn ogystal ag o'r farddoniaeth, mai Powys oedd ei famwlad. Brodor o
Bowys Wenwynwyn ydoedd, ac un o feirdd y Mers. A'i gartref ym mhlwyf
Llangadfan, ategir ei ymlyniad wrth ei fro gan ei ddewis bynciau barddol.

Canodd i wraig weddw hardd o Bowys ar ddull ymddiddan. Wrth gloi ei
gerdd y mae'n galw ar breswylwyr y wlad o amgylch i'w gredu pan ddywed
wrthi mai Duw a'i hanfonodd ati yn hytrach na grymoedd y tywyllwch:

> 'Pwy bynnag, drem ddinag dro,
> Ym Mhowys a'm hamheuo,
> Duw Ei hun, er llun a lles,
> Myn f'enaid, a'm hanfones ...'[9]

Canodd hefyd ei fawl i'r Drindod, ac i'r ddelwedd o'r Drindod yn eglwys
blwyf y Trallwng ym Mhowys:

---

[4] Gw. hefyd P.C. Bartrum: WG1 'Llywarch Howlbwrch' 7; P.C. Bartrum: WG1 'Selyf' 7.

[5] Ar Einion Lygliw a Dafydd ab Einion, taid a thad Gruffudd Llwyd, gw. y Rhagymadrodd i
gerdd 1 uchod.

[6] Ar Einion Yrth yn fab i Gunedda Wledig ac yn 'progenitor of the Anglesey dynasty and
grandfather of Maelgwn', gw. TYP[2] 313. Ymhellach, gw. G 459; WCD 232. Fe'i cysylltid hefyd
â Phowys, ac o'r 16g. ymlaen (fan bellaf) fe gredid mai Caer Einion Yrth oedd Caereinion.

[7] IGE[2] xii, 159 (llau. 9–10); sylwer nad yw'r atalnodi yn union yr un fath y ddau dro.

[8] Gw. golygiad D. Foster Evans o gerddi Rhys Goch Eryri yn y gyfres hon (i ymddangos).

[9] Isod 7.63–6.

Y mae'n y llan diannod
Y Sul glân, disalw ei glod,
Ei lun, gwae a wnêl yno
Amau fyth, fal y mae fo,
Yng nghôr, lle mae fy nghariad,
Y Trallwng, teilwng yw'r Tad,
Y Mab a'r eang dangnef,
A'r Ysbryd i gyd ag ef.[10]

Y mae'n debygol mai cerdd a ysgrifennwyd ar gyfer uchelwyr y Trallwng oedd hon, cerdd a luniwyd i'w chanu ar un o'r prif wyliau eglwysig efallai, sef y Nadolig, y Pasg a'r Sulgwyn, neu o bosibl yr Adfent a'r Grawys.

Cyfeirir at Abad Caer yn y gerdd 'Ymestyn einioes' (gw. isod 6.25) a byddai i ŵr o Langadfan ddal cysylltiad â Chaer yn ddigon naturiol yn nyddiau Gruffudd Llwyd. Ceir ail gyfeiriad at y ddinas wrth i'r bardd enwi Lleon Gawr, ffug eponym am sefydlydd dinas Caer, yn y cywydd moliant i farf Owain ap Maredudd o'r Neuadd-wen ym Mhowys (gw. isod 16.57).

Canodd Gruffudd Llwyd i nifer o uchelwyr Powys, a theg yw deall o hynny eu bod yn noddwyr iddo. Canodd ddau gywydd i Owain Glyndŵr ac y mae pob lle i gredu bod Gruffudd Llwyd wedi elwa'n sylweddol ar ei gyswllt â'r teulu hwnnw. O *timbre* y ddau gywydd daw'n amlwg fod y bardd yn agos at Owain Glyndŵr, ei fod yn lladmerydd barddol iddo, yn hiraethu ar ei ôl pan wahenir hwy oherwydd rhyfela yn yr Alban,[11] ac yn cwyno ar ei ran am na chafodd ei urddo'n farchog.[12] Y mae'n amlwg fod Gruffudd Llwyd yn gwbl gartrefol ar aelwydydd Sycharth a Glyndyfrdwy ar gyfrif ei uchelwriaeth ei hun yn ogystal ag ar gyfrif ei ragoriaethau barddol, a bod cytgord hapus rhwng y bardd a'i gymydog/noddwr:

Llafar, ymannos noswaith,
Oeddwn wrth gyfedd medd maith,
Fy nghrair, i'th aml gellweiriaw
I'th lys, lle cawn win o'th law.[13]

Canodd Gruffudd Llwyd hefyd i dad yng nghyfraith Owain Glyndŵr, sef Syr Dafydd Hanmer (cerdd 10) yn gofyn trugaredd pan osodid ar brawf uchelwr o blwyf Llansawel yn sir Gaerfyrddin. Canodd gywydd mawl i farf Owain ap Maredudd o'r Neuadd-wen ym Mhowys (cerdd 16), a chywydd moliant i Ruffudd ab Ieuan Llwyd o Fathafarn (cerdd 17). Blas tir Powys sydd ar dafell helaeth o'i ganu.

Gellir ychwanegu at y dystiolaeth uchod friwsion o law copïwyr y llawysgrifau. Gelwir y bardd wrth yr enw *gryffydd lloyd dd ab einion athro*

---

[10] Isod 19.69–76.
[11] *Yr awr yr aethost ar ŵyth / Dir Prydyn, darpar adwyth, / Agos i hiraeth, gaeth gad, / A'm dwyn i farw amdanad*, gw. isod 11.15–18.
[12] Isod cerdd 12.
[13] Isod 11.7–10.

powys yn Llst 53, 205 (yn llaw Siâms Dwnn, *c*. 1647), ac eto mewn copi o'r llawysgrif honno sy'n dyddio o'r bedwaredd ganrif ar bymtheg, sef BL Add 31077, 42ᵛ; *Gruffydd llwyd dd ap Einion o bowys* meddir amdano gan gopïydd anhysbys yn BL Add 31056, 109ᵛ, sy'n dyddio o'r ail ganrif ar bymtheg (ar ôl 1658).

Yn ôl ei gyfaill Rhys Goch Eryri, yr oedd Gruffudd Llwyd yn *Fyrddin Powys fawrddoeth*[14] ac wrth ei farwnadu'n ddolefus dywed na allai neb ddal cannwyll at Ruffudd Llwyd o ran ysbrydoliaeth farddol, ac nad oedd neb ym Mhowys a adwaenai awen Gruffudd fel y gwnâi Rhys:

> Aflawen wyf o flaen neb,
> Am nad adwaeniad, rhad Rhên,
> O Bowys neb ei awen,
> Fardd neitio Fyrddin natur,
> Fal yr adwaenwn, gwn gur.[15]

Ei waith

Golygwyd yn y gyfrol hon ddwy ar bymtheg o gerddi o waith Gruffudd Llwyd a oroesodd i'n dydd ni, ynghyd ag un cywydd serch (gw. isod At.ii) nad oes tystiolaeth gwbl sicr yn y llawysgrifau i'w awduraeth ond y tybir ei fod yn gywydd o waith Gruffudd Llwyd. Gwelir o'r cerddi a gadwyd mai'r cywydd yw dewis fesur y bardd, gyda dau eithriad gwiw, sef iddo lunio cyfres o englynion 'I'r dywalwr du' (gw. isod cerd 20), ac yr ymddengys iddo lunio un englyn agoriadol i'w gerdd 'I ferch' (gw. isod cerd 8) cyn parhau ar fesur cywydd.

Dilynir arweiniad Thomas Roberts ar fater dilysrwydd y cywyddau.[16] At gasgliad Thomas Roberts o bymtheg o gywyddau fe ychwanegwyd yn y golygiad hwn ddau gywydd arall, sef 'Marwnad Hywel ap Meurig Fychan o Nannau' (cerd 15), y cywydd serch y soniwyd amdano uchod a allai fod yn waith Gruffudd Llwyd (At.ii), a'r gyfres englynion 'I'r dywalwr du' (cerd 20).

Crynhowyd, felly, ddeunaw o gerddi. Cesglir o'u dyddiadau mai bardd yn pontio'r bedwaredd ganrif ar ddeg a'r bymthegfed ganrif oedd Gruffudd Llwyd. Ni chadwyd dyddiadau ei eni na'i farwolaeth,[17] ond bu farw Gruffudd Llwyd yn hen ŵr. *Hen wyf fi, a hŷn yw fo*,[18] meddai wrth gymharu ei oedran ei hun ag oedran Gruffudd ab Ieuan Llwyd o Fathafarn. Rhestrir isod ei gerddi, ynghyd â'u dyddiadau hyd y gellir barnu.

---

[14] IGE² 164 (ll. 8).

[15] *Ib*. 157 (llau. 8–12).

[16] *Ib*. xii–xxiii. Eithr ni chytunir â'r honiad mai Gruffydd Llwyd yw awdur yr awdl 'I Iesu Grist' (gw. IGE² xix), awdl a dderbynnir i ganon Dafydd ap Gwilym gan Thomas Parry, gw. GDG³ cerdd 1.

[17] Rhoddir y dyddiadau *fl. c.* 1380–1410 yn By Cy 294; *c*.1380–*c*.1420 yn CLC² 292.

[18] Isod 17.63.

cerddi 4–8, At.ii   cerddi serch a ganwyd, o bosibl, yn ystod ieuenctid y bardd

cerdd 9   'I'r haul ac i Forgannwg', amhosibl ei dyddio ond gallai fod yn gynnar

cerdd 10   'Y cwest ar Forgan ap Dafydd o Rydodyn', 1385–7

cerddi 11, 12   'I Owain Glyndŵr', cyn 1400

cerdd 13   'Marwnad Rhydderch', ?1398/9

cerdd 14   'Mawl i Hywel ap Meurig Fychan o Nannau a Meurig Llwyd ei frawd', cyn 1400

cerdd 15   'Marwnad Hywel ap Meurig Fychan o Nannau', rhwng 1395 a 1402

cerdd 16   'Moliant i farf Owain ap Maredudd o'r Neuadd-wen ym Mhowys', amhosibl ei dyddio, ond fe ddigwydd enw Owain ap Maredudd mewn rhestr o fwrdeisiaid y Trallwng yn 1406, mewn pardwn brenhinol i gynorthwywyr Glyndŵr yn 1417, ac yr oedd yn fyw yn 1446; cerdd o ddechrau'r 15g., o bosibl

cerdd 17   'Moliant Gruffudd ab Ieuan Llwyd o Fathafarn', ?yn hwyr yn ail ddegawd y 15g.

cerdd 18   'I Dduw', amhosibl ei dyddio

cerdd 19   'I'r Drindod', 1400 man pellaf

cerdd 20   'I'r dywalwr du', ?blynyddoedd olaf y 14g.

O'r deunaw cerdd y mae chwech ohonynt yn gerddi serch, sef traean y cynnyrch a oroesodd. Nid oes ryfedd i Rys Goch Eryri fawrygu Gruffudd Llwyd fel bardd serch yn anad dim arall. Yn wir, ym marwnad Rhys i Ruffudd fe ddywed Rhys y byddai gŵyr priod y gymdogaeth yn falch fod Gruffudd wedi ei gladdu ac mai'r sawl a fyddai'n elwa fwyaf ar ei farwolaeth fyddai Eiddig:[19]

> Gwynfyd mawr gan ŵr gwenfun,
> A hardd gan Eiddig ei hun,
> Roi Gruffudd Llwyd (gyrrwyd gawr)
> Deg rylew dan do grolawr.[20]

Anrhydeddu Gruffudd Llwyd fel bardd serch a ganai yn null Dafydd ap Gwilym a wna'r llinellau hyn. Ategir hynny gan ddisgrifiad Rhys o Ruffudd Llwyd yn *Fyrddin Powys fawrddoeth* a'r arwyddocâd sydd i'r cyfeiriad at Fyrddin, y carwr.[21] Ceir cyfeiriad gan Ruffudd Llwyd ei hun at gerdd

---

[19] Noder bod dwy gerdd i Eiddig yn y casgliad, sef cerddi 4 a 5.

[20] IGE² 158 (llau. 13–16).

[21] Cymharer y darlun o Fyrddin yn fardd serch a gyflwynir gan Rys Goch Eryri yn IGE² 335 (llau. 15–20) lle y sonir am Fyrddin mewn carchar o garreg o dan y môr: *O serch gwen, myn Dwynwen deg, / Y'i gyrrodd Duw i'r garreg* (llau. 19–20). Ymhellach, gw. TYP² cxxxvii n4, 473–4.

Myrddin 'Cyfoesi Myrddin a Gwenddydd ei chwaer'.[22] Yr un naws sydd i gerddi Gruffudd Llwyd i adar ac yn nodedig felly, yn ôl tystiolaeth Rhys Goch Eryri, ei gerddi i'r gog, y fwyalch a'r fronfraith,[23] adar a ystyrid yn rhan anhepgor o fyd serch a chariad yn y farddoniaeth Gymraeg. [Y] serchog Ruffudd Llwyd[24] yw disgrifiad Rhys Goch Eryri o Ruffudd Llwyd, ei athro barddol, yn ei farwnad i Lywelyn ab y Moel yn ogystal, ac yr oedd hwn yn ddisgrifiad o natur ei farddoniaeth lawn cymaint ag o natur ei bersonoliaeth. Dyfala Thomas Roberts i Ruffudd Llwyd lunio nifer o gywyddau serch a chywyddau i adar nad ydynt bellach ar glawr neu a briodolwyd i feirdd eraill,[25] a dichon fod hynny yn wir.

Ond yr oedd Llywelyn ab y Moel, bardd ifanc a godwyd mewn traddodiad ychydig yn wahanol i'r Cywyddwyr cynnar, wedi ei glwyfo gan y disgrifiad unochrog hwnnw o gampau barddol carwriaethol Gruffudd Llwyd ac yn dymuno gwneud iawn am hynny drwy bwysleisio ochr fwy 'sylweddol' ei farddoniaeth.[26] Gwnaeth hynny mewn cywydd sy'n marwnadu Gruffudd Llwyd yn ogystal ag yn ateb yr hyn a ystyriai Llywelyn yn ddibrisiad o ddawn Gruffudd.[27]

Fodd bynnag, dim ond dau gywydd crefyddol o waith Gruffudd Llwyd a oroesodd, sef ei gywydd 'I Dduw' (cerdd 18) a 'Moliant i'r Drindod' (cerdd 19). Y mae'n eglur fod nifer sylweddol iawn o'i gerddi duwiol hefyd wedi eu colli dros y canrifoedd: y mae holl ddamcaniaeth Llywelyn ab y Moel yn sefyll ar hynny. Disgrifiodd Llywelyn gynnyrch crefyddol Gruffudd Llwyd mewn dau gwpled cofiadwy:

> Prydawdd i'r Tad o'r gadair,
> Prydydd fu, prydawdd i Fair;
> Prydawdd i'r Mab o'r aberth,
> Prydawdd i'r Ysbryd cyd certh.[28]

Nid bardd serch na bardd y dail a'r haf mohono i Lywelyn ab y Moel.[29] Bardd y pynciau dwys oedd Gruffudd. Sonia mai tri pherson y Drindod oedd ei ddewis destunau, ac fel gŵr o berswâd Catholig yn naturiol fe gysylla enw'r Forwyn Fair ar y cyd â hwy yn bedwerydd pwnc ei ganu. Ysywaeth ni chadwyd cerdd i Fair ymysg cerddi Gruffudd Llwyd. Nid un o ddilynwyr Myrddin a ddisgrifir yma, felly, ond un o feddylfryd Taliesin:

---

22 Isod 13.41–6 ac *ib*.n.
23 IGE² 157 (ll. 19)–158 (ll. 12).
24 *Ib*. 325 (ll. 20).
25 *Ib*. xxi.
26 Ar ymdriniaeth Saunders Lewis ar y mater hwn, gw. S. Lewis, *Braslun o Hanes Llenyddiaeth Gymraeg* (Caerdydd, 1986), 95–6.
27 GSCyf cerdd 14 ac *ib*.n. Datblygodd y gŵyn hon yn ymryson barddol rhwng Rhys Goch Eryri a Llywelyn ab y Moel ar gyfrif gwahanol ddadleuon ynglŷn â'u proffesiwn: ar gefndir yr anghydfod, gw. GSCyf 165–7.
28 Gw. *ib*. 14.29–32.
29 Anghytunir â'r darlleniad *Ofydd* yn GSCyf 14.5; gwell IGE² 160 (ll. 5) *ddofydd*.

Teg ei sain, medd ugeinmil,
Taliesin o Heilin hil.[30]

Fel cyndad y traddodiad mawl mewn barddoniaeth Gymraeg y daeth
Taliesin i amlygrwydd a bri. Ond yn ôl Rhys Goch Eryri, dim ond rhan o
gamp Gruffudd Llwyd oedd hynny. I Rys yr oedd Gruffudd yn Fyrddin ac
yn Daliesin, *Taliesin roddwin rwyddwyrth / ... / Iesin ar gerdd Fyrddin fu.*[31]
Tebyg ydoedd hefyd i Gynddelw Brydydd Mawr, meddir:

Perllan reiol y moliant,
Pwyll ddelw, mal Cynddelw y cant.[32]

Yr oedd y Cywyddwyr wedi hen arfer â chyfeiriadau at Gynddelw yn
batrwm o fardd mawl ac yn un o brif feistri'r grefft o glodfori tywysogion,
ond fe'i hystyrid hefyd yn fardd serch ar gyfrif dwy awdl serch o'i eiddo, sef
'Awdl i ferch anhysbys' a 'Rhieingerdd Efa ferch Madog ap Maredudd'.[33]

Nid yw cerddi duwiol Gruffudd Llwyd yn gerddi addysgol eu hamcan fel
y cyfryw, ac yn sicr nid ysgrifennwyd hwy yn null Dafydd Ddu o Hiraddug,
dyweder,[34] a luniodd gerddi didactig at ddefnydd gwlad, o bosibl yn
rhinwedd ei swydd yn Ganghellor Eglwys Gadeiriol Llanelwy a chyda budd
ysbrydol ei blwyfolion yn uchaf yn ei olwg. Er bod Gruffudd Llwyd yn
amcanu rhyw wedd ar addysg grefyddol yn ei gerddi—er enghraifft y mae'n
mynd ati i esbonio natur y Drindod (cerdd 19) a sut y gall hi fod ar yr un
pryd yn dri pherson ac un sylwedd—eto i gyd barddoniaeth ysblennydd,
gyffrous, yn creu darluniau yn y meddwl a seiniau yn y glust, yw cerddi
Gruffudd Llwyd, yn hytrach na chais i ychwanegu at ystorfa wybodaeth ei
gynulleidfa.

Trydydd casgliad o gerddi Gruffudd Llwyd yw ei gerddi i noddwyr, neu o
leiaf i uchelwyr. Dyma'r dosbarth mwyaf o ran nifer, gyda naw cerdd, sef
hanner y cerddi a oroesodd, yn perthyn i'r *genre* hwn o gerddi. Canodd i
ddau ryfelwr nerthol, sef i Owain Glyndŵr a noddai feirdd (cerddi 11 a 12),
ac 'I'r dywalwr du' (cerdd 20) nad oes awgrym o'i nawdd i feirdd yn y
gerdd ond y gellir dyfalu hynny amdano os rhyfelwr o Gymro ydoedd, er
nad oes prawf o'i dras, ychwaith, yn y gerdd.

O'r cerddi a oroesodd gellir canfod mai rhai o noddwyr Gruffudd Llwyd
oedd teulu Sycharth a Glyndyfrdwy (Owain Glyndŵr), teulu'r Neuadd-wen
ym Mhowys (Owain ap Maredudd), teulu Nannau yn sir Feirionnydd
(Hywel ap Meurig Fychan a'i frawd Meurig Llwyd), teulu Mathafarn yng
nghwmwd Cyfeiliog (Gruffudd ab Ieuan Llwyd), ac o bosibl deuluoedd
Glyn Aeron yn Nyffryn Aeron yng Ngheredigion (Rhydderch ab Ieuan

---

[30] GSCyf 14.7–8; ar Heilyn, gw. yr ach uchod, lle yr enwir Gruffydd Llwyd ap Dafydd ab
Einion ap Heilyn.
[31] IGE² 159 (llau. 9, 16).
[32] *Ib.* 159 (llau. 23–4).
[33] GCBM i, cerddi 4 a 5.
[34] GEO cerddi 2–4.

Llwyd) a Rhydodyn ym mhlwyf Caeo yn sir Gaerfyrddin (Morgan ap Dafydd). Yr oedd siwrneiau hir o un cwr o'r wlad i'r llall i dderbyn nawdd yn gyffredin yn y cyfnod, onid yn ddisgwyliedig gan fardd o statws Gruffudd Llwyd.

O'r uchelwyr hyn i gyd, Owain Glyndŵr oedd y gŵr uchaf ei dras yng Nghymru benbaladr. Yr oedd yn aer Gwynedd, Powys a Deheubarth, fel y dywed Iolo Goch yn ei gywydd 'Achau Owain Glyndŵr'.[35] Cadwyd dau gywydd mawl o eiddo Gruffudd Llwyd i Owain o gyfnod cyn dechrau'r Gwrthryfel ym mis Medi 1400, yn llais i gwynion ei oes am anghyfiawnder llywodraeth y Sais dros y Cymry. Er bod Gruffudd Llwyd yn un o'r beirdd a fu byw drwy'r Gwrthryfel, ac a oroesodd Glyndŵr yn ôl pob tebyg, ni chadwyd dim cerddi pellach o'i eiddo i Dywysog Cymru. (Ni chadwyd, ychwaith, ddim o'i waith, ar unrhyw bwnc, y gellid ei amseru'n bendant yn ystod cyfnod y Gwrthryfel.) Awgryma Dr Enid Roberts mai oherwydd i Owain Glyndŵr ofalu am i'w ferched briodi â Saeson y bu hynny: priododd 'Elsbeth â Syr John Scudamore, Siân â Henry Gray, Arglwydd Rhuthun, Sioned â John Croft, a Margred â Roger Monnington—tair ohonynt ag uchelwyr o sir Henffordd'. Ymhellach, meddai: 'Ni adawodd ar ôl yng Nghymru deulu o uchelwyr Cymraeg a fyddai, mewn cyfnod diweddarach, mwy heddychol, yn casglu pob canu a fu i'r teulu, yn cofnodi achau manwl pob aelod newydd a ddaeth trwy briodas, yn nodi llawer o fân hanesion, yn eu hysgrifennu'n ofalus a'u trysori.'[36]

Dichon fod gwirionedd hefyd yn sylwadau Mr Saunders Lewis ar gwestiwn 'mudandod' tybiedig y beirdd yn ystod y Gwrthryfel a'r diffyg cerddi a oroesodd o'r cyfnod 1400–10. Dywed ef ei bod yn ffaith 'fod y beirdd wedi gwneud fel y dylasent yng Ngwrthryfel Glyndŵr'[37] a bod deddfau senedd Lloegr yn brawf o hynny. Cyfeiria Saunders Lewis at dystiolaeth J.E. Lloyd fod senedd Lloegr wedi deddfu yn erbyn gweithgaredd pob 'waster, rhymer, minstrel or vagabond'; fe'i gwnaed yn anghyfreithlon i feirdd eu cynnal eu hunain drwy 'making commorthas or gatherings upon the common people'. Dywed J.E. Lloyd fod y ddeddf hon yn ei gwneud yn eglur 'that the cause of Glyn Dŵr was dear to the bards and actively encouraged by them in their professional wanderings'.[38] Enghraifft a fyddai'n cadarnhau hynny yw'r cywydd a ganwyd i Owain Glyndŵr yn ystod y Gwrthryfel ac sy'n agor â'r llinell *Llyma fyd rhag sythfryd Sais*[39] o waith Iolo Goch tua'r flwyddyn 1403.

[35] GIG cerdd VIII.
[36] E. Roberts, 'Tŷ pren glân mewn top bryn glas', TCHSDd xxii (1973), 13.
[37] S. Lewis, *op.cit.* 98.
[38] J.E. Lloyd, *Owen Glendower* (Oxford, 1931), 55–6.
[39] Arno, gw. ymdriniaeth G.A. Williams, 'Adolygu'r canon: cywydd arall gan Iolo Goch i Owain Glyndŵr', LlCy xxiii (2000), 39–73. Am ragor o enghreifftiau o gywyddau cyfnod Gwrthryfel Glyndŵr, gw. E. Roberts, 'Uchelwyr y beirdd', TCHSDd xxiv (1975), 72–3.

Honiad Saunders Lewis yw fod y bardd Cymraeg wedi gwneud ei ddyletswydd mewn cyfnod o gyfyngder ar ei wlad:

sef drwy roi heibio'i gelfyddyd a gweithio mewn brwydr a phropaganda fel Cymro a milwr da. Ychydig o farddoniaeth Gymraeg a gyfansodd-wyd rhwng 1400 a 1410. Yr oedd y beirdd wrth waith arall. At hynny, fe welsom nad croniclo helyntion ei wlad a fu gorchwyl prydydd erioed; ni pherthynai hynny i'r gerdd newydd fwy nag i'r moliant traddodiadol.[40]

Ai dyma ran o'r ergyd ym marwnad Rhys Goch Eryri i Ruffudd Llwyd ei fod yn *Fyrddin* cenedl? Tybed a fu i Ruffudd Llwyd gyfuno gweithgaredd rhyfelwr a phrydydd fel y gwnaeth Myrddin?

Wedi nodi'r chwe cherdd serch, y ddwy gerdd grefyddol, a'r naw cerdd i uchelwr, erys un gerdd nodedig iawn yn weddill o gynhysgaeth Gruffudd Llwyd i'n cenhedlaeth ni, sef ei gerdd 'I'r haul ac i Forgannwg' (cerdd 9). Nodir hi yn yr un gwynt â'r cerddi crefyddol gan Lywelyn ab y Moel yn ei gerdd i achub cam Gruffudd Llwyd ac i wrthwynebu'r olwg a ddyry Rhys Goch Eryri arno fel bardd serch ac adar yn bennaf. Yn dilyn ei restr o waith crefyddol Gruffudd Llwyd daw'r cwpled a ganlyn:

> Prydawdd, diyngnawdd dangnef,
> I'r haul deg, areilied ef.[41]

Beth yw arwyddocâd y cyfeiriad hwn? Gwêl Llywelyn ab y Moel y cywydd hwn yn gywydd dwys, i'w gyplysu â'r cywyddau crefyddol yn y ddadl o blaid difrifolder gwaith Gruffudd Llwyd. Cerdd yn moli ysblander yr haul o ran goleuni a chynhesrwydd yw'r cywydd hwn, a gwêl Llywelyn yr ysblander hwnnw yn ddarlun o oleuni deallusol a chynhesrwydd anian gwŷr Morgannwg. Paham y mynnodd Llywelyn ab y Moel gydio'r cywydd wrth gerddi crefyddol? Ai oherwydd mai'r haul yw'r mwyaf, y cryfaf, a'r pwysicaf o ryfeddodau'r Creu? Neu ai oherwydd y darlun o Grist yn Haul Cyfiawnder?[42] Ai cywydd natur ydyw? Nage, yn ôl Saunders Lewis, sy'n gweld yma gywydd moliant i gyfannedd ac i blasau:

Cerdd o orfoledd yng ngwareiddiad Cymreig ac uchelwriaeth Morgannwg yw'r cywydd; nid cân i waith natur, eithr i waith gwareidd-iol a chyfanheddol dyn. Os gall Gruffudd anfon yr haul yn llatai at Forgannwg megis petai'n berson, ei gred ef yw mai'r trigolion drwy eu hewyllys a'u gweithgarwch sy'n creu, o ddefnyddiau crai natur, bersonoliaeth eu gwlad ac yn ei gwneud hi'n annwyl a chofiadwy. Darlun o wareiddiad delfrydol wedi ei godi ym mroydd a chymoedd Morgannwg sydd yma.[43]

---

[40] S. Lewis, *op.cit. l.c.*
[41] GSCyf 14.33–4.
[42] Mal iv.2 *Ond i chwi sy'n ofni fy enw fe gyfyd haul cyfiawnder â meddyginiaeth yn ei esgyll.*
[43] S. Lewis, *op.cit.* 100.

Fel y gwelwyd, y mae gwaith Gruffudd Llwyd yn hynod gynrychioliadol o ganu beirdd ei gyfnod. Canodd gerddi serch a natur, mawl a marwnad, ynghyd â dau gywydd crefyddol. Ond yr hyn sy'n ei osod ar wahân i lawer o'r beirdd eraill yw'r cyfuniad o ddysg, o lên gwerin, ac o ddychymyg sydd yn ei waith.

Y mae'n amlwg fod Gruffudd Llwyd yn gwbl hyddysg yn y traddodiad llenyddol Cymraeg. Cyfeiria'n helaeth ac i bwrpas at y chwedlau brodorol Cymraeg, yn enwedig at rai o gymeriadau'r chwedlau hynny. Enwa Drem fab Dremhidydd a Chlust fab Clustfeinydd (4.25–6, 29–30), cymeriadau yn chwedl 'Culhwch ac Olwen' a chwedl 'Geraint fab Erbin': defnyddia eu henwau'n watwarus i ddwyn sen ar y gŵr eiddig sy'n orgydwybodol wrth warchod ei wraig rhag sylw gwŷr dieithr. Gwyddai Gruffudd Llwyd yn dda am le'r gŵr eiddig yn y traddodiad Cymraeg a manteisia ar yr elfen honno i ddod â sioncrwydd i'w gerddi serch. Enwir Eigr (4.41, At.ii.8), sef mam y Brenin Arthur, ynghyd â Thegau Eurfron (At.ii.1) yn safon prydferthwch; a'r Brenin Arthur ei hun yn baragon o ryfelwr (12.34, 16.6, 12, 13, 24, 42). Enwir Owain ab Urien y rhamant 'Iarlles y Ffynnon' (11.40); Caw chwedl 'Culhwch ac Olwen' (12.28); Brân Fendigaid fab Llŷr chwedl 'Branwen ferch Llŷr' (12.31); Beli Mawr fab Manogan (12.32); Dyfr y chwedlau a'r farddoniaeth (7.16, 14.54); Garwy Hir (15.21); Eliwlad ap Madog ab Uthr, un o farchogion Arthur (15.38); Cai (16.37); a lled-awgrymir basged hud Gwyddno Garanhir (17.21–2), un o'r anoethau a restrir yn chwedl 'Culhwch ac Olwen'.

Gwneir defnydd hefyd o rai o themâu'r chwedlau yn ogystal â'u cymeriadau. Gwyddai Gruffudd Llwyd am amryfal fersiynau ar chwedl 'Yr Anifeiliaid Hynaf' a dilynodd arweiniad fersiwn ar y stori honno yn ei gerdd 'Ymestyn einioes' (cerdd 6). Yr oedd ganddo wybodaeth drylwyr o destun Cymraeg 'Historia Regum Britanniae' Sieffre o Fynwy (ac efallai 'Brut Dingestow'), sy'n adrodd y chwedl am yr ymladdfa a fu rhwng Rhita Gawr a'r Brenin Arthur ar gyfrif barf y brenin (16.1–26) a fynnai'r cawr yn arwydd o'i oruchafiaeth; adroddir stori onomastig yn y gerdd ar yr un pryd, ynghylch sut y ffurfiwyd yr Wyddfa. O Frut y Brenhinoedd hefyd y cododd Gruffudd Llwyd y traddodiad am Uthr Bendragon yn dial ar y Saeson am iddynt wenwyno ei frawd, Emrys Wledig (11.35–8), ac y mae'r un ffynhonnell yn adrodd hanes Bendigeidfran fab Llŷr, Custennin Fawr, ac Arthur, y tri ymerawdwr a enwir yn batrwm o iawn lywodraeth (12.29–34).

Gwyddai Gruffudd Llwyd am destunau yr oedd eu tarddiad y tu allan i Gymru. Enwa Adar Llwch Gwin, adar chwedlonol, sy'n awgrymu bod Gruffudd Llwyd yn gyfarwydd â ffurf (Gymraeg neu arall) ar chwedl Alecsander Fawr (14.64); cyfeiria at 'Saith Doethion Rhufain' (13.33–4); at stori 'Pererindod Siarlymaen' a'r disgrifiad o amgylchiadau amaethu Hu

Gadarn (15.7–8); at yr arwr Otiel yn un o ramantau Siarlymaen (12.48); ac at stori garu Trystan ac Esyllt (At.ii.10).

Ymhyfrydai yn ei wybodaeth o farddoniaeth gynnar Gymraeg. Ceir ganddo rydd-gyfieithiad o rai llinellau o'r gerdd 'Cyfoesi Myrddin a Gwenddydd ei Chwaer' (13.45–6). Gwnaeth ddefnydd helaeth o destun 'Trioedd Ynys Prydain' (6.1–4, 7.16, 13.9–18, 74, 17.61) yr hyfforddid pob bardd proffesiynol ynddo, a chyfrwng bendith oedd yr awen farddol iddo:

> Mawr yw rhadau llyfrau llên,
> Rho Duw, nid llai rhad awen.[44]

Gwyddai Gruffudd Llwyd yn iawn am amryfal weddau ar farddoniaeth y Cyfandir yn ogystal, a manteisiodd ar hynny yn ei gerddi serch. Thema bob dydd yn nhraddodiad barddol Provençal oedd i'r bardd erfyn am gusan gan ei gariad, ac agwedd ar y thema honno yw llawenydd Gruffudd Llwyd (6.49–58) o ddeall ei fod yntau i dderbyn cusan gan ei gariad ef: diau y byddai'r gusan honno yn fodd i estyn ei fywyd, meddai. Yr oedd Gruffudd Llwyd yn ymwybodol hefyd o *fabliaux* a *chansons de malmariée* Ffrainc (cerdd 7) a'u setiau o dri chymeriad, yn ŵr, gwraig a charwr, a ffurfiai drionglau anesmwyth ar gyfer bywyd o ddedwyddwch.

Cyfeiria Gruffudd Llwyd hefyd at y testunau a'r traethodau crefyddol, megis *Vita Sancti David* (6.7–10), a thestunau 'Hystoria Gwlad Ieuan Fendigaid' (gw. 6.11–18), 'Rhybudd Gabriel at Fair' (19.49–51), ac 'Efengyl Ieuan Ebostol' (19.57–60) yn Llyfr yr Ancr; ond pan nad yw'r *Elucidarium* yn cyd-fynd â'i gredoau buan iawn y mae'n troi cefn arno ac yn dadlau yn erbyn gwaith yr awdur anhysbys (iddo ef), megis y gwna yn y ddadl sydd ganddo â'r *Liwsidariws* pan ddywed y testun mai o'r diafol y mae'r awen farddol yn tarddu a'i bod yn weithred bechadurus i farddoni am elw (14.7–10). I'r gwrthwyneb, meddai Gruffudd Llwyd: fe'i hysbrydolwyd ef gan yr Ysbryd Glân (13.23–4). Dangosodd hefyd wybodaeth am fersiwn Damien o'r 'Pymtheg Arwydd cyn Dydd Brawd' (cerdd 18). Cynhwysodd aralleir-iadau o'r Ysgrythur, megis adnodau cyntaf Efengyl Ioan (19.57–60), a chyfeiriodd at gymeriadau Ysgrythurol, megis Mair, mam yr Iesu (4.10, 10.73, 14.36, 18.2, 6, 19.4, 48, 51, 52, 54), Dafydd (10.6), Solomon (10.8), Adda (13.1, 17, 74, 16.46), Enoch (17.65), a Phedr (At.ii.32); enwodd ddau o'r angylion, sef Raphael (10.25) a Gabriel (19.49); ac un sant, sef Ilar (6.52); ynghyd â thri pherson y Drindod, yn unigol a chyda'i gilydd.

Un arall o gryfderau Gruffudd Llwyd yw ei wybodaeth fanwl o lên gwerin a'r traddodiad llafar. Pwyso ar y traddodiad llafar a'r hen gyfar-wyddiaid a wnaeth er mwyn elwa ar yr wybodaeth ynglŷn â hirhoedledd y carw, yr eog a'r eryr, meddai:

---

[44] Isod 14.27–8.

> Hen ddeddf, fy hun ydd oeddwn,
> A hen gyf'rwyddyd yw hwn,
> Hyd y clywais, llais lletgynt,
> O bennau'r gwŷr gorau gynt.[45]

Ond nid dyna hyd a lled ei ddyled i'r traddodiad llafar. Y mae ei waith yn gyforiog o hen ddoethineb. Adlais diarhebol sydd i'r hanner llinell *Mawrth y'm llas* (8.4). Tinc cyffelyb sydd i'r llinell *Hwyl berw llif, hael byrllofiawg* (18.64); felly hefyd *A fo hael ... / ... bid o'i dda ei hun* (18.65–6).

A chadw mewn cof mai cynrychiolaeth o gerddi Gruffudd Llwyd a gadwyd, beth a ddywed y rhain am y dyn a'i oes? Daw'n amlwg ei fod yn ŵr rhugl a chroyw ei ymadrodd, yn hynod ddeallus, ac yn effro iawn i amgylchiadau ei gymdogaeth leol ym Mhowys, ac i gywair 'cenedlaethol', a defnyddio term modern, Cymru benbaladr. Bu byw drwy oes o argyfyngau: drwy gyfnod o ryfela, trethu didrugaredd, pla, newyn, heresi, a gwrthryfel. Ymatebodd i faterion y dydd yn ddeallus ac angerddol drwy gamu i ganol ei thema a chanu'n gynnes ac agos. Nid cynnyrch meddwl llenyddol yn unig yw gwaith Gruffudd Llwyd, er ei fod yn crybwyll cruglwyth o weithiau llenyddol yn ei ganu a'i fod yn defnyddio'r ffynonellau cyfeiriadol a delweddol hynny yn hynod fedrus. Yn hytrach, meddwl dychmygus gŵr a amsugnai wirioneddau a'u hailgylchu i'w gynulleidfa mewn modd aruchel, megis yn ei gerdd i'r Drindod, a welir yma. Mewn cyfnod pan oedd gwerthoedd cymdeithasol a chrefyddol yn dadfeilio o gwmpas ei glustiau ymddengys Gruffudd Llwyd yn driw i ddelfrydau hierarchaidd y gymdeithas a'r grefydd ganoloesol. Yr oedd yn ŵr a barchai gyfundrefnau nawdd ei oes, ac a droediai lwybrau ei ddewis broffesiwn yn ofalus gan ganu *apologia*'r beirdd mawl yn rymus (cerdd 14).

Ond diau fod tensiwn rhwng ei ddull traddodiadol o fyw a'r ysfa a oedd ynddo i gywiro rhai o'r diffygion na allai lai na dod i'w sylw. Nid fod ganddo atebion rhwydd. Awgrymodd Mr Saunders Lewis fod difrifwch newydd yng nghanu'r Cywyddwyr yn dilyn Gwrthryfel Glyndŵr, a'u bod yn meddwl yn gymdeithasol ac yn boliticaidd o ganlyniad i'r terfysg.[46] Canai Gruffudd Llwyd ar faterion cymdeithasol a chyfreithiol cyn y Gwrthryfel ac enghreifftir ei wybodaeth o'r gyfraith yn ei gywydd i'r cwest ar Forgan ap Dafydd o Rydodyn (cerdd 10) ac yn ei gywydd 'Marwnad Rhydderch' (cerdd 13), sef Rhydderch ab Ieuan Llwyd o Lyn Aeron, un o fawrion y byd cyfreithiol yng Ngheredigion a thu hwnt. Cyfeirir at Ruffudd Llwyd ym marwnad Rhys Goch Eryri iddo fel *Bardd cyfraith*.[47] Anodd profi pa gerddi o eiddo Gruffudd Llwyd a luniwyd ar ôl y Gwrthryfel, ac eithrio, y mae'n debyg, gywydd mawl Gruffudd ab Ieuan Llwyd o Fathafarn (cerdd 17), cywydd sydd ychydig yn anghyffredin ar gyfrif hynodrwydd ei

[45] Isod 6.29–32.
[46] S. Lewis, *op.cit.* 99.
[47] IGE² 159 (ll. 15).

gynganeddu ond fel arall sy'n batrwm o gywydd mawl yn y traddodiad uchelwrol Cymreig. Ni ellir canfod gwaith dau gyfnod clir, cyn ac wedi'r Gwrthryfel, yng nghanu Gruffudd Llwyd.

O fewn strwythur y gymdeithas Gristnogol, ffiwdal, gyda'i phwyslais ar waed da a llinach fonheddig, ei uchelgais oedd ennill ei fara menyn drwy ddilyn proffesiwn a ddeuai ag ef i sylw a chlod uchelwyr y dydd. Byddai'n rheidrwydd arno ganu i ryngu eu bodd, yn wyneb drwgdeimlad nifer cynyddol ohonynt tuag at senedd Lloegr, a'r uchelwyr o waed newydd a gryfhâi o ran grym yng Nghymru. Byddai'n ddiddorol gwybod i ba raddau yr oedd ei berthynas â'i noddwyr, a'i safle o fewn eu llysoedd, yn pennu ei destunau a'i agwedd tuag atynt, ac i ba raddau yr oedd ei statws proffesiyn-ol yn lliwio ei gelfyddyd. Ei ddewis bynciau oedd uchelwriaeth a thras, Cristnogaeth a defodau eglwysig, serch a natur, a chanai iddynt drwy gyfrwng llenyddiaeth, celfyddydau a llên gwerin Cymru.

Nid bardd ceiniog a dimai mo Gruffudd Llwyd. Yr oedd ei destunau yn rhai aruchel a'i dechneg farddol yn feistraidd. Honnai i'w awen darddu o ffynhonnell ddwyfol:

> Ysbryd Glân a'm cyfyd cof,
> Difai enw, a dyf ynof.[48]

Gwrthwynebai gael ei gyplysu â'r beirdd dihyfforddiant, ac â'r rhigymwyr gwlad:

> Nid un o'r glêr ofer wyf:
> Nid wyf ry ddifoes groesan,
> Nac wyf, a mi a wn gân.
> Hefyd nid wyf, cyd bwyf bardd,
> Bastynwr ffair, bost anhardd ...
> Minnau, heb gêl lle delwyf,
> I rai da bardd erioed wyf.[49]

Bardd i deuluoedd bonheddig ydoedd Gruffudd Llwyd, nid bardd a ddibynnai ar werin gwlad am wrandawiad. Yr oedd ef ei hun yn uchelwr o Langadfan. Mynnai fod safon ei waith yn deilwng o nawdd yr Ysbryd Glân o ran ysbrydoliaeth ac yn gwbl deilwng o nawdd uchelwyr Cymru a'u tal-iadau o arian gleision.

Cyffelyb oedd tystiolaeth ei gyd-feirdd. Iddynt hwy yr oedd llinellau Gruffudd Llwyd yn sefyll allan o ran arddull; ni fyddai'n bosibl eu priodoli i neb arall hyd yn oed pe dymunid gwneud hynny. Yn ôl Llywelyn ab y Moel, gallai hyd yn oed plentyn adnabod llinellau o waith Gruffudd Llwyd:

---

[48] Isod 14.23–4. Dilynai Gruffudd Llwyd arweiniad neb llai nag Einion Offeiriad, a ddywedodd: *Kanys kyffran o doethineb anianawl yw prydydyaeth, ac o'r Yspryt Glan y pan henyw, a'e hawen a geffir o ethrylith a cheluydyd aruer,* gw. GP 35 (24–6).

[49] Isod 14.18–22, 33–4.

> Hawdd oedd i fab adnabod
> Ar gywydd newydd ei nod.[50]

Barn Llywelyn am Ruffudd oedd fod ei farddoniaeth yn enwog drwy'r wlad am ei *dri nod amlwg*:

> Mesur glân a chynghanedd
> A synnwyr wiw, sain aur wedd.[51]

Yn ôl y Trioedd Cerdd, mynnid cael tair elfen er mwyn sicrhau cerdd rymus, sef *dyfynder ystyr, ac amylder Kymraec, ac odidawc dechymic*.[52] Y mae'n amlwg mai rhan o gyfraniad Gruffudd Llwyd i farddoniaeth Cymru oedd iddo loywi'r gynghanedd, a mesur y cywydd. Gyda'r un angerdd fe gân Rhys Goch Eryri ei fawl i ddawn farddol Gruffudd Llwyd, ei athro:

> Hen feistr oedd Ruffudd rydd rym
> Ac athro ar wawd goethrym.[53]

I Rys yr oedd Gruffudd Llwyd yn safon perffeithrwydd a'i waith yn uchafbwynt y gamp farddol: *Llyfr canon a deon dysg*[54] ydoedd yn ei olwg. Ni cheid ei well, meddai Rhys Goch, am *drwsiaw mydr*:

> Pei profid, gwaith gobaith gwŷr,
> Gwawd pawb, gweadau pybyr,
> Ni chaid yn fyw, deuryw dâl,
> Eithr ei gost, athro gystal
> I drwsiaw mydr, aur draserch,
> A medru canmawl mawl merch;
> A lluniaw draw wrth ei droed
> Llais organ bedw llys irgoed ...[55]

Yng ngeiriau Rhys Goch Eryri (yr oedd Gruffudd Llwyd yn athro barddol iddo), mawr oedd y tristwch ar ei ôl yn ei farwolaeth:

> Diryfedd uwch graenfedd gro
> Im feithrin deigr am f'athro.[56]

Dyma fardd dychmygus, dysgedig, a disgybledig. Dyma fardd mawr, a gyfansoddodd gywyddau lluniaidd a chymhleth eu hadeiladwaith cystal ag Iolo Goch, ac weithiau'n well. Ysywaeth, fe gollwyd canran uchel o'i waith dros y canrifoedd, ond serch hynny fe gadwyd blas, a blas yn unig, o waith un o gywyddwyr disgleiriaf ei oes.

---

[50] GSCyf 14.17–18.
[51] *Ib*. 14.48–50.
[52] GP 17 (llau. 17–18).
[53] IGE[2] 164 (llau. 9–10).
[54] *Ib*. 164 (ll. 14).
[55] *Ib*. 157 (llau. 19–26).
[56] *Ib*. 158 (llau. 29–30).

4
I Eiddig a'i wraig

Gwae a gâr gwraig gŵr arall
Heb gyflwr a'r gŵr yn gall,
Mal ydd wyf fegis mul ddyn
4   A'm hawl daerfawl heb derfyn.
Caru 'dd wyf fyth, curiawdd fi,
Gwawr addwyn a gŵr iddi.
Tremyg Eiddig a wyddwn
8   Tra fu haf, ni henwaf hwn:
Pwy bynnag fo, tro triofn,
Mair a ŵyr mai mawr ei ofn
Rhag cael ohonof, cof cain,
12   Afael ar fy myd wiwfain.
Afraid oedd o fryd eiddun
Ofni rhagof fi am fun:
Rhy ddiwair, trawsair trasyth,
16   Ydyw bun, ni cheir oed byth;
Rhyfedd yw y mawredd mau,
Rhy ŵyl, f'annwyl, wyf finnau,
A chraff, dioer, loywloer liwlamp,
20   Y ceidw'r gŵr, cadr yw ei gamp.
Ael-yn-ael, ddyn hael hoywlun,
Nos a dydd y bydd â bun.
Gwell y gwŷl, drud eddyl draw,
24   Olwg ar unlliw alaw,
O drum dwyll, no Drem y dydd,
Dramwy hud, fab Dremhidydd;
Gwell y clyw, nid gwall cleuwawd,
28   Air mawl anniffygiawl ffawd,
No Chlust, gwnaeth fynych lestair,
Fab Clustfeinydd, ufydd air.
Ni chaid, pwnc anwych ydyw,
32   Fwrw drem ar oleuem liw,
Un golwg, mawrddrwg i'w maer,
Didyb rhag y gŵr dudaer.
Ni chaid nac amnaid dan gêl
36   Goreuserch, na gair isel
I'w chain bryd (och! i'n bradwr,
Medd rhai) hyd nas gwypai'r gŵr.

Cerddgar a hael ddyn aelfain,
40   Nid cerddgar cymar dyn cain.
Digrif fydd gan bryd Eigr fwyn,
Dioer, f'aur, diwair forwyn,
Glywed dan gêl, hoen gloywwawn,
44   Ganu ei cherdd geinwych iawn
Ac ni myn, tremyn lle trig,
Yn ei ŵydd, anhoyw Eiddig,
Cleuwawd ddiwladaidd eiddun,
48   Clywed fyth air clod y fun.
Be prydwn, eiddunwn ddyn,
I ddeuliw haul o Ddulyn
Tybiaid a wnâi, drwy fai draw,
52   Eiddig, drwg a ddêl iddaw,
Mi a ddeily serch, mau ddolef,
Mawr ei gŵyn, mai ei wraig ef.
Lle na thycia, dda ddyad,
56   Nac esgus gweddus na gwad,
Bai cynddrwg, fal lledwg fu,
Gan Eiddig, ŵr gwineuddu,
Â thorri, gwn iaith eurwych,
60   Y croen ar y talcen crych.

Ffynhonnell
Pen 57, 11

Ymhellach ar y llawysgrif, gw. td. 354.

Darlleniadau'r llawysgrif
38 gw[ ]. 41 vw[ ]. 57 Pe.

I Eiddig a'i wraig

Gwae['r sawl] a gâr wraig gŵr arall
Heb amgylchiadau hwylus a'r gŵr yn gyfrwys,
Fel yr wyf megis dyn diffuant
4   A'm hachos angerddol ei foliant yn ddiderfyn.
Yr wyf yn caru hyd byth, nychodd fi,
[Un sy'n] ddisgleirdeb hardd ac iddi ŵr.
Yr oeddwn yn brofiadol o ddirmyg Eiddig
8   Drwy gydol [yr] haf, nid enwaf hwn:
Pwy bynnag fo, achlysur o arswyd cyflawn,
Y mae Mair yn gwybod ei fod yn ofni'n fawr
Rhag imi gael, bwriad rhagorol,
12   Gafael ar fy anwylyd hardd a lluniaidd.
Yr oedd yn ddianghenraid i'r [un o] feddwl hawddgar
Ofni o'm hachos i ynghylch gwraig:
Rhy ddihalog, gair safadwy cwbl union,
16   Ydyw['r] wraig, ni cheir apwyntmant [â hi] byth;
Rhyfeddol yw['r un sy'n dwyn] yr anrhydedd imi,
Rhy ddiymhongar, f'anwylyd, wyf innau,
Ac yn llygadlym, yn sicr, [un o] olau lamp [sydd megis] lleuad
      golau,
20   Y gwylia'r gŵr [hi], gwych yw ei gamp.
Wyneb yn wyneb, ferch hynaws, osgeiddig,
Â merch y bydd [ef] nos a dydd.
Y mae'n gweld yn well, drwy fwriad rhyfygus,
24   Gipolwg ar [un sydd] o'r un lliw â lili,
O uchelfan guddiedig, na Drem y dydd,
Taith hudoliaeth, fab Dremhidydd;
Y mae'n clywed yn well, nid gwall [ar] awen barod,
28   Air mawl dedwyddwch diderfyn,
Na Chlust, parodd rwystr[au] mynych,
Fab Clustfeinydd, [i'r ferch o] ymadrodd anymwthgar.
Ni chaid, testun gwael ydyw,
32   Bwrw golwg ar [un o] oleuni gem ddisglair,
Un golwg, [boed] mawrddrwg i'w goruchwyliwr,
Dibetrus oherwydd y gŵr enbyd ei ddüwch.
Ni chaid nac amnaid cyfrinachol
36   Serch o'r math gorau, na chyfarchiad o ganmoliaeth yn y dirgel
I'w hymddangosiad rhagorol (och! i'n bradychwr,
Medd rhai) fel na wyddai'r gŵr am hynny.
Y mae['r] ferch feinael yn hynaws ac yn caru barddoniaeth,
40   Nid cerddgar yw cymar [y] ferch ragorol.

Bydd yn ddymunol gan un o ymddangosiad Eigr fwyn,
Yn sicr, fy nhrysor, forwyn bur,
Glywed yn gyfrinachol, [un o] ddisgleirdeb gwawn disglair,
44   Ganu ei cherdd foliant ysblennydd iawn
Ac ni fyn, [y mae] taith [hir i'r] fan [y mae'n] byw,
Yn ei bresenoldeb, anwych Eiddig,
Awen barod fonheddig [a] dymunol,
48   Fyth glywed gair o glod [i]'r ferch.
Pe lluniwn gerdd, [a] minnau'n deisyf geneth,
I [ferch] o Ddulyn sydd ddwywaith tecach ei lliw na['r] haul
Tybied a wnâi, [a hynny] ar fai,
52   Eiddig, deled drwg iddo,
Mi a gynhaliaf serch, cri [dorcalonnus] sy'n eiddo i mi,
Mawr ei achwyniad, mai ei wraig ef [fyddai hi].
Lle na thycia, [un o] ymddangosiad prydferth,
56   Nac esgus cymwys na nacâd,
Byddai cynddrwg, fel cilwg fu,
Ym marn Eiddig, ŵr a chanddo wallt [neu amrannau] tywyll,
Â thorri, gwn iaith rymus a choeth,
60   Y croen ar y talcen rhychiog.

5
I Eiddig

Caru'r oeddwn, gwn gwynfan,
Cariatserch ar loywferch lân;
Am garu mae ym gerydd
4   A chulhau, gwae'r au a'r rudd;
Ofer wedy fry ydoedd
Ym garu Gwen, gwriog oedd:
Nid gwriog ar ŵr gwrol
8   Ond bril erddig ffyrnig, ffôl:
Ni châi berchen Gwen, gwannwr,
Gefryn yw, mo'i gyfri'n ŵr,
Ond lle bai gware mewn gwarth
12   Gŵr tawlbwrdd ar gwr talbarth.
Brwnt oerwas, ffyrnicas ffŵl,
Brychgroen grin mawrboen marwbwl;
Darfu 'r hyd ei ffas lasgryg
16   Hau digon o'r rhuddion rhyg.
Fflwch a chrwm ei amdwmiad,
Ffladrwas yw a phlu drwy'i siad.
Od yw ddihir my[   ]
20   Meinlun hardd [   ]
Y hi yn olau, orau [   ]
Y fo yn dywyll [   ]
Y hi'n wych, aur feinwych fau,
24   Y fo'n anfwyn, fau neiniau!
Y hi'n lân, haeddai ganu,
Y fo'n frwnt gyda'i fun fry;
Hi mewn cariad yn rhadlawn,
28   E'n hagr wep anhygar iawn:
Och i'w thad pan ganiadodd
Fyth roi i'r budredd fath rodd!
Pan rodded, poen ireiddwallt,
32   I'w chloi ag ef uwchlaw gallt,
I'r feinir y gofynnwn,
'Pa ryw glo heno yw hwn?'

Rhôi hithau, Gwen ruddiau gwin,
36   Ebwch wrthy' heb chwerthin

A doedai, f'enaid ydoedd,
Drwy duchan, dyn wiwlan oedd,
'Clo nid rhaid gof i'w gofain,
40   Cwlwm o waith y cul main,
Caled wersi o'r ceulyfr,
Caethodd, fe'm rhwymodd â'r hyfr,
[   ] yno drwy ddig o ddog
44   Â chuwch anhardd chwe cheiniog
Ac a'n rhodded, ced cydrym,
Ynghyd: nid yw wynfyd ym.
Rho Duw! Gruffudd, gwawdydd gwyn,
48   Yr wy'n rhwym, oer yw 'nhremyn.
Moes dy gyngor i'w dorri,
Yn rhodd, fab, a rhyddha fi.'

'Fy nghyngor yt, fy nghangen,
52   Yw gado'r crwth hurtrwth hen
A cheisio, mwyn ei chusan,
O cheri glod, ywch ŵr glân,
A rhoi diowryd, tyrchbryd têr,
56   Coeg un, gyda'r cig Wener.'

Ffynonellau

A—BL Add 14965, 213ʳ   B—BL Add 15000, 147ʳ   C—CM 14, 91   D—
LlGC 170C, 170   E—LlGC 3058D [= Mos 162], 30   F—LlGC 5272C, 93ᵛ
G—LlGC 6681B, 222   H—Pen 221, 6 (*llau. 1–2*)

Y mae rhai darlleniadau yn llawysgrifau C a G yn amhosibl i'w ddarllen
oherwydd traul. Ymhellach ar y llawysgrifau, gw. tt. 345–55.

Darlleniadau'r llawysgrifau

1 *E* gwnfan. 2 *E* lowferch. 3 *C* am y Caru mae'r Cerydd, *G* am y karv mae
cerydd. 4 *CG* om kvlhav gwaer iav ar grvdd. 6 *D* [Gwen]. 7 *ABDEF* ddyn
(*am* ŵr *y testun*). 8 *ABDEF* oer ddig (*am* Erddig *y testun*). 9 *ABDEF* cheiff
perchen. 10 *ABDEF* gafran yw; *CG* i gyfri yn. 11 *C* ond y lle gwedde, *G* Ond
lle gwedde. 12 *G* tolbwrdd. 13 *ABD* bryntgas wrth atgas ffals-ffwl, *EF*
bryntwas wrth atgas ffasffwl. 14 *AEF* gor morboen, *BD* gòr boen (*am* grin
mawrboen *y testun*). 15 *ABDEF* lasgrvg, *CG* glascryc. 17 *ABDEF*
amddwmiad. 18 *BD* Ffladrwas yw a phlu yw Siad (drwy Siad), *CG*
ffladrwas yw [   ]. 19 [*ABDEF*]. 20 [*ABDEF*]. 21 [*ABDEF*]. 22 [*ABDEF*].
23 *CG* yn wych frest ir[   ]. 24 *CG* yn anwych, faw [   ]. 26 *ABDEF* gidar.
27 [*ABDEF*]. 28 [*ABDEF*]. 29 *CG* I ddiawl y cynta feddyliodd. 30 *ABEF* fyth
roi iddo r fath rodd, *D* Fyth roi Gweno yn fath rodd. 31 *CG* A chwedi

rhoddi rhwyddwallt. 32 *CG* ai chloi. 33 *CG* I fanwyl. 34 *ABDEF* pa fath; *CG* oedd hwn. 38 *ABDEF* drwy dychan ddyn wiwlan oedd. 39 *ABEF* klof; *BD* go; *CG* [   ] yw gowain. 40 *ABDF* kwlm; *CG* [   ] yw, kul main. 41 *C* [   ] fi o'r keulyfr. 42 *C* [   ] fodd a'm rhwymodd, *G* [   ]dd im rhwymodd. 43 [*ABDEF*]. 44 [*ABDEF*]. 45 [*ABDEF*]. 46 [*ABDEF*]. 47 *CG* felly grvffvdd; *AEF* gwawdwydd. 49 *CG* moes gyngor ym. 50 *CG* rhwydd fab. 52 *ABDEF* adel y krwth horwth hen. 55 *BD* twrthbryd.

Teitl
[*A*], *BD* Cy i ddifrio Dŷn gwrthyn oedd yn briod a morwyn lân ac yw chynghori i ysgar, *CG* kywydd i eiddig, *E* Cowydd iw Gariad, *F* Cowydd i ddifrio dyn gwrthyn oedd yn briod a Morwyn Lân ag yw chynghori i ysgar ag ef.

Priodoliad
AF Guttyn bach or park, *BD* Guttyn bâch ap Raph, *CG* Grvffvdd llwyd ap Dafvdd ap Einon ai kant, *E* Gvttyn bach or park ai kant.

Trefn y llinellau
ABDEF 1–14, 17–18, [19–22], 15–16, 23–6, [27–8], 29–42, [43–6], 47–56, 56 + hwn yw fedd poed hyny a fo / hwn fyth eb hon a fytho / hwn yn farw nid gair garw gav *gydag* ond *am* nid *yn BD a* gwad *am* garw *yn B* / hyn amen hon i minav.
CG 1–56.
H 1–2, [3–56].

I Eiddig

Caru yr oeddwn, gwn [beth yw] ocheneidio,
Serch cariadus ar ferch ddisglair, bur;
Am garu y mae imi ddwrdiad
4   A mynd yn denau, gwae'r iau a'r grudd[iau];
[Ond] ofer wedyn [yn ei chartref] fry [ar y llechwedd] ydoedd
Imi garu Gwen, yr oedd yn briod:
Nid priod â gŵr dewr
8   Ond â llipryn dicllon mileinig, ffôl:
Ni châi meddiannwr Gwen, ddyn gwan,
Gafr ydyw, mo'i gyfri'n ŵr,
Ond lle y byddai chwarae mewn cywilydd
12   Gŵr tawlbwrdd yng nghongl llwyfan isel ym mhen ystafell.
Dihiryn ffiaidd, ffŵl milain a chas,
Un gwyw â chroen crebachlyd, poenus iawn, yn farw a phŵl;
Cyflawnwyd ar hyd ei wyneb gwelw a chornwydlyd
16   [Y weithred o] hau digon o'r gronynnau rhyg.
Aml a bwaog ei chwyddedigrwydd,
Dyn tafodrydd yw ac [yn gwisgo] plu drwy ei gorun.
Os yw gnafaidd ...
20   Main a gosgeiddig, hardd ...
Y hi yn olau, orau ...
Y fo yn dywyll ...
Y hi'n wych, anwylyd denau a hardd sy'n eiddo i mi,
24   Y fo'n anfoesgar, neiniau sy'n eiddo i mi!
Y hi'n bur, teilyngai farddoniaeth fawl,
Y fo'n ffiaidd gyda'i wraig [yn eu cartref] fry;
Hi mewn cariad [a'i gwedd] yn rasol,
28   Ef ag edrychiad sur, hyll, anghwrtais iawn:
Och i'w thad pan ganiataodd
Erioed roi i'r aflendid [hwnnw y] fath rodd!
Pan roddwyd, un hardd ei gwallt sy'n achosi poen [i'r bardd],
32   [Hi] i'w charcharu gydag ef uwchlaw llechwedd coediog,
Fe ofynnwn i'r feinir,
'Pa fath o garchariad yw hwn heno?'

Rhoddai hithau, Gwen [â'r] gruddiau [o liw] gwin,
36   Ochenaid wrthyf heb chwerthin
A dywedai, f'anwylyd ydoedd,
Dan ochain, merch deilwng a phur ydoedd,
'Rhwystr [o'r math] nad oes rhaid wrth of i'w roi at ei gilydd,
40   Rhwymyn o waith y [gŵr] cul [a] main,

Adnodau anodd o'r llyfr crwm [ei siâp],
Caethiwodd, fe'm rhwymodd â'r [llyfr croen] gafr,
[   ] yno drwy gyfrwng drwgdymer creadur sarrug

44 Â gwg hyll [ar gost o] chwe cheiniog
Ac y'n rhoddwyd, 'cymwynas' ar amrantiad,
Ynghyd: nid yw [hyn yn] wynfyd i mi.
Rhyngof fi a Duw! Gruffudd, cyfansoddwr bendigaid cerddi
      moliant,

48 Yr wyf yn gaeth, digalon yw fy siwrnai.
Rho dy gyngor [ynghylch sut] i'w ddryllio,
Yr wyf yn erfyn [arnat], ŵr ieuanc, a rhyddha fi.'

'Fy nghyngor i ti, fy ngeneth ieuanc,
52 Yw gadael y gŵr cefngrwm, twp a chegagored, hynafol
A cheisio, un fwyn ei chusan,
Os wyt ti'n caru moliant, i chwi ŵr prydweddol,
A thyngu llw i ymwrthod [â'th ŵr dy hun], un o ymddangosiad
      torchau disglair,

56 Gellweirus un, gyda'r cig [ar ddydd] Gwener.

6
Ymestyn einioes

O dripheth y pregethir
Y sydd i gael einioes hir,
Gorau dan sygnau y sŷr
4   Garw a physg ac eryr.
Carol maenol o'r mynydd,
Canmlwydd a'i swydd fydd oes hydd;
O chaiff y neidr, lleidr lledarw,
8   Ni bydd ef merydd na marw:
Myned a wna i'r mynydd,
Mirain fal yn elain fydd.
Yr eryr, edn arwraidd,
12   Dan nef pob rhyw dref a draidd;
Pan wybyddo efô fod
Derfyn ei hoedl yn darfod,
Yna y ciried 'hedeg,
16   Edn dewr, berchen adain deg,
O gongl eang o gyngor
I gael maen o gil y môr.
Y gleisiad o'r môr glasoer,
20   Addewid iawn, a ddaw dioer,
O gwŷl, i daith nid seithug
O gil y gro i gael y grug;
Mireinwr i'r môr yna
24   O'r lan bwy ddylan ydd â;
Os gad cored Abad Caer
A'i rhwydau a'i gwŷr rhydaer,
Ei nawdd yw'r môr anoddun
28   I gyd, a'i fywyd a fyn.
Hen ddeddf, fy hun ydd oeddwn,
A hen gyf'rwyddyd yw hwn,
Hyd y clywais, llais lletgynt,
32   O bennau'r gwŷr gorau gynt.
Dyfod yn glaf, hynaf haint,
(Duw Ddofydd, Dy ddioddefaint!)
Lle'r oedd ferched y gwledydd
36   A lloer deg unlliw â'r dydd.
Sef gwnaeth bun ddigrif ddifalch,
Ni bu na mursen na balch,

Dyfod mewn ton haelioni
40 O fun i 'mofyn â mi
Yn ysbys, winllys wenlloer,
A ddaroedd ym, ddeurudd oer,
Addas gyfrinach eiddun
44 A'i addef fyth iddi, fun.

Heb y Gwen, dan len loywlwys,
'Mawr yw dy glwyf, ddeunwyf ddwys:
Mi a'th wna', gwirdda gorddwy,
48 Yn iach.' A fu focsach fwy?

Ac yna rhoes ei genau,
Gwedy gwin, wrth y min mau:
Genau bun, gwnaeth ym ganu,
52 Gŵyl Ilar gan feinwar fu.
Gwn na rhaid ym, gem gymwy,
Na ffisig na meddyg mwy,
Ac annwyd gŵr crynllwyd cryf,
56 Ac anian carw, sydd gennyf,
Ac arwydd serch a'm goryw
Ac ieuanc wyf dra fwyf fyw!

Ffynonellau
A—BL Add 14966, 390ᵛ B—BL Add 31077, 32ʳ C—LlGC 3057D [= Mos
161], 140 D—Pen 77, 265

Ymhellach ar y llawysgrifau, gw. tt. 345–55.

Darlleniadau'r llawysgrifau
3 *ABD* sygnav syr. 5 *ABC* kayrol. 7 *AC* o chaiff neidir; [*B*]. 8 *AC* ni bydd
merydd; [*B*]. 9 [*B*]. 10 *D* val y melain; [*B*]. 11 *D* arwyraidd. 13 *ABC* wypo. 14
D oes *am* hoedl *y testun*. 15 *AB* caried. 17 *ABC* o gongol eang gyngor. 18 *D*
main. 21 *ABC* o gwlwm; *D* i daeth. 22 *D* gael Grug. 23 *B* Mireiniwr. 24 *B* Ar
lan. 29 *D* i ddieddwn. 33 *ACD* dowod, *B* Dywod. 34 *AC* y dioddefaint, *B*
dioeddefaint. 35 *AB* merched. 40 *D* vvn mofvn. 42 *ACD* ba, *B* Bo. 47 *ABC*
wnaf gerddaf gorddwyf. 50 *ABC* fy min. 52 *B* Gwilia'r gan. 53 *AB* gynwy.
54 *B* ffylig. 55 *D* nag; *AB* crynlwyd, *C* krynlwd. 56 *D* car. 58 *D* bwyf byw.

Teitl
AD Cywydd Merch, *B* I Ferch, *C* kowydd i ferch o waith yr vn gŵr.

Priodoliad
[*B*], *A* Gruff: llwyd ap dd ap Einion, *C* gryffydd llwyd ap dd ap einnion ai kant, *D* Gruff llwyd dd ap Ennion.

Trefn y llinellau
ACD 1–58.
B 1–5, [6–10], 11–34, 32, 31, 33–4, 35–58.

Ymestyn einioes

Tri pheth y cyhoeddir amdanynt
Sy'n meddu ar einioes faith,
[Y gwrthrychau] gorau o dan arwyddion sidydd y sêr
4   Yw carw a physgodyn ac eryr.
Dawns[iwr dros] ardal helaeth o'r mynydd,
Cant o flynyddoedd yn ei swydd fydd einioes carw;
Os caiff [ef rin] y neidr, anrheithiwr braidd yn gwrs,
8   Ni fydd ef yn ddifywyd nac yn farw:
Mynd [allan] i'r mynydd a wna,
[A] bydd yn ysblennydd fel petai'n garw ieuanc.
Yr eryr, aderyn gwych,
12   A ymwêl â phob math o drigfan dan haul;
Pan ŵyr ef fod
Terfyn ei einioes ar ddigwydd,
Yna yr ewyllysia ehedeg,
16   Aderyn dewr, perchennog adain hardd,
O un o gyrrau'r ddaear eang oherwydd [y] cyfarwyddyd
I gael carreg ar fin y cefnfor [yn foddion ailenedigaeth].
Yr eog ieuanc o'r cefnfor glasoer,
20   Addewid dilys, a ddaw yn ddiamau,
Os barna [hynny'n briodol], i daith nid ofer
O ymyl graean [y môr] i gyrraedd y grug [yn y gweundir];
Yna['r] un hardd i'r môr
24   O'r lan i gefnfor yr â;
Os caniatâ cored Abad Caer
A'i rhwydau a'i [physgot]wyr enbyd iawn,
Ei loches yw'r môr o ddyfnder difesur
28   I gyd, ac fe fyn ei fywyd.
Hen arfer, [ar fy mhen] fy hun yr oeddwn,
A hen wybodaeth a ddaeth i'm meddiant drwy gyfrwng
     cyfarwyddiaid yw hwn,
Cyn belled ag y clywais, llais tristwch,
32   O eneuau'r athrawon gorau yn yr amser a aeth heibio.
Dod yn glaf [o'r] clefyd hynaf,
(Arglwydd Dduw, Dy ddioddefaint!)
Lle yr oedd merched y gwledydd
36   A merch hardd o'r un pryd a gwedd â'r dydd.
Dyma a wnaeth merch ieuanc ddymunol, ostyngedig,
Ni fu'n un sy'n chwarae â serchiadau nac yn drahaus,
Dod gydag ymchwydd o ddaioni
40   [A wnaeth y] ferch i ofyn i mi

Yn agored, ferch bur [y] llys gwin,
A wneuthum i, wyneb diangerdd,
Ymrwymiad teilwng, dymunol
44   A'i gysegru iddi, fyth, ferch ieuanc.

Meddai Gwen, dan fantell ddisglair a hardd,
'Y mae dy glwyf yn [un] sylweddol, angerdd mawr [a] dwys:
Fe'th wnaf fi [di], rhagorol yw['r] gormes,
48   Yn iach.' A fu ymffrost fwy?

Ac yna rhoddodd ei gwefusau,
Wedi [yfed] gwin, wrth fy ngwefus i:
Gwefusau merch ieuanc, gwnaethant i mi ganu,
52   Bu [hyn ar] Ŵyl Ilar gyda merch fain a gwylaidd.
Gwn nad oes rhaid imi, gem gofid,
[Gael] na chyffur na meddyg mwyach,
Ac anian gŵr o faint ac oedran cryf,
56   O natur carw, sydd gennyf,
Ac argoel serch a'm gorchfygodd [i]
Ac ieuanc wyf tra bwyf byw!

7
I wraig weddw

Gwae eurfab gwiw ei arfaeth,
O aros gaeafnos gaeth,
A ŵyr swrn o eiriau serch
4   Ar ôl haf arail hoywferch.
Trwm gennyf, tremyg anhun,
Hyd y mae'n cysgu ei hun.
Molaf ei llathrwallt melyn,
8   Mi a wnaf i decaf dyn
Nad êl, o'm trafel a'm tro,
Hun ar ei llygaid heno.
Llafuriaf lef, addef oedd,
12   Lleisiaf gan ael ei llysoedd.
Diegr ei gŵr, deigr a gaf,
Dechreunos y dychrynaf;
'Y null glaer, enillai glod
16   Enw Dyfr, yna y dywod
Gain eurbryd, gwyn fy myd mwyn,
Em aur, yng nghlust ei morwyn:
'Mae yngod, oferglod fu,
20   Gwasgod ni ad ym gysgu.'

   'Cau'r drws, nid cywir ei dro,
Cerydd a bair lle caro,
Bardd estron, bwriodd ystryw,
24   By'th *dd*awr, er gwybod beth yw?'

   'Os drychiolaeth, gaeth gyflwr,
Oed am gawdd, ydyw i'm gŵr,
Ni awn dan d'eang dangnef
28   I gydymddiddan ag ef.
Mynag ynn, rhwydd erfyn rhai,
Pa beth wyd, pawb a'th adai?'

   'Angel wyf yng ngoleufiant,
32   Eiriol rhwydd, un swydd â sant,
Ym Mharadwys, lwys lysoedd,
Y bûm, a dihareb oedd:

Mi a welais, drymlais dro,
36   Enaid d'ŵr priod yno.'

'Dy gof a'm dwg i gyfoeth,
Ai do, er Duw, awdur doeth?'

'Dy les a gynnail dy law,
40   Do, ys gwir, wedy dwys guriaw.'

'Beth a wnaeth i'm cydfaeth cain
Gurio dim, geiriau damwain?
Mynag ym, er dy fonedd,
44   A fyn roi diod o fedd,
Neu roi rhan, cusan be caid,
O win er lles i'w enaid?'

'Ni feddwa *s*aint, fraint y fro,
48   Nid rhaid i enaid yno
Na bwyd, medd y proffwydi,
Na diod, rhyfeddod rhi;
O gwnei dda, ffurfeiddia' ffawd,
52   Â'th air praw' i'th ŵr priawd,
Lliw'r hinon, lloer rhianedd,
Lletya wan llwytu ei wedd.
O'th gais, na wrthod a'th gâr,
56   Nac ŵyl ac na fag alar,
Na chwsg un noswaith, fy chwaer,
Dy hunan, feingan fwyngaer.'

'Rhyfedd yw, cyfedd rhyw cêl,
60   Dy gyngor ym, deg angel.
Peth anferth wyd, pwyth ynfyd,
Oer beth ni henyw o'r byd.'

'Pwy bynnag, drem ddinag dro,
64   Ym Mhowys a'm hamheuo,
Duw Ei hun, er llun a lles,
Myn f'enaid, a'm hanfones
I ddangos, gem wiwdlos goeth,
68   I ddyn gweddw ei ddawn gwiwddoeth,
Rhag ei fod, heb wiwglod wych,
Yn unig dan wayw nawnych;
Rhydd *ef* ym mhob rhwydd ofeg,
72   Rhoed Duw i'r gweddwon rad teg.'

Ffynonellau
A—BL Add 14966, 378^v B—BL Add 31077, 29^r C—LlGC 3057D [= Mos 161], 137 D—LlGC 6681B, 280 E—Pen 77, 267 F—Pen 221, 5 (*llau. 1–2*)

Ymhellach ar y llawysgrifau, gw. tt. 345–55.

Darlleniadau'r llawysgrifau
1 *B* eurfau. 2 *D* yn aros, *F* yn a roes; *F* gae ef nos. 3 *B* Hwyr swrn. 4 *AB* arael, *E* aravl. 10 *BE* llygad. 11 *ABC* llef adda, *D* lle adde. 12 *ABC* lleissia; *D* arael *am* gan ael *y testun*. 13 *D* deigyr o gawdd. 14 *C* drychynaf, *D* dychrynawdd. 15 *AB* yn nvll, *CDE* ynvll; *D* glan; *B* ynill glod. 16 *B* difyr, *DE* deifr; *ABC* yna yn dyfod, *D* yna i dyfod, *E* yna dyfod. 17 *D* owawr vn bryd; *ABC* y myd. 20 *D* gyscod nim gad i gyscv. 21 *B* cywir dro. 22 *ACE* lle i karo. 24 *A–E* beth awr; *D* gad gwybod. 25 *B* trigiolaeth. 27 *D* mi af drwy; *D* eng, *E* ddeang. 29 *A–D* maneg; *D* rvw evrddym. 30 *A–D* oeydai. 31 *B* yngoleufaint, *D* yngolevnant. 32 *AB* eiriol wyf; *B* saint. 39 *D* len; *B* a gynal, *D* a gynyl. 40 *A–D* do os gwir, *E* dos gwir; *AC* gwedi. 43 *A–D* maneg. 45 *DE* i caid. 46 *B* yr Enaid. 47 *D* Ni feiddia; *A–E* haint. 51 *A–E* gwnai; *AC* ffvrfiddia, *B* ffurfyddio, *D* fferffeiddia. 52 *B* ath wr. 55 *AB* oth gais; *C* at gar. 57 *D* Na chwsc di vn nos fy chwaer. 58 *D* fangaer, *E* vaengaer. 59 *D* kyhvddliw kel, *E* cyfedd rhwyf cel. 61 *E* yw *am* wyd *y testun*; *D* beth ynfyd. 63 *C* pw; *D* drwy fynac. 64 *D* im *am* a'm *y testun*. 67 *D* gam. 69 *D* fod wiwglod. 70 *D* waw. 71 *ABCE* rydd ym, *D* Prvdd wy; *E* (ddameg).

Teitl
[*EF*], *AB* Cow: merch oedd wraig weddw, *C* kowydd i ferch o waith gr llwyd ap dd ap Einon, *D* kywydd i wraig weddw *gyda* wraig weddw *mewn llaw wahanol*.

Priodoliad
[*F*], *A* Gruff: llwyd ap dd ap Einion, [*B*], *C* gryff llwyd ap dd ap einnion ai kant, *D* Grvffvdd ap kaplau ai kant, *E* Gruff llwyd dd ap Enion.

Trefn y llinellau
ABCE 1–72.
D 1–20, 22, 21, 23–4, + Selaf gawdd, nid salw i gan; / os ellyll, na ddos allan, 25–62, + Nage evrnoeth, goeth gaethnwy: / gwawr ddydd, ar y gwir i ddwy, 63–72.
F 1–2 [3–72].

I wraig weddw

Gwae ŵr ieuanc annwyl, gwych ei fwriad,
Oherwydd [ei fod yn] wynebu ar noson o aeaf gaethiwus,
A ŵyr nifer go dda o eiriau serch
4 Yn dilyn haf o ofalu am ferch nwyfus.
[Y mae'n] druenus gennyf, [y] dirmyg [hwnnw sy'n ganlyniad i]
  anhunedd,
Mor hir y mae'n cysgu ar ei ben ei hun.
Molaf ei gwallt golau [sy'n] loyw a llyfn,
8 Fe baraf [fi] i['r] ferch brydferthaf [a fu erioed]
Nad êl, oherwydd fy siwrnai a'm hymweliad [â hi],
Gwsg ar ei llygaid heno.
Paraf gri, cyfaddefiad ydoedd,
12 Llefaf gydag ymyl ei thrigfannau.
Dihidio yw ei gŵr, deigryn a gaf,
Rhwng dau olau min nos y brawychaf [hi];
Fy ffurf ddisglair, enillai glod
16 [Un o] fri Dyfr, yna y dywedodd
[Yr] un brydferth o bryd golau, fy ngwynfyd teg,
Anwylyd ragorol, yng nghlust ei morwyn:
'Y mae yn ymyl, clod gwastraffus fu,
20 Ddrychiolaeth sy'n fy nghadw rhag cysgu.'

'Cau'r drws, nid didwyll ei ymweliad,
Y mae'n peri dwrdiad i'r sawl y mae'n ei garu,
Brydydd dieithr, chwaraeodd dric,
24 Beth yw o bwys i ti, er [i ti] wybod beth ydyw?'

'Os ysbryd, [mewn] cyflwr caethiwus,
Apwyntiad am ddigofaint, fy ngŵr ydyw,
Awn ni dan [fendith] dy dangnefedd helaeth
28 I sgwrsio ag ef.
Dywed wrthym [ni], deisyfiad parod rhai,
Pa beth wyt [ti], fod pawb yn dy adael?'

'Yr wyf yn angel yn [y] goleuni,
32 Deisyfiad parod, o'r un swyddogaeth â sant,
Ym Mharadwys, [lle y mae] llysoedd hardd,
Y bûm, ac yr oedd yn rhyfeddol:
Fe welais, ymweliad [a barodd] ochenaid drist,
36 Enaid dy ŵr priod yno.'

'Bydd dy gof yn fy hebrwng i olud,
Ai do['n wir], er mwyn Duw, brydydd craff?'

'Bydd yr hyn sydd o les iti [ei wybod] yn cynnal dy law,
40   Do, y mae'n wir, [ac yr oedd] wedi dioddef yn enbyd [yn y
       Purdan].'

'Beth a barodd i'm cymar gwych
Ddioddef o gwbl, geiriau trychineb?
Dywed wrthyf, ar gyfrif dy linach [nefol],
44   A yw ef yn dymuno [i rywun] roi diod o fedd,
Neu roi dogn, cusan pe ceid [hynny],
O win er lles i'w enaid?'

'Nid yw saint yn meddwi, [dyna] urddas yr ardal,
48   Yno nid oes yn rhaid i enaid
[Gael] na bwyd, medd y proffwydi,
Na diod, rhyfeddod arglwydd;
Os gwnei ddaioni, [y] fendith harddaf,
52   Â'th air o dystiolaeth i'th ŵr priod,
[Ti o] liw'r heulwen, merch nodedig ei thegwch [ymhlith]
       boneddigesau,
Rho lety i un gwan, tywyll ei wedd.
Os bydd ef yn ceisio gennyt, paid â gwrthod yr un sy'n dy garu,
56   Paid ag wylo a phaid â meithrin tristwch,
Paid â chysgu yr un noswaith, fy nghariadferch,
[Ar dy ben] dy hunan, [fy] amddiffynfa dyner, main a golau o
       bryd.'

'Hynod yw, gyfaill [o] rywogaeth gudd,
60   Dy gyngor i mi, angel hardd.
Yr wyt yn beth atgas, [yn annog] rhodd ynfyd,
Peth anhyfryd na ddeilliodd o'r byd [hwn].'

'Pwy bynnag, achlysur edrychiad dinacâd,
64   Ym Mhowys sy'n f'amau,
Duw Ei hun, er trefn a bendith,
Myn f'enaid, a'm hanfonodd
I ddangos, ferch ieuanc brydferth, urddasol a thlos,
68   I ŵr gweddw ei fendith urddasol a doeth,
Rhag ei fod, heb glod teilwng [a] gwych,
Yn unig dan boen nychdod cyflawn;
Hael yw ef o ran pob trachwant parod,
72   Bydded i Dduw roi i'r gweddwon fendith hardd.'

8
I ferch

Un cariad, cofiad ond cas,—nid ydoedd,
    Ond odid, i'n dinas
    Wrth gariad, tyfiad difas,
4   Mawr aeth i'm lloer; Mawrth y'm llas.

    Mwyn ydyw pob mynudyn,
    Muchudd ael uwch deurudd dyn,
    Coflaid o gariad cyflawn,
8   Cwmpasau ŷnt, campus iawn;
    Mynwesaidd, babl, mewn asur,
    Mwyalchod ym margod mur;
    Llyna sôn, llawn wyf o serch,
12   Llysiau aeddfed llusweddferch;
    Eirian dâl, orhoen y dydd,
    Aeron gwineuon newydd:
    Eurwyd pob gradd onaddun',
16   Eirin pêr ar wyneb bun.
    Tost i ddyn mwyn yw'ch wyneb,
    Dwyn oll, nis eirch Duw i neb.
    Golwg seithwaeth no gelyn,
20   Laes deg, i leasu dyn:
    Owi! na'm gad ei drem gu
    Yn iach, o'i chur 'rwy'n nychu.
    Oni thry iawn athrawon,
24   Ar ôl cerdd, ar olwg hon,
    Adeiliais wawd un dlos wiw,
    Adwen mai f'angau ydiw.

Ffynhonnell
BL Add 14997 [= RWM 24], 52ᵛ

Ymhellach ar y llawysgrif, gw. td. 346.

Darlleniadau'r llawysgrif
6 muchud dav o nei rudd dyn. 12 llasweddverch. 14 newyd. 21 och nam gad. 22 vchur yn iach oichyr i nvchv. 25 y deilais.

Teitl
Dim teitl.

Priodoliad
Gruff llwyd ap dd ap Eign.

I ferch

Un cariad, atgof [sy'n ddim] ond atgasrwydd, nid ydoedd,
Yn ôl pob tebyg, yn ein noddfa
O'i gymharu â'r cariad, [o] dyfiant praff,
4   Mawr a fu tuag at f'anwylyd; fe'm lladdwyd [un] mis Mawrth.

Y mae pob symudiad yn hyfryd,
Ael o eboni uwchben deurudd merch,
Llond côl o gariad perffaith,
8   Bwâu ydynt, tra gorchestol;
Annwyl, bywiog, o [liw] glas,
Mwyeilch dan fondo mur;
Dyna sôn, yr wyf yn llawn o serch,
12   Ffrwythau parod i'w cynaeafu [sy'n eiddo i'r] ferch o wedd llus;
Talcen hardd, disgleirdeb y dydd,
Ffrwythau eurgoch, ir:
Rhoddwyd anrhydedd [gan y beirdd] i bob math arnynt,
16   [Llygaid megis] eirin melys ar wyneb merch.
Y mae eich wyneb [yn peri] i ddyn bonheddig [fynd yn] glaf [o
      gariad],
Nid yw Duw yn gofyn i neb gario pob [baich].
Edrychiad saith gwaeth nag [edrychiad] gwrthwynebwr,
20   [Ferch] wylaidd hardd, i ormesu dyn:
Och! na fyddai ei hedrychiad annwyl yn fy ngadael
Yn ddianaf, yr wyf yn dihoeni oherwydd [y] boen y mae [hi]'n ei
      hachosi.
Os nad yw athrawon cymwys yn troi
24   [Eu sylw], wedi [llunio eu] cerdd, at ymddangosiad hon,
Yr wyf [i] wedi llunio cân foliant [i'r] un hardd, deilwng,
Yr wyf yn gwybod mai [achos] fy marwolaeth [i] ydyw [hi].

9
I'r haul ac i Forgannwg

Yr haul deg, ar fy neges
Rhed di, cyd bych rod y tes.
Teca' planed yn rhedeg
4   Ar helw Duw wyd, yr haul deg.
Sul enw, ddisalw oleuni,
Siwrnai faith yw dy daith di
O ddwyrain wybr, harddlwybr hin,
8   Gorau lliw, i'r gorllewin.
Dy lewych, myn Duw Lywydd,
Ar hyd yr holl fyd a fydd.
Llawn o ras y'th gwmpaswyd,
12   Llewychu y ddeutu 'dd wyd;
Tra da haul, trwy dy hoywliw
Y cad i'r lleuad ei lliw;
Rhól y gamp, rhywel gwmpas,
16   Rhod gron, fawr ei rhad a'i gras.
Em loywne aml oleuni,
Amherodres tes wyt ti.
Gorhoff blaned a garaf,
20   Gwyn dy fyd ar hyd yr haf
Dy fod uwch, lle difai dydd,
Ben holl Forgannwg beunydd:
Dinag bobl doniog, bybyr
24   O dir Gwent, lle mae da'r gwŷr,
Hyd, lle medry ehedeg,
Glyn Nedd, bro teÿrnedd teg.
Erof, haul, araf hoywlen,
28   Na ad ar y winwlad wen
Na rhylaw er pydiaw pynt,
Na rhew gormodd, na rhywynt,
Na gwenwyn sygn, na dygn dig,
32   Trwy goed, nac eiry trigedig,
Na chorwynt o bellynt bill,
Na chrwybr yn nechrau Ebrill.
Arwain di, orhoen y dydd,
36   Benwn Morgannwg beunydd,
A phrynhawn lawn oleuni
Ymwŷl i'm hemyl â mi.

Od ei dan wybren heno,
40 Llen fraisg, yng ngorllewin fro,
Dull mawr cyfanheddlawr cain,
Dyred drachefn i'r dwyrain:
Ymddangos erof, cof certh,
44 Yn entyrch wybr cyn anterth.
Dos ar fy neges a dwg
Gennyd i wŷr Morgannwg
Dyddiau da, orseddfa serch,
48 I gennyf fi, ac annerch.
Tro, dy orchymyn nid rhaid,
Cylch y neuaddau calchaid
(Hynod gan Dduw dy hanes),
52 Hebrwng drwy'r gwydr terydr tes.
Cyrch bob man o'r cyfannedd,
Coed a maes, lle caid y medd,
Pob plas, teg yw'r cwmpas tau,
56 A'r llennyrch a'r perllannau.
Pâr i'r wlad goleuad glwys,
Prydydd a'i geilw 'Paradwys!',
Cornel ar gyfair Cernyw,
60 Cyntedd gwin a medd ym yw,
Lle gwarae llu a gwerin,
Lle da gwŷr o'u lledw a'u gwin;
Lle hawdd, ar gyoedd llu hoyw,
64 Gweled, ddiwrnod gwiwloyw
(Goreufeirdd a'i gwir ofyn),
Gwraig wych yn gwisgo gra gwyn;
Lle seinia lliaws annerch,
68 Lle dewr mab, lle diwair merch.
Rhof henw gyda Rhwyf hinon,
Arlwyau teg, i'r wlad hon,
Ar y gair o wir gariad:
72 'Iarlles, arglwyddes pob gwlad!'
Be bai o gred i bawb gri
Na bai rydd i neb roddi,
Ni fedrai, fwnai fynag,
76 Neb o Forgannwg roi nâg.
Bei caeth i fardd bywiog gân
Y byd oll, a bod allan,
Ef a gâi, heb ofwy gwg,
80 Ei gynnal ym Morgannwg.

Ffynonellau
A—Bangor 6, 344 B—Bangor 704, 27 C—Bangor (Mos) 5, 58 D—BL
Add 14866 [= RWM 29], 193^r E—BL Add 14870 [= RWM 53], 52^r F—
BL Add 14898 [= RWM 46], 34^r G—BL Add 14906 [= RWM 45], 84^v
H—BL Add 14932, 87^r I—BL Stowe 959 [= RWM 48], 91^r J—Bodley
Welsh f 5, 183^v K—Brog (y gyfres gyntaf) 2, 199^v L—Card 2.40 [=RWM
26], 65 M—Card 2.114 [= RWM 7], 186 N—Card 2.630 [= Hafod 20],
124^v O—Card 3.2 [= RWM 27], 79 P—Card 4.9, 134 Q—Card 5.11
[=RWM 33], 255 R—Card 5.44, 215^v S—CM 23, ii, 70^v T—Gwyn 3, 90^r
U—J 101 [= RWM 17], 271 V—LlGC 560B, 125 W—LlGC 970E [=
Merthyr Tudful], 421 X—LlGC 1559B, 640 Y—LlGC 3049D [= Mos
146], 318 Z—LlGC 3050D [= Mos 147], 156 a—LlGC 6077C, 199 b—
LlGC 6511B, 171^r c—LlGC 8330B [= Neuadd Wen 1], 252 d—LlGC
13062B, 516^r e—LlGC 17114B [= Gwysanau 25], 319 f—Llst 54, 231^r g—
Llst 55, 59 h—Llst 134, 209^r i—Pen 54, i, 37 j—Pen 57, 75 k—Pen 83,
111 l—Pen 221, 191 (*llau. 1–2*)

Ymhellach ar y llawysgrifau, gw. tt. 345–55.

Darlleniadau'r llawysgrifau
1 *O* 'R hayl; *M* teg; [*a*]. 2 *BKQUVl* kyd i bych, *Nb* tra vych, *O* cyd u bych
gyda ll. dros yr u, *Ze* kyd bychech, *i* kyd [bych], *j* kan bych, *k* kyn bych;
ABHKQUVYZbel rhod tes *gyda* rhod y tes *y testun yn amrywiad yn A, O* rhoi
u tes *gyda ll. dros yr* u; [*a*]. 3 *FG* blaened, *S* blaned; *AHQVa* yn Hedeg,
(*A*)*DELTcf* i hedeg, *FGIMSXZeijk* i rredec, *JNRWbdh* syn hedeg, *O* u rhedeg
gyda ll. dros yr u, *Y* yw rhedeg; [*l*]. 4 *A–IKLMO–YZa–fhk* Dûw ywr hayl, *J*
Duw yr Haul; [*l*]. 5 (*A*)*EJPRWdhk* sol, *G* y Vl, *IO* sal, *MS* y svl, *X* die svl, *g*
bhal; *AGQVXafg* disalw; [*Yl*]. 6 *a* Ymdaith vaith; [*Yl*]. 7 *AHQY* Or dwyrein
lwybr, *CFGMSVXg* or dwyrain wybyr; *FMS* hoewwybr hin, *GX* loyw wybr
lin, *IJNOdh* harddlwybr lin, *Q* hardd iw'r hin; [*Zel*]. 8 *g* orav lhiw i orllewin;
[*Zel*]. 9 (*F*) dawn Duw, *P* gŵyr Duw; [*ABDEH–LNOQRT–WZ–ikl*]. 10 *P* O
hŷd; [*ABDEH–LNOQRT–WZ–ikl*]. 11 *HQVa* kwmpaswyd; [*Zel*]. 12 *M*
llywenv; *ABDEHKLO–RT–Wacf* o ddeutu i, *CY* ir ddevtv i, *FGMSX* or
ddevtv i, *N* oi ddaütü, *bdhi* o ddaüty; [*IZel*]. 13 *DELf* dra da; *h* hwyl *am* haul
y testun; *ELf* drwy; [*IOZel*]. 14 *FGMSX* a gad; *T* ei liw; [*IOZel*]. 15 *AHQVa*
Rheol gamp, *BCFJKNRSUWXYbdh* rhvwl y gamp, *DELTcf* rheiol gamp, *IO*
rol o ganpin, *MPj* rrwyl y gamp, *Ze* rhwyl gamp, *g* rhywl gamp, *i* rohl y
gamp; *AHQV* wybr haul gwmpas, (*A*)*DELTacf* wybr loyw gwmpas,
BJKNPRUWbd rhyloyw gwmpas, *FMSX* rhwol gwmpas, *IO* rial gwmpas, *g*
wyd yr havl gwmpas, *h* rhyw loew gwmpas, *k* ryol gwmpas; [*l*]. 16 *IOZe*
rhod vawr gron, *J* Rhodd fawr gron; *IJNORWbdh* o rad a gras, *k* yrad a
gras; [*l*]. 17 *ADEHLPQVacf* loywnef, *FMS* liwne, *GX* liw-nef, *JRWbd* lvna, *N*
lywna, *Ze* lownwen, *k* loywle; *AFGHMQSVX* am olevni; [*IOl*]. 18 *BCF*

GKMPSUXYZ y mrodres y tes; [*IOl*]. 19 *AB–EHJ–LNQRT–WYa–dfh* gorau planed a, *FG* korff y blaened a, (*G*) goreu blaened a, *MSX* korff y blaned a, *IO* goreau planed u *gyda ll. dros yr* u, *P* Gorhof blaned a, *k* goraf blaned y; [*l*]. 20 *I* Gwyn dy vyd hyd vor haf, *O* Gwyn Dafyd hyd for haf, *g* gwyn dy bhyd er hyd bho r habh; [*l*]. 21 *AHQV* Dyfod oll lle *gyda* Dy fod uwch *y testun yn amrywiad yn A*, *BFGIOSUXak* dyfod uwch lle, *C* dy vod lle bai, *JNRWbdh* vod ywch lle, *M* dyfod yn ywch lle, *Y* dyfod lle bai, *Ze* myned vwch lle, *c* er fod uwch lle; *CPY* ddivai ddydd, *JNRWbdh* mav diav dydd, *f* difai ddydd; [*gl*]. 22 *AFGHMQSVX* i ben morganwg *gyda* Ben holl Forgannwg *y testun yn amrywiad yn A*, *BKU* benwn morganwg, *LTcf* Ben holl Morganwg; [*gl*]. 23 *S* donnog; *O* byr; *ll. g yw* pybr dinag doniog bobl; [*Zael*]. 24 *F* i dir; *M* lle i mae; *JNRWbdh* dewr gwyr, *M* dyr [gwyr]; [*Zaegl*]. 25 *JNRWbdh* hyd y, *Ze* or; (*A*)*DELTZcf* lle i medri, *FIek* lle medr, *GSX* lle i meder, *M* lle i meidir, *P* llêd medri; *FGSX* ef hedeg, *M* nef hedeg; *ll. g yw* rhedeg hevlwen rhylaw; [*al*]. 26 *AH* lle *gyda* bro *y testun yn amrywiad yn A*, *BJKPNRUWZbdeghij* vro, *CY* [bro]; *FGMSX* tarianedd, *IO* dyrner, *JNbd* taü vnwedd, *P* teyrnwedd, *RW* tav vawredd, *h* dav vnwedd; *IOh* deg; [*al*]. 27 *k* goroff haul araf y; *ACFGHJMSVXd* hevlwen *gyda* hoywlen *y testun yn amrywiad yn A*, *j* hoewlann, *k* hoyw liw; [*IOgl*]. 28 *F* ynad ar, *GMSX* a nad ar, *W* nad [ar]; *ABQVZ* wiwlad *gyda* winwlad *y testun yn amrywiad yn AB*, *CFGLMSTXYcfi* wenwlad, *JNRWbdh* wlad wastad; *i* wiw *am* wen *y testun*; [*IOgl*]. 29 *O* Nad; *BGX* ryw law; *ACFGHMSVXYaf* rhag peidiaw, (*A*)*BDEI— LNOPRTUWZb—ehik* er peidiaw, *Q* rhag peidiau; *GX* pwynt; [*gl*]. 30 *AHQV* rhew amorth, (*A*)*BDEI–LNOPRTUWbcdfgh* rhew ormodd, *CY* rhew na gormodd, *GX* rhew gormod, *Zae* rrew ormod; *AHQV* na rhemynt *gyda* na rhywynt *y testun yn amrywiad yn A*, *BD–GKLMPQS–UXZcef* na rrewynt, *CY* [na] rhewynt, *g* a rhywynt; [*l*]. 31 *AHQV* sygn rhy ddygn ddig, (*A*)*DELTa* o sygn dygn dig, *CYg* sygyn [na] dygyn dig, *FGMSX* svgvn rrag dygvn dig, *IO* segyr na dim dig, *J* sygn n dygn dig, *Ze* sygn na dygn ddic, *c* a sygn dygn dig, *f* o sugun dygyn deg; [*gl*]. 32 *j* try; *BKU* na gair trigiedig, *Lf* na eiry trigiedig, *V* nag yry trigedig; *ll. g yw* eira trigedig dygyn dig; [*l*]. 33 *B* thorwynt (throwynt), *CRY* chwerwwynt, *PW* chorwyn, *be* rrewynt; *FGIMNORSWZbehk* o bellwynt, *Jd* ebillwynt, *X* o bellwyn; [*HVgl*]. 34 *FGMSXY* na chwerw wybyr yn; [*HVgl*]. 35 *Q* [di]; *FS* o raen, *IO* oryay n, *Z* orwen, *e* orwoen; *Ze* [y]; *ll. g yw* arwain y dydh odidog arwainh; [*l*]. 36 *AHQa* i bennwn, *Ze* benwyl; [*gl*]. 37 *J* Ar Brynhawn, *O* A pryn-hawn, *NRbdh* ar prynhawn; [*Ygl*]. 38 *AQ* ymŷl, *BFGKLMPSTXcf* ymwel, *IO* ymol, *JNRWbdh* ymoel, *a* ymyl; *FG* im ymel, *BKP* un ymmyl, *IO* ymhymil, *J* mynn ymyl, *NRWbh* mynn ymwel, *Ze* em anwyl, *d* mynn ymwyl; *BKP* a ni, *IO* [a] i; [*Ygl*]. 39 [*IJNORWbdghikl*]. 40 *ABCHQUVYa* y gorllewin, (*A*)*D–GLMPSTXcf* ir gorllewin; [*IJNORWbdghikl*]. 41 *IOk* klawr; *O* Cyfyn heddlaw cain, *Zef* kyfn hedd vawr kain; [*CFGHJMNRSVWYbdghl*]. 42 *ADELPQTac* eilchwyl, *IOk* ailwaith, *f* erchillwyl; [*CFGHJMNRSVWYbdghl*]. 43 *ACDEHQVa* yno co *am* erof cof *y testun*, *LTc* yno cof *am* erof cof *y testun gydag* erof cof *y testun yn amrywiad yn L, f* erof yno cof *am* erof cof *y testun*; [*IOgl*]. 44 *LTc* vntrych, *V* etyrch; *S* awyr *am* wybr *y testun*; *k* yn *am* cyn *y testun*; *V* atterth; [*IOgl*]. 45 *NRbdh* does, *Y* a dos; *BKU* fynghenad, *Z* vn neges; *AHQV* [a] *gyda* neges a dwg *y testun yn amrywiad yn A*; [*gl*]. 46 *ADEHLPQTVacf* ganwaith, *BCFGIKMOSUXZ* genyf, *Y* genfy; *ADEHLNPQTabcf* i wlad forganwg, *JRdh* i sir vorgannwg, *S* i wyr forganwg, *V* [i] wlad forgannwg; [*gl*]. 47 *FMS* ditha da, *G* dithe daf, *HV* ddyddiav da, *X* dythe da; *A–HKLMPQS–VXYacf* gorseddfa; [*JNRWbdghl*]. 48 *AHQVa* O gennyf fi ag, (*A*)*DELTcf* o ddigenyf ag, *BKU* iddynt genyf ag, *FGMOSX* yw genyf fi ag, *I* yw genny vi ag ag, *P* Iddi gynnydd ac, *k* yw genyf vn ag; [*JNRWbdghl*]. 49 *AHQV* tro na gorchfynnv *gyda ll. y testun yn amrywiad yn A*, *C* tro a gorchymvn, *JNRWbdgh* tro vyngorchymyn, *O* Rhoi d'orchymyn; *C* in rhaid, *Y* ni rhaid, *g* [nid rhaid]; [*l*]. 50 *AHQR* Cylchau neuaddau, (*A*)*BDEPTac* cylch e'u neuaddau, *FGX* oi kylch nevaddav, *JNWbdh* kylchon naüaddav, *MS* yw kylch nevaddav, *V* klychau nevaddav, *Ze* I gylch y nevadd; *AHQ*(*T*) calchiad, *V* kalchiaid; [*gl*]. 51 (*A*)*DELTacf* hynod ydiw dy, *Ze* Hynod gan bawb dy; [*FGIJMNORSWXbdhikl*]. 52 (*A*) drwy wybr, *BDEPTc* drwy wydr, *CY* drwy wedr, *KU* trwy wybvr, *a* drwy'r wybr, *Lf* drwy wydl; *g* terydr y tes; [*FGIJMNORSWXbdhikl*]. 53 *A–IKLMOPQS–VXacfgijk* kadw bob, *Ze* kad pob; *AHV* man gyfanedd, (*A*)*DEHILOQTacefk* man kyfanedd, *CFGMSXg* man a chyfanedd, *P* man oi cyvannedd, *Z* man yn gyfanedd; [*Yl*]. 54 *IO* ü koed ar; *IO* mays lle kaid medd, *M* maes llei kaid medd, *SX* maes llei kaid y medd, *JRWbdh* maes i kaid y medd; [*Ygl*]. 55 *AHVa* Plasau têg *gyda* Pob plas teg *y testun yn amrywiad yn A*, *IOk* ar plas teg, *Q* Plalsau teg; *AHQV* yw y Powls tau, (*A*)*DELPTac* yw'r pepyls tau, *FG* ywr cwmpas cav, *IOk* ar kwmpas tay, *f* ywr peplys tau; [*Zegl*]. 56 *AGHMQSVXa* y llenyrch, (*A*) pun llennyrch, *CY* ai llynoedd, *F* y llanerch, *LTc* pur llennyrch, *f* pur lenwych, *g* llennyrch tav; *CY* ai perllanav, *g* [a'r perllannau]; [*Zel*]. 57 *BKPU* teg ywr wlad, *CY* Pa ryw wlad, *FGMSX* para wlad, *Ik* kar y wlad, *JNRWbdh* pür yw y wlad, *O* Caer u wlad *gyda ll. dros yr* u; *CIOY* olevad lwys, *KU* goleya glwys, *f* goleuad lwys; [*AHQVZaegl*]. 58 [*AHQVZaegl*]. 59 *CIOY* ynghyfair; *O* Derniw; [*Zegl*]. 60 *B* mêdd a gwin; [*Zel*]. 61 *ACDEHJLNQRTVWYa–dfh* lle gorau, *FGMSX* lle gwraidd; *BKP* llv ai gwerin, *G* llu a gerwin *gyda* gwerin *y testun yn amrywiad*; [*IOZegl*]. 62 (*A*)*DEFKLSTcf* daw; *AHVa* gwyr ei llad a'u gwin, (*A*)*DELTcf* gwyr Llüdaw a gwin, *BKPU* gwyr llydaw ai gwin, *FS* gwr lle da y gwin, *GX* gwir ar lled ar gwin, *JNRWbdh* gwyr aü llvdawg win, *M* gwr ar lled ar gwin, *Q* gwyr ei lladd ai gwin, (*d*) gwyr ai llidw au gwin, *j* gwyr oy llydw ay gwin, *k* gwyr oy lledw gwin; [*IOZegl*]. 63 *Ze* lle daf; *ADEHLQTVacf* ar gyfair, *BKU* bydawdd, *JWd* baenydd aü, *M* ar goed, *P* y bydawdd, *NRbh* baenydd oi, *Ze* ar gynydd, *i* i brydydd; [*gl*]. 64 *FGSX* a gweled, *g* [gweled]; *A–QS–Zb–hgjk* diwyrnot, *R* golaüddydd, *a* mewn diwrnod; *f* gwirloew *gyda* gwiwloyw *y testun yn amrywiad*; [*l*].

65 *ADEHLPQTVaf* goreuferch, *BJNRWbdhi* goraüfardd, *CY* gorevfair,
FGMSX gorevfydd, *k* gorey y vardd; *AHQV* ai gorafun, (*A*)*DE*(*H*)*LTaf* ai
gwarafyn, *CY* nis gwrafvn, *k* [a'i] gwir ofyn; [*IOgl*]. 66 *i* gwych; *ADEHLQVac*
yn arwain, *b* yn gwisg; [*IOgl*]. 67 *ADEHLQTVcf* lle da pob man yw annerch,
BFMPSXi lle seiniodd llios annerch, *CJNRWYbdh* lle seinwyd lliaws annerch,
GKU llei seiniodd lliaws annerch, *IOk* lle seiniaw lliaws annerch, *a* lle daw
pob man i'w hannerch; [*gl*]. 68 *O* Lle doyr mab; *X* ddiwair; [*gl*]. 69 *CY* rho
henw, *IOk* rof yhenw; *e* rrodd henw; *GKUX* gid; *CY* rhyw hinon, *ae* rrwydd
hinon; [*HVgl*]. 70 *F* olevad teg, *GM* ar levad teg, *Ik* ar liwiay teg, *JNRWdeh*
arlwyad, *O* Ar ddyddie teg, *S* a levad teg, *a* Arlwyau; *e* y wlad; [*HVgl*]. 71
CY ar geiriav drwy fawr gariad, *IOe* ar [y] gair owir garyad, *JNRbdh* ar gair
o büraf gariad, *P* Er y gair o wîr gariad, *W* ar gwir o büraf gariad, *k* ar gair
o wir y garyad; [*FGHMSVXgl*]. 72 [*FGHMSVXgl*]. 73 *ABD–HJ–MS–VXZacf*
pe bai, *CY* pe rhon; *ADELTVacf* ar gred, *BFGKMSUX* drwy gred, *CY* i gred,
H ar gred; *ADEHLTVacf* pybyr gri, *CY* pe rhoen gri; [*gl*]. 74 *Q* Pe bai; [*gl*]. 75
DKLUf ne; [*FGMSXgl*]. 76 [*FGMSXgl*]. 77 *ABHPQVi* be, (*A*)*CDELTYZacef* pe;
W kaeth vardd; *BKU* rowiog, *IO* bwog, *g* bwy o; *ACDEH—LN–RTUVY–fh–k*
kan; [*FGMSXI*]. 78 [*FGMSXI*]. 79 *GIO* vo gay, *H* ef ar gai, *MSXYg* efo gai;
BKPU heb ofni gwg, *FGMSX* heb ofn na gwg, *Q* heb ofwy gwag, *Tc* heb fwy
gwg, *Ze* er ofyn gwc; [*l*]. 80 *ADEHLPQTVacf* i gynwys *gydag* Ei gynnal *y
testun yn amrywiad yn P*, *JNRWbd* Ei gynnail; (*A*)*DELPTcf* i forganwg *gydag*
ym Morgannwg *y testun yn amrywiad yn P*; [*l*].

Teitl

[*CIKLOYfgi–l* gyda Morganwg *ar ymyl y ddalen yn IO*], *AEQ* Cowydd i
Anfon yr Haul yn Gennad i Forgannwg, *B* Annerch i drigolion
morgannwg, a'r haul yn gennad, o waith D.G. G.Ll.D. Cap. ait Dr.
Davies., *DT* ir haûl ag i forganwg *mewn llaw wahanol i law'r testun yn T*, *EQ*
Cowydd i Anfon yr Haul yn Gennad i Forgannwg, *FGZe* Cowydd yr Haul,
K ir havl, *H* Cowydd i'r Haul iw yrru i annerch morganwg, *Jdh* llyma
gywydd i ddanfon yr haul i annerch sir vorgannwg, *MNb* llyma gowydd yr
havl, *P* Cywydd yr Haul Ymorgannwg, *R* llyma gywydd a wnaeth gr llwyd i
ddanfon yr haül i annerch Morgannwg, *SV* ir havl, *U* Annerch i Drigolion
Morganwg a'r Haul yn Gennad (*mewn llaw wahanol i law'r testun*), *V* gyrv r
havl i annerch Morgannwg, *W* llyma gywydd awnaeth gr llwyd i ddanfon yr
haül i annerch sir vorgannwg, *X* Cyw: mol: Sir Forganwg. y bardd yn gyrrv
yr havl yno, *a* Yr Haul, *c* kywydd ir haul ac i forganwg.

Priodoliad

[*BLfl*], *AEQ*, Mr Lewis Morris saith that in D: Johns's MS he found the
following account of this Poem & Da'b Gwillim Dafydd ap Gwilym medd
llawer Copi Gruffydd Llwyd ap Dafydd ap Einion medd eraill; Ef a allai i
bob un ohonynt ganu ir un Destyn a bod yma rai o Benillion or ddau

Gywydd—Hwy ydyw no Chywyddau Dafydd ond yr oedd ef yn eu gwneuthur yn hwy nag ydynt achos am eu melysed fei dysgid ar Dafod ag a Gopiwyd llawer oddi wrth un ni fedrai mo'r cwbl weithiau. E dalodd gwyr Morgannwg Iawn i'r Bwa Bâch am Forfydd dros Da'b Gwilym, ag am hynny osgatfydd i gwnaeth ef y Cywydd frŷ. Ag ef aeth hi eilwaith, a phan ofynnodd un iddo, Ae ef a hi a drutted fyssai iddo; âf (heb ef) yn Enw Duw a Gwŷr Morgannwg; A Dihareb yw er hynny hyd heddyw. In Fol 164 of D: John's MS. he gives the following Account of our Poet—Mi a welais 1572 hên Wraic a welsai un arall a fyssai yn ymddiddan a Da'b Gwilym— Hirfain oedd ef, a Gwallt Llaes melyngrych oedd iddo, a hwnnw'n llawn Cayau a modrwyau arian meddai hi—So far David Johnes Vicar Llan-fair Dyffryn Clwyd 1587 I find saith Mr Lewis Morris Dr Davies in the word anterth gives this Poem to Gru: Llwyd ap D.^{dd} Gaplan. But the Poem seems to own no body but Dafydd ap Gwilym, C Gruff llwyd ap dd ap Einiawn, DL e dalodd gwyr morganwg iawn ir bwa bach am forfydd dros dafydd ap Gwilym ac am hyny os gatfudd i gwnaeth ef y cowydd fry. ac ef aeth a hi eilwaith. a phan ofynnodd un iddo, ae ef a hi, a drytted fyssai iddo. af, heb ef, yn enw duw, a gwyr morgannwg, a diareb yw er hyny hyd heddiw. Dafydd ap Gwilym medd llawer copi. gruffydd lloyd ap dd ap Einion medd ereill. ef allai i bob un o honynt ganv ir un destyn a bod yma rai o benillion or ddau gowydd. hwy ydiw no chowyddau dafydd. ond ir oedd ef yn i gwneythyr yn hwy nag ydynt. achos am i metryssed (melysed *yn L*) foi dysgid ar dafod ag a goppiwyd llawer oddiwrth un ni fedrai mor cwbwl weithiau. Gr. Llwyd ap dafydd Caplan medd d^r davies (*ni cheir y frawddeg olaf yn L*), F Iolo goch *wedi'i groesi allan a cheir y nodyn a ganlyn wrth droed y cywydd*: grvffydd llwyd ab dd ab einion a wnaeth y kowydd yma nid iolo, G Iolo goch ai kant *gyda* Dafydd ap Gwilym in other mss *mewn llaw wahanol, H* D. Gwilym ai Dywawd, *I* Sr Davydd ap einon lygliw, *J* Gryffydd Llwyd ap Einon Lygliw a'i cant yn ol y llyfyr yr ysgrifennais i Cywydd uchod ohono yr hwn oedd yn byw ynghylch y Fl: 1400: eithr yn o: Dr: Davies fe sgrifennwyd gan griffydd Llwyd David caplan yr hwn oedd yn byw ynghylch y: fl: 1460:, *KU* dd ab gwilym ai kant, *M* Iolo goch ai kant *wedi'i groesi allan a* Gruff lloyd ap Jeuan ap Einion medd eraill Da ap Glm ai cant *wedi'i ychwanegu, NRWbdh* Gryffydd llwyd ap Einion lygliw ai kant *gyda thri nodyn ychwanegol (yn yr un llaw â'i gilydd ond mewn llaw wahanol i'r testun)* yn d: Tad Dafydd Llwyd ap Einion Lygliw, medd Sion Bradford, ond chwilier ymhellach; Dafydd Llwyd ap Einion Lygliw medd eraill; Dafydd Llwyd Awenydd Llu / A naddodd Awen iddi ebe *ond ni cheir enw, O* Sr Dafydd ab Einon Ay cant, *PVai* Dauit ap guilim, *S* Iolo goch *wedi'i groesi allan a* D^{dd} ap Gwilym *wedi'i ychwanegu mewn llaw wahanol, Tc* Dafydd ap Gwilym medd rhai, Gryffyth lloyd ap dd ap Einion medd eraill. fe a dalodd gwyr Morganwg iawn i'r Bwa bach am forfydd, dros Ddafydd ap Gwilym, ac am hynny os gad ffydd y gwnaeth efe y cywydd fry: Ac efo aeth a hi eil-waith, a phan ofynnodd vn iddo, aei efe â hi, a drutted fuase iddo? af heb efe yn enw Duw, a gwyr Morganwg, a dihareb yw, er hynny hyd heddyw *y cyfan mewn llaw wahanol i'r testun*, X Iolo Goch ai cant, Y Gruffydd llwyd ab dd ab Einiawn lygliw ai kant, Z Gruffydd llwyd ap y kaplan ai kant, *e* Gr llwyd ap y kaplan, *g* Gruff llwyd, *j* Ieuan ap Gr gwent ae kant, *k* gryffydd pa davydd pa nenon lygliw.

Trefn y llinellau

A 1–2, + *O* Wynedd hafedd (haelfedd) hwylfa / i Forganwg dwg ddydd da, 3–8, [9–10], 39–40, 43–4, 11–38, 41–2, 45–50, 55–6, [57–8], 51–4, 61–2, 67–8, 63–6, 59–60, 69–80 (cf. *Q*).

BKU 1–8, [9–10], 11–36, 39–40, 37–8, 41–50, 53–6, 51–2, 57–62, 67–8, 63–6, 69–80.

C 1–4, 9–10, 5–8, 11–36, 39–40, [41–2], 43–4, 37–8, 45–50, 55–6, 51–4, 61–2, 67–8, 63–6, 69–72, 57–60, 73–80.

DELTcf 1–2, + o wynedd gaethfedd gwylfa [haelfedd hwylfa *yn ELTf*; haelfed hwylfa *yn c*] / i forganwg, dwg dydd [ddydd *yn f*] da, 3–8, [9–10], 39–40, 43–4, 11–38, 41–2, 45–50, 53–8, 51–2, 61–2, 67–8, 63–6, 59–60, 69–80.

FGS 1–8, 11–12, 9–10, 13–40, [41–2], 43–50, [51–2], 55–6, 53–4, 61–2, 67–8, 63–6, 69–70, 57–60, 73–4, 79–80.

HV 1–2, + o wynedd haefedd [hafedd *yn H*] hwylfa / i forganwg dŵg ddydd dâ, 3–8, [9–10], 39–40, [41–2], 43–4, 11–32, [33–4], 35–8, 45–50, 55–6, [57–8], 51–4, 61–2, 67–8, [69–72], 63–6, 59–60, 73–80.

I 1–8, [9–10], 11, [12–14], 16, [17–18], 15, 19–26, [27–8], 29–38, [39–40], 41–2, [43–4], 45–50, [51–2], 55–8, 53–4, 59–60, [61–2], 67–8, 63–4, [65–6], 69–80 (cf. *O*).

JNRWbdh 1–8, [9–10], 11–38, [39–42], 43–6, [47–8], 49–50, [51–2], 53–62, 67–8, 63–6, 69–80.

MX 1–8, 11–12, 9–10, 13–40, [41–2], 43–50, [51–2], 55–6, 53–4, 61–2, 67–8, 63–6, 69–70, [71–2], 57–60, 73–4, [75–8], 79–80.

O 1–8, [9–10], 11–12, [13–14], 16, [17–18], 15, 19–26, [27–8], 29–38, [39–40], 41–2, [43–4], 45–50, [51–2], 55–8, 53–4, 59–60, [61–2], 67–8, 63–4, [65–6], 69–80 (cf. *I*).

P 1–2, + O Wynedd haelfedd hwylfa / I Forganwg dŵg ddydd dâ, 3–10, 39–40, [41–2], 43–4, 11–36, 39–42, 37–8, 43–50, 53–6, 51–2, 57–62, 67–8, 63–6, 69–80 (*sylwer bod llau. 43–4 yn digwydd ddwywaith*).

Q 1–2, + O wynedd hafedd hwylfa / i Forganwg dwg ddydd da, 3–8, [9–10], 39–40, 43–4, 11–38, 41–2, 45–50, 55–6, [57–8], 51–4, 61–2, 67–8, 63–6, 59–60, 69–73, 75–80 (*cyfunwyd llau. 73–4; cf. A*).

Y 1–4, [5–6], 9–10, 7–8, 11–36, [37–8], 39–40, [41–2], 43–50, 55–6, 51–2, [53–4], 61–2, 67–8, 63–6, [67–8], 69–72, 57–60, 73–80.

Ze 1–6, [7–14], 15–22, [23–4], 25–54, [55–62], 67–8, 63–6, 69–80.

a [1–2], 3–8, [9–10], 39–40, 43–4, 11–22, [23–6], 27–38, [39–40], 41–2, [43–4], 45–50, 55–6, [57–8], 51–4, 61–2, 67–8, 63–6, 59–60, 69–80.

g 1–8, [9–10], 11–20, [21–2], 23, [24], 25–6, [27–9], 30, [31], 32, [33–4], 35, [36–48], 49, [50], 56, [57–9], 51–3, [54–5], 64, [65–76], 60, [61–3], 77–80.

ik 1–8, [9–10], 11–14, 17–18, 15–16, 19–38, [39–40], 41–50, [51–2], 55–8, 53–4, 59–62, 67–8, 63–6, 69–80.

j 1–80.

l 1–2, [3–80].

I'r haul ac i Forgannwg

Yr haul hyfryd, ar fy neges
Rhed di, er dy fod yn olwyn y gwres.
[Y] blaned hyfrytaf [sy]'n symud
4   Dan nawdd Duw wyt [ti], yr haul hyfryd.
[Rhoddaist] enw [i'r] Sul, oleuni rhagorol,
Siwrnai faith yw dy daith di
O wybren [y] dwyrain, tywydd teg hardd ei gwrs,
8   Gorau gwawr, i'r gorllewin.
Myn Duw Lywydd, dy dywyniad
A fydd dros yr holl fyd.
Fe'th amgylchynwyd [â] chyflawnder o rodd[ion],
12   Yr wyt yn rhoddi goleuni [ar] y ddwy ochr;
Haul haelfrydig, oherwydd dy oleuni nwyfus
Y cafwyd i'r lleuad ei goleuni;
Sgrôl [yn cofnodi]'r orchest, cylchdro olwyn ysbardun,
16   Olwyn gron, yn fawr ei bendith a'i rhodd.
Em o liw disglair goleuni helaeth,
Ymerodres [y] gwres wyt ti.
[Y] blaned glodfawr yr wyf fi'n ei charu,
20   Gwynfydedig [fydd] dy amgylchiadau drwy'r haf
[Am] dy fod dros, lle nad yw golau dydd byth yn pallu,
Forgannwg gyfan bob dydd:
Pobl hael, ddawnus [a] grymus
24   O dir Gwent, lle y mae'r gwŷr yn ddaionus,
Hyd at, lle yr wyt ti yn gyfarwydd ag ehedeg,
Lyn Nedd, bro brenhinoedd ysblennydd.
Er fy mwyn, haul, fantell hardd a phwyllog,
28   Paid â chaniatáu ar y fro ragorol fendigaid
Na glaw gormodol er mwyn peryglu pontydd,
Na rhew gormodol, na gwynt eithafol,
Na ffyrnigrwydd arwyddion y sodiac, na chaledi blin,
32   Trwy goed, nac eira sy'n aros,
Na chorwynt cryf o rym pellgyrhaeddol,
Na barrug yn nechrau mis Ebrill.
Cluda di, oleuni'r dydd,
36   Faner Morgannwg yn wastadol,
Ac [â] phrynhawn o oleuni llachar
Ymwêl â mi wrth f'ymyl.
Os ei [di] dan gwmwl heno,
40   Fantell nerthol, ym mro'r gorllewin,

Llawr daear a gyfanheddwyd [sy'n] hardd [ac o] wedd
    fonheddig,
Tyred eto i'r dwyrain:
Ymddangos er fy mwyn, arwydd sicr,
44   Yn uchelder [yr] awyr cyn hanner dydd.
Dos ar fy neges a charia
Gyda thi i wŷr Morgannwg
Gyfarchion, preswylfod cariad,
48   Oddi wrthyf fi, a gair o gwrteisi.
Tro, nid oes rhaid dy orchymyn,
Oddeutu'r neuaddau gwyngalchog
([Y mae] dy hanes yn nodedig yng ngolwg Duw),
52   Tywys drwy'r [ffenestri] gwydr belydrau['r] tes.
Dos tua phob rhan o'r tir cyfanheddol,
Tir coediog a thir agored, lle y cafwyd y medd,
Pob plas, y mae dy gylchdaith di yn hardd,
56   A'r tir glas a'r perllannau.
Pâr i'r wlad ddisgleirdeb hardd,
Y mae['r] bardd yn ei galw 'Paradwys!'
Llecyn dirgel yn wynebu Cernyw,
60   Neuadd [sy'n rhoi] gwin a medd i mi ydyw,
Chwaraefa byddin a thyrfa,
Lle da i wŷr gael eu digonedd [o bopeth] a'u gwin;
Lle hawdd, yng ngŵydd torf lawen,
64   Gweld [ar] ddiwrnod rhagorol a disglair
(Y mae'r beirdd gorau yn ymofyn hyn yn ddidwyll),
Gwraig hardd yn gwisgo ffwr gwyn;
Lle y seinia mynych gyfarchiad,
68   Lle y mae llanc[iau] yn eofn, [a] lle y mae merch[ed] yn ddiwair.
Rhof deitl gyda Rheolwr [y] tywydd teg,
Paratoadau hyfryd, i'r wlad hon,
Ar y cyfarchiad o gariad dilys:
72   'Iarlles, arglwyddes pob gwlad!'
Pe byddai drwy gywirdeb ar gyfer pawb ddatganiad
Na fyddai'n ganiatadwy i neb roi [nawdd i fardd],
Ni fedrai, datganiad cyfoeth,
76   Unrhyw un o Forgannwg roi gwrthodiad [i fardd].
Petai'n waharddedig i fardd bywiog [ei] gân
Yr holl fyd, a bod yn ddeoledig o bob cwmni,
Fe gâi, heb dderbyn anghymeradwyaeth,
80   Ei gynnal ym Morgannwg.

10
Y cwest ar Forgan ap Dafydd o Rydodyn

Syr Dafydd, ohedrydd hawl,
Saer y gyfraith fesurawl,
Helm eurdo, heiliau Mordaf,
4   Henw mawr ynn wyd, Hanmer naf.
Eirian berffaith gyfreithiwr,
Ail Dafydd Broffwyd wyd, ŵr;
Pell glod i'th dafod a dyf,
8   Pell y seliaist, pwyll Selyf.
Dyred i Gaer, drwy dy gof,
Fowrddawn ŵr, Fyrddin erof
I gynnal dros gwynawl drin
12   Risiart farwnwart Frenin.
Pan welych, anwylwych naf,
Holi gŵr hael a garaf,
Mil gyda mi a'i diaur,
16   Morgan ynn a ran yr aur;
Pâr i hwn mewn cystlwn cant,
Cost lwyswych, cwest dilysiant.
Ni myn gael, mael hael helmlas,
20   Dwyllwyr na phrocurwyr cas,
Na chryddiaid, haid ddihyder,
Na phorthmyn gwlân gwyn a gwêr.
Mae gwŷr digrif, o rhifir,
24   Ar y gwalch a ŵyr y gwir:
Gruffudd ap Rhys, gair Raphael,
Gwynionydd, hoyw brydydd hael,
Gŵr er aur, nid garw ei rôn,
28   Yn awdl ni thwng anudon;
Llywelyn, roddlyn ruddloyw,
Berchen gwych awen, Goch hoyw;
Nid anos cael, hael hoywlys,
32   Barn gywir o rhifir Rhys,
Un o'r rhai gorau ieuainc
Y dyry farn, aed i'r fainc;
Rhifer Rhys, hysbys ei hawl,
36   Brydydd y gerdd briodawl,
Fab Dafydd, ffynidwydd ffawd,
Gerth fab Ierwerth bybyrwawd;

	Deddf yw dioddef Owain
40	Ap Dafydd, saer cywydd cain,
	Gŵr a gân organ irgoed,
	Gwyliadus gerdd, gwlad Is Coed;
	Moel y Pantri, nid milain
44	I yrru'r cof, eryr Cain,
	Gair honnaid y gŵr hwnnw
	Gyda'i wlad a geidw ei lw;
	Beth am Felyn, glerddyn glwys?
48	Gwn, iawn ydoedd ei gynnwys;
	Mae'n rhydd cael cywydd y Cyw,
	Ac afrwydd cael ei gyfryw;
	Nid amheuwn, gwn gannair,
52	Lw'r Crach a'i law ar y crair;
	Gair y Poesned a gredir,
	Awdur serch adar y sir,
	Lle bai ni chamfurniai farn
56	Er ofn nac er aur afarn;
	Rhwydd ydyw'r gyfraith er hyn,
	Rhifer ar swper Sypyn,
	Gwas ni chêl ar uchelwr
60	Da na drwg er gwg un gŵr;
	Rhamant ydyw'r moliant mau,
	Rhifer pan fynner finnau,
	Ni'm rhoes Duw nef, dangnef dôn,
64	Yn oed i dyngu anudon.
	Onid elwn, gwn ganlyn,
	Mewn twng am un enaid dyn?
	Os dydd y cyfeisteddir
68	Yn nhâl tŷ Gwenllïan hir,
	Diddan fo hynt y deuddeg,
	O'm barn, yn y dafarn deg.
	Er deulafn o aur dilyth,
72	O gadawan' Forgan fyth
	Melltith Fair, f'eurgrair a fo,
	A Duw ar a'i gadawo.

Ffynonellau
A—Bangor 704, 101 B—BL Add 14873 [= RWM 55], 60ʳ C—BL Add
14882 [= RWM 31], 72ʳ D—BL Add 14969, 177ᵛ E—BL Add 14976 [=
RWM 22], 89ʳ F—BL Add 14978, 76ᵛ G—BL Add 15000, 174ᵛ H—BL
Add 15034, 150ᵛ I—BL Add 31056, 109ᵛ J—BL Add 31077, 12ʳ K—Brog
(y gyfres gyntaf) 2, 117ʳ L—Card 2.114 [= RWM 7], 458 M—Card 4.10 [=

RWM 84], i, 359 N—J 101 [= RWM 17], 172 O—LlGC 37B, 62 P—
LlGC 872D [= Wrecsam 1], 364 Q—LlGC 1982B [= Pant 13], 154^v R—
LlGC 3047C [= Mos 144], 184 S—LlGC 13166B, 50 T—Llst 118, 164
U—Llst 125, 778 V—Pen 64, 150 W—Pen 221, 182 (*llau. 1–2*)

Y mae rhai darlleniadau yn T yn aneglur oherwydd traul ar y llawysgrif.
Ymhellach ar y llawysgrifau, gw. tt. 345–55.

Darlleniadau'r llawysgrifau
1 *AKN* ehûdrydd, *BFH(O)QRU* hyedrydd, *I* a hedrydd, *OVW* ehedrydd, *S*
ddihedryth. 3 *AKN* evrdwf o hil, *BEHJMRT* evrdw hiliav, (*B*)*DGQ* o evrdo
hil, *CPSV* evrdo hiliav, (*H*) o eurdo hir, *I* eurdo hilia, *O* eurdo heiliaw; *I*
norda, *RT* mowrdaf *gyda* mordaf *y testun yn amrywiad yn R*; [*W*]. 4
ACEFGJKMNPU henw mawr ym wyd, *L* henw mawr dwf; *L* daf; [*W*]. 5 (*P*)
eirieu perffeith, *U* evrion berffaith (Vrien berffaith); [*CDGW*]. 6 [*CDGW*]. 7
LS ath dafod; *A–EG–KMNPRT* ath dy, *FLQSU* ath dyf; [*W*]. 8 *ACDEGI-
JKMNPQS–V* seiliaist, *FU* seiliwyd; *EFJMP*(*U*) pwll *gyda* pwyll *y testun yn
amrywiad yn J*; *A–EG–KMNPRT* sely; [*W*]. 9 *AKN* ir gaer; *F* da yw dy gof;
[*W*]. 10 *D* mowrddawn; *D* merddin; [*W*]. 11 *BHR* I ganal *gydag* I gynnal *y
testun yn amrywiad yn BH*, (*B*)*DG*(*H*)*OUV* kynnal, *I* cynal draw;
BEHIJMP(*R*)*T* dros ganol y drin *gyda* dros gwynawl drin *y testun yn
amrywiad yn BH*, (*B*)*DG*(*H*)*OUV* dros kanol y drin, *L* dews ganol ydrin, *Q*
tros ganol trin, (*Q*) tros gwynawl trin, *R* drwy ganol y drin, *S* dros ganol
drin; [*AKNW*]. 12 *C*(*J*) Edwart; *BH*(*Q*)*RT* fawr iownwart, *EM* farwnwaed, *L*
frw yn wart, *OV* vireinwart; [*AKNW*]. 13 *AGKN* fanwylych, *BDEFHJL-
MPQRTU* fanwylwych, *OV* vniownwych; [*W*]. 14 *O* hael ag araf; [*W*]. 15 [*W*].
16 *AFKNUV* ym; *ABH* o ran, *I* ar ran, *L* i ran; *L* ar aur; [*W*]. 17 *DG* pair;
AKN gael cystlwnn, *S* kyn kyfrwn; [*W*]. 18 *I* gost da, *L* gost, *M* Cof; *AKN*
lwys kwest, *BDEGHMPQRT* lwys gael quest, *I* lwys gwest, *J* hwyl gael gwest
gyda lwyswych cwest *y testun yn amrywiad*, *L* diliswych gwest, *S* lwyswych
gwest, *V* lwys akwest; *S* ddi lessiant; [*W*]. 19 *AKN* ni mynn er mael,
BFHLOQRU ni myn ail mael, *DG* ni myn avr mael, *EM* Na myn avr mael,
JP namyn aur mael, *S* ny fyn gael mael, *T* ne mynn ayn mayl, *V* Ni vynn ail
mael; *S* wiwlas; [*IW*]. 20 *AKN* na thrvthwyr brocvrwyr cas, *BHQ* Dreth-wyr
na phrocurwyr cas, *DEGJMP* na thrvthwyr prekvrwyr kas, *O* Freibwyr na
phrocurwyr câs, *S* na thyllwyr prokwkwyr kas, *T* na threthwyr prokyrwyr
kas; [*IW*]. 21 *BHR* na chrefftiaid, *I* na fynn gryddiaid, *L* na chyrddiaid, *M* Na
chyryddiad, *Q* na chrefthaid; *BDGHOQRT* di hyder; [*W*]. 22 *AFGKLNOQTV*
gwlan gwynn na gwer, *S* glwan na ger; [*W*]. 23 *BHQ* digrif foi rhifir, *CU*
digrif arifir, *O* difrif o rhifir, *R* digrif oi rhifir, *S* or rifith, (*S*) or rifir; [*W*]. 24 *S*
ay wyr y gwir; [*W*]. 25 *ABCFHIKLNQRU* gair affael *gydag* offael *yn
amrywiad yn R*, *M* Rasael; [*W*]. 26 *FU* gwiniownwydd, *L* gwinwydd
(Gwynionydd); [*W*]. 27 *L* ni wyra *am* nid garw *y testun*; *C* ywr ion, *EJMP*

oron, *I* yr on, *R* a ron; [*W*]. 28 *AFKNRTU* mewn owdl *gydag* Yn awdl *y*
testun yn amrywiad yn R, *CS* awdvr, *DG* Iawn owdl, *L* anawdwr; [*W*]. 29 *O*
rhoddlyn rhuddloyw, *T* ryddlynn ryddloyw; [*W*]. 30 *DG* perchen gwych, *F*
berch gwych, *S* berchen wych; [*W*]. 31 *U* gael; *CF* hael hwylys; [*W*]. 32 *O* os
rhifir; [*W*]. 33 *L* gorai or ievangk; [*CW*]. 34 *FU* [*Y*] dyrv farn; *FU* o daw ir
faink, *L* aed ar faingc; [*CW*]. 35 *O* Galw Rhŷs; *AKLN* hysbys hawl,
BEHJMPQR hysbys yw/r/ hawl, *G* hysbys i fawl, *T* hysbys yw hawl; [*W*]. 36
BQRT brydydd ai gerdd, *L* brydydd gerdd; *O* barodawl; [*W*]. 37 *COQ* ap
davydd, *S* a davydd; *C* ffinenwydd ffawdd, *F* ffynedydd ffawd, *K*
ffynedwydd ffawd, *L* saer kowydd kerth, *S* ffyniwyth fawd; [*W*]. 38 *AN*
gwerth fab ierwerth bybyrwawd, *EFJMOPUV* gerth ap Jerwerth
bybyrwawd, *L* walch hael evrwalch hil ierwerth, *S* gerth vab yorwerth
byrwawd; [*W*]. 39 *C* Dedd; [*RTW*]. 40 *DGIS* vab dafydd; [*RTW*]. 41 *EJMP*
Mab a gan, *I* mal a gan; [*LRTW*]. 42 *A* Gwladus cain, *BCE–HJMOPQV*
gwiliadvs kerdd, *KN* gwladvs cerdd, *S* gwyliadis kerth, *U* gwiliadvs [gerdd];
[*LRTW*]. 43 [*LUW*]. 44 *AKN* i yrrv cof, *C*(*J*) evrer kerdd yr, *DG* a yrrir kof, *F*
evrer kof yr, *HQ* a yrr ir cof, *O* A ddyry r cwyn, *RT* i yrry/r/ kof i *gydag*
evrer kof i *yn amrywiad yn R*, *S* ayrwr kerth ywr, *V* A ry y kof; [*LUW*]. 45 *FU*
honiad, *R* hynod; *Q* y gair hwnnw; [*W*]. 46 *S* gyda wlad y keidw y lw, *U*
gyda ei wlad i gadw ei lw; [*W*]. 47 *C* fleddyn, (*J*) Ferddin; *C* gleddvyn; [*SW*].
48 *L* gwnaidd ydoedd; *C* i gymwys; [*SW*]. 49 *AEJKMNP* Mae yn rhwydd
kywydd, *BHQR* I mae rhwydd cowydd, *DFGOTUV* i mae yn rhwydd
Cywydd, *I* mae ry rwydd cowydd, *L* a rrwydd yw kowydd, *S* a rwydd ydd
kowydd; [*W*]. 50 *ABDKNRT* gael; *M* y Cyfryw; [*W*]. 51 *BEHIJMPQRT* Ni
wrthodwn; [*W*]. 52 *BH* Liw'r Crach, *FU* y krych; *C* er i alw ir krair; [*W*]. 53
LS gwr ywr poesned; *O* a gerir; [*W*]. 54 *AKN* awdvr y serch, *DG* wedi r serch;
A er da sir, *KN* er da y sir; [*W*]. 55 *AN* ni cham fyrn a'i farn, *CFRU* ni cham
varnai farn, *GH* ni cham fwrniai farn, *Q*(*R*) ni cham fwriai farn; [*SW*]. 56 *H*
nag er Afarn, *L* nag er avr nefarn, *U* nag avr nag arian (ag ir avr ag arian);
[*SW*]. 57 *C* arwydd ywr gyfraith, *LT* maen rrwydd i gyfraith, *O* Yn rhŵydd
mae'r gyfraith , *S* roer yn y gyfraith; *S* ar hyn; [*W*]. 58 *O* Galwer am swpper
Syppyn, *S* y rifer ar swpper Soppyn; [*W*]. 59 *L* gwr ni; *C* ar vchelwyr, *D* ywr
vchelwr (ar vchelwr), *M* yr Uchelwr; [*SW*]. 60 *BEHIJMPQR* dda, *F* na da; *FL*
gwg gwr; [*SW*]. 61 *BHR* Mae'n rhamant fy, *CS* Rhemnant ydiwr, *FOU*
remant ydiwr, *I* ramant yw a, *Q* Mae'r rhamant fy; *T* [   ] fy moliant
mau;[*W*]. 62 *O* Galwer pan; *S* vynnyr; [*W*]. 63 *S* nym gnaeth düw; *T* dyngnef;
[*W*]. 64 *AFKLNU* mewn oed; *R* mewn oead (yn oed), *S* vn od; (*R*) tyngy *am* i
dyngy *y testun*; [*W*]. 65 *BD–HJMPQRTU* Oni ddelwn, *S* onydawn; *S*
gwynlawn ganlyn, *U* yw ganllyn; [*W*]. 66 *CFOUV* mewn y twng, *S* yn y
twng; *CFOUV* am enaid tyn, *D* am wiw enaid tyn (am un enaid tyn), *I* am
vn enad tŷn; [*W*]. 67 *A* Os y dydd ni chyfansteddir, *EJMP* Os dydd kyfan i
steddir, *F* os dydd in kyn ysteddir, *G* Os Dydd y cynysteddir, *IT* os y dydd i
kyvaisteddir, *K* os y dydd in cyfanseddir, *L* os y dydd i ryfeddir, *N* os y dydd

ni cyfansteddir, *O* Os dydd im cyfeisteddir, *R* os dydd yngkynta isteddir, *S* os dydd y kyd eisteddir, *U* os dydd ni cofys deddir, *V* os dydd in kyveisteddir; [*W*]. 68 *AEFIJKMNPRTU* yn hal ty wenllian hir, *BCDGHQ* yn halken ty hwen hir, *L* yn hal ty gwenlliant hir; [*W*]. 69 *ACEIJ–NPSTV* diddan yw, *DG* Diddawn yw; *S* ynt *am* hynt *y testun*; [*W*]. 70 *I* ai barn yn y dafarn deg, *U* o myn farn y dafarn deg; [*W*]. 71 *S* er long o aer dilyth; [*W*]. 72 *F* hwy adawan, *G* o gadawn, *L* yn hw a gadawan (o gadawan), *S* ny adawan, *U* nhwy a gadwan; [*W*]. 73 *CL* a melldith vair vevr grair vo, *D* melltith mair fowrgrair a fo, *F* mendith fair fy evr grair fo, *S* boyd melldyth mair vair grair vo, *U* bendith Fair fv evrgrair fo; [*GW*]. 74 *S* ar y gadawo; [*GW*].

Teitl
[*KSVW*], *A* Cywydd moliant Sr Dafydd Hanmer o waith yr un gwr, *B* Cowydd i rifo Cwêst ar Forgan Hael. Circ. Anno 1400 Awdwr y Cowydd hwn Sef Gruffydd Llwyd ap Davydd ap Einion lygliw a Ganodd oddeutu'r flwyð 1400 (yn Amser Y Brenin Harri yr pedwerydd a Rhisiart yr Ail) medd y Doctor Dafies – Mr Edwd llwyd &c. wrth hynny galler gweled fod y Beirdd a Enwir ar y Cwêst hwythau yn fyw yr Amser hwnnw, *C* ko kwest ar yr hen vorgan ap dd o ryd odyn, *D* kowydd kymod ag i henwi kwest o prydyddion, *E* Kywydd y quest ar forgan hael, *F* kowydd J Syr dd a hang ner dros wr bonheddic pan oedd o yn chiff Justys o loygyr i beri iddo gael cwest dilysiant ag o brydyddion, *G* Cy: Cymmod ac i henwi cwest ô Brydyddion, *H* Cywydd i rifo cwêst ar Forgan Hael. (circe Anno 1400.) Awdwr y Cywydd hwn sef Gruffydd Llwyd ap Dafydd ap Einion Lygliw a ganodd oddeutu'r flwyddyn 1400 (yn amser y Brenin Harri yr pedwerydd) a Rhisiart yr ail mêdd y D D ac Edwd Llwyd) wrth hynny galler gweled fod y Beirdd a Enwir ar y Cwêst hwythau yn fyw yr amser hwnnw., *I* Cowydd i ofyn cwest o brydyddion i achyb bowyd Morgan hael gen Sr davydd hanmer vstys cymru, *J* Y Gwest ar Vorgan Hael, (*J*) Cwest ar yr hen Forgan ap Dafydd o Ryd Onnen, *L* llyma gowydd y kwest, *M* Cwest ar Forgan hael, *N* Cowydd moliant Sr David Hanmer, *O* Cywydd i ddamuno ar Syr Dafydd Hanmer (Ustus ir Brenhin Rhissiart yr ail) ddewis deuddeg o brydyddion yn Gwest, *P* kowydd y gwest ar vorgan hael, *Q* Cywydd i rifo Cwêst ar Forgan hael Awdur y gerdd honn sef Gruffudd Llwyd ap Dd ap Einion Lygliw a ganodd o ddeutu'r flwyddyn 1400 yn amser Risiart yr ail a Harri'r 4^{dd} M^r y Dr Dav. M^r Ed. Ll &c wrth hynny gellir gweled fod y beirdd a enwir ar y cwest hwythau yn fyw yr amser hwnnw, *R* kowydd i ryfo cwest ar forgan hael, *T* k. i forgan hael, *U* Cyw: at Syr Dafydd aHangmer i roi cwest o brydyddion ar wr bonheddig o sir Gaerfyrddin, sef Morgan ap dd hen o rŷd y dyn.

Priodoliad

[*W*], *A* o waith yr un gwr (*sef* Gruffydd Llwyd), *BQRT* gryffydd llwyd dd ap einion ai kant, *CFUV* gruffydd llwyd ap dauydd ap einion, *D* grufydd llwyd ap Je[   ] ap einnion lygliw, *EKLP* Gruff llwyd ap dd ap Eign ai k, *G* Gr: Llwyd ap Daf^d ap Einion Lygliw flourish'd Anno 1400, *H* Gryffydd Llwyd Dafydd ap Einion ai Cant o ddeutu 1400, *I* Gruffydd llwyd dd ap Einion o bowys, *J* Gruffudd Llwyd ap Dav^{dd} ap Einion L., *M* Gruff: llwyd ap Dd. ap Einion Lygliw 1400, *N* Gr. llwyd ap dd ap eign ai kant 1400, *O* Gruffydd ap D^{dd} ap Eignion, *S* gryffith llwyd davyd ap Jnon Liglyw ai kant y vorgan davyd llen ap phillipp treharne o rydodyn yng hayo, pan ydoedd y mynd ar gwest, am ladd iestys kaer a kenen ar vaink kaervyrddin, hwn r vorgan dd llen ap phe traharn oedd vrawd y Jvor hael o wern y kleppa in sire vonve and this was don in ye tyme of Rychard the second then king of England and the above named Sir davyd hanmer was cheiff-Jestys in the countye of Karmarthin shire when this morgan was naymed for the killinge of the sayd two indges viz kaer and kanw.

Trefn y llinellau

AKN 1–4, 7–8, 5–6, 9–10, [11–12], 13–48, 51–2, 49–50, 53–74.

BHQ 1–4, 7–8, 5–6, 9–30, 35–42, 31–2, + Gwelem ynod [*Q* i nod] galwem ni / Gwych ar air Goch or Yri, 33–4, 43–8, 51–2, 49–50, 53–74.

C 1–4, [5–6], 8, 7, 9–28, 31–2, [33–4], + Gwelem ynod galwem ni / gwych ar air goch or yri, 29–30, 35–44, 47–8, 45–6, 49–52, 55–6, 53–4, 57–74.

D 1–4, [5–6], 7–74 (*y mae llau. 49–50 mewn llaw wahanol*).

EJMP 1–4, 7–8, 5–6, 9–48, 51–2, 49–50, 53–74.

F 1–48, 51–4, 49–50, 55–74.

G 1–4, [5–6], 7–72.

I 1–4, 7–8, 5–6, 11–12, 9–10, 13–18, [19–20], 21–6, 29–30, 45–6, 27–8, 31–2, 43–4, 55–6, 33–4, 39–42, 49–50, 35–8, 53–4, 47–8, 51–2, 57–74.

L 1–40, [41–4], 45–74.

OV 1–48, 51–2, 49–50, 53–74.

RT 1–4, 7–8, 5–6, 9–30, 35–8, [39–42], 31–4, 43–8, 51–2, 49–50, 53–74.

S 1–34, 43–6, [47–8], 35–42, 49–50, 53–4, [55–6], 51–2, 57–8, [59–60], 61–74.

U 1–42, [43–4], 45–8, 51–4, 49–50, 55–74.

W 1–2, [3–74].

Y cwest ar Forgan ap Dafydd o Rydodyn

Syr Dafydd, cyfnerthwr achos llys,
Lluniwr y gyfraith fesuredig,
Helm wedi ei haddurno ag aur, [gŵr yn darparu gwleddoedd
    fel] gwleddoedd Mordaf,
4   Yr wyt yn enw hynod i ni, arglwydd Hanmer.
Disglair, ddi-fai ŵr y gyfraith,
Ŵr, yr wyt yn hafal i Ddafydd Broffwyd;
Fe gynydda moliant yn ymestyn dros bellter mawr i'th
    huodledd [di],
8   Gwelaist ymhell, un o ddoethineb Solomon.
Tyrd i Gaerfyrddin, oherwydd dy ddysg,
Ŵr o athrylith, er fy mwyn
I gynnal achos cyfreithiol ar ran achwynwr
12   [I] Risiart Frenin, amddiffynnydd barwn[iaid].
Pan weli, arglwydd hoffus a rhagorol,
Gyhuddo gŵr hael yr wyf fi'n ei garu,
Bydd mil [o unigolion] gyda mi yn ei gyhoeddi'n ddieuog,
16   Bydd Morgan yn rhannu'r aur â ni;
Darpara i hwn ymysg cyfeillach cant [o bobl],
Ar draul glân a rhagorol, dreial difai.
Ni ddymuna gael, [y] pennaeth llaw-agored, durlas ei helm,
20   Dwyllwyr nac asiantwyr gwrthun [ar y rheithgor],
Na chryddiaid, ciwed na ellir ymddiried ynddi,
Na masnachwyr gwlân gwyn a chwyr.
Mae gwŷr ffraeth, os rhestrir [hwy],
24   Sy'n gwybod y gwir ynghylch y pendefig:
Gruffudd ap Rhys, [sydd â'i] ymadrodd [fel ymadrodd]
      Raphael,
Gwynionydd, bardd llawen, urddasol,
Gŵr er [cael] aur, nid creulon ei waywffon,
28   Na fyddai'n tyngu gau dystiolaeth mewn cân;
Llywelyn, rhodd o wirod browngoch a gloyw,
[Sy'n] berchen [ar] ysbrydoliaeth farddonol ragorol, Goch
    hardd;
Nid yw'n anos cael, harddlys haelionus,
32   Ddyfarniad teg os rhestrir Rhys [yn aelod o'r rheithgor],
[Ef yw] un o'r rhai ieuainc rhagoraf
I gyflwyno dedfryd, aed i [eistedd yn] sedd [y rheithwyr];
Rhestrer Rhys [ymysg yr ynadon, un] diamau ei hawl [i'r
    swydd],
36   Brydydd y gerdd gymwys,

Ap Dafydd, [sydd â'i] fendith [yn hirhoedlog fel] pren
   bytholwyrdd,
Ab Iorwerth, sicr a chadarn ei farddoniaeth;
Braint yw ymostwng [i ddedfryd] Owain
40   Ap Dafydd, lluniwr cywydd coeth,
Gŵr sy'n [barddoni a'i sŵn fel sŵn] canu organ [yn adleisio]
   irder coed ieuainc,
Cerdd effro, [yn] arglwyddiaeth Is Coed;
Moel y Pantri, nid taeog
44   I draethu'r ddysg, gwron Mechain,
Y mae [pob] datganiad hysbys [gan] y gŵr hwnnw
Ynghyd â phobl ei wlad yn gwarantu'i lw;
Beth am Felyn, brydydd hardd?
48   Gwn [mai] iawn ydoedd ei gynnwys [yn aelod o'r rheithgor];
Mae'n gyfreithlon cael cywydd y Cyw,
Ac anodd [fyddai] cael ei gydradd;
Nid amheuwn, clywais gant o ddatganiadau,
52   Lw'r Crach a'i law ar y crair;
Fe gredir gair y Poesned,
[Sy'n] awdur serch [i] wŷr afieithus y dalaith,
Lle byddai [ef] ni fyddai camgelu cyfiawnder
56   Er gwaethaf ofn [bygythiad] nac er mwyn [cael] aur
      llwgrwobrwyaeth;
Rhwydd yw [cynnal y] gyfraith oherwydd hyn,
Rhestrer Sypyn [Cyfeiliog] wrth [y bwrdd] swper,
Gŵr ifanc nad yw'n cadw'n ddirgel [weithredoedd] uchelwr
60   [Y rhai] da na['r] drwg er gwaethaf gwg unrhyw ddyn;
Rhagoriaeth [hysbys] sydd imi ar ganu mawl,
Rhestrir finnau [gydag aelodau'r rheithgor] pan fynner [hynny],
Ni roddodd Duw['r] nefoedd fi, naws heddychlon,
64   Mewn cyfarfod i ddwyn camdystiolaeth.
Oni fyddwn yn mynd, gwn erlyniad [mewn cyfraith],
Yn rhwymedig i dalu dirwy am fywyd un dyn?
Os [daw'r] dydd yr eisteddir ynghyd
68   Ym [mharlwr] blaen tŷ Gwenllïan dal,
Bydd rhawd y deuddeg [rheithiwr] yn [un] ddymunol,
Yn fy marn i, yn y dafarn deg [honno].
Er mwyn [cael] dau dalp hirsgwar o aur gwerthfawr,
72   Os trônt gefn ar Forgan fyth [oherwydd hynny]
[Bydded] melltith Mair, fy nhrysor rhagorol fo [Morgan],
A Duw ar y sawl a fydd yn troi cefn arno.

Atodiad i

I ferch

Caru o vewn korf vy eis
yddwyf ytt yhaddeueis
Dy wyndal rrwng deu windy
4 Dy wen hardd ar dy wann hy
Dy wn hardd adolwyn hy
Ermenityn ywr mev ytty
Dy liw breisgwiw dan brysgoe[t]
8 Dy wr wyf o doy yr oet
ystyryawl yw vystoria
Ostir keisiaw neges da
ym mae gwiw son ymgais hir
12 wrthyt hoen eiry ar orthir
Na wiw dioer nachan wawt e[v]
Na veddwl eithr dy vaddev
Nychawn yn vnrawn enyt
16 Awr gan y gwr ergwyn gyt
Droin rroet draw yny rredyñ
Tros y llall mewn wtres [llyñ]
Nys gwypei sarhaei serch
20 Val minneu vul ymannerch
Bydd ystrawgar ar garu
Bythawr clodyeith vawr ath vu
Nyt gwaeth ytt verch anerchgar
24 y anvodd noy vodd nay var
moethus arswydus ydwyt
ymen fy nef mursen wyt
Na vit arnat gariat gwr
28 Enwir gas vn argysswr
Gat ti vy vi vod vnweith
Geñyt mev veddylvryt meith
y edrych dyn wych dan wydd
32 Gan y gwr a gawn gerydd

Ffynhonnell
Pen 57, 22

Teitl
Dim teitl.

Priodoliad
y poesnet ay cant.

11

I Owain Glyndŵr

Eryr digrif afrifed,
Owain helm gain, hael am ged,
Eurfab, agwrdd ei arfod,
4   Gruffudd Fychan, glân ei glod;
Mur Glyn, menestr rhoddlyn rhydd,
Dyfrdwy fawr dwfr diferydd:
Llafar, ymannos noswaith,
8   Oeddwn wrth gyfedd medd maith,
Fy nghrair, i'th aml gellweiriaw
I'th lys, lle cawn win o'th law;
Medd fynfyr, mwy oedd f'anfoes
12   A gwaeth dros fy maeth fy moes,
Nêr mawlair nawrym milwr,
Nag ar fy nhad, arnad, ŵr.
Yr awr yr aethost ar ŵyth
16   Dir Prydyn, darpar adwyth,
Agos i hiraeth, gaeth gad,
A'm dwyn i farw amdanad.
Nid aeth dy gof drosof draw,
20   Aur baladr, awr heb wylaw;
Dagrau dros y grudd dugrych,
Dyfriw glaw fal dwfr a'i gwlych.
Pan oedd drymaf fy nhrafael
24   Amdanad, mab y tad hael,
Cefais o ben rhyw gennad,
Cei ras Duw, cywir ystad,
Cael yn yr aer, calon rwydd,
28   Ohonod fawrglod, f'arglwydd.
Daroganawdd, drymlawdd dro,
Duw a dyn, o doud yno,
F'enaid uwch Dyfrdwy faenawr,
32   Fy nêr, fwrw llawer i'r llawr.
Dewin, os mi a'i dywawd,
Fûm yma gwarwyfa gwawd.
Cefaist ramant yn d'antur
36   Uthr Bendragon, gofion gur,
Pan ddialawdd, gawdd goddef,
Ei frawd, â'i rwysg, ei frwydr ef.

Hwyliaist, siwrneiaist helynt
40 Owain ab Urien gain gynt,
    Pan oedd fuan ymwanwr
    Y marchog duog o'r dŵr;
    Gŵr fu ef wrth ymguraw,
44 A phen draig y ffynnon draw;
    Gwŷr a fuant, llwyddiant llu,
    Gwrdd ddewrnerth gwewyr ddarnu.
    Tithau Owain, taith ewybr,
48 Taer y gwnaut, drafn, â llafn, llwybr.
    Brawd unweithred y'th edir,
    Barwn hoff, mab Urien hir
    Pan gyhyrddawdd, ryglawdd rôn,
52 Â phen marchog y ffynnon.
    Pan oedd drymaf dy lafur
    Draw yn ymwriaw â'r mur
    Torres dy onnen gennyd,
56 Tirion grair taer yn y gryd,
    Dewredd Ffwg, dur oedd ei phen,
    Dors garw, yn dair ysgyren;
    Gwelodd pawb draw i'th law lân,
60 Gwiw fawldaith, gwayw ufeldan;
    Drylliaist, duliaist ar dalwrn,
    Dy ddart hyd ymron dy ddwrn.
    O nerth ac arial calon
64 A braich ac ysgwydd a bron
    Peraist, fy naf, o'th lafur
    Pyst mellt rhwng y dellt a'r dur;
    Gyrraist yno, gwrs doniog,
68 Y llu, gyriad ychen llog,
    Bob ddau, bob dri, rhi rhoddfawr,
    Ar darf oll o'r dyrfa fawr.
    Hyd Ddydd Brawd, medd dy wawdydd,
72 Hanwyd o feilch, hynod fydd,
    Dyfyn glwys, daufiniog lain,
    Dêl brwydr, dy hwyl i Brydain,
    Wrth dorri brisg i'th wisg wen
76 A'th ruthr i'r maes â'th rethren,
    A'th hyrddwayw rhudd, cythrudd cant,
    A'th ddeg enw a'th ddigoniant.
    Clywsam, ddinam ddaioni,
80 Hort teg gan herod i ti,
    Iach wyd, ddiarswyd ddursiamp,
    A chrio i Gymro'r gamp;

	A gawr drist gwedy'r garw dro
84	Brydnawn am Brydyn yno,
	A'r gair i Gymry, hy hwyl,
	Ŵyth archoll brwydr, o'th orchwyl,
	A'r gwiw rwysg, a'r goresgyn,
88	A'r glod i'r marchog o'r Glyn.

Ffynonellau

A—Bangor 703, 13 B—Bangor 704, 96 C—BL Add 14866 [= RWM 29], 45ᵛ D—BL Add 14867 [= RWM 54], 154ᵛ E—BL Add 14882 [= RWM 31], 104ʳ F—BL Add 15000, 200ʳ G—BL Add 31077, 8ʳ H—BL Cotton Caligula A.iii, 151ᵛ (llau. 2–?22) I—BL Stowe 959 [= RWM 48], 142ᵛ J—Brog (y gyfres gyntaf) 1, 60ᵛ K—Brog (y gyfres gyntaf) 2, 115ᵛ L—Brog (y gyfres gyntaf) 5, 301 M—Card 3.2 [= RWM 27], 262 N—Card 3.37 [= RWM 20], 49 (llau. 71–6, 79–88) O—Card 4.10 [= RWM 84], i, 588 P—Card 5.44, 172ᵛ Q—Card 5.167 [= Thelwall], 57ᵛ R—CM 23, ii, 64ᵛ S—CM 27, 185 T—CM 281, 68 U—CM 312, 230 V—Gwyn 3, 35ʳ W—J 101 [= RWM 17], 170 X—LlGC 642B, 108ʳ Y—LlGC 643B, 60 Z—LlGC 970E [= Merthyr Tudful], i, 337 a—LlGC 1246D, 223 b—LlGC 2023B [= Pant 56], 422 c—LlGC 2033B [= Pant 67], 3ʳ d—LlGC 3049D [= Mos 146], 470 e—LlGC 5283B, 115 f—LlGC 8330B [= Neuadd Wen 1], 491 g—LlGC 13062B, 501ᵛ h—LlGC 17114B [= Gwysanau 25], 30 i—LlGC 21290E [= Iolo Aneurin Williams 4], 69ᵛ (llau. 1–28, 31–8, 77–8) j—Llst 11, 109 k—Llst 48, 3 l—Llst 55, 7 (llau. 1–2, 6–9) m—Llst 122, 117 n—Llst 134, 138ᵛ o—Pen 82, 42 p—Pen 83, 42 q—Pen 90, 15 r—Pen 99, 585 s—Pen 122, 21 t—Pen 184, iii, 166 u—Pen 221, 141 (llau. 1–2)

Y mae testun llawysgrif H yn anghyflawn, a darnau helaeth o'r hyn a gadwyd ynddo yn amhosibl eu darllen. Ymhellach ar y llawysgrifau, gw. tt. 345–55.

Darlleniadau'r llawysgrifau

1 *PQZghikn* yr eryr; *F* digrif am afrifed, *L* difrif Afrifed; [*HN*]. 2 *E* Owain helym glain, *M* Owain Helen, Cain; [*N*]. 3 *ABS* Goreu wirfab, gair orfod, *CGVY* goraü wirfab gwyr orfod, *DF(S)b* Eurfab a gwr a orfod, *E(G)Tdgi* evrvab a gwr o orvod, *Jo* evrvab y gwr a orvod, *KW* gore wirvab gair o orfod, *L* eürfab y gwr ai arfod, *O* gore fab gwr o fod, *PZ* aürfab a gwr i orfod, *Qh* gorev vab gwr i orvod, *Xjs* gorevrfab gwr o orfod, *a* gorau wirfab gŵyr arfod, *cfq* Gorav aerfab gwyr orfod, *emn* aürfab y gwr o orfod, *k* aürfab a gwr o arfod, *p* ayr vab gwrdd y arfod, *r* Goreûvab gwr o orfod, *t* gorevfab gwr orfod; [*NRUlu*]. 4 *EFJObcfjqrt* dy glod *gydag* ei glod *y testun yn amrywiad yn c*; [*NRUlu*]. 5 *ABJOSdjt* mvr y glin, *DEFbr* aer y glyn, (*G*) Aer Glynn, *L* My Glynn, *Xafhqs* mvr glyn a; *ABS* Meistr rhadlyn rhydd,

(A)C–HKO(S)V–Ya–fjo–t meistr rhoddlyn rhydd *gyda* menestr rhoddlyn rhydd *y testun yn amrywiad yn G, J* mynistr rhodlyn rhydd, *L* Meistr ruddlynn rüdd, *M* Maistir rodd glyn rydd, *Q* meistr rodlyn rrydd, *T* meistr rhoðlyð rhyð, *Z* myvyr rhoddlyn rhydd, *h* meistr rrodlyn rrydd; [*NRUlu*]. 6 *DFHIMPWZbdgikn* dwr, *l* deifr; *H* dinid, *I* diveredd; [*NRUu*]. 7 (*G*)*IMOPRUZ cfgik–nqrt* llawen, *p* llawer; *L* yn aros; [*Nu*]. 8 *IJdfjlrt* oeddem *gydag* oeddwn *y testun yn amrywiad yn f, L* ym oedd, *Omq* oedden, *PZk* oeddym, *gin* oeddyn, *p* yr oyddem; *H* [ ]rth yved, *T* wrth cyfeð, *Z* yn kyvedd; [*Nu*]. 9 *D* Fy nhrair, (*G*)*g* vyrair, *M* Fungayr, *V* yng-rhair; *JL* wrth amil, *O* ith anwyl, *dm* oth aml; *p* gellwairiawy; [*Nu*]. *Y ll. yn llsgr. l yw* fyngrhair fynlus. 10 *IMd* ynkael, *JKLYmos* llei kawn, *a* lle caf, *p* lle kaym; (*G*)*HILMPZgiknp* ayr, *d* gwin; [*Nlu*]. 11 *ABCGKQSV–Ya(f)hs* medd vynv *gyda* Medd fynfyr *y testun yn amrywiad yn Vs*, (*G*)*PZgin* Medd mynfyr, *IMp* myvynvardd, *J* ner myvir; *IMp* mwy vy, *Or* mwy yw; [*Nlu*]. 12 *IMp* ay gwaeth, *J* os gwaeth; *L* y maeth, *Y* fy mathr; *I* u moes *gyda ll. dros yr* u, *L* y moes, *M* [fy] moes; [*Nlu*]. 13 *J* ner niwlair, *Ip* myr mawlair, *L* Nêr moliant, *M* Mayr mawl ayr, *gn* nar mawlair, *o* [ ]r moliant; *ABKLOQ–UWXYac–fhjoq–t* nowryw *gyda* nawrym *y testun yn amrywiad yn Sf*, (*G*)*PZgikn* ynn ywr, *IM* mawr yr, *p* mawl ym; [*Nlu*]. 14 *I* nag ag, *M* Nag u *gyda ll. dros yr u; r* vynhad; [*Nlu*]. 15 *T* Yr [awr]; *j* ar awr; *I* y ddaythost, *M* a daythost; (*G*)*PZgik* aer wyth; [*Nlu*]. 16 *ABKSW(f)* i brydain, *CGVXs* o brydain, *DEFLbjo(s)* dir prydain, *IMOQRUhprt* i dir prydain, (*O*)*Tef* I dir Prydyn, *Ya* darw pridain, *c* i Dir prydn, *d* o dir prydain; [*Nlu*]. 17 *DEFb* bv agos i, *J* bv agos [i], *L* aros fu i, *Tm* Agos fu [i], *e* agos fû i; *M* gaed gaeth, *o* [gaeth] gad; [*Nlu*]. 18 *ABSYa* Y'm; *IJLMPZgim–p* hid farw; [*Nlu*]. 19 *ILM* nid aeth dros gof, *p* ni daeth heb gof; [*JNlu*]. 20 (*G*)*g* avr i baladr heb wylaw, *PZikn* aer i baladr heb wylaw, *T* Aur Baladar wr heb wylaw, *p* ayr balaf awr heb wylaw; [*JNlu*]. 21 *DEFb* fyngrydd; *E* rvgrvch, *O* deugrych; [*JNlu*]. 22 *ABCGKS(U)VWXa(f)s* dyfru *gyda* Dyfriw *y testun yn amrywiad yn s*, (*G*) Dy friw, *Ip* deivr, *M* Diofr, *o* dyfwr, (*o*) dyfyr; *Ip* mal dwr, *a* [fel] dwfr; *I* u gwlych *gyda ll. dros yr* u, *Lp* y gwlych, *M* y glych, *PZgikmno* i gwlych; [*JNlu*]. 23 *CRrt* dryma fyn ngafael, *DEF(G)PZbgikn* drista fyngavael, *IM* vwya vyngoval, *J* trista vyngavael, *L* leiaf fyngafael, *O* dryma fy nganael, *T* drymaf fy nghrafael, *j* fwyaf fynhrafael, *mo* wanaf fyngafael, *p* vwya vyng ofael; [*HNlu*]. 24 *R* am danod; *MPZgikn* vab; [*HNlu*]. 25 *ABCGIKMPSTVWXZae(f)gikmnps* klywais, *J* y klowais; *O* gewnad; [*HNlu*]. 26 *F* Cai ias, *Lo* kaf o ras, *j* kai o ras; *r* Deo; *J* kwir osdad, *Lo* kyfryw stad, *DEFIORUbmpt* cywir o stad, *j* kowir stad; [*HNlu*]. 27 *DFb* Cael o yn ei Rad, *E* kael yn y rad, (*G*) Cael yn yr rad, *L* kael yno r'aer, *Pgik* gael yn yr aer, *T* Cael yn yr un aer, *o* kael yn y rawr; *OPZgik* galon; [*HIJMNlpu*]. 28 *Uc* o hynod; [*HIJMNlpu*]. 29 [*BCG–ac–ln–u*]. 30 *A* o doid, *m* y dovd; [*BCG–ac–ln–u*]. 31 *PZ* venaid yw; *M* faniawr; [*BCGHKNOQ–Yac–fhloq–u*]. 32 *M* Funnyr bwrw llawer, *j* fy ner bwrw lawer; *j* i lawr; [*BCGHKNOQ–Yac–fhloq–u*]. 33 *A* o'r mi, *IMp* os ef; [*BCGHJKLNOQ–Yac–fhjloq–u*]. 34 *A* Fan yma gyfrwydda gwawd, *DF* fam yma gyfrwydda gwawd, *E* vym yma gwrwydd a gwawd, *Ip* ym yna gwraidd va gwawd, *M* Ym un u gwraidd a gwawd *gyda ll. dros yr* u, *b* fum yma gyfrwydda gwawd, *m* fvm yna gwerwyfa gwawd, *n* fum yma gwarwyra gwawd; [*BCGHJKLNOQ–Yac–fhjloq–u*]. 35 *ABCGKSVW*(*f*) cefaist rampant yn d'antur, *DEFJ*(*U*)*bj*(*s*) kevaist ramant ond antvr, (*G*) ath ramant onid antur, *IM* dygaist remnant ond antyr, *L* kefaist ramant für antür, *OQchr* kevaist yn rramant ond antvr, *PZ* aeth remant onid antür, *R* kefaist rae ment yn dantur, *T* Kefaist remant oth antur, *U* cefaist raement ond antvr, *XYas* kefaist rampant ond antvr, *e* kefaist ramant oth antur, *fq* kefaist yn rhamant antvr, *g* aeth ramant onid antür, *i* aeth ramant ond antür, *k* aeth yt ramant ond antür, *m* cefaist raemant am antvr, *n* aeth ramant o wyr antür, *o* kefaist raman ond antvr, *p* dygaist remnant ond attyr, *t* [ ]na rhanmant ond antûr; [*HNlu*]. 36 *Ga* Uthr Pendragon, *M* Eythyr ben dragwn, *p* uthr bendragwn; *AD–*(*G*)*IL*(*S*)*T*(*V*)*bde*(*f*)*jkmop* ddwyvron ddyr *gyda* gofion gur *y testun yn amrywiad yn A*, (*G*)*PZgin* galon gwyr, *J* ddyfron ddyr, *M* dwyfron ddyr, *O* Cyfion Cur, *QRUah*(*s*) gyvion gvr, *Y* kyfion gur, *cfqrt* kofion kûr; [*HNlu*]. 37 *J* pen, *f* pam; *PZgikn* gwawdd; [*HIMNTlu*]. 38 *EFb* [Ei] vyrawd; *B* a'i rhwysg, *G* ai rwystr, (*G*)*PZgiknt* ar wysg, *JLQRYa*(*c*)*hors* oi rwysc, *Om* o rwysg, *cf* ei rwysg *gydag* a'i rwysg *y testun yn amrywiad yn f*, *p* o rwyf, *q* i rwysg; *A–GKLQRVWbcfhmoq–t* ai vrwydr ef, (*G*) i vrwydr ef, *S* a'i fwydr ef, *Ud* oi frwydr ef, *j* ai frydr ef; [*HIMNTlu*]. 39 *Ort* hwyliais, *p* hwlaist; (*G*)*OPRTZc–gjkmo–*(*s*)*t* siwrnai a helynt *gyda* siwrneiaist helynt *y testun yn amrywiad yn f*, *U* siwrnai o helynt; [*DEFHIJLMNbilu*]. 40 *p* ap prydain; *O* gwain; [*DEFHIJLMNbilu*]. 41 *I* pyn vy vwya, *M* Pan fy mwya, *Te* pann oedd ddvan, *m* pan fv'n ymwan, *p* pan vy vwyan; *IM* rymwanwr, *p* nym wanwr; [*HJNPZgiklnu*]. 42 *DFb* a Marchog, *Tem* ar marchog; *Yacfoq* duriog *gyda* duog *y testun yn amrywiad yn cf*; *DEFILMORTUb*(*c*)*emoqr*(*s*)*t* oi dwr, *cf* ai dwr *gydag* o'r dŵr *y testun yn amrywiad yn f*, *d* o dwr; [*HJNPZgiklnu*]. 43 *ABKSWXYahs* gwr a vv wrth *gyda* Gŵr fu ef wrth *y testun yn amrywiad yn s*, (*A*)*D*(*E*)(*G*)(*S*)*b* dvrol oedd wrth, *CG* y gwr fü wrth, *E* dvrel oedd wrth, *F* Durolaedd wrth, *IMp* gwrawl vy wrth, *O* Gwr y Nef a, *Q*(*f*) Gwr vv wrth, *Te* gwr oedd vur wrth, *cr* Gwr vû ef a, *d* dvr fv ef wrth, *fr* Gwr vû ef a, *m* dvrel oedd wrth, *qt* gwr vn ef a; (*A*)*DEF*(*G*)(*S*)*bm* ym daraw, *Ofqrst* thrymgvraw *gydag* ymguraw *y testun yn amrywiad yn f*, *c* mur guraw; [*HJLNPZgiklnu*]. 44 *T* Fflam draig, (*T*) Fflem draig, *cfq* a phenwn draic *gydag* A phen draig *y testun yn amrywiad yn f*; (*A*)*DEFR*(*S*)*Ub* ar i ffon draw *gydag* y ffynnon draw *y testun yn amrywiad yn U*, *O* a ffon draw, *Y* a ffynno draw, *cq* [y] ffynon draw, *m* ar y ffon draw; [*HJLNPZgiklnu*]. 45 *DEFOQRTUbce–hjkmnq–t* gwyrvyant er llwyddiant llv, *IM* gwyddent gair llwyddant lly, *PZ* gwyr a vyant lliwiant llv, *d* gwyr fvant er llvddiant llv, *p* gwyr vyant gair llwyddant lly; [*HJLNilou*]. 46 *ABCGIKMO–SUVWZace–hjkn–t* gwir *gyda* Gwrdd *y testun yn amrywiad yn GS*, *T* Gwyr, *X* [ ], *Y* gwir o, *d* gwr; *IMZp* ddyrnod,

Pk ddyrnadd, *gn* ddyrnaidd; *a* yn garw; *ABKOPSWYZadegknr* ddyrnv, *O* ddaru; [*HJLNilu*]. 47 *c* Teithau; *O* laith; [*HIJLMNilu*]. 48 *A* Taer y gwnaed grafn, (*A*)(*S*) Taer y gwnaed drafn, *BKSWhs* taer y gwnaut grafn *gyda* Taer y gwnaut drafn *y testun yn amrywiad yn s*, *CV*(*f*) taer gwnayt gyrafn, *DEFb* taer y gwnaed [drafn], *PZ* da gwnaid gair hafn, *Q* taer y gwnavt grafv, *Te* da gwnai gaûr hafn, *X* [   ] gwnayt grafn, *Ya* taer wnaed gar hafn, *d* taer i gwnavd ger hafn, *gn* da gwnniad gair hafn, *j* taer gwnavt ger hafn, *k* a gwnaid gair hafn, *m* taer gwnavd gav'r hafn, *o* taer gwnavd gaer gafyn, *p* da y gwnaid gair; (*A*)*DF*(*S*)*b* lafnwaed lwybr, *Ed* lafn lwybr, *I* lafnwaed llwybr, *OPRUYZacegjkmnoq*(*s*)*t* ath lafynlwybr, *T* ath safn lwybr, *f* ath lafn llwybr, *p* dihafn lwybyr, *r* at y lafn lwybr; [*HIJLMNilu*]. 49 *p* Brawd vn wythred a thydyr *gydag a uwchben yr* -y- *yn* wythred; [*HIJLMNilu*]. 50 *DEFP*(*S*)*Z bdegjmno* barn hoff i, (*G*)*ORUhrt* barwn hoff i, *Q* barwn hof i, *T* Baun hoff i, *s* barwn hoff a, *p* barwn hael; *AD*–(*G*)*O*–(*S*)*TUZbdeghjmnort* vab; [*HIJLMNilu*]. 51 *PZ* ryddhawdd ron, *k* ryddlawdd ron; [*A*–*OQ*–*Yac*–*fhijlmo*–*u*]. 52 [*A*–*OQ*–*Yac*–*fhijlmo*–*u*]. 53 *BCSW* ban *gyda* Pan *y testun yn amrywiad yn S*; *DEIMPZbgknp* fwyaf; *E* da lafyr, *U* dy ddolur *gyda* dy lafur *y testun yn amrywiad*; [*HJNilu*]. 54 *IMp* ymdaraw a dyr, *PTek* ymwriaw vy mvr, *Z* ym gwairaw vy mvr, *dm* ymwriaw a mvr, *gn* ymwriaw y mvr, (*s*) ymwyraw a'r mur; [*HJNilu*]. 55 *Ip* Toroedd, *M* Torrodd, *Q* Torest; *T* fy; (*G*) ennyd, *T* cenyd; [*HNilu*]. 56 *ASU* Torrion *gyda* Tirion *y testun yn amrywiad yn AS*, *IMp* Tyrnen, *t* torrai'n *gyda* tirion *y testun yn amrywiad*; *IMp* gron, *T* graig; *I* taer ny gryd, *S* taer yn ei gryd *gyda* taer yn y gryd *y testun yn amrywiad yn S*, *d* yn taro yn y gryd; [*HNilu*]. 57 *ABCKSVWX*(*f*) dewr *gydag* -edd *wedi'i* ychwanegu yn *X*, *Lo* dewr oedd, *s* Dewraidd; *J* fwg, (*S*) ffon; *V*(*f*) a dur oedd, *Y* dûr [oedd]; *J* y fen, *L* i ffonn; [*HNilu*]. 58 *EFORUbdot* dros garw, *J* dorriskarw, *L* dros Gaer, *cfq* drais garw, (*f*) dors garw, *r* Dor ysgarw, (*r*) dros garu; *j* yn dar; *Ip* ysteren, *L* osgyrion; [*HNilu*]. 59 *ADEF*(*S*)*b* gwelai bawb, *IMPgkm*–*p* gwelas pawb, *J* gwelais pawib, *ORUc*–*fjqrt* gweles pawb *gyda* Gwelodd pawb *y testun yn amrywiad yn f*, *Qh* gwelais pawb, *T* Gweles bawb; *A*(*S*) draw oth law'n lan, *DEFbdj* draw oth law lan, (*A*)*BCGKSV*– *Ya*(*f*)*s* draw dy law'n lan *gyda* draw i'th law lân *y testun yn amrywiad yn s*, *M* draw uch law lan, *Qh* draw i law lan, *o* draw ath law lan; [*HNilu*]. 60 *ABSn* gwiw vawldwaith, *J* gwew ofeldaith, *L* gwiw falldaith, *cfoq* gwir fowldaith *gyda* Gwiw fawldaith *y testun yn amrywiad yn f*, *g* gwiw o vawldwaith; *F* gwyw, *Ocq* garw *gyda* gwayw *y testun yn amrywiad yn c*, *n* gwe; *ABCGK QSV*–*Ya*(*f*)*hs* gavaeldan *gydag* ufeldan *y testun yn amrywiad yn s*, *IJMOPRUZgjkmnprt* oveldan, *L* o felldân, *Te* ofaeldan, *cfq* afaeldan, *o* ryfeldan; [*HNilu*]. 61 *IM* holldaist, *p* hollaist; (*A*)*B*(*G*)*KQ*–*aehmost* deliaist *gyda* duliaist *y testun yn amrywiad yn S*, *CG* debliaist, *IMPgkn* delaist, *O* dylaist, *p* dryllaist, *r* deiliaist; *p* ar drallwrnn; [*HJNilu*]. 62 *k* dy dart; *IM* hyd ar dyddwrn, *L* hyd y môn dy ddwrn, *p* hed haner dy ddwrnn; [*HJNilu*]. 63 *c* *A* nerth; *t* arael; *MO* galon, *p* kanonn; [*HNilu*]. 64 *T* braich [ac] ysgwyð;

[*HNilu*]. 65 *L* fynnaf; [*HNilu*]. 66 *AS* Bŷst; *Z* y dell; [*HNilu*]. 67 (*A*)*BS* dynion *am* yno *y testun*; [*HNilu*]. 68 *A* Yn llu gyrraist *gydag* Y llu gyriad *y testun yn amrywiad yn A, BS* Yn llu gyrriad, *Y* y llv gariad, *o* Yn llu gras; [*HNilu*]. 69 *Gcfqt* dav; *EJLdj* bob drif, *M* pob dri, *O* pob tri; *ABCGKSTVWXe*(*f*)*ms* rhi rhyfawr, *DEFLd* rhif rhyfawr, *I* rhi rhay vawr, *J* rhiff rhyfawr, *M* Cgay fawr, *j* rif ryfowor, *p* rhi rhoeddfawr, (*s*) rhi rhoddfawr, (*s*) rhi rhodfawr; [*HNilu*]. 70 *Te* a; *ABS* draf, *D* dorfr, *EFUb* dorf *gyda* darf *y testun yn amrywiad yn U*, *q* darfv; *j* ol; *L* ir dyrfa, *MY* ar dyrfa, *PZgkn* ag or dre, *cq* or dorf, *e* o dyrva; [*HNilu*]. 71 *CGKMNQTV–Yadefhjmoq–t* dydd; *T* [brawd]; *ORUcfqrt* tafawdydd *gyda* dy wawdydd *y testun yn amrywiad yn cf, Te* [dy] wawdydd, *o* dy wawdwydd; [*HJLPZgiklnu*]. 72 *IM* hyn wyd o vaeth, *N* a hanwyd o failch, *p* hen wyd owaith; *N* hynod afydd; [*HJLPZgiklnu*]. 73 *ABKSW* dyfn glew, *CGVXYa*(*f*)*s* dyn glew, *DEFb* dy lafn glwys, *IMp* dayvin glwys, *ORU* eden glas, *Qh*(*s*) dyn glas, *Te* dy fin glew, *cfq* edn fewn glas, *m* dy ofn glwys, *r*(*s*)*t* Edn glas; *CGQXYa*(*f*)*s* dau finiog i lain, *DFb* dau finiog glain, *V* dan finig ei lain, *cfq* dann finioc lain, *h* dav minioc i lain; [*HJLPZgiklnu*]. 74 *ABCGKRSU–Xcfqrst* hel brwydr, *DEFb* del brad, *IM* [Dêl] brwydr, *O* heb brwydr, *QYaeh* dy hel brwydr, *T* Dy nef Brwydr, *m* dy hwyl brwydr, *o* del brwyd, *p* dy bradwys; *DEFb* dy havl, *m* dy hawl; *ETaem* [i] brydain; [*HJLPZgiklnu*]. 75 *m* a thori; *r* vrisc; *DEFNbdej* ath wisk, *RUt* dy wisc; [*HILMilpu*]. 76 *PZ* aryth y mae, *gn* aryth i maes, (*g*) aruthr i maes, *k* arythr maes; *Pgkn* a threthmen, *Z* ath rymen; [*HILMilpu*]. 77 *DEb* hyrwayw, *F* hirwayw, *PZgikn* waew, *Y* hardd wayw; *APZgkn* rydd, *T* [rhudd]; *O* gythrydd gant, *PZgik* yn kythrydd kant, *Te* kythrûdd kad, *U* cythrud gant; [*HIJLMNlpu*]. 78 *A–DFGKQRSV–Ya–fhjkmnoqrs* a theg enw, *T* Ath [ddeg] enw, *t* ath deg enw; *Q* othigoniant, *t* oth ðiganiad, *e* oth ddiganiad, *n* yth ddigoniant; [*HIJLMNlpu*]. 79 *Nd* kowsam; *Or* Clowsom, *a* Clof am, *q* klosam; [*DEFHPZbgiklnu*]. 80 *IMp* air teg, *cfqs* hort deg; *V* harold *gyda* herod *y testun yn amrywiad*; [*DEFHPZbgiklnu*]. 81 *DEFJPZbkn* gwych, *m* dewr; *IMp* wy; *ABCGOQSV–Yafhpqs* ddiarswyd ddursamp *gyda* ddiarswyd ddursiamp *y testun yn amrywiad yn s, G* diarswyd aursamp, *I* ddiarswydd ddirsamp, *J* diarswid ddershamp, *M* fi ar Swydd ddirsamp, *NTUe* ddiarswyd ddewrsiamp, *PZgkn* di arswyd aürsiamp; [*HLilu*]. 82 *IMp* am grio, *Y* [   ] chrio; *Y* i Gymrv gûr Gamp, *a* i gymru gu gamp; [*HLilu*]. 83 *ABGKSW* A gwawr, *DEFIMORUYabcfjpqr* ag awr *gydag* A gawr *y testun yn amrywiad yn f, G* A drist drist, *L* ag aür, *PZgnt* a gair, *Tm* ar gawr, *k* a [   ]; *ABCGKSV–Yas* gwedi'r gwir dro *gyda* gwedi'r garw dro *y testun yn amrywiad yn s, DEb* or garw dro, *F* a'i garw dro, *GPZgkn* wedy r gawr dro, *I* wedr gadr dro, *LUefjmo* wedir garwdro, *M* wedy r Cadarn dro, *Nd* wedi r gorav dro, *T* wedi garw dro, *b* a'r garw dro, (*f*) wedi'r gwir dro, *p* gwedyr gadyr dro, *t* gwedi r arw dro; [*HJilu*]. 84 *ABCGKNOQRSU–Xcdfhq–t* am brydain, *D–* (*G*)*LPTZabegkmnop* ar brdain, *I* ymrrydain, *M* ungrydain, *Y* ar Brydan, *j* i brydain; *M* uno; [*HJilu*]. 85 *IMp* [A'r], *NPgjkn* a; *Pgkn* i rannv, *Qh* i gymro; *J*

hev hwil; [*Hilu*]. 86 *ABDEFSWb* wrth archoll brwydr, *IM* owaith orchest, *L*
wyth orchest frwydr, *NTej* Wyth orchest brwydr, *O* Wrth archoll fu,
PZgkmn wyth archoll vrwydr, *U* wyth archoll lwybr *gydag* Wyth archoll
brwydr *y testun yn amrywiad*, *cq* wrth archoll obry, *o* wrth orchesd frwydyr,
p owyth orchest, *r* Wyth archoll vû wybr, *t* wyth archoll fv r wybr; *IMp* yth
orchwyl, *O* wybrioch orchwyl, *o* ath orchwyl; [*Hilu*]. 87 *G* rwyv *gyda* rwysg
y testun yn amrywiad, *IM* rwyst; *G* a gorescyn, *IM* ar gwrestin; [*Hilu*]. 88 *m* i
Owain or Glyn; [*HXilu*].

Teitl
[*HJKNloprtu*], *A* Moliant Owain Glyndyfrdwy, *B* Cywydd moliant Owain
Glyn Dwfrdwy, o waith Gruffydd Llwyd. Y Bardd hwn oedd yn ei flodau
A 1400, *C* hen gowydd da i Owain glyndyfrdwy a wnaed iddo kyn codi o
hono yn erbyn arglwydd grae pan fysei ef yncapten yn ffrainc dros Richard
yr ail rhwn a garai owein ac am i deposio i codes ef. *Wrth droed y cywydd*
ceir teityl owain ir dwysogaeth oedd i fod ef yn dyfod o ferch llywelyn ap
gruff: a las o dwyll ym muellt, *DFbd* kowydd i owen glyn dwr, *Ehj* kowydd
owain glyn dwfr, *G* I Owain Glyndwr. Hen gywydd da i Owain
Glyndyvrdwy, wnaed iddo cyn codi o hono yn erbyn Arglwydd Grae, pan
vyssei ev yn Ffraingc dros Richard yr ail 'r hwn a garai Owain ac am y
deposio i codes ef. *Wrth droed y cywydd ceir* Teityl Owain ir dwysogaeth
oedd i vod ev yn dyvod o verch Llywelyn ap Gruff: a las o dwyll ym
Muellt., *IM* marnad Owain glynn dwr, *L* Cowydd moliant i Owain Glynn
dwr owaith Grüffydd llwyd ap dd ap Einion, *O* Cywydd arall i Owain Glyn
dwr pan ddaeth o Ryfel yr Alban, ne Scotland, *PZgn* llyma gywydd moliant
i Owain ap Gryffydd Vychan, *Q* moliant arall iowain Glynn Dwr, *R* irvn
gwr *gyda* sef i Owen Glyn Dyfrdwy *mewn llaw wahanol*, *SWm* C. Moliant
Owain Glyndwr, *Te* kowydd i owain Glynn dyfrdwy, *U* cowydd ir vn gwr,
V Hen gywydd i Owain glyndyfrdwy, a wnaed iddo, pan fuase efe yn gapten
yn ffraingc dros Richard yr ail, yr hwn a'i care ef yn fawr, *X* moliant i owen
yn ol i fod yn ffraink hyn oedd kyn iddo godi yn erby Gra[   ], *Y* kywydd
kanmoleath Owen Gryffydd glyn dyfrdwy (etc), *a* Cywydd Moliant i Owen
ap Gruffydd Glyn Dyfrdwy, *c* Hen Cowydd i Owain Glindwr Pan fuasau ef
yn Gatpen yn ffreingk Dros Richart yr ail yr hwn ai Carai ef yn fawr, *f* Cy:
I Ywain glynn pan ddoeth o ryfel Prydyn nev Scotland, *i* kywydd moliant i
owain ap gryffydd vychan, *k* kywydd gwr, *q* kowydd ir vn owain pan
ddaeth o ryfel prydyn ne sgotland, *s* Moliant i Owain yn ôl ei fod yn
Ffrainc. Hyn oedd cyn iddo godi yn erbyn Gras. *Ar ymyl y ddalen ceir*
Gwedi bod yn Gapten yn Ffrainc dros Rich^d 2: yr hwn ai carai yn fawr.

Priodoliad
[*GHXiu*], *ABS* Gryffyth Llwyd, *COVf* Gruff llwydd ap dauid ap Einion
lygliw, *DJKLPWZabgknt* g lloid ap dd ap Einion ai kant, *EFNRUdejmqr*

GRVFYD LLOYD ap Dauid ap Eigion, *IMp* Jolo goch ay kant, *Qh* gr lloyd ap dd ap egio lygliw ai k, *T* Gruffud Llwyd ap Dafyð ai Cant, *Y* Gryff Lloyd dd ap Einion ai:k:, *c* Gruff: llwyd ap Dda Einion, *l* Iolho goch, *o* grvffvdd llwyd ab dd ab sienkin ai kant, *s* Griff^d ap Da. ap Ein. Lygliw ai cant *gydag* Iolo Goch ai cant medd rhai *wedi'i groesi allan*, *a* Gr. Lld. ap D. ap Einion Lygliw medd y rhan fwuaf *ar ymyl y ddalen*.

Trefn y llinellau

A 1–50, [51–2], 53–76, 79–80, 77–8, 81–8.

BCGKOQSVWYacfhq–t 1–28, [29–34], 35–50, [51–2], 53–76, 79–80, 77–8, 81–8 [cf. *X, o*].

DEF 1–38, [39–40], 41–8, 77–8, [79–80], 49–50, [51–2], 59–60, 53–8, 65–6, 61–4, 71–6, 67–70, 83–4, 81–2, 85–8 [cf. *b*].

H [1], 2–?22, [23–88].

IM 1–26, [27–30], 31–6, [37–40], 41–6, [47–52], 53–6, 59–62, 57–8, 65–6, 63–4, 67–74, [75–8], 79–80, 85–6, 81–4, 87–8.

J 1–18, [19–22], 23–6, [27–30], 35–8, [39–54], 79–80, 31–2, [33–4], 75–6, [77–8], 67–70, [71–4], 55–60, [61–2], 65–6, 63–4, 81–2, [83–4], 85–8.

L 1–16, 19–22, 17–18, 23–8, [29–30], 79–80, [81–2], 31–2, [33–4], 35–8, [39–40], 41–2, [43–52], 55–8, 61–4, 53–4, 59–60, 65–70, [71–8], 83–8.

N [1–70], 71–6, [77–8], 79–88.

PZgkn 1–28, [29–30], 77–8, [79–80], 31–40, [41–4], 49–52, 45–8, 75–6, 53–8, 61–2, 59–60, 65–6, 63–4, 67–70, [71–4], 81–2, 85–6, 83–4, 87–8.

RU 1–2, [3–6], 7–28, [29–34], 35–50, [51–2], 53–76, 79–80, 77–8, 81–2.

T 1–18, 21–2, 19–20, 23–8, [29–34], 35–6, [37–8], 39–44, 44, 45–50, [51–2], 53–62, 65–6, 63–4, 67–76, 79–80, 77–8, 81, 81–8.

X 1–28, [29–34], 35–50, [51–2], 53–76, 79–80, 77–8, 81–7 [88], [cf. *BCGKOQSVWYacfhq–t, o*].

b 1–38, [39–40], 41–8, 77–8, [79–80], 49–50, 59–60, 51–8, 65–6, 61–4, 71–6, 67–70, 83–4, 81–2, 85–8 [cf. *DEF*].

d 1–24, 24, 25–8, [29–34], 35–48, 77–8, 49–50, [51–2], 53–76, 79–88.

e 1–18, 21–2, 19–20, 23–8, [29–34], 35–50, [51–2], 53–62, 65–6, 63–4, 67–76, 79–80, 77–8, 81–8.

i 1–28, [29–30], 77–8, [79–88], 31–8, [39–76].

j 1–28, [29–30], 35–48, 77–8, 31–2, [33–4], 49–50, [51–2], 53–76, 79–88.

l 1–2, [3–5], 6–9, [10–88].

m 1–48, 77–8, 49–50, [51–2], 59–60, 53–8, 61–2, 65–6, 63–4, 71–6, 67–70, 79–82, 85–6, 83–4, 87–8.

o 1–28, [29–34], 35–44, [45], 46–50, [51–2], 53–76, 79–80, 77–8, 81–8 [cf. *BCGKOQSVWYacfhq–t, X*].

p 1–26, [27–30], 31–50, [51–2], 53–6, 59–62, 57–8, 65–6, 63–4, 67–74, [75–8], 79–80, 85–6, 81–4, 87–8.

u 1–2, [3–88].

I Owain Glyndŵr

Arwr hyfryd dros ben,
Owain hardd [ei] helm, hael ynghylch [ei] rodd,
Mab annwyl, cadarn ei ergyd,
4   Gruffudd Fychan, dilys ei glod;
Cynheiliad Glyn, tywalltwr diarbed rhodd o ddiod,
Dyfrdwy fawr [a'i] dŵr bywiog:
Huawdl, gyda'r nos y noson o'r blaen,
8   Oeddwn wrth wledda [ar] fedd helaeth,
Fy anwylyd, yn tynnu dy goes yn aml
Yn dy lys, lle y cawn win o'th law;
Uchelwr [y] medd, mwy oedd fy anghwrteisi
12   A gwaeth fy ymarweddiad oherwydd fy nghynhaliaeth,
Arglwydd clodfawr [o] rym perffaith milwr,
Tuag atat [ti], ŵr, na thuag at fy nhad.
Yr adeg yr aethost mewn llidiowgrwydd
16   [I] dir yr Alban [gyda'r] bwriad [o wneud] niwed,
Hiraeth sydd bron, [drwy] ymryson dygn,
Â'm dwyn i farwolaeth o'th blegid.
Nid aeth cof amdanat i'm meddwl draw,
20   [Un a chanddo] waywffon ragorol [ei thrawiad, am un] awr heb
        [imi] wylo [amdanat];
Dagrau dros y grudd tywyll a rhychog,
Dafnau glaw sy'n ei wlychu fel dŵr.
Pan oedd ddwysaf fy nhrafferth
24   O'th blegid, mab y tad haelionus,
Clywais o enau rhyw negesydd,
Cei rodd Duw, [yr un] pur [ei] urddas,
Ennill yn y frwydr, calon hael,
28   Ohonot fri mawr, f'arglwydd.
Proffwydodd, achlysur [yn ennyn] mawl dwys,
Duw a dyn, pe deuit yno,
Fy nghyfaill [sy'n rheoli] dros arglwyddiaeth Dyfrdwy,
32   Fy arglwydd, y byddai llawer yn cael eu bwrw i'r llawr.
Proffwyd â dawn hud, os / er mai fi sy'n dweud hynny,
A fûm [i] yma [yn] chwaraele cân.
Yn dy enbydwaith [fe] ailadroddaist chwedl
36   Uthr Bendragon, [drwy] ing atgofion,
Pan ddialodd [Uthr], [drwy] ofid [yn codi o] ddioddefaint,
Ei frawd, â'i ymosodiad sydyn, [y] gofid a gafodd ef.
Teithiaist [ar gyrch], siwrneiaist [i] ymlidiad
40   [Fel] Owain ab Urien wych yn yr amser a fu,

Pan oedd yn drywanwr cyflym
Y marchog du o'r dŵr [sef y ffynnon];
Arwr fu ef ar adeg ergydio,
44　A phrif ymladdwr y ffynnon draw;
Fe fuant yn arwyr, llwyddiant byddin,
Eofn, cadarn o nerth yn darnio [cyrff â] gwaywffyn.
Tithau Owain, taith rwydd [oedd yr eiddot ti],
48　Yn aruthr y gwnait, arglwydd, â chleddyf, lwybr.
Cyfrifir di yn gyfaill [a wnaeth] yr un weithred,
Barwn clodfawr, â mab Urien dal
Pan ddaeth wyneb yn wyneb, [â'i] waywffon [a oedd] yn
　　trywanu'n eithafol,
52　Â phrif farchog y ffynnon [acw].
Pan oedd fwyaf dyfal dy lafur
Draw yn ymladd â'r mur [o filwyr]
Drylliodd dy waywffon yn dy law,
56　Anwylyd caredig [sy'n] aruthr yn y frwydr,
[Un o] wroldeb Ffwg, dur oedd ei blaen,
Ffagl greulon, yn dri dernyn;
Gwelodd pawb draw yn dy law brydferth,
60　Rhagorol gyrch o glod, [dy] waywffon [yn] dân gwreichionog;
Drylliaist, curaist ar faes,
Dy waywffon bron iawn hyd at dy ddwrn.
Drwy nerth a ffyrnigrwydd calon
64　A [nerth] braich ac ysgwydd a bron
Peraist, fy arglwydd, oherwydd dy [enbyd]waith
Golofnau [o] fflachiadau rhwng yr ystyllod a'r dur;
Yno fe yrraist, cyrch ffodus,
68　Y fyddin, ymlidiad [â grym] ychen wedi'u hurio,
Fesul dau, fesul tri, arglwydd mawr ei rodd,
Y dyrfa fawr i gyd ar wasgar.
Hyd Ddydd y Farn, medd dy brydydd,
72　Yr wyt yn hanfod o [dras] gwŷr urddasol, nodedig fydd,
Galwad hyfryd i ddod gerbron, [gyda] llafn daufiniog,
[Pan] ddelo brwydr, dy gyrch yng ngolwg [trigolion] Prydain,
Wrth dorri llwybr yn dy wisg wen
76　A'th ymosodiad sydyn ar faes [y frwydr] â'th waywffon,
A'th waywffon goch a wthir / wthiwyd, cythryblwr llu,
A'th ddeg teitl anrhydeddus a'th fuddugoliaeth.
Clywsom, ddewrder diddiffyg,
80　Ddatganiad clodforus gan herodr amdanat,
Dianaf wyt, [y gŵr â'r] ddifraw arfwisg ddur,
A bloeddio [mai] Cymro oedd piau'r ornest;

A gwaedd drist yn dilyn y trobwynt creulon
84 [Un] prynhawn ynghylch [tynged] yr Alban yno,
A'r dyfarniad o blaid [y] Cymry, cyrch beiddgar,
[Un a achosodd] lidiog archoll[ion] brwydr, oherwydd dy
  enbydwaith,
A'r urddas ysblennydd, a'r goncwest,
88 A'r mawl i'r marchog o'r Glyn.

12
I Owain Glyndŵr

Byd dudrist, bywyd hydraul,
Ydyw hwn hyd y daw haul.
Llawn yw, ac nid llawen neb,
4   A llonaid y naill wyneb
O dda i rai nid oedd raid;
Aml iawn gan y mileiniaid
Ariant ac aur, ni roent ged,
8   A golud, byd gogaled;
Cymry, rhag maint eu camrwysg,
Cenedl druain fal brain brwysg:
Gallwn, nid erfynnwn fudd,
12   Eu galw yn gallor goludd.
A fu isaf ei foesau
Uchaf yw, mawr yw'r och fau,
A'r uchaf cyn awr echwydd
16   Isaf ac ufyddaf fydd.
A fu dincwd, hwd hudawl,
Y sy bencwd, tancwd diawl!
Myned yn weilch bob eilchwyl
20   Mae'r berïon cylion cul;
Hyn a wna, hen a newydd,
Y drygfyd. Pa fyd a fydd?
Methu y mae y ddaear
24   Hyd nad oes nac ŷd nac âr.
Cadarnaf, blaenaf un blaid
O fryd dyn fu Frytaniaid;
Atgnithion wedy cnithiaw
28   Ŷnt weithion, cyfoedion Caw.
Tri amherodr tra moroedd
A fu onaddun'; un oedd,
Brenin brwydr, Brân briodawr,
32   Brawd Beli camwri mawr;
Custennin a wnaeth drin draw,
Arthur, chwith fu neb wrthaw.
Diau o beth ydyw bod
36   Brenhinoedd, bro iawn hynod,
Bum hugain ar Lundain lys,
Coronog, ceirw yr ynys.

Oes farchog urddawl, hawl hy,
40   Trais ac amraint, tros Gymry
Ond Dafydd, uswydd aesawr,
Jestus a meddiannus mawr,
O Hanmer, llwydner llednais,
44   A Grigor, ail Sain Siôr, Sais,
Er pan estynnwyd, rhwyd trin,
Gwayw ufelfellt gafaelfin
A phensel Syr Hywel hoyw,
48   Air Otiel, aur ei otoyw?
Bu amser caid blinder blwng
Anystwyth yny ostwng,
Lle profed gerllaw Profyns
52   Llew praff yn gwarchadw llu pryns;
Diwedd farchog, deddf orchest,
Dewredd grym, dur oedd ei grest.
O hil Ednywain hoywlyw
56   Hyd yr aeth ei had a'i ryw
Ni bu genedl ddiledlyth
Heb adu neb yn y nyth
A gwarthol loyw, os hoyw swydd,
60   Oreuraid ar ei orwydd.
Pa un weithion, pan ethyw,
Piau'r swydd? Parhäus yw
Owain, mael ni wn i mwy,
64   Iôr Glyn, daeardor, Dyfrdwy;
Arglwyddfab o ryw gwleddfawr
Sycharth, cadfuarth, ced fawr.
Henyw, hen ei ryw erioed
68   Er cyn cof a'r can cyfoed,
O Gymro, fam dinam dad;
Gwisgo wrls ac ysgarlad
A harnais aur goreuryw
72   A gra mân, barwn grym yw.
Os iach a rhydd fydd efô
Ef a ennill, pan fynno,
Esgidiau, gwindasau gwaisg,
76   Cordwalfrith, carw diwylfraisg,
Yn ymwan ar dwrneimant,
Yn briwio cyrff, yn bwrw cant;
Eistedd a gaiff ar osteg
80   Ar y bwrdd tâl, byrddaid teg;
Anneddf a cham ni oddef,
Ymysg ieirll ydd ymwaisg ef.

Ffynonellau
A—BL Add 14967 [= RWM 23], 60^v B—Pen 55, 9

Y mae llinell drom wedi'i thynnu drwy bob llinell o'r cywydd yn llawysgrif
A, gan wneud nifer o ddarlleniadau yn anodd onid amhosibl eu darllen.
Ymhellach ar y llawysgrifau, gw. tt. 345–55.

Darlleniadau'r llawysgrifau
3 *A* llawnn iawnn ac ni llawen neb. 16 *B* ac vyddaf. 17 *B* twd. 20 *A*
bryhyrion kulion kwyl. 22 *A* pa ryw vyd vydd. 28 *A* ynt weithian
kywoedran kaw. 30 *A* o honvn. 36 *A* in bro hynod. 37 *A* pvm. 50 *A* kyni. 52
B paff; *A* gwarchod llu preins. 64 *A* penllad glyn davyrdad dyfrdwy. 67 *B*
hyn *am* hen *y testun*. 70 *B* wisgo; *B* ysgalad. 76 *B* dywyolvraisc. 77 *A* yn
hwrneimant. 78 *B* kyrf. 81 *A* Add[   ] *am* Anneddf *y testun*; *A* gan loegr ni
oddef. (*Awgryma T. Roberts* Addos / Addic *yn air cyntaf y ll., gw. IGE² 358.*)
82 *AB* ieirll i ymwaisc.

Teitl
Dim teitl.

Priodoliad
A Iolo Goch ai kant, *B* Gruffydd llwyd ai kant.

Trefn y llinellau
A 1–58, [59–60], 61–4, + pe magwn i ymogor / Genav mab egin Ior / hael
   aerddrem hawl awyrddraic / I hwnn i magwn ail maic / daw gorav yw
   dewi / Am hwn nac anganwni / da yw daint rrac tavawd [   ] / ynghil
   vach safn ailhelvydd, [65–72], 73–82.
B 1–54, [55–8], 59–66, + Pe magwn bv ym ogor / genav o neb egin ior / O
   hwnn i magwn ail maic / hawl erddrym hwyl awyrddraic, 67–82.

Am y llinellau uchod a hepgorwyd o'r testun, gw. 'Achau Owain Glyndŵr'
(Iolo Goch) yn IGE² 33 (XI.17–24) a GIG 38 (VIII.81–8).

I Owain Glyndŵr

Byd digalon, bywyd darfodedig,
Ydyw['r byd] hwn cyn belled ag y teithia['r] haul.
Llawn [hyd syrffed] yw, ac nid [yw] neb yn siriol,
4   A llawnder ?dwbl / [ar] y naill law
O gyfoeth i rai nad oedd [ei] angen [arnynt];
[Y mae] gan y taeogion yn helaeth iawn
Arian ac aur, ni roddent rodd,
8   A chyfoeth, byd gerwin [yw hwn];
[Y mae'r] Cymry, oherwydd maint [y] gormes sydd arnynt,
[Yn] gymdeithas o bobl druain megis brain meddw:
Gallwn, ni fyddwn yn deisyf elw,
12   Eu galw yn grochan [ar gyfer berwi] coluddion.
Y sawl a fu fwyaf diffygiol ei foneddigeiddrwydd
Sydd uchaf [ei statws cymdeithasol], dwys yw'r ochenaid sy'n
        eiddo i mi,
A'r uchaf [ei safon o gwrteisi] cyn canol dydd
16   A fydd isaf [ei fri] ac yn fwyaf anymwthgar.
Y sawl a fu'n gwd i'w roi am y tin, penwisg consuriwr,
Sydd gwd i'w roi am y pen, [y] ceillgwd diawl!
Mynd yn bendefigion bob cyfle / unwaith yn rhagor
20   Y mae'r barcudiaid [sydd â] phigau main;
Dyma sy'n achosi, hen a newydd,
Y drygfyd. Pa [fath o] fyd a fydd [inni]?
Y mae'r ddaear yn methu [yn ei swyddogaeth]
24   Gan nad oes nac ŷd nac amaethdir.
[Yr] un cwmni mwyaf safadwy / diysgog, mwyaf rhagorol
Ym meddylfryd dyn fu['r] Brytaniaid;
Ergydion gwan ar ôl taro
28   Ydynt yn awr, cyfoeswyr Caw [o Brydyn].
Tri ymerawdwr [â'u llywodraeth yn ymestyn] y tu hwnt i['r]
        moroedd
A fu ohonynt; un oedd,
Brenin brwydr, Bendigeidfran [y] pennaeth cyfreithlon,
32   Un o'r un tylwyth â Beli [Mawr ac iddo] arwriaeth mawr;
Custennin a achosodd laddfa draw,
Arthur, ni fu neb yn chwithig wrtho.
Y mae'n beth diamheuol fod
36   Brenhinoedd, ardal odidog iawn,
Bum ugain [ohonynt wedi rheoli] o lys [yn] Llundain,
[Brenhinoedd] coronog, arwyr yr ynys.
A oes marchog urddol, eofn [ei] hawl,

40   Gormes ac amarch, tros Gymru
         Ar wahân i Ddafydd, ysgyrion tarian,
         Ustus a rheolwr galluog,
         O Hanmer, arglwydd hybarch [ac] addfwyn,
44   A Grigor Sais, ail Sain Siôr,
         Er pan estynnwyd, [y] rhwydwr [mewn] brwydr,
         Picell fflachiog frathog
         A baner fechan Syr Hywel hardd,
48   [Un o] ymadrodd Otiel, aur ei ysbardun?
         Bu amser [pan] gaid blinder digysur
         Diysgog hyd nes goresgyn,
         [Er enghraifft] lle y rhoddwyd prawf yn agos i Provence
52   [Ar] ymladdwr grymus [a oedd] yn cynnal byddin [y] tywysog;
         [Y] marchog olaf, [a'i] orchest [yn] arferiad / rheol,
         [Un o] wroldeb nerthol, dur oedd ei helm.
         O linach Ednywain [yr] arweinydd gwych
56   Cyn belled ag yr ymestyn ei ddisgynyddion a'i hiliogaeth
         Ni bu [erioed] genedl rymus
         Heb ganiatáu i rywun aros yn y lloches [honno]
         A gwarthol ddisglair, gan gymryd mai swyddogaeth wych
             [ydyw],
60   Wedi ei golchi â haenen denau o aur ar ei farch.
         Pwy yn awr, pan fo ef wedi mynd,
         Biau'r swyddogaeth? Arhosol ydyw
         Owain, ni wn i am dywysog mwy [ei ragoriaeth],
64   Arglwydd Glyndyfrdwy, ddyffryn cul;
         Pendefig ieuanc o linach bras ei wleddoedd
         Sycharth, mangre ymgynnull ar gyfer brwydr, mawr [ei] rodd.
         Disgynnodd, [y mae] ei dras yn [un] hynafol o'r dechreuad
68   Er cyn cof a'r cant / llu o'r un oed,
         O Gymro, [ac o] fam [ac iddi] dad difai;
         [Y mae'n] gwisgo wrls a gwisg ysgarlad
         A harnais aur o'r math gorau
72   A ffwr cain, y mae'n farwn nerthol.
         Os bydd ef yn iach a dilyffethair
         Fe ennill [ef], pa bryd bynnag yr ewyllysia,
         Esgidiau, botasau gwych,
76   O ledr amryliw o Sbaen, [yr] arwr eofn a nerthol,
         Wrth ymladd â gwaywffon mewn twrnameint,
         Yn anafu cyrff, yn taro cant [o wrthwynebwyr];
         Caiff eistedd pan fyddir yn [galw am] osteg
80   O gwmpas yr uchel fwrdd, llond bwrdd [o gwmni] hardd;
         Ni adawa sefyllfa anghyfreithlon a chamwedd i fodoli,
         Ymysg ieirll y bydd ef yn cymdeithasu.

13
Marwnad Rhydderch

Y dydd y lluniwyd Addaf
O bridd noeth yn obrudd naf,
Duw Dad ym mro paradwys,
4   Dylai glod dan adail glwys,
Elw dengnaw aelaw dangnef,
Â'i law a wnaeth ei lun ef,
Yn dad i ni, iawndud nawdd,
8   Yn deg, ac a'i bendigawdd.
Trywyr gynt o'r helynt hawl
O'i bryd a fu briodawl;
Tri o'i ddoethder, brywder braw,
12   Tri o'i nerth, trewyn' wrthaw.
I'n oes, ni bu yn oes neb,
Ni ddoeth un â'i ddoethineb,
Ac â'i nerth, ef fu'n gwiw nawdd,
16   Ac â'i bryd, gwae a brydawdd!
Campau Addaf gwplaf gynt,
Ar Rydderch oll yr oeddynt.
Prid oedd arwain ein pryder,
20   Paun y glod, penwn y glêr.
Gwn na wnaeth, gwae ni neithiwyr,
Peintiwr balch ar galch neu gŵyr,
Llun gŵr, a'i roi'n llawn o ged,
24   Na delw cyn brydoled.
Ymysg gwŷr ymysgaroedd
Lles y gerdd, lluosog oedd
Tâl addwyn i'm teuleiddwalch,
28   O goel gwiw a golwg gwalch.
Deurudd oedd i'r mawrNudd mau,
Lluniaidd iawn, llawn o ddoniau,
Ac ufydd bwyll a gofeg
32   A genau doeth a gwên deg.
Saith ddoctor o fewn côr cain
A rifwyd gynt yn Rhufain;
Wythfed aeth (on'd saeth fy sôn?)
36   Fu Rydderch fawr ei roddion.
Cariad drud ymlaen cwr trais
Ar Rydderch gynt a roddais

A'r cariad hwn, gwn nad gwâr,
40   A dyfodd yn edifar.
Merddin wawd mawrddawn ei wedd
A ddywawd yn ei ddiwedd,
Gair drud i mewn gwir a drig,
44   Wrth Wenddydd araith wanddig:
'Rhaid i bawb, er hyd y bo,
Gwir ddiofrydu a garo.'
Mam y boen, mae i mi beth,
48   Brig yw, gan mwya'r bregeth.
Bwrw cariad dibrocuriwr
Erioed a wneuthum ar ŵr
A'i faddau fyth, ufydd fawl,
52   Yn unawr fer, anianawl.
Budd mawr bu ym o'i lawrodd,
Byth nis maddeuwn o'm bodd.
Gan osod o'r seithglod serch
56   Y pridd ar wyneb Rhydderch,
Piau y farn? Pwy a fydd
Brawdwr cyfiawn ar brydydd?
I ddail, oedd neges i ddyn
60   Roi dwylo mwy ar delyn?
Girad oedd golli gwarant,
Gorddwyodd Duw y gerdd dant.
Wythrym dadl, ieithrym didwyll,
64   Athro i bawb, uthr ei bwyll:
Capten mad, ceimiad cymen,
Cyfraith drwy bob iaith o'i ben;
Cynddelw lwyth, cawn dda o'i law,
68   Caf o'i ôl cof i wylaw:
Cynnwr trin, porthwin a'n parth,
Cannwyll disbwyll a dosbarth;
Cwmpas swydd fas y sydd fau:
72   Compod y gerdd a'r campau,
Capelau saint, cwplau serch,
Cwplaf er Addaf Rhydderch.

Ffynonellau
A—Bangor (Mos) 11, 177 B—BL Add 10313, 165ᵛ C—BL Add 14964, 160ᵛ D—BL Add 14966, 190ᵛ E—BL Add 14971 [= RWM 21], 227ʳ F—BL Add 31059, 98ᵛ G—BL Add 31077, 15ᵛ H—Bodley Welsh e 7, 37ʳ I—Card 2.623 [= Haf 13], 99ᵛ J—CM 5, i, 197 K—LlGC 5474A [= Aberdâr

1], 625 L—Llst 35, 77 M—Llst 133, 102ᵛ N—Pen 80, 193 O—Pen 97, 150 P—Pen 221, 71 (*llau. 1–2*)

Ymhellach ar y llawysgrifau, gw. tt. 345–55.

Darlleniadau'r llawysgrifau
2 *ABD–GP* yn bridd. 3 *IN* duw tad; *C* Paradwys. 4 *C* yn adail. 5 *KM* Elew; *A* dengnafw, *CI* dengnaid, *D* dengnaf; *CHIJLNO* aelod angnef, (*G*)*KM* aelod dangnef. 6 *O* a law; *CI* ei eilun ef. 7 *B* Yn Dâd i Ni iowndad Nawdd, *C*(*G*)*I* yn dad yn iawn doed ei nawdd; [*N*]. 8 *CI* Buan deg i bendigawdd, *G* yn deg ai bendigawdd, (*G*) Buan deg ai bendigawdd; [*N*]. 9 *CI* heb hynt o'i hawl, (*G*)*KM* a'u helynt hawl, *H* helynt i hawl, *JLN* oi helynt hawl. 10 *H* ai, *KM* O'u. 11 *CI* Tri [o'i], *H* troi, *J–M* Tri o; *ABCE–IN* doethder; *A–IN* bryder. 12 *H* troi oi nerth, *J–M* tri o nerth; *CI* tarawen, (*G*)*KN* trawen, *M* trawn. 13 *ABD–GO* inoes ni bu ynoes neb, *CI* I n oes ni ni bu nes neb, *H* i noes ni bv nes neb, *J–M* nid oes ni bv yn oes neb. 14 *CIN* idavth, *H* yfayth; *CIN* vn a doethineb, *H* hwn i ddoethineb. 15 *J–MO* ag oi nerth; *CIN* yn yn gwiw nawdd, (*G*) un briawg nawdd, *H* yn y wiw nawdd, *JL* vn gwiw i nawdd, *KM* un briw nawdd, *O* yn gwiw nawdd. 16 *EGJ–MO* oi bryd; *O* gwe; *B* brydawd. 17 *AM* Addaf cwplaf, *CIN* adda/n/ gwbpla, *H* adda gwpla, *JLO* Addaf gwppla. 19 *H* prid yn arwayn. 20 *N* pavn o glod; *JL* penn yw y gler, *KM* pèn yw i gler. 21 *ABD–G* Gwnaeth a gwae *gyda* Gwn na wnaeth *y testun yn amrywiad yn G*, *J–M* gwnaeth pam nad gwae, *O* gwnaeth gwae. 22 *CIN* Beintiwr. 24 *H* broffidoled. 25 *H* ymwascarodd, *IN* ymwascaroedd *gydag* e *wedi'i hychwanegu rhwng yr* -a- *a'r* -r- *yn N*. 27 *CI* y talueiddwalch, *H* [i'm] tylefeddwalch, *K* vn teleiddwalch. 28 *H* o gil gwiw; *CILMO* walch. 29 *CI*(*G*) morydd, *H* mowrddydd, *N* mawrvdd. 30 *N* lvniaidd; *N* lawn; *H* [o] ddoniav. 31 *C* Ac a fydd bwyll; *H* oddeg. 32 *C* I geneu. 33 *CHI–M* Doktor; *CHI* mewn cyngor cain, (*G*) yn y kôr kain, *J–MO* mewn kor kain, *N* mewn kyncor kain. 34 *CN* i rrifwyd; *ABD–*(*H*)*J–MO* i rifain *gydag* yn Ruvain *y testun yn amrywiad yn G*, *CHI* o ruvain. 35 *AD–GJ–M* on saeth an son, *B* ond Saeth a'n Sôn, *CI* [ond] saeth fy son, *H* yn sayth yn son. 36 *CI* A fu rydderch; *ABD–GKM* fwyaf roddion, *C*(*G*)*I* fawr roddion, *HN* vawr i roddon, *JLO* fwya i roddion. 37 *O* kariad krud; *CI* ym mlaen cryd trais, *N* ymlaen kryd drais. 39 *ABD–GJ–MO* y kariad; *F* na gwar. 40 *A* a dyfod. 41 *B* Merddin wawdd mowrddawn i wedd, *H* mowrddawn wawd merddin wedd. 42 *A–JL* a ddowad, *JO* addyfod. 43 *ADF* yw mewn gwir, *B* yw mewn gwyr, *C*(*G*)*HI* y mlaen gwyr, *JLO* [i] mewn gwir, *KM* iawn mewn gwir, *N* ymlaen gwir. 44 *CHIN* iawnddic. 46 *C* Eil gwryd gael a garo, *KM* Gwir ddïofryd a garo, *H* y gwir ddiowrydv a garo, *I* Gil gwryd gael a garo, *O* gwir diwrydy a garo, *L* gwir ddiwryd agaro, *N* goel gwryd gael a garo. 47 *CI* Man; *CIN* ini, *H* ym o. 48 *CI* A brigiodd gan mwya bregeth, *H* brigin gan mwya bregeth. 49 *CIN* ddibrokyriwr. 51 *M* foddau. 52 *N* mewn vnawr, *O* o fewn awr. 53 *CIN* byd

mawr bv ym oi lawrodd, *H* bvdd mawr ym bv ai lawrodd, *O* Bydd mall bu ym oi lowrodd. 54 *ABD–HJO* maddeuwn. 55 *H* kynn gosod, *O* gan ddosod; *CIK* ar saith glod. 56 *H* wyneb wyneb rrydderch. 57 *CIN* pie/r/ varn; *C* pwy wr a fu, *I* pwy wr a fydd, *N* pa wr a fydd. 58 *H* browdwr sikir, *O* browdwr kyffion. 59 *H* iddiawl, *KMN* iddiail; *H* oedd neg i. 61 *C(G)* Ac eiriad, *I* Ac eirad; *H* gollir. 62 *C(G)I* Gorddiwedd Duw, *E* gorddvodd Duw, *N* gwarddaid yw; *H* y gwarant *am y gerdd dant y testun.* 63 *ABD–G* iaith rwym, *H* eithrym. 64 *CI–MNO* eithr i bwyll. 65 *CI* Camach atceiniad cymen, *DG* capten mad ceiniad cymen, (*G*) camach atceiniach kymen, (*G*) canniad pob ceiniad kymen, *H* kad gen yn kenad kymen (gan), *J–M* kaniad pob keiniad kynen, *N* kaid gann atkeiniaid kymenn, *O* kapten pob ceiniad kynnen. 66 *CI* Cyfraith [drwy] bob, *H* gyfraith gan bob, *N* gyfraith [drwy] bob. 67 *C* Cynddel lwyth. 69 *C* por gwin an parth, *I* por gwin au parth, *KM* porthwin a'i parch. 70 *C* kanwyll dipwyll; *G* a'n dosbarth, *IN* kan dosbarth, *KM* ai dosparth. 71 *CIJLNO* kwmpas swydd vas sydd vav, *H* kwmpas y swydd fas sydd fav. 72 *H* kwympodd y gerdd, *K* Campod ei Gerdd, *M* Canpod ei gerdd (Compod ei gerdd); *KM* ai gampau, *ABD–JLO* ai kampau. 73 *AD* cwplaf serch, *H* kwpla serch, *KLM* cyplav serch. 74 *CHIJLO* cwpla er Adda.

Teitl

[*LNP*], *AB* Marwnad am Rhydderch ap Iefan Llwyd, *CI* Marwnad Rhydderch ap Ieuan llwyd esgwier, *D* Cow: Mar: Rhydderch ap Ifan llwyd, delyniwr, *E* Marwnad Rhydderch ap Ieuan lloyd, *F* Cowydd marwnad am Rydderch ap Ieuan llwyd: o waith Gruff llwyd ap davydd ap Einion, *G* I Gerddor da a elwid Rydderch a aeth i Ruvain Marwnad Rhydderch ap Ieuan Llwyd. *ac mewn llaw wahanol I* gerddor da Llyvr Iolo, *H* barnad, *J* kowydd barnad ir vn gwr o waith gruff lloyd ap dd ap eingan, *KM* Cywydd i Gerddor da a elwid Rhydderch a aethai i Rufain, *O* Marwnad arall ir vn gwr.

Priodoliad

[*P*], *ABDFKO* Gruffuth Lloyd ap D ap Enion, *CEI* Grvffudd llwyd ap dd ap Einion a'i kant *gyda* Lygliw *wedi'i ychwanegu mewn llaw ddiweddarach yn* C, *G* Gruff Llwyd ap Dav^dd ap Einion L., *H* grvff ap dd ab eng ai kant, *JLM* gruffydd llwyd dd ap eign ai kant, *N* Grvffvdd ap dafudd llwyd ap Einion ai kant.

Trefn y llinellau
A–MO 1–74.
N 1–6, [7–8], 9–74.
P 1–2, [3–74].

Marwnad Rhydderch

Y dydd y crewyd Adda
O bridd llwm yn frenin doeth,
Duw['r] Tad yng nghynefin [y] nefoedd,
4   Teilyngai foliant o dan breswylfod hardd [y nefoedd],
Bendith tangnefedd gwerthfawr ddengnaw gwaith drosodd,
Â'i law a greodd ei ffurf ef [sef Adda],
Yn gyndad i ni, gwarchodaeth gwlad berffaith,
8   Yn hardd, ac a'i bendithiodd.
Tri gŵr a oedd gynt yn dilyn trywydd cyfiawnder
A fu gyfrannog o'i harddwch;
Tri [gŵr] o'i ddoethder, grymuster aruthr,
12   Tri [gŵr] o'i nerth, yr oeddent yn taro wrtho [am eu nerth].
I'n hoes, ni bu yn [ystod] oes neb [cyn hyn],
Ni ddaeth neb [arall] â'i ddoethineb,
Ac â'i gryfder, ef fu ein hamddiffynfa ragorol,
16   Ac â'i harddwch, gwae yr un a luniodd gerdd fawl!
Rhagoriaethau Adda berffeithiaf gynt,
Yr oeddynt i gyd yn eiddo i Rydderch.
Costus oedd cario ein gofid [am farwolaeth Rydderch],
20   Paun y moliant, baner y beirdd.
Gwn na wnaeth, gwae ni yn ystod neithiwr,
[Yr un] peintiwr gwych [naill ai] ar galch neu [ar] gŵyr,
Ffurf gŵr, a'i rhoi'n llawn haelioni,
24   Nac ymddangosiad mor brydferth.
Ymysg gwŷr [o] ymysgaroedd [tosturi]
[A oedd yn daer o blaid] lles y farddoniaeth, dibrin oedd
Taledigaeth hardd i'm harwr bonheddig,
28   O gywirdeb rhagorol ac [o] ymddangosiad hebog.
Yr oedd gan y Nudd mawr a oedd yn eiddof fi wynepryd
Prydweddol iawn, cyflawn o athrylith,
Ac [iddo] ddoethineb a meddwl gwylaidd
32   A genau [yn mynegi geiriau] doeth a gwên hardd.
Saith athro dysgedig yn perthyn i gwmni hardd
A gyfrifwyd gynt yn Rhufain;
[Yr] wythfed a aeth (onid [achos] gofid yw fy natganiad?)
36   Fu Rhydderch helaeth ei roddion.
Cariad ffyrnig [megis cariad milwr] cyn cyffyrddiad gormes
A roddais ar Rydderch gynt
A'r cariad hwn, gwn nad [yw hynny'n] foneddigaidd,
40   A dyfodd yn [fater] edifeirwch.

Cerdd foliant Myrddin [Fardd, cerdd sy'n rhannu] bendith
    ragorol [ar gyfrif] ei dull,
A fynegodd ar derfyn ei oes,
Ymadrodd aruthr sy'n trigo mewn gwirionedd,
44   Draethiad trist a chwerw wrth Wenddydd:
'Y mae'n rhaid i bob un, pa mor hir bynnag y mae'n byw,
Wir ymwrthod â'r sawl y mae'n ei garu.'
Tarddiad y gofid, y mae i'w chymhwyso ataf i beth,
48   Blaen [pigog] yw, o brif ergyd y traethiad.
Tywallt cariad heb ei drefnu ymlaen llaw
Ar ŵr a wneuthum erioed
A'i roi heibio am byth, clod gwylaidd,
52   Mewn un awr fer yn ôl trefn natur.
Bu imi les mawr o'i anrheg,
Ni fyddwn byth yn ei roi heibio o ewyllys fy nghalon / yn
    wirfoddol.
Wrth osod o serch [sy'n deillio o] gyflawnder mawl
56   Y pridd ar wyneb Rhydderch [yn y bedd],
Eiddo pwy yw'r farn? Pwy a fydd
[Yn] farnwr cyfiawn ar fardd?
I ddail, a oes diben i ddyn
60   Ganu'r delyn bellach?
[Profiad] creulon oedd colli diogelrwydd,
Gorthrymodd Duw y grefft o ganu offerynnau gyda thannau
    iddynt.
Un o nerth wyth [mewn] achos cyfreithiol, grymus ei ymadrodd
    [a] chywir,
64   Athro i bawb, aruthrol ei ddoethineb:
Pennaeth daionus, campwr doeth,
[Cyflwyna] ddeddfwriaeth ym mhob iaith [a ddaw] o'i enau;
[Un o] lwyth Cynddelw, cawn ddaioni o'i law,
68   Fe'i caf yn fy mryd i wylo ar ei ôl:
[Y] gŵr cyntaf [i ymosod mewn] brwydr, gwin sy'n gynhaliaeth
    a ddosbartha inni,
Disgleirdeb doethineb a threfn gyfreithiol;
Safon swyddogaeth arwynebol sy'n eiddo i mi:
72   Safon y farddoniaeth a'r gorchestion,
Addoldai saint, cwpledi [o farddoniaeth] serch,
Perffeithiaf er Adda yw Rhydderch.

14

Mawl i Hywel ap Meurig Fychan o Nannau a Meurig Llwyd ei frawd

O Dduw, ai pechod i ddyn
Er mawl gymryd aur melyn?
Da ydyw'r swydd, daed â'r sâl,
4   Os Duw ni ddengys dial.
Ai rhydd cael o law hael hir?
Rhydd a dibech o rhoddir.
Liwsidariws, wydws waith,
8   A ddywod ymy ddwywaith
Y mae baich ym o bechawd
Oedd brydu a gwerthu gwawd.
Mefl i'w gadarn farn efô,
12   Eithr nad unaf i athro,
Can ni wn i, cwyn ynn oedd,
Pa awdur, neu pwy ydoedd.
Paham y bwriai amorth
16   Ynn o bell, oni wnâi borth?
Dan bwyth nad anobeithiwyf,
Nid un o'r glêr ofer wyf:
Nid wyf ry ddifoes groesan,
20   Nac wyf, a mi a wn gân.
Hefyd nid wyf, cyd bwyf bardd,
Bastynwr ffair, bost anhardd.
Ysbryd Glân a'm cyfyd cof,
24   Difai enw, a dyf ynof.
Hwn a lestair, f'eurgrair fydd,
Brad yn erbyn Ei brydydd.
Mawr yw rhadau llyfrau llên,
28   Rho Duw, nid llai rhad awen.
Awen a rydd, o iawn ras,
Duw â'i law i'w deuluwas,
Obrudd i fardd ebrwydd fawl
32   I brydu cerdd briodawl.
Minnau, heb gêl lle delwyf,
I rai da bardd erioed wyf.
Meibion, cawn eu rhoddion rhydd,
36   Meurig cain, Mair a'u cynnydd!
Cael ganthun', wiw eiddun wŷr,
Aur a wnawn, wyrion Ynyr:

Gorwyrion, a'm gwir eurynt,
40 Gwên goeth a roddai'r gwin gynt.
Hanoedd eu mam, ddinam ddawn,
O deÿrnedd Edeirniawn:
Glân o lin, goleuni lamp,
44 Gwawr y Rug, gwir oreugamp;
Gorwyr Owain, liwgain lorf,
Brogyntyn, briwai gantorf.
Urddasant am foliant fi
48 Ar eu gwleddoedd, arglwyddi.
Hywel ddifeth, hael ddefawd,
Meurig wych, wyf maer eu gwawd.
A roddo ym o'r eiddaw
52 Hywel o'i lys, hael ei law,
Di-brid y daw i brydydd,
Dyfr foes, diedifar fydd.
O dda, ei awenydd wyf,
56 Meurig Llwyd a gymerwyf:
Llywia'i geraint, llu gwrol,
Llawen yw, nis llywia'n ôl.
Uchel iawn, gwirddawn i'r gwŷr,
60 Yw haelioni hil Ynyr.
Achub y graddau uchaf,
Un feddyliau fy nau naf.
Aur yw fy hwyl ar fy hynt,
64 Adar Llwch Gwin ym ydynt.
Yno mae'r eurweilch einym,
Uwchlaw'r graig, uchelwyr grym.
Y graig a elwir i Gred,
68 'Gradd o nef', grudd ynn yfed.
Bwriais glod barhäus glau
I nen y graig o Nannau;
Diau y gyrrai'r garreg
72 Ym aur tawdd am eiriau teg.
Cyfnewid, heb fawrllid fydd,
A wnaf â haelion ufydd.
Rhwydd ymy rhoi 'Hawddamawr!',
76 Trysor ym oedd, tros aur mawr,
A rhwydd i minnau rhoddyn'
Yr aur braisg ar oror bryn.
Dibech ym gael pan dybiwyf
80 Da dros da, bardd didrist wyf.
Cael aur gan feibion Meurig
Ydd wyf, heb unawr o ddig.

Cefais eu rhoddion cyfa:
84 Cân' gan eu prydydd 'Dydd da!'

Ffynonellau
A—BL Add 14935, 174ᵛ (*llau. 71–84*) B—BL Add 31058, 116ʳ C—BL
Add 31077, 18ᵛ D—LlGC 1247D, 191 E—LlGC 2026B [= Pant 59], 121ʳ
F—LlGC 3061D [= Mos 165], 1 G—LlGC Mân Adnau 55B [= Abertawe
1], 329H—Pen 57, 15 I—Pen 312, v, 73 (*llau. 65–84*)

Ymhellach ar y llawysgrifau, gw. tt. 345–55.

Darlleniadau'r llawysgrifau
1 *F* E dduw (O dduw); [*AI*]. 2 *BC* ynnill; [*AI*]. 3 *BC* doed; [*AI*]. 4 [*AI*]. 5 *C* oi
law; [*AI*]. 6 *DEF* i rhoddir, *G* ei rhoddir; [*AI*]. 7 D–*G* wiwdlws; [*AI*]. 8 *BCD*
ddowaid, *G* ddywed; *G* ini; [*AI*]. 9 *BC* mae baich i mi o bechawd; [*AI*]. 10 *C*
Oed; [*AI*]. 11 *C* a fo; [*AI*]. 12 *BC* ai athro; [*AI*]. 13 D–*G* Cann na wnn; [*AI*]. 14
C Pwy awdyr; [*AI*]. 15 *BC* bwriodd; [*AI*]. 16 *BC* Un o bell; [*AI*]. 17 [*AI*]. 18
[*AI*]. 19 [*AI*]. 20 *B* ag mi wn y gân, *C* ag ni wn y gan; [*AI*]. 21 [*AI*]. 22 [*AI*]. 23
D–*G* an cyfyd; [*AI*]. 24 *DEF* difai enwi 'dŷf ynof, *G* Difai enwi di-fai enwi
dyf ynof; [*AI*]. 25 D–*G* fowrgreir; [*AI*]. 26 [*AI*]. 27 [*AI*]. 28 [*AI*]. 29 D–*G* oi
iawn; [*AI*]. 30 [*AI*]. 31 [*AI*]. 32 [*AI*]. 33 *B* llei delwyf; [*AI*]. 34 [*AI*]. 35 [*AI*]. 36
D–*G* iw cynnydd; [*AI*]. 37 *BC* wiw eüddlin wyr; [*AI*]. 38 *C* Ar a wnawn; [*AI*].
39 *C* Wyrion; D–*G* am goreurynt; [*AI*]. 40 *C* [Gwên goeth a]; [*AI*]. 41 *G*
Heunoedd; [*AI*]. 42 *DEG* o dirionedd, *F* O derionedd; *C* y deiriawn; [*AI*]. 43
[*AI*]. 44 B–*G* gwawr o Rüg; *C* gwr oreugamp; [*AI*]. 45 B–*G* loew gain lorf;
[*AI*]. 46 [*AI*]. 47 [*AI*]. 48 [*AI*]. 49 *G* Howel ddi-falch; [*AI*]. 50 *C* eich gwawd;
[*AI*]. 51 [*AI*]. 52 *BC* hael oi law; [*AI*]. 53 B–*G* iw brydydd; [*AI*]. 54 *C* Difr f'oes
edifar fydd; [*AI*]. 55 *BC* o dd ei ewenydd wyf; [*AI*]. 56 [*AI*]. 57 *C* Lliwiai
gerynt; *H* garol; [*AI*]. 58 *BC* llawen wyf; *BC* lliwiai nol; [*AI*]. 59 *BC*
gwiwddawn; *D* yw'r Gwŷr; [*AI*]. 60 [*AI*]. 61 *C* [y]; *E* graddu; [*AI*]. 62 *BC* fü
feddyliaü; [*AI*]. 63 [*AI*]. 64 [*AI*]. 65 B–*G* mae eürweilch; [*A*]. 66 [*A*]. 67 [*A*]. 68
C Gardd o nef; [*A*]. 69 B–*G* bwriais i glod; [*A*]. 70 *F* Y Nannau; [*A*]. 71
ABCHI o gyrryev r garrec. 73 *DG* fawr-lid. 74 *C* i haelion. 76 *I* [aur]. 77 *BC*
minaü i rhoddyn. 78 *C* Yr ai braisg. 80 *DE* [bardd] di drist, *F* dyn didrist. 83
G eu harian.

Teitl
[*AHI*], *B* kywydd I Nannaü, *C* I Nannau, *DEF* Cywydd i Howell ap Meirig
Vaughan ap Ynyr Uaⁿ a Meirig lloyd ei frawd o Nannau allan o hên Lyfr
ysgrifennedig ar Femrwn, *G* Cywydd i Howel ap Meurig Vychan ap Ynyr
Vychan a Meurig Llwyd ei Frawd o Nannau.

Priodoliad

ADF Griffydd Llŵyd ap dafydd ap Eignion ai Cant, *B* Grüffyth llwyd ap dd ap Engio ai kant a Mr John Jones o esgeiviog ai cafodd mewn hên lyfr memrwn o law deg yn sir faes hyfeidd, *C* Gruff: Llwyd ap Dafydd ap Einion Medd llyfr Caer Rhun John Edwards o Esgeiriog a gafodd y cywydd hwn mewn hen lyfr Memrwn o law deg yn Sir Faesyfed, *EG* Gruffydd Llwyd ab Dafydd ap Eignion Llygliw a'i Cant, *HI* gruffut llwyt.

Trefn y llinellau
A [1–70], 71–84.
B–H 1–84.
I [1–64], 65–84.

I Hywel ap Meurig Fychan o Nannau a Meurig Llwyd ei frawd

O Dduw, ai pechod yw i ddyn
Dderbyn aur melyn am [gerdd] foliant?
Y mae'r swyddogaeth [o ganu mawl] yn un fendithiol, cystal â'r
tâl,
4   A bwrw na fydd Duw yn amlygu cosb [am ymgymryd â hi].
Ai cyfreithlon yw derbyn o law un haelfrydig [a] thal?
Cyfreithlon a digamwedd os rhoddir.
[Yr] *Elucidarium*, gwaith beius,
8   A ddywedodd wrthyf ar ddau gyfrif
Mai [achos] pwysau o bechod i mi
Oedd clodfori ar gân a gwerthu cerdd foliant.
Cywilydd ar ei farnedigaeth nerthol efô,
12   Heblaw na ddymunaf i [ef yn] athro,
Gan na wn i, gofid inni oedd [hyn],
Pa awdur [sy'n deddfu fel hyn], neu pwy ydoedd [a
ysgrifennodd].
Paham y byddai'n bwrw melltith / sen
16   Arnom o bell, os na pharai gymorth?
Wrth ateb y cyhuddiad na foed i mi anobeithio,
Nid un o'r dosbarth isaf o feirdd diffaith, dihyfforddiant wyf
[fi]:
Nid wyf ddifyrrwr crwydrol anllad iawn,
20   Nac ydwyf, ac fe wn i [sut i lunio] cerdd [safonol].
Nid wyf ychwaith, er fy mod yn fardd,
Yn rhigymwr ffair, gwasanaeth dirmygus.
[Yr] Ysbryd Glân sy'n cyfrannu imi ddawn farddol,
24   [Un] dilychwin [Ei] glod, a gynydda ynof.
Bydd Hwn yn rhoi atalfa, [Ef] fydd fy nhrysor rhagorol,
[Ar y cyhuddiad o] ffalsedd yn erbyn Ei brydydd.
Y mae bendithion llyfrau dysg yn sylweddol,
28   [A] rhyngof a Duw, nid llai bendith[ion] barddoniaeth.
Awen a rydd, o rodd gywir,
Duw, gyda'i awdurdod, i'w fardd teulu,
Doeth yw i fardd parod [ei] fawl
32   Lunio cân addas.
Minnau, yn gyhoeddus lle y delwyf,
Wyf wastad yn fardd i rai bonheddig.
Meibion, derbyniwn [ni] eu rhoddion parod,
36   Meurig wych, bydded i Fair eu llwyddo / bendithio!
Derbyn ganddynt, wŷr rhagorol, hawddgar,
Aur a wnawn, [sef gan] wyrion Ynyr [Fychan]:

Gorwyrion [Ynyr ap Meurig, Arglwydd Nannau], a'm
    hanrhydeddent yn gymwys,
40   Gwên fonheddig a roddai'r gwin yn yr amser a aeth heibio.
Yr oedd eu mam yn disgyn, [un o] gynneddf berffaith,
O frenhinoedd Edeirnion:
[Un] o dras urddasol, disgleirdeb lamp,
44   Llewyrch y Rug, [y] gywir ragoriaeth uchaf;
Gorwyr Owain, amddiffynnwr gwych ei ymddangosiad,
Brogyntyn, drylliai luoedd afrifed.
Rhoddasant anrhydedd i mi yn gyfnewid am [gerddi] mawl
48   Yn eu gwleddoedd, [yr] arglwyddi [hyn].
Hywel anffaeledig, hael [ei] arfer,
Meurig wych, yr wyf yn oruchwyliwr eu cerdd foliant.
Cymaint ag a roddo i mi o eiddo
52   Hywel o'i lys, un haelionus ei law,
Daw i brydydd [rodd] a gyfrennir heb gyfrif y gost,
[Un o] ddull Dyfr, ni fydd yn edifar [ganddo].
Cymaint o gyfoeth bydol, ei fardd ydwyf,
56   Fe dderbyniaf / Boed i mi dderbyn Meurig Llwyd:
Llywodraetha [dros] ei dylwyth, lliaws rhagorol,
Hyfryd yw, ni fydd yn eu cyfeirio'n ôl [ato'i hun].
Tra boneddigaidd, o fudd mawr i'r gwŷr,
60   Yw haelioni tylwyth Ynyr.
Llanw'r lleoedd uchaf,
O'r un feddwl yw fy nau arglwydd.
Gwych yw fy rhawd ar fy siwrnai,
64   Y maent i mi [yn] Adar Llwch Gwin.
Yno y mae'r arwyr rhagorol sy'n eiddo i ni,
[Sef] uwchlaw'r graig, pendefigion [o] awdurdod.
Y graig a enwir hyd wledydd Cred,
68   'Gradd o nefoedd', anrhydedd yw inni yfed [yn Nannau].
Teflais glod di-baid, parod
I gynheiliad y graig o Nannau;
Yn sicr fe anfonai'r garreg [honno]
72   I mi aur coeth yn gyfnewid am eiriau dymunol.
Ffeirio [nwydd am nwydd], bydd [hyn yn digwydd] heb ddicter
    mawr,
A wnaf â gwŷr hael anymwthgar.
Rhwydd ydyw i mi roi 'Henffych well!',
76   [Dau] anwylyd ydoedd [y ddau noddwr] i mi, yn gyfnewid am
    aur sylweddol,
Ac yn hael i minnau y rhoddent
Yr aur helaeth [yn eu cartref] ar lechwedd [y] bryn.

[Gweithred] ddi-fai ydyw i mi dderbyn pan dybiwyf
80 Gyfoeth yn gyfnewid am gyfoeth, bardd gwynfydedig wyf [fi].
Derbyn aur gan feibion Meurig
Yr wyf, heb un awr o ddicter.
Derbyniais eu rhoddion perffaith:
84 Derbyniant [hwythau] gan eu prydydd 'Ddydd da!'

Marwnad Hywel ap Meurig Fychan o Nannau

Herwydd enw, hir ddaioni,
Hu Gadarn a farn wyf i:
Gŵr heb gyfar ag arall
4 Gynt a gynhaliodd yn gall
(Aur enaid oedd i'r ynys)
O log ei aradr i'w lys;
Ei aradr oll a eurawdd,
8 A'i ieuawr teg o aur tawdd.
I minnau'r oedd ymannos
Ym maenor glaer, mynor glos,
(Ar Wynedd bu arynaig)
12 Aradr cryf ar odre craig
A deugarw garedigion
Ym yn aredig brig bron.
Aur angerdd, ffordd y cerddynt,
16 O dir Meiriawn a gawn gynt.
Cael wrthyn', geirw cyfun cu,
A wneuthum i luniaethu.
Ni wnawn arnaf, o drafael,
20 Gyfaru mwy no Hu hael;
Pell o'm bryd, wryd Arwy,
Mynnu eu gwahanu hwy.
A mi'n myned, wiwged waith,
24 I gael elw o'u galw eilwaith,
Gorwedd un, dygn anhun dig,
Doeth ofn, o'm dau eithefig;
Bwrw pen yr iau, ddeau dda,
28 I lawr ar unawr yna.
Marw Hywel, frwydr ryfel frig,
Gwnaeth ym hiraeth, Amheurig.
Gwae gant am eu gwarantwr,
32 Gwae Wynedd gorwedd o'r gŵr.
Ymysg y medd a'r gwleddoedd
A'r gwin yng nghynefin oedd,
A mynnu sôn ymannos,
36 A gorwedd yn niwedd nos.
Haws ganthaw, eiriawl mawl mad,
Lawlaw anian Eliwlad,

Eistedd, gwiw anrhydedd gwawd,
40 Deirnos a thri diẅrnawd
Na gorwedd, enwog eurwalch,
Unawr byth, hil Ynyr balch.
Ar rudd ei fardd cystuddlef
44 Arwydd yw ei orwedd ef.
Pwy a gaf (piau gofal?)
Pwyll dig, arwyddion pell dâl,
I Feurig wynfydig fydd,
48 I roi awen ar iewydd?
Byth ni chaf, araf eiriau,
Yr un i gynnal yr iau.
Pan orweddawdd, gawdd guddfa,
52 Blaenor yr arddatgor dda,
Pawb y sydd cyn hirddydd haf
Yn dirnad gorfod arnaf
Prynu fy mwyd, breuddwyd braw,
56 A'm dillad, mau ymdwyllaw.
Ai gwiw mwy, mae gwayw i'm ais,
Gofyn y byd a gefais?
Pêr dâl i'w feistr pur duloyw,
60 Pan ddêl, caf i'm Hywel hoyw.
Rhyfeddawd, bradychwawd bron,
Ym fy nghoel am fy nghalon:
Pe bollt o dderw heb hollti,
64 Pe darn o haearn fai hi,
Be pres ohoni bob rhan,
Be dur, nad âi'n bedeiran!

Ffynhonnell
Card 5.167 [= Thelwall], 343ᵛ

Ymhellach ar y llawysgrif, gw. td. 348.

Darlleniadau'r llawysgrif
9 ninav. 26 ethefic. 41 ne. 43 gystvddlef. 48 Jevydd. 54 orfod. 55 prynnv
mowyd. 56 maeym dwyllaw.

Teitl
marwnad howel ap meiric vychan onannav.

Priodoliad
Grüff lloyd ap dd ap einion ai kant.

Marwnad Hywel ap Meurig Fychan o Nannau

Ar awdurdod [ei] enw, daioni yn parhau am amser maith,
Hu Gadarn a ddyfarna wyf fi:
Gŵr heb dir aredig [i'w drin] â [gŵr] arall
4   Gynt a ddarparodd yn ddoeth
(Cyfaill rhagorol oedd i'r ynys)
O'i dir âr ar gyfer ei lys;
Addurnodd ei aradr gyfan ag aur,
8   Ac yr oedd ganddo iau hardd o aur tawdd.
I minnau yr oedd, y noson o'r blaen,
Mewn arglwyddiaeth wych, lle caeedig o farmor,
(Bu dychryn dros Wynedd)
12   Aradr nerthol ar odre craig
A dau garw [a oedd yn] anwyliaid
I mi yn aredig brig llethr.
Elw [ar gyfer] ysbrydoliaeth farddol, pa le bynnag y rhodient,
16   A dderbyniwn gynt o dir Meirion.
Cael [cynhaliaeth] ganddynt, arwyr cytûn [ac] annwyl,
A wneuthum i saernïo [cerdd].
Ni'm gorfodwn fy hun, drwy drafferth,
20   I gydaredig mwy nag [y gwnâi] Hu haelionus;
Pell o'm bwriad, un a chanddo ddewrder Garwy,
Yw [imi] ewyllysio eu gwahanu hwy.
A minnau'n mynd, gweithred wych ei bendith,
24   I gael budd o'u hannog [i aredig] drachefn,
[Cael bod] un yn gorwedd, chwerw anhunedd dicllon,
Daeth ofn, o'm dau ych hydrin a dibynadwy a ieuwyd yn y safle
          bwysicaf yn y wedd / ?ych bôn;
Taflu pen yr iau, daioni cyfiawn,
28   I lawr mewn eiliad yna.
Marw Hywel, [un a oedd ar] flaen byddin [mewn] rhyfel,
A achosodd i mi hiraeth, ap Meurig.
Och! [i] gant [o wŷr] am eu hamddiffynnwr,
32   Och! [i] Wynedd [fod] y gŵr [hwn] yn gorwedd [mewn bedd].
Yng nghanol y [ddiod] fedd a'r gwleddoedd
A'r gwin yr oedd yn ei gynefin,
A dymuno ymddiddan y noson o'r blaen,
36   A gorwedd ar derfyn [y] noson.
Dedwyddach ganddo, ymbil clod daionus,
[Un â'i] natur law yn llaw [â natur] Eliwlad,
Eistedd, [un sy'n haeddu] gwych anrhydedd cân foliant,
40   Dair noswaith a thri diwrnod

Na gorwedd, arwr gwych, uchel ei fri,
[Am] un awr o gwbl, [un o] hil Ynyr fonheddig.
Ar rudd[iau] ei fardd cystuddiol ei lef
44   Y mae ôl [eglur] ei farwolaeth ef.
Pwy a gaf (eiddo pwy yw poen?)
Anian dicllonedd [sydd eiddof], argoelion o daliad di-ball [am
    gerddi],
I Feurig ofidus a fydd ar gael,
48   I roi llinyn ffrwyn ar ddarn o'r iau?
Byth ni chaf, geiriau trist,
Yr un i gynnal yr iau.
Pan orweddodd, lloches galar,
52   Arweinydd y wedd aredig gampus,
Pawb sydd, cyn [dêl] hirddydd haf,
Yn amgyffred y bydd rheidrwydd arnaf
Brynu fy mwyd [fy hun], breuddwyd aruthr [yw marwolaeth
    Hywel],
56   A'm dillad, eiddof fi yw hunan-dwyll.
Ai rhesymol mwyach, [y] mae poen yn fy mynwes,
Yw ceisio'r byd a gefais [gynt]?
Taliad teg i'w arglwydd ffyddlon [mewn arfwisg] loywddu,
60   Pan ddaw [hynny i ben], a ganfyddaf [i yn cael ei roi] i'm Hywel
    hardd.
[Y mae'n] rhyfeddod, cân foliant sy'n bradychu bron,
I mi fy nghred ynghylch fy nghalon:
[Hyd yn oed] petai'n saeth a saethid o fwa croes [a honno wedi'i
    gwneud] o dderw heb [ei] hollti,
64   Petai hi'n ddarn o haearn,
Petai pob rhan ohoni'n bres,
Petai'n ddur, nad âi [hi]'n bedwar darn!

16
Moliant i farf Owain ap Maredudd o'r Neuadd-wen ym Mhowys

Gŵr litgawdd, agarw letgynt,
Gŵr mawr oedd Rhita Gawr gynt,
Gŵr cryf nid o gôr crefydd,
4 Gŵr ffôl heb un gair o ffydd.
Anfon anfad air ynfyd
At Arthur, benadur byd;
Hyn a roes hwn, yn ei raid,
8 Yn y llythr yn anllathraid
Bod iddo, nis bedyddiais,
Beth yn anorffen o'i bais
Nes caffael barf, ruddarf ri,
12 Arthur i'w gwnïo wrthi.

Arthur a roes, dewrfoes da,
Yr ateb hwn i Rita:
'Bid iddaw o'i lwyrfraw lw
16 Y pen a'r wyneb hwnnw;
Bu gwŷn glud, began gwladaidd,
Blinged neu grafed o'i gwraidd!'

Pan ddaethon', clywson' eu clod,
20 I'r maes lle bu'r ymosod,
Cafas y cawr a'i fawrair
Anelw gynt, yn ôl y gair:
Ni chad, ond a gad o gur,
24 I wrtho ddim o farf Arthur.
Bu gad fawr, bag*a*d ferydd,
A wnaeth er nad aeth â'r dydd.

Mae mab teg ei gynrabad
28 Ymysg gwŷr y maes a gad
A ŵyr dwyn, air diannod,
Barf glaer i gael berf y glod.
Un ni chêl pan ddêl yn ddig,
32 Owain ydyw'n enwedig,
Mab mawrglod, pair wybod pwy,
Maredudd, mur ar adwy,

Bro freiniawl, lle mae'r mawl mau,
36   Barwn Heiliarth, bron heiliau.
Gwn nad haws cael, gafael Gai,
Ym marf y mab a'm eurai,
Engyrth ei law a'i angad,
40   Un blewyn rhuddfelyn rhad
Gynt nag y cad, tyfiad hardd,
O farf Arthur oferfardd.
Gŵr yw â barf, gwir ei bod,
44   Da i ddynion diddannod.

Barf i gynnal pybyroed
Gyntaf ar Addaf a roed,
A barf heb lid, heb orfynt,
48   Deg iawn a gymerth Duw gynt.
Y drydedd farf, gufarf gâr,
Ymysg arglwyddi moesgar,
Myn draul! y mae yn drylwyn
52   Owain yn deg yn ei dwyn.
Sud glwys ar osodiad glân,
Llyna sud, llwyn o sidan.
Addwyn o bensel melyn;
56   Egin teg yw o gnawd dyn.
Ni bu ymlaen llu Lleon
Ystondardd mor hardd â hon.
Cyrs nawdd, ai gwell yw cwrs neb?
60   Cylchynodd oll cylch wyneb.
Llawn yw o'r gwawd, llwyn aur gwiw,
Llwyth iarlles llyweth eurlliw;
Caf wrth gyfedd bonheddig
64   Cyrraedd bron, cwyraidd ei brig;
Cyfles bryd cofl ysbrydawl;
Gwin goelgae lle mae y mawl;
Gwiwne aur, gwinau, arab,
68   Gwyn ermoed, gwn i, yw'r mab,
Na thyfawdd barf, gufarf ged,
Ar wyneb cyn dirioned.

Ffynonellau
A—BL Add 31077, 40ᵛ B—Card 1.550, 162 C—LlGC Mân Adnau 55B [= Abertawe 1], 264 D—Llst 53, 203 E—Pen 77, 287 F—Pen 197, 134 G— Pen 221, 142 (*llau. 1–2*)

Ymhellach ar y llawysgrifau, gw. tt. 345–55.

Darlleniadau'r llawysgrifau

1 *AD* Y gwr litgorff garw letgynt, *B* Y Gwr lidgo garw ledgynt, *CFG* Gwr lidkof a garw ledkynt. 2 *E* mawr vn rita. 3 *E* gwr cryf eb vn gair crefydd; [*G*]. 4 *A* fol; *A* o fydd, *BF* oi ffydd; [*G*]. 5 *AD* anfon kenadwyr ynfyd; [*G*]. 6 [*G*]. 7 *AD* hwnw ai rhoes a hynn rhaid; [*G*]. 8 *AD* yn i lythr yn lathraid; [*G*]. 9 [*G*]. 10 *AD* o beth yn eisiav oi bais; [*G*]. 11 *AD* nes kael o farf; *A* dydardd ni; [*G*]. 12 *AD* yw wnio, *B* i wnio, *E* oi gwnio; [*G*]. 13 *C* y roes; *AD* dewroes da, *E* daerfoes da; [*G*]. 14 [*G*]. 15 *AD* ar fod iddaw lwybrlaw lw, *B* bydd iddaw o'i lwyr braw lw; *CF* bid iddaw o lwyr-fraw lw; [*G*]. 16 [*G*]. 17 *B* bagain; [*G*]. 18 *A–DF* or gwraidd; [*G*]. 19 *E* bann ddeuthan clywsan; *B* y clod; [*G*]. 20 *D* lle/i/; [*G*]. 21 *BCF* oi fawrair; [*G*]. 22 *CF* Yn elw gynt; [*G*]. 23 [*G*]. 24 *AD* o ddiwrthi farf arthvr, *CF* O iwrth ddim o farf Arthur; [*G*]. 25 *AD* bagwd; [*BCEFG*]. 26 [*BCEFG*]. 27 *A* Mal; *AD* i gydnabad; [*G*]. 28 *CF* Ymysg y gwyr y maes a gâd; [*G*]. 29 [*ADG*]. 30 [*ADG*]. 31 *BE* lle ddel, *CF* lle'i ddêl; [*G*]. 32 [*G*]. 33 *B* mal mowrglod; *AD* par; [*G*]. 34 *AD* llym ar adwy; [*G*]. 35 *AD* breiniawl; *AD* lle ra mawl mav; [*G*]. 36 *AD* brynn heiliarth barwn hwyliav; [*G*]. 37 *BE* gael; [*ADG*]. 38 [*ADG*]. 39 *BE* Yngerth, *CF* Yngyrch; *F* ei glêdd ai angad; [*ADG*]. 40 [*ADG*]. 41 [*ADG*]. 42 [*ADG*]. 43 [*BCEFG*]. 44 [*BCEFG*]. 45 *AD* a barf i gynal byrfoed; [*G*]. 46 *AD* gynta er adda erioed; [*G*]. 47 *BCF* oerwynt, *E* oerynt; [*G*]. 48 [*G*]. 49 *B* drydydd; *D* gurarf; [*G*]. 50 [*G*]. 51 *BCEF* mynn drevlio y mae'n drylwyn; [*G*]. 52 *AD* owain deg yw yn i dwyn; [*G*]. 53 *A* Hud glwys, *B* Siwd glwys; [*G*]. 54 *B* Siwd; [*G*]. 55 *AD* o ddwyn i; *B* dasel melyn; [*G*]. 56 [*G*]. 57 *AD* o flaen; [*G*]. 58 *A* Ysdondarth, *B* ysgan dardd, *E* ystordd-varf *gydag* ystondardd *y testun yn amrywiad*; [*G*]. 59 [*BCEFG*]. 60 [*BCEFG*]. 61 *B* llawn on gwawd lleinw yn gwin, *CEF* llawn om gwawd lleinw ym y gwin; [*G*]. 62 *BCEF* llwyth iarllaeth llowaeth eûrllin; [*G*]. 63 *A* Cas wrth; [*BCEFG*]. 64 [*BCEFG*]. 65 [*BCEFG*]. 66 [*BCEFG*]. 67 *AD* gwynn eres gwine arab, *CF* Gwe yn euraid gnu arab; [*G*]. 68 *A* Gwnn ormod, *D* gwnn ermoed; *AD* mai gwynn yw/r/ mab, *B* gwinau yw'r mab; [*G*]. 69 *AD* nathyfawdd vn farf gwarf ged; [*G*]. 70 [*G*].

Teitl

[*G*], *A* I Owen ap Mredydd o'r neuadd Wenn Ymhowys, *B* Cowydd y farf, *CF* Cyw. Mol. i Farf Owain ap Mredydd *gydag* o Heiliarth *mewn llaw wahanol yn C*, *D* kowydd owen amrhedydd or nevadd wenn ymhowys, *E* Cywydd barv Owain ap mered o heiliarth ymhowys.

Priodoliad

[*G*], *A* Gruffydd Llwyd ap Davydd ap Einion Athro powys nis gwn air un Gwr yw ar Gruff Llwyd Bardd Owain Glyn Dwvr, *B* Gruff Llwyd ap Eingion Mygliw, *C* Gruff ap Dafydd ap Einion Lygliw ai Cant 1400, *D* gryffydd lloyd dd ab einion athro powys ai kant, *EF* Gruff llwyd ap dd ap Einion.

Trefn y llinellau
AD 1–28, [29–30], 31–6, [37–42], 43–52, 55–8, 53–4, 59–70.
BCEF 1–20, 23–4, [25–6], 21–2, 27–42, [43–4], 45–58, [59–60], 62, 61, [63–6], 67–70.
G 1–2, [3–70].

Moliant i farf Owain ap Maredudd o'r Neuadd-wen ym Mhowys

Gŵr llidiog ei nwyd, ffyrnig [ei] dristwch,
Gŵr mawr oedd Rhita Gawr gynt,
Gŵr nerthol [ond] nid [gŵr] o urdd mynachaeth,
4   Gŵr annoeth heb yr un gair o ffydd [yn Nuw].
Anfon neges ddrygionus [a] ffôl
[A wnaeth] at Arthur, pennaeth [y] byd;
Dyma a roddodd hwn, yn ôl ei argyhoeddiad,
8   Yn y llythyr mewn [dull] anghoeth
Fod iddo, ni fedyddiais ef,
Ddarn o'i fantell yn anghyflawn
Nes cael barf, brenin gwaedlyd ei arf,
12   Arthur i'w gwnïo wrthi.

Rhoddodd Arthur, [yn ôl] arfer wrol a daionus,
Yr ateb hwn i Rita:
'Iddo [ef, Arthur] y mae, yn ôl ei ymrwymiad [sy'n] llawn
    arswyd
16   Y pen a'r wyneb hwnnw [yn ogystal â'r farf];
Bu artaith ddyfal, bagan di-foes,
Blinged [y farf] neu rhwyged [hi] o'i gwraidd!'

Pan ddaethant, clywsant eu moliant,
20   I'r maes lle y bu'r ymladdfa,
Cafodd y cawr a'i ymffrost
Golled gynt, yn ôl yr hanes:
Ni chafwyd, ac eithrio [hynny] o ofid a gafwyd,
24   Oddi wrtho ddim o farf Arthur.
Bu brwydr fawr, torf ynfyd,
A barodd er na fu'n fuddugol [ynddi].

Y mae llanc ifanc hardd ei lwyddiant
28   A gafwyd ymysg milwyr y maes [brwydr]
Sy'n cyfarwydd â gwisgo, gair di-rwystr [o glod],
Barf wych er mwyn derbyn gair y moliant.
Un nad yw'n cadw [hynny]'n ddirgel pan ddêl yn llidiog,
32   Y mae wedi ei enwi'n Owain,
Mab enwog ei glod, pair [ef] wybod pwy,
Maredudd, [yw'r] amddiffynnwr mewn bwlch,
Bro wedi ei ffafrio, lle y mae'r [cerddi] mawl sy'n eiddo i mi,
36   Barwn Heiliarth, [y] llethr [lle y cynhelir] gwleddoedd.
Gwn nad yw'n haws cael, [gyda] gafael [gadarn] Cai,

Ym marf y llanc ieuanc a'm hanrhydeddai,
Arswydus yw ei law a'i gafaeliad,
40   Un blewyn melyngoch, bendithiol
Ynghynt nag y cafwyd, tyfiant golygus,
[Un] o farf Arthur [y] bardd gwamal.
Gŵr yw â barf, gwirionedd ydyw [am] ei bodolaeth,
44   Daioni i ddynion nad ydynt yn dannod [hynny iddo].

Barf i ategu oedran grymus [ac ysblennydd]
A roed gyntaf [oll] i Adda,
A barf heb ddicllonedd, heb genfigen,
48   Hardd iawn a gymerodd Duw gynt.
Y drydedd farf, anwylyd â barf a berchir yn fawr,
Ymysg arglwyddi boneddigaidd,
Myn gost! y mae yn ddeheuig / ysblennydd
52   Owain yn ei gwisgo'n hardd.
Ffurf brydweddol ar leoliad hardd,
Dyna['r] cyflwr, tyfiant trwchus o [ansawdd] sidan.
Gwych o faner felen;
56   Blagur hardd yw o gnawd dyn.
Ni bu ar flaen byddin Lleon
Faner mor hardd â hon.
Corsennau nawdd, a oes unrhyw un yn well ei rodiad?
60   Amgylchynodd y cwbl o gylch [ei] wyneb.
Llwyr [haeddiannol] yw o'r gerdd foliant, tyfiant trwchus euraid
      [a] gwych,
Baich iarlles [ac iddi] dorch o wallt o liw aur;
Caf ar achlysur gwledd ragorol
64   Gyrraedd [i lawr hyd at] fynwes, [barf] felyngoch ei blaen;
[Un] fendithiol [ei] harddwch yw['r] anwylyd gysegredig;
Sicrwydd o win lle y mae y [gerdd] fawl;
Harddliw rhagorol, melyngoch, gwych,
68   Gwn i [mai] goleubryd erioed yw'r llanc ieuanc,
[Ac] na thyfodd barf, rhodd [o] farf a berchir yn fawr,
Ar wyneb mor dirion [â hwn].

Moliant Gruffudd ab Ieuan Llwyd o Fathafarn

Ym Mathafarn, mwy'i thyfiad,
Y mae'*i* lys *r*ydd, lle aml rhad,
Ac aur a moethau a gwin
4   Yn llwyn ir yn Llanwrin,
A medd, nid rhyfedd y tro,
Bob unawr i bawb yno,
A chroeso i dario dydd
8   A nos yno'n oes henwydd
Gan ŵr glân, cawn ei aur glod,
Awdur rhinwedd dewr hynod.
Gruffudd, riwl graffaidd rylew,
12   Ab Iefan Llwyd, heb ofn llew,
Gŵr hy dewrgry' awdurgrwn,
A'i aerwy aur ar ei ŵn;
Da'i rinwedd, dewr o Einion,
16   Edn a phawb o dan ei ffon;
Aer Seisyllt a roes Iesu
Â'r aur dorch yw'r eryr du;
Gŵr a chledd a gair uwchlaw
20   Cowntiau tir, cant yn taraw;
O gorff Gwyddno, Cymro cu,
Goronaur, a gâr rannu.
Ei diroedd ef a'i darian
24   A drôi'r glod i drywyr glân,
A'i freintiau a'i fawr antur,
Y dewr doeth, i dorri dur:
Arglwyddi'n llenwi pob llan
28   Meirionnydd â mawr anian:
Un i Harlech, dilech dŵr,
A'r hyna', ffordd yr henwr;
A'r ail i Benllyn a roed,
32   Oedd er rhinwedd, ŵr henoed;
Y trydydd, newydd i ni
Eu bardd, Gastell y Byri.
O'r hyna' i gyd â rhan gŵr
36   Y dôi Seisyllt, oes oeswr;
O'i waed a'i gorff, da y gwn,
Gruffudd, hyna' gorhoffwn;

Aer y llew du, iarll y dêl,
40   Da ŵr yngod yw'r angel;
Da lain dwf dwylan Dyfi,
Dygwn fawl da gennyf fi,
Dwylan Caerig a'i dolydd
44   A'i ddewis allt iddo sydd.
Ei dir *ar* hyd y dŵr hallt
A gyrraedd bant a gorallt,
A'i felinau aflonydd
48   Yn y ddwy sir ddeunaw sydd;
A'i dda ar fynyddoedd ŷnt,
I'w hafodydd hyf ydynt;
A'i geraint ef a'i garwyr
52   Yn byw'n y cwrt, yn benna' gwŷr,
A'i gerddwyr, benaig urddas,
A llawer plwy'n llawr y plas;
A'i law dros Fachynllaith lân,
56   A Chyfeiliog iach folan',
A'i feibion dewrion bob dau
A'u gweryrfeirch, gwŷr arfau;
A'i ferched, ef a'm credir,
60   Ac wyrion teg, gorau'n tir,
Ac yntau yn orau Nudd,
Iôr goludog i'r gwledydd.
Hen wyf fi, a hŷn yw fo,
64   F'enaid ytoedd fynd ato;
Hen fu Enog enwog iawn
A chofus oedd a chyfiawn;
Hen yw Gruffudd fo henwalch,
68   Hwy bo byth i hybu balch.

Ffynonellau
A—Esgair 1, 95 B—Llst 133, 1165

Dylid nodi bod bylchau mawr yn nhestun llawysgrif A oherwydd rhwygiadau yn y llawysgrif. Ymhellach ar y llawysgrifau, gw. tt. 345–55.

Darlleniadau'r llawysgrifau
1 *AB* Mwy thyfiad. 2 *A* mae llüs rûdd, *B* Mae llŷs rhydd; *A* yma lles râd. 7 *A* [ ]ob dŷdd. 28 *A* [ ] ai mawr anian. 41 *A* da lain dôf, *B* Da lain duf; *B* drwy lan Dyfi (dwy lan Dyfi). 43 *B* Drwy lan Caerig. 44 *A* ai dewis. 45 *AB* [ar]. 52 *A* yn I Gwrt. 64 *AB* ytoedd. 65 *A* hen fo.

Teitl

A Cowydd I Griffudd ab Ifan Llwyd o fathafarn, *B* Cywydd Gruffydd ab Ieuan Llwyd o Fathafarn.

Priodoliad

A Gruffudd llwyd Dafudd [   ]i Cant, *B* Gruffydd Llwyd dd ab Einion a'i cant.

Trefn y llinellau

A 1–64 (*hyd y gellir barnu o gyflwr y llsgr.*), + hên fo Gryffydd dan rydd aür / hên wr êl yn hŷn nar avr, 65–8.

B 1–68.

Moliant Gruffudd ab Ieuan Llwyd o Fathafarn

Ym Mathafarn, sy'n rhagori o ran ei ddatblygiad,
Y mae ei lys hael, cartrefle bendith[ion] lluosog,
Ac aur a phethau drudfawr a gwin

4   Yn glwstwr llewyrchus yn Llanwrin,
A medd, nid yw'r digwyddiad yn syndod,
Bob awr i bawb yno,
A chroeso i oedi ddydd

8   A nos yno yn ystod oes gŵr o hen wehelyth
Gan ŵr prydweddol, derbyniwn ei glod [ar ffurf] aur,
Lluniwr grym eofn [a] godidog.
Gruffudd, doeth [a] thra gwrol [ei] arglwyddiaeth,

12   Ab Ieuan Llwyd, nad yw'n ofni llew,
Gŵr beiddgar, grymus a pharod i wynebu perygl, cyflawn ei
    awdurdod,
A'i dorch aur ar ei wisg seremonïol;
[Gŵr] da ei ragoriaeth foesol, gŵr dewr o [hil] Einion,

16   [Gŵr y mae pob] aderyn a phob person o dan [awdurdod] ei
    [deyrn]wialen;
Etifedd Seisyll [yr hwn] a roddodd Iesu
Â'r dorch aur yw'r eryr du;
Gŵr â gallu milwrol a gorchymyn [sy]'n drech nag

20   Ieirll tir, [petai] cant [ohonynt] yn ymosod;
[Gŵr] o hil Gwyddno, Cymro annwyl,
[Â'r] goron aur, sy'n caru rhannu.
Ei diroedd ef a'i darian

24   A barai gyfeirio'r moliant at dri gŵr urddasol,
A'i freintiau a'i fawr enbydwaith,
Y gŵr dewr doeth, i dorri arfau dur:
Arglwyddi'n meddiannu pob clos

28   [Ym] Meirionnydd â natur fonheddig:
[Aeth] un [mab] i Harlech, tŵr amlwg,
Ac [ef yw]'r hynaf, ymdaith yr henwr;
A'r ail [fab] a roddwyd i Benllyn,

32   Yr oedd [hynny] er mwyn rhagoriaeth foesol, ŵr [yn ei] henoed;
Y trydydd [mab], newydd[ion] i ni
Eu bardd, [a aeth i] Gastell y Bere.
O'r pennaf hynafiad â dogn gŵr

36   Y deuai Seisyll, einioes hynafgwr;
O'i waed a'i gorff, gwn yn dda,
[Y disgynnodd] Gruffudd, arglwydd yr ydym yn ymserchu
    ynddo;

Etifedd y llew du, iarll y dêl,
40   Gŵr daionus yno yw'r angel;
Llafn da [o] dyfiant [ar hyd] dwylan [Afon] Dyfi,
Dygwn foliant o sylwedd i'm canlyn i,
Dwylan [Afon] Caerig a'i meysydd gwastad
44   A'i ddewis o lechwedd coediog sydd iddo.
Ei dir[oedd] ar hyd glan y môr
A gyrraedd [hyd at] bant a bryn,
A'i felinau dŵr prysur
48   Yn y ddwy sir sy'n [rhifo] deunaw;
A'i wartheg ydynt ar fynyddoedd,
Beiddgar ydynt yn ei hafodydd;
A'i dylwyth ef a'i anwyliaid
52   Yn byw yn y llys, yn bobl a ystyrir yn bwysicaf,
A'i feirdd, urddas arglwydd,
A llawer [o'r] plwyfolion ar lawr y llys;
A'i awdurdod dros Fachynlleth bur,
56   A Chyfeiliog lewyrchus a folant,
A'i feibion dewrion fesul dau
A'u meirch ffroenfoll gweryrol, milwyr [ydynt];
A'i ferched, fe'm credir,
60   Ac wyrion hardd, gorau ein tir,
Ac yntau yn Nudd gorau,
Arglwydd cyfoethog i'r tiriogaethau.
Yr wyf i'n hen, y mae ef yn hŷn,
64   Yr oedd fy enaid yn cael ei dynnu ato [ef];
Hen fu Enoch disglair iawn ei glod
A doeth ydoedd a chyfiawn;
Hen yw Gruffudd a fo['n] filwr gwych ac oedrannus,
68   Bydded am byth yn parhau am amser meithach i
            wrthwynebu['r] trahaus.

18
I Dduw

Creawdr mawr, croyw Awdur mwyn,
Crist grair, mab i Fair Forwyn,
Celi, un Mab Duw Culwydd,
4   Clyw fi, Dduw tri, ddyad rhwydd,
Tad ac Ysbryd un Gadair,
A gwir Fab o fru gwyry Fair.
Ysbryd wyd, galon drwydoll,
8   A Duw a dyn, dydd daed oll!

Dirfawr gariad heb derfyn,
Wir Dduw, a fwriaist ar ddyn.
Dyn yn anad creadur
12   A wnaethost, gorfuost gur
O nerth tragywydd i ni,
Ar Dy ddelw er D'addoli.
Prynaist, enillaist y naill,
16   Plaid creaduriaid eraill;
Mawr fydd eu gobr os gobryn,
Maent oll fel y mynno dyn.
Pob march a phob tywarchawr
20   A ardd y maes, wir Dduw mawr:
Bara, os llafuria fo,
I ddyn a geir oddyno;
Aig o bysgod yr eigiawn
24   A ddaw i ddyn, eiddaw ddawn;
Dir yw i bob aderyn
Dysgu anrhydeddu dyn:
Gwyllt ac uchel eu helynt,
28   Gweilch cyn ebrwydded â'r gwynt,
I ddyn e' orwedd annof,
Ac ar ei law a ddaw'n ddof.
Mawr yw Dy wyrthiau mirain
32   I mewn y llysiau a'r main;
Y tân o'th gelfyddyd deg,
Mab Mair, a gair o'r garreg;
Peraist i'r olew newydd
36   A'r gwin i ddyfod o'r gwŷdd;

Dilys fod crwth neu delyn
Yn ceisio dyhuddo dyn.
Teg oedd ynn ddiolch i ti,
40   Da Dduw wyn, Dy ddaioni.

Dwys gred, nid oes greadur
A'r a wnaethost, gwyddost gur,
Gymaint a'th wnêl yn elyn,
44   Egni tost, ag y gwna dyn.
I'th gorff y tyngant, i'th gig,
Ac i'th ddelw wiw gatholig;
Eraill yn dost i'th ostwng
48   I waed Dy fron don a dwng.
Mynych y gwnair, eurgrair oll,
Amherchi Dy bum harcholl.
Na chymered, noded nâg,
52   Dyn oer enw Duw'n orwag.
Pam hefyd o'r byd y bydd
Pob dyn gelyn i'w gilydd?
Salw yw'r byd mewn trymfryd trwch,
56   Swyddau ni ad nos heddwch.
Rhoi a wna cedyrn yn rhwydd,
Er hirglod, aur i'w harglwydd,
A'i addo er blino'r blaid
60   A'i gynnull ar y gweiniaid.
Na roed neb, cywirdeb call,
Er gwst, aur ar gost arall;
Braint byr brwysg fydd rhwysg yrhawg,
64   Hwyl berw llif, hael byrllofiawg.
A fo hael, gafael gyfun,
A hy, bid o'i dda ei hun.
Anhoff awdl, oni pheidir
68   Môr tawch a dyr muriau'r tir
A'r mellt a lysg yr elltydd
A'r gwynt a ddadwreiddia'r gwŷdd.
Cyn no hyn, cwyn a honnir,
72   Coeliwch a gwelwch y gwir.
Arofun drwy derfyn da
Ydd ŷm beunydd oddiyma,
A dyfyn er canlyn cam
76   Ddiwarnawd a ddaw arnam
Hyd na bydd, ufydd ofeg,
Tramgwydd ar santeiddrwydd teg.

        Daear, y bo darpar da,

80   A grŷn a'r coed a grina;

        Odid cael yn ddiadwyth

        Na dyn na phren yn dwyn ffrwyth.

        Pan ddêl, er ein rhyfelu,

84   Corn Dyddbrawd a'r giwdawd gu

        I'n dwyn, fel yn oed unawr,

        Y dydd i'r un mynydd mawr,

        Ac yno, wiw ogoned,

88   Y byddi, Grist, budd i Gred,

        Yn dangos o'r tablglos tau

        I luoedd Dy welïau,

        Yn derbyn llu gwyn, i'n gŵydd,

92   I'th ddeheulaw, iaith hylwydd,

        A'r rhai difedydd ar hynt

        I'th asau am wnaethesynt;

        Deall, gorthrwm yw'r dial,

96   Y dyn a'i farn yn ei dâl.

        Gwae ni haeddawdd Dy nawdd, Nêr,

        Gwiw fendith, trwy gyfiawnder;

        Gwyn ei fyd cywir gwiriawn!

100   Gwae gorff a fo geuog iawn!

Ffynonellau

A—BL Add 14906 [= RWM 45], 85ᵛ B—BL Add 14967 [= RWM 23], 81ᵛ
C—BL Add 14979, 14ʳ D—BL Add 14984, 147ʳ E—BL Add 14991, 249ʳ
F—BL Add 31055 [= RWM 32], 30ʳ G—BL Add 31062, 45ᵛ H—BL Add
31063, 88ʳ I—Bodewryd 1, 118 J—Brog (y gyfres gyntaf) 2, 269ᵛ K—
Card 2.5 [= RWM 11], ii, 120 L—Card 2.13 [= RWM 34], 15 M—Card
4.10 [= RWM 84], ii, 1199 N—Card 5.44, 26ʳ O—Card 5.167 [= Thelwall],
8ᵛ P—CM 3, 8ʳ Q—CM 12, 404 R—CM 23, ii, 53ʳ S—J 101 [= RWM
17], 358 T—LlGC 95B, 96 U—LlGC 970E [= Merthyr Tudful], 49 V—
LlGC 1559B, 643 W—LlGC 1979B [= Pant 10], 56 X—LlGC 2023B [=
Pant 56], 237 Y—LlGC 3051D [= Mos 148], 103 Z—LlGC 4710B, 272
a—LlGC 5273D, 24ᵛ b—LlGC 5474A [= Aberdâr 1], 407 c—LlGC
11087B, 18ʳ d—LlGC 13071B, 72 e—LlGC 13081B, 74ᵛ f—LlGC
13167B, 179 g—LlGC 13168A, 18 h—LlGC 17114B [= Gwysanau 25],
266 i—LlGC 21290E [= Iolo Aneurin Williams 4], 1ʳ j—Llst 47, 137 k—
Llst 117, 29 l—Llst 133, 2 m—Llst 134, 34ʳ n—Pen 100, 7 o—Pen 240, 85
p¹—Rhydychen, Coleg Balliol 353 [copi ffotostat yn LlGC 9048E], 16ʳ p²—
Rhydychen, Coleg Balliol 353 [copi ffotostat yn LlGC 9048E], 34ᵛ

Ymhellach ar y llawysgrifau, gw. tt. 345–55.

Darlleniadau'r llawysgrifau

1 *Leg* y kreawdyr mawr; *AIRVYa* cry awdur mwyn, *CDMo* kreadvr mwyn *gyda* croyw awdur mwyn *y testun yn amrywiad yn o*, *G* craewadr mwyn (craew awdyr mwyn), *KT* kroiwdwr mwyn, *Oh* kryowdr mwyn, *k* kreadr mwyn; [*Qcn*]. 2 *Leg* [Crist]; *AFGIJLNPRSUVY–bd–gijlmp^{1}p^2* krair; [*EQXcn*]. 3 *Leg* [un]; *GNPUWdij* cûlwyf, *JS* koeliwyf, *KT* klwydd, *Leg* keylwydd, *k* kelvydd; [*EQXcn*]. 4 *ARVYa* clyw fi duw tri dad rrwydd, *B* klyw ui dduw tri ddatrwydd, *FP* Clyw vi Dûw tri da tra vwyf, *GJNSUdijm* Dûw keli clyw fi cla wyf, *H* Klyw in dduw tri ddatrwydd, *I* clyw fi dûw tri o dad rhwydd, *Kk* kylyw vi dduw iij dad rrwydd, *L* klyw fi ddyw dri dad Rhw, *M* Clyw ni Dduw tri ddyad rhwydd, *O* klyw vi dduw tri thad rrwydd, *T* byw fu dduw tri Dad rhwydd, *W* clyw fi Duw tri tra fwyf, *Z* cluw Fi Dduw su Ddeiar Rhwydd, *bl* clyw fi Duw tri dyad rhwydd, *eg* klyw fi ddyw dri dad Rhwydd, *f* Clyw Fi Dduw su Ddeiat Rhwydd, *h* klyw vi dduw tri ddad rrwydd, *o* clyw ni Dduw tri ddatrwydd; [*EQXcn*]. 5 *AILRVYaeg* yny gadair, *BCHMo* kyd kadair, *D* cyd gadair, *FPWbl* or gadair, *GNUdijm* oi gadair, *JS* yn i gadair; [*EQXcn*]. 6 *AFGIJLNPRSUVY–bdfgmp^{1}p^2* [A], *e* ac; *T* gwiw, *e* yn, *p^2* Wir; *R* ofrv y gwyrf, *T* o fru y wyrif, *ij* o vry r gwyry; [*EQXcn*]. 7 *Ibl* calon drydoll, *KT* glan diwid oll, *Leg* glan dryd oll, *Zf* Glan Drydoll; [*EQXn*]. 8 *Ye* [A]; *ADIKRTVYZacf* dydd da yd oll, *FP* dy ddaed oll (*G*)*UNim* [dydd] da wyd oll, *W* dy daed oll; [*EQXn*]. 9 *k* dirvrawr garid, *p^1* Dirvawr kariad; *CM* ar dervyn; [*EFGJNPQSUWXdijmnp^2*]. 10 *Zf* o Dduw; *D* a roddest, *KT* awiriaist, *k* avwriaisti; [*EFGJNPQSUWXdijmnp^2*]. 11 *ARVY* dyn yn anniad, *Lg* Dn yn anfa, *Thk* dyn ynad *wedi'i gywiro yn* dyn yn anad *y testun gan law ddiweddarach na llaw y testun yn h*, *Zf* Dun o Anfad, *e* dyn yn anfod; *Leg* gereawdyr, *Ohk* kredadur *wedi'i gywiro yn* greadur *y testun gan law ddiweddarach na llaw y testun yn h*, *T* Kreawdur, *Zf* Greadur; [*BCEHMQ Xcnop^2*]. 12 *FGJNPSUWdijm* gwybuost, *Leg* gorch fyost, *V* gorevfost, *k* gwyddost; [*BCEHMQXcnop^2*]. 13 *Lg* Anerth, *e* anerth yn; *FGJNPSUWdijm* tragwyddol i ni, *Leg* dragwyddol yni, *blp^1* dragywydd yni; [*BCEHMQXcnop^2*]. 14 *Z* Ddelw wrth Dy Addoli; [*BCEHMQXcnop^2*]. 15 *Leg* peraist; *e* [y]; [*BCE–HJMNPQSUWXcdijmno*]. 16 *AEILRXYaglnp^1* blaid, *V* blaid o, *Zf* Ei Blaid, *e* blyd, *p^2* O Blaid; *AVa* o gre awdyriaid, *IRYal* o greaduriaid, *Lg* greadiriayd, *e* Greadyriay; [*BCFGHJMNPQSUWcdijmo*]. 17 *AILRVYZaefgp^1* Mawr ywr gobor, *BCHMco* Mawr vydd i obr; *Leg* ar y gwiw bryn; [*EFGJNPQSUWXbdijlmnp^2*]. 18 *AIRVYa* mae n dal val, *KOT* maen dol val, *Leg* May yn Rydd oll Fel, *Z* Mawr ôll fal; *Lg* mynydd ddyn, *T* [y] myno dyn, *e* ymynydd yn; [*EFGJNPQSUWXbdijlmnp^2*]. 19 *AFIRVYa* pob march pob rryw dwarchawr, *GJdij* Pob march a phob gwarchawr *gyda* tywarchawr *y testun yn amrywiad yn G*, *P* Pop march a phop rhyw warchawr, *T* pob march aphob tawarch gwr. 20 *AIVa* ar y maes, *KT* ar ydd

ymaes, *Lg* [A] ardd ymaes, *R* o ary maes, *S* a ardda maes, *Y* arwydd y maes, *Z* yr Ardd Ar Maes, *f* Yr Ardd y Maes, *k* aeth ir maes, *p²* a ddaw ir maes; *I* o wirddûw mawr, *a* gan wir dduw mawr. 21 *KT* para; *GU* y vo; [*p²*]. 22 *BCHMco* a gaiff, *bi* a ddaw; [*p²*]. 23 *AIRVYa* ag o byscod, *H* Cig o bysgod, *KT* giav byscod, *Z* Aig o Bûsc; *BHo* [yr] eigiawn, *CKLMTZefgh* or eigiawn, *c* o eigiawn; [*FGJNPSUWdijm*]. 24 *R* a ddaw a; *AIRVYa* ddyn iddo o ddawn, *D* ddyn diddaw dawn, *KT* jddo yn ddawn, *Zf* Ddun yn Ddiau Iawn, *k* ddyn aeiddaw ddawn; [*FGJNPSUWdijm*]. 25 *AIVYa* i dir yw pob yderyn, *R* i dir yw bob yderyn, *Zf* Diriw yw Pôb Ederyn, *k* dir yw pob yderyn, *e* dir yw [i] bob ederyn; [*FGJNPSUWdijmp²*]. 26 *DQRVYa* ddyscv, *Zf* Dusc I, *k* yn dysgv; [*FGJNPSUWdijmp²*]. 27 *EX* Gweilch ar uchel ei helynt, *FGJNPSUdijm* Gwyllt ac vchel yw helhynt, *Leg* y gwylld ychel yhelynt, *Qbln* Gweilch ac uchel eu helynt, *p²* Gwyllt ac ychel yr hellynt. 28 *ABDF–KM–PR–WYacdh–kmop¹* gwalch, *CZf* gwallch, *EQXbln* A'r gweilch, *Lg* y gwalch, *ep²* y gwaylch; *EQXbn* mor ebrwydd ar gwynt, *GJSW* cyn ebrwydded a gwynt, *NUdijm* gyn ebrwydded a gwynt, *T* cyn rwydded ar gwynt, *Z* cynn Gyntad Ar Gwunt, *f* sydd Mor Ebrwydd A Gwynt, *k* kyn ebrwydd ar gwynt, *l* mor uchel â'r gwynt. 29 *ABHOVho* I ddyn mae i wedd ynno, *CDM* I ddyn mav weddi ynof, *IZf* i ddyn i mae i wedd ynof, *KT* i ddyn mae agwedd ynof, *Lg* ydyn ymay ywedd ynof, *RYa* i ddyn i mae i wedd yno, *c* I ddyn mav wedd ynnof, *e* y dyn ymaywedd ynof, *k* i ddyn i mae yno i weddyno, *p¹* i ddyn i mae wedd ynof, *p²* y ddyn y mae wedd yno; [*FGJNPSUWdijm*]. 30 *A–DHKLMORTVYZace–hkop¹p²* [Ac]; *DEXZfp²* ve ddaw; *ABHORVYahkop²* ddo; [*FGJNPSUWdijm*]. 31 *b* y dy; [*BCFGHJMNPSUWcdijmo*]. 32 *DOhk* mewn llysie, *E* Y mewn yr llysieu, *K* maen llysie, *Lg* ymewn [y] llysie, *T* man llysie, *Zf* A sai Mewn llessiai, *p²* mewn y llysseyau; *D* am diriaid a main, *KOh* am eirie amain, *LZabefg* amain, *T* a eirie a main; [*BCFGHJMNPSUWcdijmo*]. 33 *Zf* Y Tân oedd Gelfyddyd Têg, *l* Y tân o'th gelfydd teg; [*BCHMco*]. 34 *DKOhkp¹* vab mair, *IRVYa* mynn mair; [*BCHMco*]. 35 *EQXbln* Peraist olew o newydd, *FGIJLNOPRSZad–kmp¹* peraist yr olew newydd; [*BCHMcop²*]. 36 *Zk* agwin; *ADIKLORTVYZae–hk* i dyvv, *p¹* ar dwfr, (*p¹* ir dwfr); *Zf* Drwyr Gwydd, *i* ir gwydd, *p¹* ar gwydd (or gwydd); [*BCHMcop²*]. 37 *T* diles; *BD–HJNPQSXbcdfijln–p²* bod, *Z* Bôb; *Z* crŵth Ar Delyn. 38 (*p¹*)*p²* yn dysky; *GJNSUdijmp¹* dihvno, *Zf* Dilyddiaw, *e* dy heddiaw, (*p¹*)*p²* diddany; *e* ddyn. 39 *NUdim* teg jawn; *DKOThk* i ddiolch, *E* yn diolch, *FPW* o ddiolch, *JNSUZefim* [in] ddiolch, *Lg* [in] diolch; *k* i di; [*BCHMco*]. 40 *ADIKORTVYahkp¹p²* duw o ddyn *am Da Dduw wyn y testun*, *FGJNPSUWZ dfijm* Dûw i ddyn *am Da Dduw wyn y testun*, *Lg* Dyw ddynion *am Da Dduw wyn y testun*, *e* oddyw y ddynion *am Da Dduw wyn y testun*; *Zf* Am Ddaioni; [*BCHMco*]. 41 *Leg* Dwys gread, *p²* dwys gryad; *Zf* Dros Greadur; [*FGJNPSUWdijm*]. 42 *A–DHIMRVYacop²* [A'r], *Zf* Ag A, *e* ac y; *ABCHIMRVY aeop²* gorvvost, *c* gorvvst, *h* gwyst; [*FGJLNPSUWdgijm*]. 43 *DLZe* Cymaint, *FGJNPSUWdijm* Nyd oes; *AIRVYa* a wnel. 44 *ACEIMOQRVXachlnop²* egni dost, *FGJPSWd* Egni dic, *(G)NUijm* Egin dig, *Hp*[1] Egin dost, *Lefg* egin tost; *FGJNPSUWdijm* val y gwna dyn, *I* i gwna y dyn, *KT* ai gwna adyn, *Ohk* ai gwna dyn, *QZep*[1] ag a wna dŷn. 45 *E* gorph ith lyngant, *FGJNPSUWdijm* gorph tragwyddol, *Zf* corph y tyngan, *e* Gorff ythyngant, *k* gorff i dyngant; *ABCF–JMNPRSUVWYacdijmo* ath gic, *Z* ith cig, *k* i gic. 46 *BGKNOThk* Ac ithelw, *Ebln* [Ac] ith ddelw, *FPWX* Ath ddelw, *Leg* Ac yth ddwylaw, *U* ath yth ddelw; *KT* friw gytholig, *Oh* vyw gatholig, *Z* [wiw] Gatholig. 47 *AIVYa* a ostwng, *BCDHKMOThkop*[1] athostwng, *FGJNPSUWdijm* er d'ostwng, *R* o ostwng, *c* oth ostwng. 49 *BCHMco* Mynych myn mair; *GJNSUdijm* ar grair oll, *Leg* angrair oll, *W* ofergrair oll. 50 *E* Ammherchu dy lun, *Z* Amarch Ith Bumm. 51 *AVa* Na chymred o nodded nag, *I* na chymred e noded nag, *Lg* Nachymered nodded nag, *RY* na chymred o noded nag; [*BCDFGHJKM–PSTUWcdh–kmo*]. 52 *L* vn dyn enw yn orwag, *eg* vn dyn enw dyw yn orwag, *p*[1]*p*[2] vn dyn oer enw duw n orwag; [*BCDFGHJKM–PSTUWcdh–kmo*]. 53 *k* hevyvyd; *BHco* yny byd, *CDM* mewn byd, *EX* ir byd. 54 *GJSdj* gelyn pob vn yw gilydd, *(G)NUbilmnp*[2] pob vn gelyn yw gylydd. 55 *Q* Salw ydyw'r bŷd; *AMORVYZ* [mewn] trymfyd, *CD* mewn trymvyd, *FJKPQSWXabhkln* [mewn] trymvryt, *GLNTdfgijmp*[1]*p*[2] [mewn] trymryd, *I* [mewn] trynfryd, *U* mewn trymryd, *e* [mewn] tram mryd; *T* drwg. 56 *IY* ni ad vn nos, *d* nyd ad nos. 57 *M* Rhai; *ACDGIJMNOR–VYadehijmp*[1]*p*[2] wna yr, *Lg* ynar, *Zf* wnaer; *K* kadran. 58 *AGINRVYZafijmp*[2] er y hirglod, *D* dir hirglod, *k* ir hir grod; *Zf* Aur Ei. 59 *o* ac addaw; *EQXbn* blingaw'r, *Z* Blinaw I, *l* blinder i'r. 60 *Z* Ail Gynnill, *f* ai cynnill. 61 *O* A roed, *e* narodded; *Zf* Nêb y; *BCHMco* kytvndeb, *EQXln* cywreindeb, *F* cyweirdeb. 62 *BHLeop*[2] Ar gwst, *DOh* a gwest, *E* Er gwest, *I* er i gwst, *KT* ar west, *Zf* Ir Gîst, *g* Ar grwst, *k* a gwst. 63 *Bc* yn wysc byr vydd yr hwysc yr hawc, *CHMo* yn wysc byrr vydd rhwysg y rhawg, *FPW* Braint brwysc byrfyd rhwysc y rhawc, *GJNSUdijm* braint brwysg ba/r/ fyd rhwysg y rhawg, *Leg* braint byr brwysk Rhwyssg yr hawg, *Z* Braint Burr Brwysc Bûdd yr Hawc, *c* yn wyst byr fydd yr rwysg yr hawg, *f* Braint byr Brwysc y Fydd yr Hawc, *p*[2] Braint brwysk a vydd rhwysk yr hawg; [*DKOThk*]. 64 *AIRVYa* hwyl berw llin hael byrllennawg, *EQXbln* Hwyl bwrw lliw hael byr-llawiawg, *GJNSUdijm* Hwyl berw lliw hael byr llawiawg, *Lg* hwyl berw llif hael barllyawg, *P* Hwyl berw llif hael byrllawiawc, *Z* Hael Berw llîf ywr Byrr llofiawc, *e* hwyl berw llef hael barllyawg, *f* Hael berw llif Hael Byr llofiawg, *o* hŵyl berw llif hael berllafiawg; [*DKOThk*]. 65 *G* gofal gyfun, *Leg* gafael gefyn, *T* gafael gyffin. 66 *I* A hyf bid oi ddaf ei hun, *Z* Byddet Hael oi Bethey I Hûn, *f* Byddet Hael oi Dda Ei Hun. 67 *Lg* Anofawdwr, *e* nofawdwr, *k* anoeth owdl; *H* noi ffeidir, *Le* in feidir, *g* ni feidir. 68 *T* a dyn, *d* a lysg; *Qbln* muriau tir, *Z* Mynawr Tîr. 69 *EFHPWXZ* A mellt; *AIKQRTVYZf* y gelldydd, *a* y gwelltydd. 70 *EX* A gwynt; *ACDGJ–OR–VYZad–jmp*[1]*p*[2] ddiwreiddia r. 71 *EQXbln* cyn hynny, *G* Cwyno cyn (Kyno hyn), *WZf* cynna Hûnn, *d* cynn hynn; *AV* kwyn ni honir, *Ra* kwyn na honir, *Zf* cwyn o Hoenhir; [*BCDHKMOTchko*]. 72 *AIRVYZaefp*[1]*p*[2] koylwn a gwelwn,

FGJNPWdijm Clowan a gwelan, *Lg* koyliwn y gwilwn; [*BCDHKMOTchko*]. 73 *Lg* arorffyn, *Zf* I Rofyn, *g* Aroffun; [*BCDFGHJKM–PSTUWYcdh–kmo*]. 74 *AIRVa* i ddyn, *Z* yr Rwyn, *e* yrym; [*BCDFGHJKM–PSTUWYcdh–kmo*]. 75 *AIRVYa* ar dyfyn, *Lfgp*¹ vn dyfyn, *Zp*² yn dyvyn, *e* yr dyfyn; [*BCDFGHJKM–PSTUWcdh–kmo*]. 76 *AIRVYa* i ddiwrnod, *L* vn diwarnod *ond* Ddiwarnawd *y testun pan ddigwydd y ll. hon yr eildro, e* diwarnod; [*BCDFGHJKM–PSTUWcdh–kmo*]. 77 *Q* na chudd; *R* efydd; [*BCDFGHJ–PSTUWcdeg–kmop*²]. 78 *Q* y *am* ar *y testun*; [*BCDFGHJ–PSTUWcdeg–kmop*²]. 79 *AV* y ddayar o darpar da, *FGJNPSUWdijm* Y ddaiar oi darpar da, *IRY* y ddayar bo darpar da, *Leg* Ar ddayar ddi wair dda, *Q* Daear awch alar a'i chwant, *a* y ddaear o ddarpar dda, *Zf* y Ddauar Y Fo Darpar Dâ, *p*¹ y ddayar vo darpar da; [*BCDHKMOTchkop*²]. 80 *d* y gryn; *Q* a grinant, *d* [a] grnia; [*BCDHKMOTchkop*²]. 81 [*BCDHKMOTchkop*²]. 82 *AIRVYa* [Na] dyn; *Y* a ffrenn; *Lg* yn ddwyyffrwyth, *a* yn dwyn iawn ffrwyth, *e* y dwyn ffrwyth; [*BCDHKMOTchkop*²]. 83 *AVa* pen ddel yr anryfeddv, *BCDHMco* oni ddel i ryvelu, *IY* pan ddel yr anryfelv, *KT* pen ddeler in rhyfelv, *Leg* Affen del yn Ryfely, *OR* pan ddel r yn rryvelu, *Zf* Pan Ddeler yn Rhefely, *k* pan ddel yn rryvel velv. 84 *FPkp*² Cyrn, *KT* kryn, *Oh* gyrn; *D* a giwad gû, *Gd* ir giwdawd gu, *JNSUdijm* ir gaû dawd gu, *KOTh* ogevdawd gv, *EXbln* o'r giwdawd gu, *R* or gewdawd gv, *Z* oi ceidwawd cû, *c* ar kiwdawd kv, *e* ay Giwdawd Gu, *f* oi Geidwawd Gû, *g* ay geydawd gy, *k* [ar] gevdawd gv, *p*¹*p*² or geudawd gy. *Yn L cywasgwyd llau. 84 ac 86 yn un ll.* 85 *AIRVYa* down i gyd enyd vnawr, *BCDHMo* yw dwyn val yn oed vnawr, *EQXbefgln* In dwyn hyd ennyd unawr, *FGJNPSUWdijmp*¹*p*² yn dwyn hyd yn oed vn awr, *KOThk* an dwyn val yn oed vn awr, *Z* yn Dŵyn Hûd Ennudd Unawr. [*L*]. 86 *AIRVYaegn* yr vn dydd ir mynydd mawr, *BCHMco* y dydd i benn mynydd mawr, *D* yn dydd i ben mynydd mawr, *EFGJNPQSUWXbdijmp*¹*p*² yn vn dydd ir mynydd mawr, *Zf* Mewn Vn Dydd Ir Mynydd Mawr. *Yn L cywasgwyd llau. 84 ac 86 yn un ll.* 87 *EQXbln* yna; *CGIJMNRSUYdijm* gwiw, *W* wir; *IKLRTYZefgp*² gogoned; [*AVa*]. 88 *B* y byddy grist budd a gred *gydag* i gred *y testun yn amrywiad yn B*, *EXbln* Pan ddel Crist i ddial cred, *FPW* y byddy Ghrist budd o gred, *H* Y byddi'r grist budd i gred, *IRY* i bydd o grist bvdd i gred, *Lg* y bydd krist abyddiayr gread, *Q* Crist a ddaw i ddïal crêd, *TU* i byddy grist i bydd i gred, *Zf* Y Byddi o Bûdd In Grêd, *c* y byddi Grist bvdd agred, *e* y bydd Krist a byddiaer Gred, *k* ybyddi grist avdd i gred, *p*¹ i byddy grist byddiau gred, *p*² y bydd krist a byddinieu kred; [*AVa*]. 89 *ARVa* lle i dangos, *I* lle i ddangos; *BCDHMco* y tabl glos tav, *EXbln* ar dabl ..., *KT* or tabyl tylos tav, *Leg* [o'r] tabal gloes tay, *Q* heb os heb au, *Zf* or cabl clôs cay, [*Y*]. 90 *Leg* y llyoedd; *ACEIMQRVXalnp*² i weliav, *Leg* o weliay; [*Y*]. 91 *AIRVYZafp*¹ yn erbynn lly, *EXbln* I erbyn llu, *GNUdijm* Ac yn derbyn llu, *Leg* yn erbyn y lly, *Q* i dderbyn llu; *GJNSUdijm* [i'n], *R* im; [*p*²]. 92 *AV* ath hevlaw oll iaith, *O* Ithehevlaw iaith, *R* ath wylaw oll iaith, *Y* ath ddwylaw oll iaith, *p*² ith deheuli oll iaith; *GJNUdijm* hoewlydd, *g* heylwydd; [*p*²]. 93 *BHo*

A rraid i vedydd, *EIQXblnp*[1] Y rhai divedudd, *Z* Ar Rhai Diffaith, *f* Ir Rhai Diffaith; *FGJLNPSUWdegijm* er hyn, *Zf* Ai oer Hynt; [*CMp*[2]]. 94 *AVa* ith aswy ath weithiesynt, *BHOTchko* Ith asw am awnaethessynt, *D* ith asswy am na wnaethessynt, *EQXbln* I'th asau a wnaethesynt, *F(G)JNPSUWdijm* yth aswy a wnaethysyn, *G* Yth asswy a wnaethost ynn, *I* ith asswy a wnaethessynt, *Kp*[1] Jth assw amwnaethes ynt, *Leg* yth aswy am nath ddewisin, *R* ath aswy awnaethasvnt, *Y* ath ath asswy a wnaethessynt, *Zf* Noeth Assay Am y wnaethyssynt; [*CMp*[2]]. 95 *EFPQWXln* yw dial, *U* ir dial. 96 *IPW* ir dyn, *Z* A Dûn; *AIKRTVYa* ai weithred; *IKTVYa* yw dal. 97 *AV* gwae a hayddawd, *D* Gwae ni chafawdd, *Leg* Rai ni hayddawdd, *Zf* Gwae Na Heuddawdd; *AILRVYZafegp*[1]*p*[2] drwy nawdd ner, *EQXbln* nawdd fy ner, *GJNSUdijm* ffyniawdd ffer, *KT* [dy] nawdd ner. 98 *BHZcfo* dy vendith, *CDIM* y fendith, *k* a gwiw vendith; *EQXbln* o gyfiawnder, *Leg* dy gyfiawnder. 99 *AVa* a gwyn i fyd, *Xln* Gwyn fyd, *b* Gwn fyd; *AGI–LOQ–bd–hjlnp*[1]*p*[2] y kowir, *E* y cyfiawn, *k* gowir; *A–JMNP–SV–dfijl–o* tiriawn, *T* ywir iawn. 100 *ACFGJMNPRSUVWadeijmp*[2] a gwae gorff, *BHILcgk* A gwae i gorff, *K* gwae rykorff, *Oho* gwae i gorff, *T* gwae yr corff, *Z* A Gwna Nhwy, *f* A Gwae Nhwy, *l* Gwae ei gorph; *FGJNPSUWdijm* y geûog iawn, *KOQTh* afo evog jawn, *Le* y fo gwag iawn, *Zf* Fay Gayog Iawn.

Teitl

[*BCFIJLNOPSUWcegijnp*[2]], *A* [   ]ydd [   ]duw, *D* Cowydd i dduw yn dangos daioni duw i ddyn ymhob peth *gydag* Iolo Goch ir Tad ar mab *wrth droed y cywydd, EX* A Duw yn y blaen, *G* Cywydd yn dangos y daioni a wnaeth Duw drosom ni; ag val i ddym ninneu yn amherchi Duw, *H* I Dduw, *KTVYZbdfhlp*[1] kowydd y dduw *mewn llaw ddiweddarach na llaw y testun yn d, M* Mawl i Dduw, *Q* Cywydd dwyfol, *R* Cy: i Grist Iesu; y Graedigaeth *mewn llaw wahanol i law y testun, a* cywydd ir byd, *k* kowydd duw, *m* llyma gywydd yn dangos y daeoni a wnaeth düw drosom ni: ag val i ddym ninav yn amherchi düw, *o* C. duwiol.

Priodoliad

[*G*], *AV* gruff ap dauydd ap Einion o lyglyw ai kant, *BCco* Iolo goch ai kant, *DHM* Iolo Goch, *EX* Gruf: Llwyd. Dd: ap Ein: Lygliw ai Cant 1400, *F* D. Jo. Cent *gydag* Iolo Goch ai cant medd eraill *mewn llaw wahanol i law y testun, IKOTZfk* gruff llwyd ap dd ap eig ai kant, *JSi* Sion kent ai kant, *Leg* Gr llwyd dap enion lygwy ay kant, *NUdjm* Sion i cent ai cant *gyda* medd arall Gr. Llwyd D[d] ap Einion Llygliw *mewn llaw ddiweddarach na llaw y testun yn d, PW* D. Jh. Kent, *Q* Gruffydd Llwyd Dafydd ap Eingion Lygliw ai Cant circa 1400, *R* gruff dd ap einion ylygliw, *Y* gr llwyd ap dafydd ap einion lygliw, *a* Gruff: llwyd dd ap Einion, *b* Gruffydd llwyd ab Dafydd ab Ennion Lygliw 1400, *h* gr lloyd ap dd ap egn, *l* Gruffydd Llwyd dd ap

Eignion a'i cant Sion Cent medd arall, *n* Gr llwyd dd ap Eng llygliw ai k, *p¹p²* Dauydd llwyd ab Einion llegliw ae kant.

Trefn y llinellau

AVa 1–22, 35–6, 23–34, 37–86, [87–8], 89–100 (*cf. R*).

BHo 1–10, [11–16], 19–24, 17–18, 25–30, [31–6], 37–8, [39–40], 41–50, [51–2], 53–70, [71–82], 83–100 (*cf. CM, c*).

CM 1–10, [11–16], 19–24, 17–18, 25–30, [31–6], 37–8, [39–40], 41–50, [51–2], 53–70, [71–82], 83–92, [93–4], 95–100 (*cf. BHo, c*).

D 1–50, [51–2], 53–62, [63–4], 65–70, [71–82], 83–90, 92, 91, 93–100 (*cf. KOThk*).

EX 1, [2–15], 16, [17–18], 19–22, 35–6, 23–34, 37–88, 91–2, 89–90, 95–6, 93–4, 97–100 (*cf. Q, Zf, bl, n*).

FGJNPSUWdijm 1–4, 7–8, [9–10], 5–6, 27–8, [29–32], 19–22, [23–6], 39–40, [41–2], 35–6, 33–4, 37–8, 11–14, [15–18], + Er maint yn gowraint dan go (yn gymaint *yn d*) / Vrddas a wnaethost erddo, 43–4, + O daw arna braw garbron (arnaw *yn FGJNSUWdijm*) / Mewn nod e dwng annidon (dan nod *yn GJNSUdijm*; e a dwng *yn JS*), 45–50, [51–2], 53–72, [73–8], 79–96, + yno vo grynn vyn y grog (yno e grynn *yn GJNSUdijm*; mynn yn *FGJN(P)SUWdijm*) / yn wir gowir a gavog (ag euog *yn W(G)*), 97–100.

I 1–22, 35–6, 23–34, 37–86, 89–92, 87–8, 93–100.

KOThk 1–50, [51–2], 53–62, [63–4], 65–70, [71–82], 83–100 (*cf. D*).

L 1–22, 35–6, 23–34, 37–41, [42], 43–74, 76, 75, 76, [77–8], 79–83, *cywasgwyd llau. 84 ac 86 yn un ll.*, [85], 87–100.

Q [1–18], 19–22, 35–6, 23–34, 37–88, 91–2, 89–90, 95–6, 93–4, 97–100 (*cf. EX, Zf, bl, n*).

R 1–22, 35–6, 23–34, 37–100 (*cf. AVa*).

Y 1–22, 35–6, 23–34, 37–72, [73–4], 75–88, [89–90], 91–100.

Zf 1–22, 35–6, 23–34, 37–88, 91–2, 89–90, 95–6, 93–4, 97–100 (*cf. EX, Q, bl, n*).

bl 1–12, 14, 13, 15–16, [17–18], 19–22, 35–6, 23–34, 37–88, 91–2, 89–90, 95–6, 93–4, 97–100 (*cf. EX, Q, Zf, n*).

c [1–6], 7–10, [11–16], 19–24, 17–18, 25–30, [31–6], 37–8, [39–40], 41–50, [51–2], 53–70, [71–82], 83–100 (*cf. BHo, CM*).

e 1–22, 35–6, 23–34, 37–76, [77–8], 79–100 (*cf. g*).

g 1–22, 35–6, 23–34, 37–41, [42], 43–76, [77–8], 79–100 (*cf. e*).

n [1–15], 16, [17–18], 19–22, 35–6, 23–34, 37–88, 91–2, 89–90, 93–4, 97–100 (*cf. EX, Q, Zf, bl*).

p¹ 1–22, 35–6, 23–34, 37–88, 91–2, 89–90, 95–6, + Rhai yn kryny val maeddy mab / Eraill yn llawen arab / Rhai a gayff nefoedd ygyd / a rhai boeney rhyw benyd, 93–4, 97–100.

p² 1–8, [9–14], 41–66, 39–40, 23–4, [25–6], 27–30, 37–8, 33–4, [35–6], 31–2, 15–16, [17–18], 67–76, [77–82], 83–6, 19–20, [21–2], 87–90, [91–4], 95–6, +

rai n kryny val maeddu mab / eraill yn llawen arab / rhai y gaiff nefoedd ygyd / A rhai boeney rhiw benyd, 97–100.

I Dduw

Creawdwr mawr, y Crëwr pur [a] charedig,
Crist [y] trysor, mab i Fair Forwyn,
Arglwydd, unig Fab Duw [y] Pennaeth,
4 Gwrando arnaf, Dduw [sy'n] dri [pherson], [o] anian hael,
Tad ac Ysbryd [yn] un Arglwydd,
A gwir Fab [a aned] o groth [y] wyry Fair.
Ysbryd wyt, galon lwyr dyllog / glwyfedig,
8 A Duw yn ogystal â dyn, henffych [i chwi] oll!

Cariad difesur, diderfyn,
Wir Dduw, a gyfeiriaist at ddyn.
Dyn yn hytrach nag [unrhyw] greadur [arall]
12 A greaist, gorchfygaist ing
Er cynhaliaeth dragwyddol i ni,
Ar Dy ddelw [Dy hun] er mwyn Dy addoli.
Prynaist, enillaist y naill [fintai, sef dynion],
16 Gwarchodwyr [y] creaduriaid eraill [sef anifeiliaid];
Mawr fydd eu gwobr os ydynt yn teilyngu,
Maent oll fel y dymuna dyn.
Pob march a phob ych yn aredig
20 A dry'r tir, wir Dduw mawr:
Bara, os llafuria ef,
A geir oddi yno i ddyn;
Haig o bysgod y cefnfor
24 A ddaw i ddyn, bendith sy'n eiddo iddo;
Sicr yw i bob aderyn
Ddysgu anrhydeddu dyn:
[Yr adar] gwyllt ac uchel eu llwybr [drwy'r awyr],
28 [Y] gweilch [sy'n hedfan] mor gyflym â'r gwynt,
[Yn ufudd] i ddyn fe orwedd [y] creadur gwyllt,
Ac a ddaw'n ddof ar ei law.
Mawreddog yw Dy wyrthiau ysblennydd
32 Oddi mewn i'r llysiau a'r cerrig;
Y tân oherwydd Dy gywreinwaith ysblennydd [yn y Creu],
Fab Mair, a geir o'r garreg;
Peraist i'r olew newydd
36 A'r gwin i ddeillio o'r coed;
Sicr yw fod crwth neu delyn
Yn ceisio dofi dicter dyn.
[Gweithred] deg oedd i ni ddiolch i Ti,
40 Dduw da [a] hardd, [am] Dy ddaioni [tuag atom].

Taer ffydd, nid oes [un] creadur
O'r rhai a greaist, gwyddost [beth yw] ing,
Sydd i gymaint graddau yn Dy wneud yn elyn,
44 Angerdd yn peri loes, ag y gwna dyn.
Tyngant [lw] i'th gorff, i'th gnawd,
Ac i'th ddelw wych [a] chyson â'r ffydd;
Eraill er mwyn dy ddarostwng yn ffyrnig
48 A dyngant [lw] i waed Dy fynwes glwyfedig.
Yn fynych y gweir, gwrthrych a addolir [wyt ti] yn gyflawn,
Sarhau Dy bum archoll.
Na chymered, cofnoded nacâd,
52 Ddyn trist enw Duw yn ofer.
Pam hefyd o blith y byd y bydd
Pob dyn yn elyn i'w gilydd?
Hyll yw'r byd mewn tristwch anffodus,
56 Nid yw [dal] swyddi yn caniatáu [un] noson [o] heddwch.
Rhoi a wna gwŷr nerthol yn hael,
Er mwyn [cael] clod pellgyrhaeddol, aur i'w pennaeth,
A'i addo er [bod hynny'n] blino'r bobl
60 A'i gasglu oddi ar y rhai gwan.
Na rodded neb, ffyddlondeb doeth,
Er [gwaethaf] poen, aur ar gost [un] arall;
Anrhydedd byrhoedlog meddw bellach fydd urddas,
64 Cwrs terfysglyd llifeiriant, [y] gŵr hael gwastrafflyd.
A fyddo hael, gafaeliad cytûn,
A beiddgar [wrth roddi], bydded [felly] o'i gyfoeth ei hun.
Cân gas, oni pheidir [â gwneud hynny]
68 Fe faluria['r] môr mawr wrthgloddiau'r tir
A'r mellt a ddifa'r coedwigoedd â thân
A'r gwynt a ddiwreiddia'r coed.
Cyn [i] hyn ddigwydd, achwyniad a fynegir,
72 Gwarantwch a chanfyddwch y gwirionedd.
Cyrchu drwy derfyn [einioes] dda
Yr ydym yn feunyddiol oddi yma,
A galwad swyddogol oherwydd dilyn [trywydd] trosedd
76 A ddaw inni ryw ddiwrnod
Fel na bydd, ymadrodd anymwthgar,
Dramgwydd ar sancteiddrwydd hardd.
[Y] ddaear, y byddo darpariaeth ddaionus [yn dod ohoni],
80 A ddirgryna a'r coed a wywant;
[Peth] eithriadol [fyddai] cael yn ddiddrwg
Na dyn na phren yn dwyn ffrwyth.

Pan ddêl, er gwaethaf ein milwrio,
84 Utgorn Dydd y Farn a'r llu annwyl
I'n cymryd, fel petai yn adeg un awr,
Y dydd [hwnnw] i'r un mynydd mawr,
Ac yno, gogoniant teilwng,
88 Y byddi, Grist, [cyfrwng] bendith i'r byd Cristnogol,
Yn amlygu o'r llys barnwrol sy'n eiddot Ti
I luoedd Dy archollion,
Yn croesawu llu bendigaid, yn ein presenoldeb,
92 I'th law ddeau, datganiad ffortunus,
A'r rhai di-gred [a ânt] ar unwaith
I'th law aswy oherwydd yr hyn a wnaethent;
[Dyna] brofiad, llym iawn yw'r gosb,
96 Y gŵr sydd â'i farnedigaeth ar ei dalcen.
Gwae'r sawl ni theilyngodd Dy nawdd, Arglwydd,
Bendith wych, trwy gyfiawnder;
Gwyn ei fyd [yr un] ffyddlon, dibechod!
100 Gwae['r] corff [hwnnw] a fo'n euog iawn!

19
Moliant i'r Drindod

Credu 'dd ydwyf, cred ddidwyll,
I Dduw Tad, lle ni ddaw twyll,
Ac i'r Ysbryd, gyd Gadair,
Ac i'r Mab, modd y gŵyr Mair.
Un yw hwn, iawn i'w henwi
Yn Iôn athrawon, a Thri.
Y Tad, o'i rad yr ydoedd,
Caf ei ras, cyn cof yr oedd.
Aml oedd clywed, os credwn,
Mai'r Ysbryd hefyd yw hwn
Glân, a gad yn anad neb
O enau Duw a'i wyneb.
Pan ddoeth o'r nef, lef lafar,
Ar lun aderyn gwyn gwâr,
Mawr oedd ddadl, mawredd ddidaer,
Ym mirain glust morwyn glaer.
Yna 'dd aeth, o'i ddaioni,
Yn Un draw ac yn iawn Dri,
I aros rhyfel gelyn,
Yn wir Dduw ac yn wâr ddyn.

Rhai ni ŵyr, weddeiddlwyr wawd,
Para drend! pwy yw'r Drindawd;
Mi a'i gŵyr, mau Ei gariad,
Pan nas gwn, poenau nis gad:
Y carw a ddichon arwain
Osglau ei gyrn, ysgol gain;
Teilwng dâl, gynnal gennyf,
Teg ac ardderchog y tyf;
Tair osgl breiniawl, hawl hylwydd,
O'i flaen cyn hanner ei flwydd,
Ac un corn main, gain gynnydd,
Erioed yw hwn ar iad hydd.
Mal unrhyw fodd, mawl anrheg,
Yw'r un Duw â'r ywen deg:
Gwraidd sydd i'r pren gwyrennig,
A braisg addwyn gorff, a brig,

4

8

12

16

20

24

28

32

36

Ac anrheg serch ac iawnrhyw,
Ac un pren hyd y nen yw.
Magwyr lân mygr oleuni,
40 Mawr yr ymddengys i mi
O len lefn, hoywdrefn hydraul,
O wydr, hirion belydr haul;
A'r llen a'r dröell honno
44 Yn gyfan achlân ei chlo.
Haws fu i'r un Duw no hyn
Ym mynwes gwyndw' meinwyn
Anfon Ei Ysbryd iawnfaeth
48 I Fair, fel rhoi mab ar faeth.
Gabriel, o radd gyfaddef,
A wnaeth, drwy arch Duw o nef,
Anfon i Fair Air arab,
52 A'r Gair aeth i Fair yn fab:
A'r Gair oedd hawdd Ei garu,
A'r Gair mab i Fair a fu:
Gair o nef yn gâr i ni,
56 Gwir fu gael, gorfu Geli.
Dechrau Efengyl Ieuan
O fodd glwys a fu, Dduw glân,
A'r Gair o'r dechrau a gad,
60 Duw fu'r Gair, difyr gariad.
Teg fu Ei alw, disalw sôn,
Tri ac Un trwy y ganon.
Yna y rhoed heb oedi
64 Coron o nef i'n câr ni
Am nad oedd, amnaid addef,
Bron don, un brenin ond Ef.

Eiddun gof, addwyn gyfoeth,
68 Addolwn ni i'w ddelw noeth.
Y mae'n y llan diannod
Y Sul glân, disalw ei glod,
Ei lun, gwae a wnêl yno
72 Amau fyth, fal y mae fo,
Yng nghôr, lle mae fy nghariad,
Y Trallwng, teilwng yw'r Tad,
Y Mab a'r eang dangnef,
76 A'r Ysbryd i gyd ag ef;
A'r nos er dangos dawngamp
Mewn Ei lys, mae yno lamp;

Y dydd drwy oriau diddan,
80   Mae gwŷr a chlych mygr achlân,
Brodyr a gân baradwys,
A chôr glân a chwyrau glwys.
Pam mae'r organ yn canu,
84   Beunydd er llawenydd llu?
Er mwyn y Mab a'r aberth,
A'r Tad a'r Ysbryd cyd certh,
Mal y dywaid, lathraid le',
88   Loyw deitl salm *Laudate*.

Tympanau côr, tannau teg,
A'i mawl ef drwy aml ofeg,
A'r sêr a'r nifer nefawl
92   A'r môr a'r ddaear a'i mawl,
A'r pysgawd, ufydd-dawd fydd,
O'r dwfr, molan' eu Dofydd.
Ymarfer a wna morfeirch
96   O foli hwn, fel y'u heirch;
Difwyn i ddyn ei dafawd
O ferw gwyllt i fwrw gwawd
Oni fawl, eiriawl eurog,
100   Ei fawr grair a fu ar grog.
Ni bu, nid oes, oes Ysbryd,
Heb y Dofydd, ni bydd byd.
Gwn na chaf yn ymrafael
104   Dim heb Hwn, Duw a Mab hael,
Na cherdd iawn uniawn ynof,
Na chorff, nac enaid, na chof,
Na thro tyb, na throed heibiaw,
108   Na throad llygad, na llaw,
Na gorsedd nef, na gwersyllt,
Na daear, na gwâr, na gwyllt,
Nac ennyd hoedl, nac einioes,
112   Na dim ynn hebddo nid oes.

Ffynonellau
A—Bangor (Mos) 2, 13ᵛ (*llau. 1–25*) B—BL Add 14866 [= RWM 29], 8ʳ
C—BL Add 14902, 26ʳ D—BL Add 14967 [= RWM 23], 115ʳ E—BL Add
14971 [= RWM 21], 93ᵛ F—BL Add 14984, 213ʳ G—BL Add 31077, 3ʳ
H—Card 2.26 [= RWM 18], 190 I—Card 4.10, ii [= RWM 84], 806 J—
CM 5, ii, 490 K—CM 204, 4ᵛ L—Gwyn 3, 2ʳ (*llau. 1–98*) M—LlGC
642B, 46ʳ N—LlGC 1971B [= Pant 2], 557 O—LlGC 2014B [= Pant 46], 4

(*llau. 1–98*) P—LlGC 6735B, 122ʳ Q—Llst 118, 282 R—Pen 77, 327 S—Pen 198, 158 T—Pen 221, 173 (*llau. 1–2*)

Ymhellach ar y llawysgrifau, gw. tt. 345–55.

Darlleniadau'r llawysgrifau
1 *AFT* kredv idd ydwy, *I* Credu i ddwyf, *P* credu 'r y dwyf. 2 *F* lle dduw, *R* i ddeo; *C* dad; *HIP* lle na. 3 *A* kyd kadair; [*T*]. 4 *CI* mal y gwyr Mair *gyda* modd y gŵyr Mair *y testun yn amrywiad yn I*, *F* modd y gwyr y gair, *H* val y gwyr mair, *P* fel ei gwyr mair; [*T*]. 5 *C* iawn y honni; *LO* ei henwi; [*HPT*]. 6 *CFRS* ac ion athrawon, *D(G)* Aion athrawon, *I* A Iôn a thrwon; [*HPT*]. 7 *CHRS* o rad; *P* [yr] ydoedd; [*T*]. 8 *CHRS* caf ras; *C* er kyn kof y roedd, *H* kyn yr oedd, *I* cyn gof yr oedd (cyn cof yr oedd); [*T*]. 9 *HIP* mab *gydag* aml *y testun yn amrywiad yn I*; *AQ* [oedd], *BEGJKMN* yn *gydag* oedd *y testun yn amrywiad yn G*, *CHIP* oi, *LO* in; *B–IL–R* glowed, *S* gweled; *C* y kreddwn, *DF(G)IPRS* y kredwnn, *H* y gredion, *I* o Credwn, *JK* /a/ gredwn; [*T*]. 10 *C* yr ysbryd, *HIP* ac yspryd *gyda* Mai'r Ysbryd *y testun yn amrywiad yn I*, *R* mai yspryd; [*T*]. 11 *H* glan y gad, *P* glan ei gad; *H* yn anvad neb; [*T*]. 12 [*T*]. 13 *C* ddaith o nef; *JK* llef lafar; [*T*]. 14 *A* yn rith yderyn; [*T*]. 15 *ABEF(I)–OQ* mawr [oedd] ddadl, *C* mawr y dadvl, *H* mir [oedd] dadel, *IP* mor [oedd] dadl; *C* moroed didaer, *DRS* mor oedd ddidaer, *HP* mawr a didaer, *I* mawr a ddidaer (Moredd a ddidaer); [*T*]. 16 *A* mirain y i glvst, *BEGJ–OQ* mirain i glust, *F* [Ym] mirain glust, (*I*) ymyrain glwyf, (*L*) gwisci i glûst; *FI* morowyn wen glaer; [*T*]. 17 *AB* yno i ddoeth, *EJKNQ* yno ddaeth, *FLS* yna i ddaeth, *H* yno y ddoedd, *IP* yno y cawn, (*I*) yno ir aeth, *M* yna ddoeth; *BC(I)LOQ* o ddaeoni, *JK* ai ddaioni, *IP* iniawn enwi; [*T*]. 18 [*T*]. 19 *C* yrroed yn rryfel gelvn; [*HIPT*]. 20 [*HIPT*]. 21 *IP* rai ni chyredd; *A* weddi lwyrwawd, *B* wedd ddilwys wawd, *EGL–OQ* wedd ddilwyr wawd *gydag* weddeiddlwyr wawd *y testun yn amrywiad yn G*, *HIP* weddaidd wawd, *JK* wedd dilwyr wawd; [*T*]. 22 *CI* parod rend *gyda* Para drend *y testun yn amrywiad yn I*, *EJKN* paryw drend, *H* parod drendeh, *P* parod raid, *R* pa a drend, *S* para dren; *IP* pan *gyda* pwy *y testun yn amrywiad yn I*; *DP* yw; [*T*]. 23 *H* mi ae gwnn; *C* mei y gariad, *F* mawr i gariad, *H* may yw gariad, *I* may yw gariad, *R* mav o gariad; [*T*]. 24 *BGLO* pam nas gwn pwy ym nis gad (*G*) Pam nas gwn poenau nis gad, *P* pan nas gwyr gwn poenau nis gad; [*T*]. 25 *A* [Y]; *C* a digwn; [*T*]. 26 *C* y gorn, *F* yw gyrn, *I* yn gyrn, *P* [ei] gyrn; *C* esglol gain, *H* ys golei gain, *IP* isgolau *gydag* ysgol gain *y testun yn amrywiad yn I*; [*AT*]. 27 *C* teilwng ywr gennen genyf, *DF(I)QRS* Teilwng i gynal gennyf, *EGJKMN* Teilwng tal gynnal gennyf, *H* Tailwng ywr ganon gennyf, *I* teulon yw'r Ganon genyf, *P* teulon ywr galon genif; [*AT*]. 28 [*AT*]. 29 *C* tri osgl, *F* Tair ysgol, *H* Triosgel, *I* Triosgl (Tair osgyl), *P* treiosgl; *IP* brenhinawl; *J* hydwydd, *K* wydd; [*AT*]. 30 *IP* o flaen; [*AT*]. 31 *P* ar un; [*AT*]. 32 [*AT*]. 33 *HIP* mal yn ryw serch *gyda* Mal unrhyw fodd *y testun yn amrywiad yn I*; *F* mal

anrheg; [*AT*]. 34 *R* deo; *EJKN* ar wen deg, *RS* ar oen dec; [*AT*]. 35 *C* ydiwr *am* sydd i'r *y testun*, *H* ywr *am* sydd i'r *y testun*, *O* fydd ir; *I* gwarenig, *P* gwaredig, *S* gwernig; [*AT*]. 36 *IP* a brisg, *O* a braig; *IP* addfwyn; *H* gorff y bo brig, *N* gorf a brig; [*AT*]. 37 *C* sserawg iawn ryw, *HIP* serchog yn ryw *gyda* serch ac iownryw *y testun yn amrywiad yn I*; [*AT*]. 38 [*AT*]. 39 *BEFG(I)–OQ* glan, *HIP* lenn; *F* mygwyr; *BEFGI–OQ* goleuni; [*AT*]. 40 *HI* mawr ymddangosawdd y mi, *I* mawr ymddangoses y mi, *P* mawr ymddangosedd ymi, *R* mawr yr arddengys i mi, *S* Mawr yr ymddengys i ni; [*AT*]. 41 *CHIP* drwy lenn *gydag* O len *y testun yn amrywiad yn I*; *H* [lefn] hoyw drenn hydreyl, *JK* lyfn hoyw defn hydraul; [*AT*]. 42 *BGJ–OQ* drwy wydr; *FR* hir belydyr, *H* heirdd belyder, *IP* hardd belydr *gyda* hirion belydr *y testun yn amrywiad yn I*; [*AT*]. 43 *P* ar en, *R* ar y llenn; *CEG–NPQ* ar y droell; *Q* honof; [*AT*]. 44 *JK* yn gyflan; *F* ny chlan i clo, *H* ywch lan a chlo, *IP* a chlan a chlo, (*I*) wych lan a chlo, *O* achlan ai chlo, *Q* achlan i chlof; [*AT*]. 45 *BEGJ–OQ* haws yw, *C* haws oedd, *FI* haws [fu]; [*AHPT*]. 46 *C* gwanndwyf, *S* gwyn Duw; [*AHPT*]. 47 *IP* y anfon ysbryd; [*AT*]. 48 *C* arr Vair mal; *HI* vab; [*AT*]. 49 *C* o rrad gynnaddef, *H* radd kyn addef, *I* radd cyn Addaf (radd Gyfaddef), *O* drwy radd gyfaddef, *P* o rad cyn addef; [*AT*]. 50 *CIP* awnaeth o arch *gydag* A wnaeth drwy arch *y testun yn amrywiad yn I*, *H* y naeth o arch, *R* a ddoeth drwy arch; *F*(*I*) duw or nef, *H* yn dyw nef, *I* Duw o Nâf, *R* deo o nef; [*AT*]. 51 *C* anfon att Vair, *HIP* hebrwng at vayr *gydag* Anfon i Fair *y testun yn amrywiad yn I*; [*AT*]. 52 *H* aeth o vayr; [*AT*]. 53 [*ACDHPRST*]. 54 *I* O'r Gair; *M* [a]; [*ACDHPRST*]. 55 *H* karwriath a naeth y ni, (*I*)*P* carwrieth awnaeth ani; [*AT*]. 56 *HI* kaisiwn gael kyssawn geli, *P* ceisiwn gael cysur celi, *R* gwir vn i gael gorf geli, *S* Gwir fu i gael gorfu geli; [*AT*]. 57 *H* Dechreya vengil; *I* Iôan, *S* Ifan; [*AT*]. 58 *H* glwys vy ddyw glan, *JK* glwys afû duw glan, *R* glwys a vû ddeo glan; [*AT*]. 59 *DR* [o'r], *HIP* /n/y *gydag* o'r *y testun yn amrywiad yn I*, *S* ar; *H* y gad; [*AT*]. 60 *F* a duw fû yr gair, *H* dyw iwr gair, *IP* difyr gair *gyda* Duw fu'r Gair *y testun yn amrywiad yn I*, *R* Deo vu r Gair; *H* divawr, *IP* dirfawr; [*AT*]. 61 *C* Teg oedd y alw, *S* Teg fy alw; *C* di ssalw don, *FNO* ddisalw son; [*AHPT*]. 62 *C* trwy y galon, *D* trwy gannon, *F* trwy yr ganon; [*AHPT*]. 63 *BEGJKMNQ* yno rhoed heb i oedi, *C* yna y rroed yn ddi oydi, *FS* yna i rhoed heb i oedi, *H* yna ddoedd oy ddaioni, *LO* Yna rhoed heb ei oedi, *R* yno y rhoed eb oedi; [*AIPT*]. 64 *HO* koron nef; *H* y kar y ni, *S* ein car ni; [*AIPT*]. 65 *F* Am naid; *C* enaid addef, *H* mynd nys addef, *IP* myned addef *gydag* amnaid addef *y testun yn amrywiad yn I*; [*AT*]. 66 *C* donn na brenin, *FI* don i vn brenin; [*AT*]. 67 *P* i ddyn gof; *HP* y ddawn gyfoeth, *I* y Addwyn gyfoeth; [*AT*]. 68 *P* na addolwn; *BE(G)J–OQ* ni i wiw ddelw noeth, *F* ni ddvw yn ddoeth, *G* ni i wiwddelw ddoeth, *HIR* ni i ddelw noeth, *P* ni ddelw noeth; [*AT*]. 69 *BEFJKLNOQ* mae yn y llan, *C* [   ] mae yn llann, *D* y mae n llan, *HIP* lle may ny llan; *BEHLMNQ* ddiannod, *C* diddannod, *GJK* ddiamod, *IP* ddiddanod, *O* yn ddiannod; [*AT*]. 70 *C* dyssvl glaer, *HIP* ddyw syl glan; *BEGI–Q* ddisalw, *H* ddewisaw; *F* [ei]; [*AT*]. 71 *C* y

llvn, *H* yw lyn, *IP* Mawl *gydag* Ei lun *y testun yn amrywiad yn I*; *H* val y may
yno, *IP* a wnawn molwn yno *gyda* gwae a wnêl yno *y testun yn amrywiad yn
I*; [*AT*]. 72 *R* [fel]; *CR* mae efo; [*AT*]. 73 *CFS* llei mae; [*AHPT*]. 74 *L* yn
Trallwng; *RS* teilwng y tad; [*AHPT*]. 75 *C* ar mab; *C* ehang y dangnef, *F* ar
dang dangnef, *I* ar Enw Dangnef; [*AHPT*]. 76 [*AHPT*]. 77 *BCEGJ–OQ* y nos;
R arddangos ddowngamp; [*AT*]. 78 *FJK* mewn y llys, *HIP* yn y lvs; [*AT*]. 79
C yn oriav, *HIP* mywn oriey, *S* drwy orae; [*AT*]. 80 *F* a chlych mygyrch glân,
H ywch byr tyr aclan, (*L*) a chlych eglur engyd oll, *P* ywch y cwyr ai can;
[*AT*]. 81 *DRS* A brodyr; *H* ganant ny bradwys, *P* a ganant baradwys; [*AT*].
82 *P* a dwr glan; *CD*(*G*)*HIPRS* achaerav, *EJKMN* a chweiriav; [*AT*]. 83 (*G*)*P*
Pan; [*AT*]. 84 *F* llywenydd in llû; [*AT*]. 85 *BEGJ–O* or aberth, *F* yn aberth;
[*AT*]. 86 *CH* gyd gerth, *S* cad certh; [*AT*]. 87 *CFL* fal y; *BEGJ–OQ* lathrnaid
lef, *F* lathraidd lef, *P* lathrblaid lu; [*AT*]. 88 *C* ditel yn Salm; *EFGJ–NQ*
lawdatef, *P* law datu; [*AT*]. 89 *CI* Timpanne kerdd, *HP* simpanne kerdd; (*I*)
cortynau teg; [*AT*]. 90 *BGHMPQ* [drwy] amal, *CEJKN* o aml, *LO* aml o; [*AT*].
91 *CH* y ser; [*AT*]. 92 *C* y Mor; [*AT*]. 93 *C* y pysgawd; [*AT*]. 94 *B* a Dyfr
gydag w *wedi'i hychwanegu rhwng y* D *a'r y*, (*B*)*LO* a Dwfr, *EIMNP* ar dwfr,
G a dwyvr (or dwvr); *C* awnant yrr dovydd, *F* moliant ir dofydd, *H* ddond
er dovydd, *I* er moliant ir Dofydd, *K* moliant i dofydd, *P* ddonder er
dofydd; [*AT*]. 95 *C* y marfer y mae'r, *H* y marver y wnar, *I* ymarfer fonar
(ymarfer a wna), *P* ymarfer fonair; [*AT*]. 96 *G* O holi (O voli), *N* i foli, *P* [O]
foli; *R* hwy; *G* val; *P* ir heirch; [*AT*]. 97 *H* divwyn vo yddyn y davdwd, *IP*
difwyn fo iddyn ey dafawd, *JK* Difwyn i ddyn i ddyn i dafawd, *O* difwyn i
ddyn ai dafawd; [*AT*]. 98 *BD–G*(*I*)*–OQS* gwylld a vwrrio, *C* gwyllt a vwrw
yrr, *HIP* gwyllt a vyro; [*AT*]. 99 *CHIP* eiriawl orriog, (*I*) eiriawl Euriog;
[*ALOT*]. 100 *S* I farw; *CHIP* grair vu arr y grog, *EFJKMN* grair a fv ar y
grog, *S* gair fü ar y Grog; [*ALOT*]. 101 *I* nid oes brif ysbryd; [*ACHLOPT*].
102 *EFJKMNS* heb i ddofydd, *R* eb dofydd; *R* ni bydd y byd; [*ACHLOPT*].
103 *I* gwn a chaf; *BFG*(*I*)*MQ* er ymrafael *gydag* yn ymrafael *y testun yn
amrywiad yn G*, *EJKN* er fynhrafael, *HIP* yn ddimravael, *S* heb amrafael;
[*ALOT*]. 104 *P* ddim; *C* [heb]; *P* [hwn]; *BEFGJKMNQ* Duw y mab *gyda* Duw
a Mab *y testun yn amrywiad yn G*, *H* dyw [a] mab, *IP* Dduw y Mab, *R* deo ai
mab; [*ALOT*]. 105 [*ALOT*]. 106 [*ALOT*]. 107 *CHIP* ni thrv tyb; *BGR* thraed;
[*ALOT*]. 108 *F* na throediad; *P* llygaid; [*ALOT*]. 109 *N* gorsedd tân; *B* nai
gwersyllt; [*ACHLOPT*]. 110 [*ACHLOPT*]. 111 *H* ennyd chwedyl, *IPS* Enaid
hoedl *gydag* ennyd hoedl *y testun yn amrywiad yn I*; [*ALOT*]. 112 *B* na dim
fynn hebddo, *F* na dim yn heb dduw, *G* Na dim vy'm hebddo, *H* na dim
yny hebddo ny does, *IP* na dim hebddo, *K* na dim im hebddo, *M* na dim vn
hebddo *gydag* ail n *wedi'i hychwanegu at* vn; [*ALOT*].

Teitl
[*CDLOQRT*], *AHS* kywydd y ddyw, *B* Moliant ir drindod drwy [   ] drostaw
y 148 psalm ar 150, *EN* Moliant ir drindod, *F* Cowydd yn dangos y dylem

gredû i dduw ag fel i Cafodd Mair feichiogi trwy yr ysbryd, *G* Moliant ir Drindod drwy ar ... drostaw y 148 psalm ar 150, *I* i ddwyn Deall ar y Drindod, *JK* Cywydd yr Drindod fendigedig, *M* ir drindod, *P* cowydd ei ddwyn deuallt or drinood.

Priodoliad

[*ALOT*], *B* Gruffydd lloyd ap Dd. ap Einion lygliw ai cant yn amser H:4, *CDS* Gruff llwyd ap dd ap Einon ai kant, *EJKN* Grvffydd llwyd ab dafydd ab Einion llygliw ai kant ynn amser Owain glyn dwfr, *F* Gryffyth llwyd ap Dauydd ap Einion, *G* Gruffudd Llwyd ab Davydd ab Einion Lygliw. yn amser Harri y 4^{ydd} o Ogerddan, *H* Gryffydd lloyd ap dd ap einion Chawnsler o eglwys hennffordd ay kant, *I* Gryff llwyd Dafydd ap Einion Fychan, *M* Gruffyth lloyd ap dd ai kant yn amser O:Gl, *PR* Gruff llwydd dd ap Einion, *Q* gr llwyd ap dd ap eign llygliw ai k tempore owini glyndwr.

Trefn y llinellau

A 1–25, [26–112].

BEFGJKMNQ 1–54, 56, 55, 57–112.

C 1–14, 19–20, 15–18, 21–52, [53–4], 57–60, 56, 55, + kymyrth ef abyrth y byd / rrom a phoen rrwvm a phenyd / achoron drain gweuwion draw / a dolvr traed a dwylaw / a brvd gwyl a brad gelvn / abronn donn y brynv dvn, 61–2, + tad ag ysbryd loyw brydlaw / a dvn ar gnawd ym danaw / y dydd gwedy dioeddef / y ddaeth iawn awnaeth y nef, 63–100, [101–2], 103–8, [109–10], 111–12.

DR 1–52, [53–4], 55–112 (*cf. S*).

H 1–4, [5–6], 7–10, 12, 11, 13–18, [19–20], 21–44, [45–6], 47–52, [53–4], 57–60, [61–2], 56, 55, + kymerth by a breth y byd / rwym a ffoen rom a ffenyd / A dolur traed a dwylaw / a choron drain yirion draw / A bryd gwyl a brad gelyn / a bron don y bryny dyn / y dydd wedy dioddef / y ddaeth Iawn anaeth y nef, 63–72, [73–6], 83–4, 81–2, 79–80, 77–8, 85–6, 89–90, 87–8, 91–100, [101–2], 103–8, [109–10], 111–12 (*cf. P*).

I 1–54, 56, 55, 57–60, [61–4], 56, 55, Cymerth fy aberth y byd / Rwym a phoen rom a phenyd / a dolur traed a dwylaw / a choron drain irion draw / a bryd gwyl a brad gelyn / a bron don i brynny dyn / y dydd wedi dioddef / a ddaeth iawn a naeth y nef / parodd ynn pyraidd enwi / yn ei wlad ef nef i ni, 65–76, 83–4, 81–2, 79–80, 77–8, 85–6, 89–90, 87–8, 91–112.

LO 1–54, 56, 55, 57–98, [99–112].

P 1–4, [5–6], 7–10, 12, 11, 13–18, [19–20], 21–44, [45–6], 47–52, [53–4], 57–60, [61–4], 56, 55, + cymerth fy aberth ybyd / rwym a phoen drom a phenyd / a dolur traed a dwylaw / a choron drain irion draw / a bryd gwyl a brad gelun / a bron don ei bryny dyn / y dydd wedi dioddef / a ddaeth iawn anaeth y nef / parodd yn puraidd enwi / yny wlad ef nef ini,

65–72, [73–6], 83–4, 81–2, 79–80, 77–8, 85–6, 89–90, 87–8, 91–100, [101–2], 103–8, [109–10], 111–12 (*cf. H*).

S 1–44, 46, 45, 47–52, [53–4], 55–112 (*cf. DR*).

T 1–2, [3–112].

Moliant i'r Drindod

Yr wyf yn credu, [gyda] ffydd ddiffuant,
Yn Nuw Dad, lle ni threiddia twyll,
Ac yn yr Ysbryd [Glân], Arglwydd ar y cyd [â Duw'r Tad],
4   Ac yn y Mab, fel y gŵyr Mair.
Un yw hwn, cyfiawn yw Ei ddatgan
Yn Arglwydd dysgawdwyr, a Thri.
Y Tad, oherwydd Ei fendith yr ydoedd,
8   Derbyniaf Ei ras, cyn cof yr oedd [Efe].
Yn fynych [yr] oedd clywed, a bwrw y credwn [yn yr Arglwydd],
Mai'r Ysbryd Glân yn ogystal yw hwn
A gafwyd yn hytrach na neb [arall]
12   O enau Duw a'i wyneb.
Pan ddaeth [yr Ysbryd Glân] o'r nefoedd, cri lafar,
Yn ffurf aderyn gwyn, gwylaidd,
Pwysfawr oedd [yr] ymddiddan, godidowgrwydd mwyn,
16   Yng nghlust hardd morwyn wych [sef Mair].
Yna yr aeth, oherwydd ei raslonrwydd,
Yn Un acw [yn y nefoedd] ac yn gyfiawn Dri,
I oddef rhyfel [â'r] gelyn,
20   Yn wir Dduw ac yn wylaidd ddyn.

[Y mae] rhai na wyddant, cerdd foliant berffaith weddus [yw
        hon],
Pa fath gerdd! pwy yw'r Drindod;
Fe wn i hynny, eiddof fi [yw] Ei gariad,
24   Pe na bawn yn gwybod hynny, ni fyddai poenau yn ei adael
        [h.y. yn fy ngadael]:
Y carw a ddichon gario
Canghennau ei gyrn, [megis] ysgol ragorol [ydynt],
Talcen urddasol, cynhaliaeth i mi,
28   Prydferth ac ysblennydd y tyf;
Tair cangen freiniol [o gorn carw], hawl ffortunus,
O'i flaen cyn [iddo fod yn] chwe mis [oed],
Ac un corn blaenllym, datblygiad gwych,
32   Yw hwn erioed ar gorun hydd.
Felly yn yr un modd, rhodd o fawl,
Â'r ywen brydferth yw'r unig Dduw:
Gwraidd sydd i'r goeden iraidd,
36   A chorff praff [a] hardd, a brig,
A rhodd o gariad ac [o'r math] dilys,
Ac un pren ydyw [sy'n ymestyn] hyd y nefoedd.

Pared hardd [y] goleuni gogoneddus,
40 Yn rhyfeddol fe ymddengys i mi
Drwy gyfrwng gwahanfur gloyw, hael [a] gwych ei drefn,
Drwy gyfrwng gwydr, belydr hirion [yr] haul;
A'r gwahanfur a'r belen honno
44 Yn gyfan gwbl eu hundod.
Bu'n haws na hyn i'r unig Dduw
Ym mynwes corff lluniaidd main a hardd
Anfon Ei Ysbryd haelionus
48 At Fair, fel rhoi mab ar faeth.
Gabriel, [aelod] o ddosbarth [o angylion] cydnabyddedig,
A wnaeth, yn unol â gorchymyn Duw o nef,
Anfon at Fair [y] Gair tirion
52 A'r Gair aeth i Fair yn fab:
Ac yr oedd y Gair yn hawdd Ei garu,
A bu'r Gair yn fab i Fair:
Gair o['r] nefoedd [a ddaeth] yn gyfaill i ni,
56 Gwir fu [inni Ei] gael, gorchfygodd Duw.
[Megis y proffwydwyd ar] ddechrau Efengyl Ioan
Mewn modd hardd, [hynny] a fu, Dduw hardd,
A'r Gair a gafwyd o'r dechrau,
60 [A] Duw fu'r Gair, [Un sy'n] gariad hir ei barhad.
Cyfiawn fu Ei alw, ymddiddan rhagorol,
[Yn] Dri ac Un yn ôl y gyfraith Eglwysig.
Yna y cyflwynwyd yn ddi-oed
64 Goron o['r] nefoedd i'n hanwylyd ni
Am nad oedd, arwydd o arddeliad [Duw],
[Serch bod iddo] fynwes glwyfedig, un brenin [arall] ond Ef.

Bwriad dymunol, golud hardd,
68 Plygwn ni yn isel gerbron Ei ddelw noeth.
Y mae yn yr eglwys [blwyf] ddi-rwystr
[Ar] y Sul hardd, gwych ei glod,
Ei ddelw, gwae['r] sawl a wnêl yno [yn yr eglwys]
72 Fyth amau, fel y mae ef,
Yng nghangell, lle y mae [Crist] fy nghariad,
Y Trallwng, teilwng yw'r Tad [o'r mawl],
Y Mab a'r tangnefedd helaeth,
76 Ynghyd â'r Ysbryd [Glân] ynghyd ag ef;
A'r nos er mwyn arddangos rhagoroldeb
Oddi mewn i'w drigfan [nefol], y mae yno oleuni;
[Yn ystod] y dydd drwy['r] oriau gwynfydedig,
80 Mae gwŷr a chlychau gwych oll,

[Y] brodyr a lafarganant baradwys,
A chôr prydferth a chanhwyllau heirdd.
Pam mae'r organ yn seinio
84 Beunydd er llawenydd [i'r] llu [credinwyr]?
Er mwyn y Mab a'r aberth,
A'r Tad a'r Ysbryd [Glân mewn] undod nerthol,
Fel y dywed, cri gaboledig,
88 Teitl disglair [y] salm[au] *Laudate*.

Offerynnau['r] cysegr, tannau teg,
A'i mawl ef drwy aml ymadrodd,
A'r sêr a'r llu nefol
92 A'r môr a'r ddaear a'i mawl,
A'r pysgod, bydd ufudd-dod [i'r gorchymyn i foli Duw],
O'r dŵr, molant eu Harglwydd.
Mynd ati a wna morfeirch
96 I foli hwn, fel y mae'n gorchymyn iddynt;
Di-fudd yw i ddyn ei dafod
I draethu barddoniaeth drwy gynnwrf mawr
Onid yw'n moli, eiriolaeth ragorol,
100 Ei anwylyd pennaf [sef yr Un] a fu ar groesbren.
Ni bu, nid oes, [er ein bod yn] oes [yr] Ysbryd [Glân],
Heb yr Arglwydd, ni bydd [dim] byd.
Gwn na chaf mewn ymryson
104 Ddim heb Hwn, Duw a Mab haelionus,
Na cherdd gyfiawn gywir ynof,
Na chorff, nac enaid, na phwyll,
Na newid meddwl, na [symud y naill] droed heibio [i'r llall],
108 Na throad llygad, na llaw,
Na gorsedd nef, na noddfa [dragwyddol],
Na daear, na dof, na gwyllt,
Na [dim] ennyd [o'n] heinioes, na bywyd,
112 Na dim inni hebddo nid oes.

20
I'r dywalwr du

Tra fu'r dywalwr du ar duedd—draw
    Yn crau luniaw creulonedd
    Bu was, cyn beio ei wedd,
4   Dewr yn yr Ysbaen diredd.

Cael yno, yn rhodio, anrhydedd—a wnaeth
    Cyn noethi'i elinedd,
    Cael enw o ladd celanedd
8   Â'i wayw glas ac â'i wiw gledd.

Coelfain, coel mirain, cael mawredd—marchog,
    Cael merched brenhinedd,
    Cael gwregys aur, cael gwragedd,
12   Coler main, cael aur a medd.

Weithian, ŵr diwan, o'r diwedd—nid oes
    Ond eisiau ymgeledd;
    Na llawdr na chrys na llodredd
16   Na gwregys es mis nis medd.

Pan êl, poen trafel, pand rhyfedd—i'r gŵr
    A garai orfoledd
    (Fydr angau nych, fawdring nedd)
20   Fedru myned yn fudredd.

Golygwyd yr englynion uchod gan yr Athro Emeritws R. Geraint Gruffydd yn 'Englynion i'r Tywysog Du gan Ruffudd Llwyd ap Dafydd ab Einion Llygliw?', *Yr Aradr*, 1993–4, 93–5, sef yng nghylchgrawn Cymdeithas Dafydd ap Gwilym, Rhydychen. Diolchir i'r Athro Gruffydd am y testun uchod ac am ei ganiatâd parod i'w gyhoeddi yma, a'r un modd gyda'r aralleiriad isod.

Ffynonellau
A—CM 552, 177 B—J 139 [= RWM 14], 498

Ymhellach ar y llawysgrifau, gw. tt. 345–55.

Darlleniadau'r llawysgrifau
1 *B* fo; *AB* dyfalwr. 2 *A* croiw lliniau. 3 *A* bu yn was; *A* ein beie i wedd. 4 *A* ystaen. 6 *A* nithio i. 8 *A* glas ai wiw. 9 *A* Cael sain cael mirain. 11 *A* aer. 13 *A* ar du wan, *B* wr dü wan. 13 *A* ymgleddedd. 16 *A* ers. 17 *A* pand ir gwr, *B* pant rhyfedd y gwr. 18 *A* a gorau; *A* gorfoledd, *B* wrfoledd. 19 *A* fyd ar angen nuth fowdrin wedd. 20 *A* Medru.

Teitl
[*A*], *B* odl ir dyfalwr dü.

Priodoliad
A Dafydd ab Gwilim ai cant, *B* gryffüdd llwyd ap dd ap einion ai kant.

I'r dywalwr du

Tra fu'r gŵr ffyrnig du ar dir [y byw] draw
Yn cynllunio creulondeb yn waedlyd
Bu['n] llanc, cyn bwrw sen [ar] ei wynepryd,
4   Dewr yn nhiroedd Sbaen.

Cafodd, wrth rodio yno, anrhydedd
Cyn noethi esgyrn ei freichiau [o'u cnawd],
Cael clod am daro [pobl yn] gyrff meirwon
8   Gyda'i waywffon lwydlas a chyda'i gleddyf gwych.

[Yn] anrheg, [yn] arwydd hardd, cael rhwysg marchog,
Cael merched brenhinoedd,
Cael gwregys aur, cael gwragedd,
12   [Cael] coler [a] gemau [arni], cael aur a medd.

Erbyn hyn, yn y diwedd, [ac yntau'n] ŵr wedi mynd yn ddim,
         nid oes
[Arno] angen dim ond ymgeledd;
Ers mis [bellach] nid yw'n meddu na gwregys
16   Na llodrau na chrys na['r] dim-o-beth mwyaf diwerth.

Pan â, [drwy] boen [a] llafur, onid [yw'n beth] rhyfedd fod y gŵr
A hoffai orfoledd
([Yn] nychdod symudiad angau, a chanddo] wregys o bryfed)
20   [Ei fod ef yn] gallu ymddatod yn [swp o] fudreddi.

Atodiad ii

Ymddiddan â merch dan ei phared

Digiais am na chawn Degau;
Di-hun, hael fun, fu'r hwyl fau!
Dyfod dan wyrddion defyll
4 (Bid ei chael!) dail bedw a chyll,
Can hawddfyd, ar hyd y rhiw
I winllan bun ewynlliw:
Tuchan yn daer wrth gaer galch
8 A griddfan am Eigr ruddfalch.
Pan glybu'r fun, harddlun hud,
Gwynfan Trystan rhag tristyd,
Llariaidd y rhoes drwy foes fwyn
12 Llef aur ar ei llawforwyn,
'Y mae draw mewn anghyflwr
Yn y winllan gwynfan gŵr.
Myfi a af, mwy o ofal,
16 Morwyn deg â mirain dâl,
Drwy wydrin draw i edrych
(Truan oer mewn tro a nych),
Pa ddrychiolaeth, gaeth geithiw,
20 Y sydd yn y gwinwydd gwiw.'

'Un diriaid ennyd orhoen,
Enaid, em honnaid, 'y mhoen.'

'Pa un wyd yn penydiaw
24 Dy glwyf i mewn ôd a glaw?'

'Dy fardd poenedig ddigus,
Dewrfawr wyf mewn dirfawr rus.'

'Dos ymaith rhag dy siomi,
28 Dilwydd daith, neu dy ladd di.'

'Oernos a welych arnaf,
'Y myd awr, i mi od af

Oni wypwy', clydwy clod,
32   Pwy drechaf, myn Pedr uchod!
Ai ti ai mi o 'mafael,
Ai mi ai ti, fy myd hael:
Glân oedd i'm henaid, o glod
36   Fy aur eirian, farw erod.
Dillwng dy fardd a dwyllwyd
I mewn, ddyn, i'r man ydd wyd
Neu ddyred, och! na dderwyf,
40   Yma'n ddyn i'r man ydd wyf.'

'Ni wnaf, ddyn truan annoeth,
Yr un o'r ddau mewn rhin ddoeth;
Pa beth a gais gŵr o bell,
44   Geirfas dwf, ger fy 'stafell?'

'Ceisiaw heb gur drwy'r mur maen
Dy weled, loywged liwgaen.'

'Pa ddysged neu pa ddisgwyl
48   Ydd wyd, y gwas gwiwlas gŵyl?'

'Dwysgall deall a'm diaur,
Disgwyl llun dyn, dwysgall aur.'

'Pa ryw orllwyn mewn llwyni
52   Yn y dail yna wnai di?'

'Gorllwyn dyn mwyn, dawn ym wyd,
Nid gorllwyn gwraig y Garllwyd!'

Ffynonellau
A—Bangor 6, 502 B—BL Add 14870 [= RWM 53], 217ᵛ C—Card 2.114
[= RWM 7], 719 D—CM 5, ii, 473 E—CM 129, 353 F—CM 381, 63
G—J 139 [= RWM 14], 113 H—LlGC 670D, 261I—LlGC 5269B, 347ᵛ
J—LlGC 5475A [= Aberdâr 2], 130 K—Llst 133, 966 L—Llst 186, 194
M—Pen 49, 55ʳ N—Wy 2, 149

Ymhellach ar y llawysgrifau, gw. tt. 345–55.

Sylwer na chynhwysir y cywydd hwn yn llawysgrif Card 5.11, 120 fel yr
awgrymir yn MCF 15 Tachwedd 1999. Yn hytrach ceir yno fersiwn byr ar

gywydd Dafydd ap Gwilym 'Achau Hiraeth', gw. GDG³ cerdd 92, yn dilyn
llinell gyntaf y cywydd hwn.

Darlleniadau'r llawysgrifau

1 *H* degau *wedi'i gywiro yn* degan. 2 *E* Di hûn i haêl [fun]; *ABDFH–KMN*
ywr; *E* faêl *am* hwyl *y testun*; *H* fau *wedi'i gywiro yn* fan. 4 *A* dael bedw, *D*
mewn bedw, *L* [dail] Bedw. 5 *I* hawddfydd. 7 *N* glach. 9 *D* ban; *ABDF* glyby
bvn harddlvn, *CG* glybvr fvn harlyn. 10 *ABDFJK(L)* trwstan; *E* mewn
tristfyd, *F* rhag trisyd. 11 *CG* fyn. 12 *K* Lef. 13 *D* y mae fry fewn anghyflwr,
E y nghlwyf mae mewn anghyflwr. 14 *G* yn i gwin llan; *E* gyfian. 15 *DE* my
fi af; *ABFH–KMN* mwy ofal, *DE* mwyaf ofal. 16 *E* a mirian dâl, *G* am riain
dal, *K* a mirain dail. 17 *ABDFJK* wydryn. 18 *D* drvan oer i dro ai nych, *E* y
truan oer mewn tro nŷch, *L* Y truan oer mewn Trô o Nŷch. 19 *B–EGIKMN*
drychiolaeth; *CEG* geithliw. 20 *E* A sydd. 21 *F* yn ddiriaid, *G* rhyw vn
diriaid, *I* yn diriaid; *CG* eneidrroen, *E* ei enaidrhoen, *F* enyd oraen, *L* ei
Enaid oröen (ei ennyd oröen). 22 *E* f'enaid em; *EGL* hoywnaid ymhoen
gyda honnaid 'y mhoen *y testun yn amrywiad yn* L. 24 *G* mewn dy glwyf, *H*
Dy glwyf di *gyda'r* di *wedi'i fewnosod*; *ABCFGHJK* [i] mewn, *DL* o fewn, *E* ô
mewn; *J* Manod a Glaw. 25 *ABDFIJKM* digvs. 26 *D* dirfa vs, *IJMN* dirfa rus
gyda dirfawr rus *y testun yn amrywiad yn* J. 28 *ABFJK* rhag dy. 29 *G* i
welüch. 30 *AHN* ym myd aur, *I* ynyd avr; *EGL* yma o daf. 31 *AF* clwy clod,
B clyw clod, (*B*)*JK* clywy clod. 32 *H* ym perd. 36 *C* fvn mor eirian, *E* fŷn aûr
eirian, *G* fü aür eirian, *JK* Fy Aur Eiriau *gyda* Fy aur eirian *y testun yn
amrywiad yn* K. 37 *CG* gillwng. 39 *ABFHIJKN* neu dyred; *ABFJK* och neu
dorwyf, *D* wych yn ddirwy, *HIMN* och neu'r dorwyf. 40 *ABFJK* yma ddyn,
CE yn yman ddyn, *G* er i mwyn ddün, *H* y mau ddyn; *D* ir man i ddwy. 41
E ni wnaf ddim dryan anoeth. 42 *I* yr vn o; *ABFJK* ddau mae rhai yn
ddoeth, *D* ddav mae rin ddoeth, *E* ddaû mynn rhin ddoeth, *HIMN* ddau
mau rin ddoeth. 43 *ABDF* ba; *E* a gaisi o bell. 44 *CEGL* oerfas. 47 *DIM*
ddwysged. 49 *D* dysgall; *J* diair. 50 (*A*)*L* llyn; *HN* ddyn ddwysgall; *J* Air. 52
C yn dy dy dail yn enw di, *E* yn dy dŷ dail a wnai di, *G* yn dy dü dail yn
enaü di, *L* Yn dy Dŷ dail yn enaid di? (Yn y dail yna wnai di?). 53 *HN* ddyn
mwyn ddawn, *J* Dyn mewn Dawn.
54 *J* gorllwn.

Teitl

[*DIM*], *ABF* Cywydd o Ymddiddan rhwng Dd.G. a Merch pan oedd ef dan
ei Phared, *CEG* kowydd merch, *HN* k. ymddiddan rhwng a bardd ai gariad,
J C^dd Ymddiddan rhwng DG a Merch &c, *K* Cywydd o ymddiddan rhwng
DG, a merch pan oedd efe dan ei phared hi, *L* Ymddiddan rhwng D. ap G.
a'i Gariad.

Priodoliad
[*AEF*], *BHJMN* Da. ap Glm., *CDGIK* Dauidd ap glm ai kant, *L* D. ap G.
medd Dr Davies—Gr. Llwyd ap Ddd ap Einion Lygliw medd arall.

Ymddiddan â merch dan ei phared

Euthum yn anfoddog oherwydd na chawn Degau;
Bu fy rhawd yn un ddi-gwsg, gariadferch haelionus!
Symud o dan ddail gwyrddion
4 (Bydded [i mi] ei chael!) dail bedw a chyll,
Gan esmwythyd, ar hyd y rhiw
I winllan merch [a'i gwedd yn debyg o ran] lliw [i] ewyn [y môr]:
Ochain yn wresog wrth gastell gwyngalchog
8 A griddfan am [un o harddwch] Eigr urddasol ei grudd.
Pan glywodd y gariadferch, un hardd ei llun [a] hudolus,
Ddolefain Trystan oherwydd digalondid,
Yn dyner y rhoddodd drwy ymddygiad tirion
12 Lef ragorol ar ei llawforwyn,
'Y mae acw mewn adfyd
Yn y winllan gwynfan gŵr [trallodus].
Fe af fi, mwy o anesmwythyd,
16 Morwyn hardd gyda thalcen disglair,
I edrych drwy ffenestr draw
(Un truenus [ac] oer wedi'i ddal gan ddigwyddiad [anffodus] a
dihoenedd),
Pa fwgan, caethiwus warchae,
20 Sydd yn y gwinwydd gwych.'

'Un ennyd ysgeler [o] lawenydd,
Anwylyd, maen gwerthfawr enwog [dy glod], yw [achos] fy
mhoen.'

'Pa un wyt [sy]'n cosbi
24 Dy ddolur [serch] mewn eira a glaw?'

'Dy fardd llawn poenedigaeth sarrug,
Yr wyf yn fawr fy newrder mewn rhwystr aruthrol ei faint.'

'Dos ymaith rhag [ofn iti gael] dy siomi,
28 Taith aflwyddiannus [yw hon], neu [rhag ofn] dy ladd di.'

'Nos drist a welych [yn pwyso] arnaf,
Fy myd euraid, [dyna] a fydd i mi os af [oddi yma]
Oni wypwyf, diddosrwydd clod,
32 Pwy [a fydd] rymusaf, myn Pedr [yn y nefoedd] uchod!
Ai ti ai fi yn ganlyniad i ymgodymu,
Ai fi ai ti, fy anwylyd haelionus:

[Gweithred] sanctaidd fyddai i'm henaid, er mwyn clod
36   Fy anwylyd hardd, farw er dy fwyn.
Gollwng dy fardd a siomwyd
I mewn, ferch, i'r man lle yr wyt [ti]
Neu nesâ, och! na threngaf,
40   Yma'n [gariad]ferch i'r man lle yr wyf [fi].'

'Ni wnaf, ŵr gresynus ffôl,
Yr un o'r ddau [beth] mewn cyfeillach bwyllog;
Pa beth y mae dieithryn yn ei geisio,
44   Cynnydd gair diwerth, ar bwys fy siambr?'

'Ceisio, heb boen, heibio i'r wal garreg
Dy weled, [ti sy'n] haen o liw [sy'n] wych dy rodd.'

'Pa ddysgu neu pa edrych
48   Yr wyt, y llanc gwelwwych gwylaidd?'

'Sobr a chraff yw'r crebwyll sy'n fy nyhuddo,
Edrych ar bryd a gwedd merch, anwylyd sobr a chraff.'

'Pa ryw aros ymysg llwyni
52   A wnei di yna yn y dail?'

'Aros merch dirion, rhodd imi wyt [ti],
Nid aros gwraig y Coeswelw / Coesddu!'

Nodiadau

4

Yn llawysgrif Pen 57, 11 y digwydd yr unig gopi o'r cywydd hwn a oroesodd, ond nid oes iddo deitl yno, ni cheir enw awdur wrtho, a barn J. Gwenogvryn Evans yw na cheir y cywydd yn llawn yno.[1] Dilynir y cywydd hwn gan gywydd dideitl arall, 'O Dduw, ai pechod i ddyn ...?' (gw. isod cerdd 14) gyda'r priodoliad *Jdem gruffut llwyt* wrth ei droed ac ar sail y gosodiad hwnnw, ynghyd â natur a chrefft y cywydd hwn, gellir bod yn weddol hyderus mai Gruffudd Llwyd biau hwn hefyd.

Gwawdio'r gŵr eiddig yw thema'r gerdd hon, nodyn a drewir yn bur gyffredin yng nghanu'r beirdd. Cyndyn ei hymateb yw'r ferch, fel y gwedda i batrwm canu'r cyfnod. Nid enwir y gŵr na'r wraig unwaith yn y gerdd, ac ni wyddys at bwy y cyfeiria'r bardd.

Y mae tair enghraifft o gyfeiriadaeth lenyddol yn y cywydd hwn. Ddwywaith (llau. 25–6, 29–30) fe gyfeiria'r bardd naill ai at chwedl 'Culhwch ac Olwen' (sef yr hynaf o'r chwedlau Cymraeg brodorol a'r chwedl Arthuraidd gynharaf mewn unrhyw iaith), gan enwi dau o'i chymeriadau, neu yn fwy tebygol at chwedl 'Geraint fab Erbin' lle y digwydd enw'r ddau gymeriad ynghyd, ac yn y ffurf a geir yma. Cyfeirir hefyd at Eigr (ll. 41), mam Arthur, gan ei defnyddio'n safon prydferthwch.

4 **taerfawl** Unig enghraifft o'r cyfansoddair; golyga 'angerddol ei foliant', cf. *dudaer* isod ll. 34.

6 **gwawr** 'Toriad dydd, disgleirdeb' ac fe'i defnyddir yn ffigurol am y wraig fonheddig y mae'r bardd yn ei charu'n ofer. Cyffelybid prydferthwch gwraig yn fynych yng ngwaith y Gogynfeirdd i oleuni yn ei amryfal ffurfiau, e.e. golau'r lleuad, yr haul, y sêr, lampau a chanhwyllau, ond yn bennaf oll â thoriad gwawr. Felly yr ymddangosai'r wraig hon i'r bardd: yn ddisglair, yn emog (ll. 32), ond yn ddiwair tuag ato. Cf. hefyd [g]*loywloer liwlamp* (ll. 19) a [g]*oleuem liw* (ll. 32); *Mireinwawr Trefor* uchod 1.37 am Fyfanwy Fychan o Gastell Dinas Brân.

7 **tremyg** 'Gwawd, dirmyg'; odlir -*yg* gydag -*ig*, cf. GDG³ 98 (35.19) *Os tremyg, hoen lathrfrig haf,* ib. 326 (123.35–6) *Collais, ni ddymunais ddig,*

---

l Daered rym, dirwy dremyg, a gw. J. Morris-Jones: CD 247–8; D.J. Bowen, 'Pynciau Cynghanedd: Odli *I, U* ac *Y*', LlCy xx (1997), 138–43.

Eiddig Gŵr priod diarhebol o eiddigus, gw. GPC 1187, yr oedd iddo le amlwg yng nghanu serch y Cywyddwyr. Tarddodd y ffigur stoc hwn yn rhannol o *Le Jaloux* yn *fabliaux* Ffrainc yn y 12g. a'r 13g. ac, yn y pen draw, o ganu serch Ofydd. Ymhellach, gw. T.M. Chotzen: Rech 242–5; DGIA *passim*.

8 **haf** Tymor yr haf oedd tymor traddodiadol serch anghyfreithlon y beirdd tuag at wragedd priod; yn nhymor y gaeaf yr oedd amgylch-iadau o blaid Eiddig, ac fe'i huniaethir ef yn y canu â thymor tywyll-wch, gw. R. Bromwich, *Aspects of the Poetry of Dafydd ap Gwilym* (Cardiff, 1986), 33.

ni henwaf hwn Nodwedd ar y canu cynnar i Eiddig oedd na châi'r gŵr eiddigus ei enwi, gw. GCBM i, cerdd 4; GLlF cerdd 6 (Hywel ab Owain Gwynedd). Ond erbyn cyfnod y Cywyddwyr a chanu enwog Dafydd ap Gwilym i'r Bwa Bach daeth tro ar fyd ac efallai mai â'i dafod yn ei foch y dywed y bardd na fyddai'n enwi Eiddig, ac mai yn yr un cywair hefyd y cyfeiria at *Pwy bynnag fo* yn y ll. ddilynol.

9 **triofn** Unig enghraifft. Cysylltir y rhifol *tri* â chyflawnder gan y credid ei fod yn cynnwys holl elfennau bywyd a phrofiad: genedigaeth, bywyd a marwolaeth; gorffennol, presennol a dyfodol; enaid, meddwl a chorff; ymhellach, gw. R.M. Jones, 'Tri mewn Llenyddiaeth', LlCy xiv (1981–2), 92–110. Ystyr y sangiad *tro triofn* yw 'achlysur o arswyd cyflawn'.

10 **Mair a ŵyr** Sef y Forwyn Fair, gw. ODCC³ 1047–9. Yma y mae'r bardd yn defnyddio'i henw hi, person cysegredig yng ngolwg yr Eglwys Gatholig, yn dyst fod y gŵr eiddig yn fawr ei ofn y byddai'r bardd yn ennill ei wraig. Gw. hefyd l. 6n uchod.

15 **trawsair** Gall *traws* fod yn air o glod neu anfri, gw. CA 296. Yma a. ydyw yn golygu 'cadarn, safadwy', cf. CA 38 (ll. 942) *traus y achaus*; GDG³ 32 (12.44) *Llwyrnaws Llŷr hoywdraws, llew wrhydri*.

24 **alaw** Sef lili, lili'r dŵr; cf. enw'r afon *Alaw* ym Môn. Defnyddir lili gan y Cywyddwyr yn gyffelybiaeth stoc i ganmol lliw (gwyn) ac ansawdd (sidanaidd) croen merch. Ond ni chyfyngir y lili i farddoniaeth nac i ferched yn unig. Yn chwedl 'Breuddwyd Rhonabwy' disgrifir gwynder croen un o wŷr Arthur, gw. BRh 6 (llau. 17–19) *Ac ar a welei dyn o'e ardwrn y rwng y venic a'e lewys, gwynnach oed no'r alaw*. Y lili yw'r symbol mwyaf poblogaidd yn y byd gorllewinol o burdeb a pherffeith-rwydd, ac fe'i cysylltir â'r Wyry Fair ac â diweirdeb. Yn aml mewn paentiadau o Gyfarchiad yr Angel i Fair, portreedir lili yn llaw yr Archangel Gabriel. Yn yr Oesoedd Canol credid i'r Cyfarchiad a'r Croeshoeliad ddigwydd ar yr un dyddiad, sef 25 Mawrth, ac o'r oherwydd cyfunwyd y delweddau mewn eiconograffeg ddefosiynol.

Llyfr Oriau Llanbeblig (BL Add 17520, ff. 1–2ᵛ), yn dyddio o ddiwedd y 14g., yw'r llsgr. gynharaf y gwyddys amdani hyd yma i gynnwys esiampl o'r ddau achlysur yn yr un llun, ac ynddo gwelir yr Iesu wedi'i groeshoelio ar lili, gw. E.J.M. Duggan, 'Notes concerning the 'Lily Crucifixion' in the Llanbeblig Hours', Cylchg LlGC xxvii (1991–2), 39–48; J. Cartwright, *Y Forwyn Fair, Santesau a Lleianod: Agweddau ar Wyryfdod a Diweirdeb yng Nghymru'r Oesoedd Canol* (Caerdydd, 1999), 22, 61, plât lliw II.

25–6 **Drem ... / ... fab Dremhidydd** 'Golwg fab Gweledydd', un o ddilynwyr Arthur, gw. CO³ 94; WCD 205. Y mae'n debyg fod Gruffudd Llwyd wedi codi'r enw hwn, ynghyd ag enw Clust fab Clustfeinydd (gw. isod llau. 29–30n), o'r chwedl Gymraeg hynaf, 'Culhwch ac Olwen' neu o chwedl 'Geraint fab Erbin'. Hynodrwydd Drem fab Dremhidydd oedd ei fod yn gallu gweld *o Gelli Wic yGherniw hyt ym Penn Blathaon ym Predein pan drychauei y gwydbedin y bore gan yr heul*, gw. CO³ 10 (llau. 261–3). Cyplysir enw'r ddau yn 'Araith Iolo Goch', gw. AP 16 (llau. 5–7), lle y disgrifir hynodrwydd Drem, *Dremyn ap Dremhidydd y gwr a ganvyddai drayan y gwybedyn ymhelydr yr haul ymhedwar bann y byd*. Defnyddir enw'r ddau yma i wawdio gofal y gŵr eiddig am ei wraig (llau. 25–30) ac i'w watwar am ei fod yn effro iawn, glust a llygad, i unrhyw achlust o gamymddwyn ar ran y bardd.

29–30 **Clust ... / Fab Clustfeinydd** 'Clust fab Gwrandawr', un arall o ddilynwyr Arthur a enwir yn y gerdd: ar y llall, gw. uchod llau. 25–6n. Yn chwedl 'Geraint fab Erbin' gelwir y gŵr chwedlonol hwn â'r enw gwneud yn Glust fab Clustfeinydd, gw. *Ystorya Gereint uab Erbin*, ed. R.L. Thompson (Dublin, 1997), 1 (llau. 24–5), ond yn chwedl 'Culhwch ac Olwen' Clust fab Clustfeinad y'i gelwir, gw. CO³ 110; WCD 132. Gan fod y bardd mor hyddysg yn y testunau Cymraeg, y mae'n amhosibl dweud pa chwedl a oedd ganddo mewn golwg wrth iddo nodi'r enw hwn yma. Hynodrwydd Clust fab Clustfeinydd oedd: *pei cladhet seith vrhyt yn y dayar, deng milltir a deugeint y clywei y morgrugyn y bore pan gychwhynnei y ar lwth*, gw. CO³ 13 (llau. 347–9). Cyplysir ei enw ag enw Drem fab Dremhidydd yn 'Araith Iolo Goch', gw. AP 16 (llau. 11–13), lle y disgrifir hynodrwydd Clust, *a Chlustvain vab Klustveinir y gwr a glywai drwst y gwlithyn yn syrthio oddiar y gownen ymhedwar bann byd*.

32 **drem** Sef 'golwg, llygad'. Yn y cyfnod Canol ceid *drem* a *trem* yn ffurfiau cysefin y gair, ond erbyn Cymraeg Diweddar *trem* a orfu.

goleuem liw Disgrifiad stoc o ferch brydferth, cf. GGrG 5.20 *Yr em oleulem liwloyw* (Iorwerth ab y Cyriog).

33 **maer** Yn y Cyfreithiau un o swyddogion gweinyddol y llys oedd y maer ac ef oedd yn gyfrifol am oruchwylio tiroedd a chasglu trethi.

Yma deellir *maer* i olygu 'goruchwyliwr', a chyfeiriad ydyw at y gŵr cenfigennus sy'n cadw llygad ar ei wraig hardd. Ar feirdd yn feiri, gw. GLlBH 4.5 ac *ib*.n.

34 **didyb** Sef 'sicr, dibetrus', cf. GDB 8.17 *Mab Gruffud didyb* 'Mab sicr Gruffudd' (Llywelyn Fardd II).

dudaer Unig enghraifft a cf. *taerfawl* uchod ll. 4; golyga 'enbyd ei ddüwch', sef 'du iawn [o ran pryd a gwedd]' neu efallai o ran ryw enbydrwydd cymeriad. Y mae yn *y gŵr dudaer* adlais o'r Gŵr Du, cymeriad yn chwedl 'Peredur fab Efrog' a chwedl 'Iarlles y Ffynnon': yr oedd y Gŵr Du yn gymeriad unllygeidiog a dichon fod yma ddychanu cyfyngiadau gweledigaeth y gŵr eiddig.

36 **gair isel** Cyfarchiad neu barabl o ganmoliaeth yn y dirgel a olygir, sibrydiad efallai. Ond ni waeth pa mor gyfrinachol yw geiriau'r bardd i'w gariad, byddant yn sicr o ddod i glyw'r gŵr eiddig ac y mae'r un mor sicr y bydd yn rhoi taw arnynt. Posibilrwydd arall yw'r a. 'gostyngedig'.

39–40 **Cerddgar ... / Nid cerddgar** Gwrthgyferbynnir y gŵr eiddig a'i wraig o ran eu hoffter neu ddiffyg hoffter o brydyddiaeth (ac efallai eu doniau cerddorol naturiol). Ond yn ymhlyg yn hynny y maent ar brawf hefyd o ran anian. Byddai person cerddgar yn ddiwylliedig a deallus, tra byddai'r un angherddgar yn gwrs. Dyfernir bod y wraig yn caru'r rhan dda ond fod ei chymar yn ddiffygiol ei werthfawrogiad, a deellir lleihad yn yr ymadrodd *nid cerddgar*. Yng nghanu'r Gogynfeirdd y safon oedd ffyrnigrwydd wrth ymladd, haelioni, a charu prydyddiaeth, cf. GLlLl 7.12–13 *Ny byt byth bydaɓl y gymeint, / Athrugar, kertgar, cad wytheint*.

41 **Eigr** Gwraig Gwrlois, tywysog Cernyw, yna gwraig Uthr Bendragon a mam Arthur, gw. G 456; TYP² 366n3; WCD 228–9. Yr oedd Eigr yn batrwm o brydferthwch, gw. RB 177 (llau. 1–4) *Ac yno y doeth gɓrlois tyɓyssaɓc kernyɓ ac eigyr ywreic ygyt ac ef. Aphryt ywreic honno ae thegɓch a orchyfygei wraged ynys prydein oll. kany cheffyt vn kyn decket ahi.* Cf. hefyd GSRh 3.8 ac *ib*.n.

43 **gloywwawn** Gwawn ysgafn, disglair, ac fe'i defnyddir yn drosiadol yn y farddoniaeth am wynder gwedd merch neu am ei gwallt golau.

50 **Dulyn** Yng nghyfnod yr hen farddoniaeth Dulyn oedd prifddinas y rhanbarth o Iwerddon a reolid gan y Llychlynwyr, ac atynt hwy y cyfeirid wrth grybwyll gwŷr Dulyn, gw. G 395–6 a cf., e.e., T 13 (llau. 8–9) *Achymot kymry agɓyr dulyn.* Dychan miniog sydd yma: hyd yn oed pe byddai'r bardd yn moli un o wragedd y Llychlynwyr byddai'r gŵr eiddig yn mynnu mai ei wraig ef a oedd gan y bardd dan sylw.

57 **Bai** Llsgr. *Pe*. Diwygir *Pe* yn *Bai* (digon naturiol fyddai camddeall *Bei* gwreiddiol yn *Pei/Pe*), sef ffurf 3 un.amhff.dib. y f. *bod*, a byddai hynny yn osgoi tor-cystrawen yn y chwe ll. olaf.

59–60 **Â thorri ... / Y croen ar y talcen crych** Rhestra W. Hay, *Diarhebion Cymru* (Lerpwl, 1955), 60, 'Croen ei din ar ei dâl' yn ddihareb gan Thomas Wiliems (LlGC 3064B [= Mos 204]). Posibilrwydd arall yw 'anafu', cf. *croen twn* 'croen toredig, croen briwedig' *Dwyn nid iach* (*Pwy'r dyn nad ŵyl?*) / *Croen twn rhwng ceraint annwyl* (Rhisiart Fynglwyd) yn G.J. Williams, TLlM 74. Gellid yma awgrym y byddai'r gŵr eiddig yn taro Gruffudd Llwyd yn ei dalcen am gam-ymddwyn â'i wraig.

5

Cywydd i'r gŵr eiddig yn null arferol y *genre* yw hwn (gw. hefyd gerdd 4 uchod). Cynghorir ei wraig ddioddefus i ymwrthod â'i gŵr cwrs ac i ymgymryd â gŵr newydd, mwy cydnaws â'i hanian. Ymateb ffafriol sydd gan y ferch yn yr achos hwn, a dymuna gael ei rhyddhau o'i hymrwymiad priodasol, a barnu wrth dystiolaeth y bardd.

Rhennir y cywydd yn ddwy ran, sef y rhan ddisgrifiadol agoriadol (llau. 1–30) ac yna'r sgwrs (ddychmygol, fe ddichon) a fu rhwng y bardd a'i gariad (llau. 31–56). Yn nhestun Thomas Roberts o'r cywydd dilynir y llinellau hyn gan ddau gwpled clo,[1] a hynny'n dilyn arweiniad testun llawysgrif E (sef LlGC 3058D), yr unig lawysgrif o'r tair a welodd Thomas Roberts sy'n cynnwys y ddau gwpled.[2] Noder nad yw'r llinellau yng nghopïau John Jones Gellilyfdy a Lewis Morris o'r cywydd, llawysgrifau CG (sef CM 14 a LlGC 6681B), y ddwy lawysgrif arall a welodd Thomas Roberts.

Gwelir yr un llinellau, fodd bynnag, yn cloi cywydd Wiliam Cynwal (m. 1587 neu 1588) 'I ferch wriog' *Gwan ynghyr nid gwn ynghof* sy'n digwydd yn ddienw yn llawysgrif LlGC 695E, 99 o'r ail ganrif ar bymtheg (eithr gyda'r olnod *Ai karodd ai kant*) ond a briodolir i Wiliam Cynwal yn llawysgrif Bangor (Mostyn) 4, 197 ond gyda'r wyth llinell cyntaf yn eisiau. Eithr gan mai llaw Wiliam Cynwal ei hun a gopïodd y gerdd i lawysgrif Bangor (Mostyn) 4 (cf. ei lyfr achau yn llawysgrif Bangor 5943), y mae'n debygol iawn mai ef piau'r pedair llinell ac nid Gruffudd Llwyd. Go brin y byddai Wiliam Cynwal yn mentro ei wneud ei hun yn destun gwawd i feirdd eraill drwy godi pedair llinell o gywydd a fyddai'n gwbl gyfarwydd i feirdd y cyfnod a'u rhoi ar derfyn ei gywydd ei hun. At hynny, y mae'r llinellau hyn yn asio'n llyfnach i'w gywydd ef nag i gywydd Gruffudd Llwyd gan eu bod

---

[1] IGE² 137 (llau. 27–30).
[2] Copïwyd y ddau gwpled hefyd i lsgrau. ABDF.

yn ffurfio rhan o rediad o linellau ac iddynt gymeriad cytseiniol *h..n*,[3] tra byddent yn sefyll yn annibynnol ar ddiwedd cywydd Gruffudd Llwyd, yn dilyn bwlch neu doriad yn y sgwrs rhwng y cariadon. Hepgorir, felly, y ddau gwpled.

Arddull ddychanol sydd i'r cywydd, a phentyrrir y naill ddarlun difrïol ar ben y llall i gyrraedd amcan y bardd o sarhau'r gŵr eiddig yn rhan gyntaf y cywydd. Ceir rhediad o wyth llinell fedrus (llau. 21–8) yn gwrthgyferbynnu Eiddig atgas â'i wraig ddymunol, dlos. Parheir â'r dilorni drwy'r ail ran lle y gweir defnydd o ddialog i dorri ar yr arddull adroddol yn y rhan gyntaf.

Priodolir y cywydd hwn mewn tair llawysgrif i Gutyn Bach o'r Parc, mewn dwy lawysgrif i Gutyn Bach ap Raff, ac mewn dwy lawysgrif i Ruffudd Llwyd ap Dafydd ab Einion. Cododd Thomas Roberts y cwestiwn: 'Ai enw arall ar Ruffudd Llwyd yw Gutyn Bach, tybed? Ond sylwer mai Gruffudd yw'r enw a ddefnyddia'r bardd wrth gyfeirio ato'i hun yn y cywydd, ac nid Gutyn.'[4] Yn ôl Pen 128, 794, wrth enwi gorwyrion Gruffudd Llwyd yn ardal Mechain, ceir tystiolaeth glir fod Gutyn yn enw anwes ar Ruffudd Llwyd: *mam ynhwy* [sef Ieuan a Siôn, gorwyrion Gruffudd Llwyd] *oedd llevky vz Jenn ap gvttyn yr gytvn a Elwid gruff lloyd ap dd ap Einon ap.*

1 **gwn gwynfan** Trawiad a ddefnyddir hefyd yn ll. gyntaf 'Cywydd y Cacwn' *Fal yr oeddwn, gwn gwynfan* o waith Siôn Rhosier / Roger y Gwŷdd, gw. Bangor 305, 7, llsgr. a gopïwyd yn 1765.

4 **culhau** 'Mynd yn fain, crebachu', cf. YBH 18 (llau. 1156–7) *kanys culhau awnathoed ygnaБt yn y carchar.* Awgrymir yma fod gan y bardd achos teilyngach dros fod yn denau nag sydd gan y gŵr eiddig, sydd hefyd yn gul a main (ll. 40); cf. hefyd ddwy ystyr *gofain* (ll. 39).

au Ymddengys fod *au* yn ddeusill mewn H.Gym., gw. LlDW 96 (ll. 6) *ay heruth ay ahu* ond yn unsill erbyn Cym.C. Yr afu sy'n cynhyrchu bustl ac yn puro'r gwaed, a thybid yn yr Oesoedd Canol mai dyma gadarnle nerth a dewrder, gw. Maria Leach, *Standard Dictionary of Folklore, Mythology, and Legend* (New York, 1984), 636–7. Yn ôl Plato, yr oedd yr iau yn ddrych i feddyliau'r unigolyn, ac felly yn adlewyrchiad o'r enaid. Os oedd yr iau wedi curio, felly hefyd enaid y dyn. Yn *Odyssey* Homer disgrifir yr iau fel cartref dyhead a chwant.

---

[3] Gw. golygiad o'r llau. yn G.P. Jones, 'Astudiaeth destunol o ganu Wiliam Cynwal yn Llawysgrif (Bangor) Mostyn 4' (M.A. Cymru [Aberystwyth], 1969), 130 (63.39)–131 (63.48), *Hwn yn fril, hon yn freulan, / Hwn yn lwfr a hon yn lân, / Hwn yn oer, hon yn irwych, / Hwn yn wan a hon yn wych, / Hwn yn ddig a hon yn ddoeth, / Hon yn wen, hwn yn annoeth, / Hwn i'w fedd poed hyn a fo, / Hon fyth heb hwn a fytho, / Hwn yn farw—nid gair garw gau— / Hyn Amen, hon i minnau.*

[4] Gw. IGE² xxii.

5 **fry** Deellir mai yn ei chartref yn uchel uwchben y llechwedd coediog (llau. 26, 32) yr oedd Gwen yn byw.

6 **Gwen** Merch anh. sy'n denu bryd y bardd; fe'i henwir eto yn llau. 9 a 35 isod; gall fod yn enw generig.

6–7 **gwriog ... / Nid gwriog** Ar yr ystyr 'priod (am wraig), a gŵr ganddi', gw. GPC 1710; ar y gystrawen wrthgyferbyniol, cf. uchod 4.39–40 *Cerddgar ... / Nid cerddgar.*

10 **gefryn** Llsgrau. ABDEF *gafran yw*: ar yr e.p. digon cyffredin gynt *Gafran*, gw. G 518. Ond y mae'n fwy tebygol mai bachigol un. *gafr* sydd yma, term agored ddifrïol am ŵr annerbyniol. Y mae rhyw gyfaredd gwrthun i'r afr mewn llenyddiaeth, ac y mae bob amser yn rhagdybio dihirwch ac anniweirdeb. Ystyrid bod gafr yn un o gydnabod y Diafol, cf. yr ymadrodd gogleddol 'Gafr a'm cipio i!', ac yn y dramâu moes portreedid y Diafol ar lun gafr. Mewn llenyddiaeth Ewropeaidd y mae anlladrwydd a grymoedd ffalig yr afr yn ddiarhebol, eithr cf. y disgrifiad difenwol isod o'r gŵr eiddig (ll. 42) *hyfr* 'bwch gafr, yn enw. un wedi ei ysbaddu', gw. GPC 1960 a ll. 42n isod.

11 **gwarth** Fe ddeuai cywilydd â dianrhydedd i ŵr nad oedd ganddo unrhyw ddoniau ac eithrio chwarae gêm, er mai gêm i uchelwyr oedd tawlbwrdd a'i bod yn gêm ac iddi statws, gw. isod ll. 12.

12 **tawlbwrdd** Gêm a chwaraeid yn y llys, cf. LlI 10 (llau. 24–5) *Ef a dele e'r brenhyn tavlbvrd o uoruyl*; YBH 54 (llau. 3480–1) *y chware taѢlbort yd aethant*, ac fe sonia Iolo Goch am y *Gwŷr beilch yn chwarae ... / Tawlbwrdd* (gw. GIG 6 (II.17–18)). Gall mai gwreiddyn Hen Norseg sydd i'r gair, *tafl-bord*. Ar fanylion y gêm, gw. F. Lewis, 'Gwerin Ffristial a Thawlbwrdd', THSC, 1941, 185–205, a P.C. Bartrum, 'Tri Thlws ar Ddeg Ynys Brydain', Études x, 472; gthg. i raddau DGG² 201 d.g. *gwerin*. Â'r cyfuniad *tawlbwrdd ... talbarth*, cf. GIG 6 (II.18) *Tawlbwrdd a secr uwch talbarth* (i Syr Hywel y Fwyall).

talbarth Ar *tâl* 'pen' a *parth* 'llawr ystafell', gw. IGE² 345 d.g. *gaer barth*. 'Llawr' yw'r ystyr a ddyry GPC 2694 hefyd i'r gair *parth*, gyda'r awgrym petrus 'llwyfan isel mewn neuadd'; gthg. BRh 31 *partheu* 'Cyfeiriad, mae'n debyg, at y rhaniadau rhwng y colofnau a gynhaliai'r nenbren' a cheir cyfeiriad yno at I.C. Peate, *The Welsh House* (Liverpool, 1944), 134–6.

13 **oerwas** 'Dihiryn, cnaf, ffŵl; person oer neu ddideimlad', gw. GPC 2627 d.g. *oerwr* ac y mae'r ystyr '*impotent*' yn berthnasol yma fel yn rhai o gywyddau Dafydd ap Gwilym.

14 **marѡbwl** Awgryma IGE² 417 yn betrus mai cyfuniad yw o *marw* a *pѡl* ac fe'i dilynir yma er na cheir yr un enghraifft o *marwbwl* yn y llsgrau. Ni ddigwydd *marwbwl* na *marbwl* yn GPC. Go brin mai ei ystyr yw

'marbl, mynor' gan y byddai hynny yn awgrymu llyfnder croen ac felly yn air o glod.

16 **rhuddion rhyg** Disgrifiad sarhaus o wedd wyneb yw dweud ei fod wedi cipio'r haul ac wedi cochi yn hytrach na'i fod yn welw fel y gweddai i uchelwr, neu yn fwy sarhaus ei fod yn dioddef o ryw nam neu afiechyd difrifol ar y croen. Defnyddir *rhyg* yn ffigurol yn y farddoniaeth i ddifenwi cymeriad dyn yn ogystal â thanlinellu ei ddiffyg boneddig-eiddrwydd, gw. cywydd 'Moliant Tomas Mostyn o Loddaith' GGH 178 (55.33–4) *Rhagor un, rhywiog yw'r iach, / Rhyg yw eraill, rhyw garwach.*

17 **crwm** Noder hefyd y gair *crwth* 'rhywun cefngrwm' isod ll. 52.

am*d*wmiad Llsgrau. *amddwmiad.* Ni ddigwydd y gair *amddwmiad* yn y geiriaduron ond gellid deall ynddo'r elfen *dŵm*, benthyciad o'r S. *doom.* Cynigir, fodd bynnag, ei ddiwygio yn *amdwmiad* a deall ynddo'r elfen *twm*, benthyciad o'r S. *'tomb'*, gw. EEW 168, neu'n well *twm < ty-wm*, 'a round heap', gw. P 591 (os gellir rhoi coel arno), gyda'r *am-* cryfhaol neu'r *am-* 'o'i gylch', gw. GPC 79. Y mae'r terfyniad *-iad* yn dynodi haniaeth felly ni cheir affeithiad yma a chedwir y gynghanedd lusg. Os deellir *twm* i olygu bod y gŵr eiddig yn lwmpyn crwn o ran corffolaeth, yn sach di-siâp fel petai, yna gellid deall *fflwch* i olygu 'dibrin ... helaeth' (gw. GPC 1298) ac aralleirio 'Helaeth a chrwca ei grynder / ordewdra' eithr noder isod ll. 40 *y cul main;* os deellir *twm* i olygu 'ploryn, chwydd' yna gellid aralleirio 'Aml a bwaog ei amchwyddiad / chwyddedigrwydd'. Posibilrwydd arall yw *am-* + *twmiad*, amrywiad ar *twymiad* 'cynhesiad, poethiad, gwres', a'r ystyr ffigurol '?angerdd, dwyster, sêl', gw. GPC (i'w gyhoeddi), neu ymhellach 'to get enraged', gw. WVBD 555, a gellid aralleirio 'Helaeth a gwyredig ei gynddaredd'.

18 **ffladrwas** 'Dyn tafodrydd, ffôl; gŵr gwenieithus'; ar *fladyr* 'to flatter', gw. EEW 72.

plu drwy'i siad Y ddelwedd a gyflwynir o'r gŵr eiddig yw o hurtyn ansyber sydd naill ai'n gwisgo plu yn ei het (arwydd o falchder?) neu yn llythrennol ar ei ben.

19–22 Ni cheir y llau. hyn yn llsgrau. ABDEF, ac nis ceir hwy yn llawn yn llsgrau. CG gan fod y td. wedi'i rwygo yn yr hynaf o'r ddwy (sef llsgr. G) ac mai copi o honno, fe ymddengys, yw llsgr. C.

20 **meinlun** Digwydd hanner cyntaf y ll. mewn dwy yn unig o'r llsgrau., sef CG, a hynny heb y calediad; ar y calediad *nl > nll*, gw. Treigladau 27–9.

21–8 Ceir yma rediad o wyth ll. sy'n gwrthgyferbynnu priodoleddau'r gŵr eiddig a'i wraig yn yr un modd ag y'u gwrthgyferbynnir yng nghywydd Wiliam Cynwal 'I ferch wriog', gw. G.P. Jones, 'Astudiaeth destunol o ganu Wiliam Cynwal yn Llawysgrif (Bangor) Mostyn 4' (M.A. Cymru [Aberystwyth], 1969), 130 (63.39)–131 (63.48), a gw. troednodyn 3.

24 **neiniau** Ll. *nain*; dyfelir mai ebychiad dilornus yw hwn, yn cydym-ffurfio â'r defnydd ffigurol o *nain* fel gair difrïol a nodir yn GPC 2550.

25 **haeddai ganu** Ar *canu* yn yr ystyr 'moliant', gw. G 109: y mae'r wraig hardd y mae'r bardd yn ei moli yn llwyr deilyngu'r farddoniaeth fawl a gyflwynir iddi.

29 **caniadodd** Ffurf 3 un.grff.myn. y f. *caniadu* 'caniatáu, gadael i, gadael i fyned; ?rhoddi', gw. G 105 a GPC 410.

31 **poen** Trosiad deublyg, sef 'yr un sy'n achosi poen [i'r bardd]' a'r 'un sy'n dioddef poen [o du'r gŵr eiddig]'.

39 **clo** Deellir yma'r ystyr ffigurol 'rhwystr' yn ogystal â'r ystyr arferol; felly hefyd *cwlwm* 'rhwymiad' y ll. ddilynol, ac ar y trawiad *clo(i)* ... *cwlm*, gw. G.P. Jones, *op.cit.* 118 (57.25) *Cloi am iawngof cwlm angerdd*. Gan amlaf yn y farddoniaeth defnyddir *clo* yn ffigurol am 'awdurdod, grym', a gellid hynny yma gan mai yn llaw y gŵr eiddig yr oedd yr allwedd i'r clo hwn, ac fe'i daliai yn arwydd o'i reolaeth dros ei wraig. Eithr yma clywir adlais o gywydd Dafydd ap Gwilym 'Dan y Bargod' a'i l. agoriadol *Clo a roed ar ddrws y tŷ*, gw. GDG[3] 244 (89.1).

cofain Sef *cowain* 'cario ynghyd; cludo neu gynnull i'r ystôr', gw. GPC 830. Y gŵr eiddig a roddodd y clo hwn at ei gilydd, nid gof proffesiynol, gyda'r bwriad o gywain ei wraig i ddiddosrwydd y cartref teuluol yn hytrach na'i chael yn crwydro'n rhydd gyda chariadon. Noder hefyd ail ystyr *gofain* sef *go-* a *main* sy'n rhagdybio *y cul main* yn y ll. ddilynol. Petai tystiolaeth sicr i'r f. **gofain* 'gwneud gwaith gof', efallai y gellid gweld honno yma er gwaethaf y diffyg treiglad, ond nid oes enghraifft sicr o'r fath ferf; serch hynny y mae tystiolaeth i'r eg. *gofan* 'gof (weithiau gydag ystyr fychanus)', a'r eb. *gofaniaeth*, *gofannaeth* 'crefft y gof (crefft na châi mab taeog ei ddilyn yn ôl y Cyfreithiau)', gw. GPC 1429.

39–50 Yma y mae Gwen yn ateb cwestiwn Gruffudd Llwyd '*Pa ryw glo heno yw hwn?*' (ll. 34). Etyb Gwen, gydag ochenaid a thristwch, fod ei gŵr yn ei chlymu wrtho yn erbyn ei hewyllys, a'i bod yn dymuno ar i'r bardd ei rhyddhau o'i chaethiwed.

40 **cwlwm** Defnyddir y gair i bwysleisio'r ystyr 'rhwymiad, hual, llyffethair', a chan ollwng heibio'n fwriadol yr ystyr gerddorol ddiwyll-iedig 'caniad o ryw fath arbennig mewn hen gerddoriaeth', gw. GPC 640; J.H. Davies, 'The Roll of the Caerwys Eisteddfod of 1523', *Transactions of the Liverpool Welsh National Society*, 1908–9, 93, *Kerdd dant disgybl ysbas graddol a ddyly wybod pump kwlm a chadair ac a*

barno athraw o ganiadau a gostegion; a cf. RB ii, 186 (llau. 27–8) *Ar clymeu a ganei ef adangossynt y vot yn telynya6r.*

41 **ceulyfr** Ni ddigwydd y ffurf gyfansawdd hon yn G na GPC. Yr hyn a olygir, y mae'n debyg, yw cyfeiriad at Feibl, neu lyfr canon o ryw fath (ar *llyfr canon*, gw. GCBM i, 21.85n) ac yma fe'i deellir yn gyfeiriad at y gwasanaeth priodas.

42 **hyfr** Gw. uchod ll. 10n. Deellir yma hefyd yr ystyr '[llyfr croen] gafr' sef '[llyfr] memrwn' a chyfeiriad at y llyfr gwasanaeth y priodwyd y ddeuddyn ag ef.

43 **drwy ddig o ddog** Sef '*by means of the surliness of a knave*', gw. y nodyn dilynol ar *dog* isod.

dog 'Creadur o ddyn ystyfnig, mileinig neu sarrug', benthyciad o'r S. *dog*, gw. GPC 1072 (er mai 1817 yw dyddiad y cofnod cynharaf a nodir yno ac mai enw gêm ydyw yn yr achos hwnnw). Digwydd *dogaidd*, fodd bynnag, mewn awdl ddychan o'r 15g., gw. GTP 51 (29.61–2) *Draenogaidd, ddogaidd ddygiad,—gwaedogaidd, / Draenogaidd, ddogaidd, lwynogaidd wlad* (Tudur Penllyn).

44 **chwe cheiniog** Bathwyd darn chwe cheiniog yn Lloegr am y tro cyntaf yn 1551 yn ystod teyrnasiad y brenin Edward VI, ac felly ceiniogau unigol oedd y rhain yn hytrach nag un darn arian, gw. C. Narberth, *The Coin Collector's Encyclopaedia* (London, 1968), 104. Tybed ai'r ffi i'r offeiriad am briodi'r gŵr eiddig a'i wraig oedd y swm a nodir? Ac ai eiddo'r offeiriad hwnnw oedd y *cuwch anhardd*? Cyfeirir at arian bath gan Ddafydd ap Gwilym yntau, gw. GDG³ 128 (47.25) *Chwe cheiniog yw'r llog yn llaw*, ib. 67 (23.13–14) *Ffloringod brig ni'm digiai, / Fflŵr-dy-lis gyfoeth mis Mai*, cyfeiriad at fflorin teyrnasiad Edward III (1327–77) ac arno ddarlun o'r brenin ar ei orsedd a dau lewpard un bob ochr iddo gyda fflŵr-dy-lis yn britho'r cae, gw. M. Amstell, *Another Period in Coin Collecting: English Coins—Charles I to Edward III* (London, 1967), 73 a'r llun ib. 74; D.S. Jones, ' "Fflwring aur" Dafydd ap Gwilym', B xix (1960–2), 29–34.

45 **ced** Rhodd annymunol yw'r gŵr eiddig i'w wraig, ond cf. y rhodd y mae'r wraig yn ei dymuno, isod llau. 49–50.

47 **rho Duw!** Grym ebychiad sydd i'r ymadrodd *rho Duw!* 'rhyngof fi a Duw', ac y mae nifer o enghreifftiau o'r llw cyffredin yng ngwaith Dafydd ap Gwilym, gw. GDG³ 70 (24.3), &c.

Gruffudd Sef Gruffudd Llwyd, y bardd. Cadarnheir o'r cyfeiriad hwn mai fel *Gruffudd* y dymunai'r bardd gael ei gyfarch yn hytrach nag wrth ddim un o'r ffurfiau posibl eraill ar ei enw, gw. uchod tt. 76, 97.

50 **yn rhodd** Ar yr ystyr '*if you please, pray*', lle y rhestrir yr enghraifft hon, gw. GPC 3087.

mab Llanc ifanc yw Gruffudd Llwyd, fe ymddengys, ac y mae ieuenctid o'i blaid.

52 **crwth** Disgrifiad o olwg gefngrwm y gŵr eiddig, cf. GIG 102 (XXIV.48) [*l*]*lygad crynfaen crwth* (Iolo Goch) yn yr ystyr *'convex'*, a hefyd o'r rhincian sy'n nodwedd ar ei lais a natur ei sgwrs gan fod sŵn amhersain i'r offeryn i glust yr uchelwyr. Y mae cyfran helaeth o'r cerddi Cymraeg i grythorion yn dwyn anfri ar y proffesiwn, fel y gyfres englynion a luniwyd i'r crythor Edward Sirc ar ddiwedd yr 16g. gan [?Morys] Powel: *Os cras yw'r crwth, dagrwth dôn, / Crasach yw'r geirie creision*, gw. B. Miles, ' "Pwt ar Frys" neu "Ffarwél y Crythor" ', *Canu Gwerin*, xiii (1990), 36. Gw. hefyd A.O.H. Jarman, 'Telyn a Chrwth', LlCy vi (1960–1), 154–75.

54 **ywch** 'I chwi' oherwydd anghenion y gynghanedd gan mai *yt* 'i ti' yw'r dull o gyfarch yn ll. 51.

55 **diowryd** Sef *diofryd* 'llw i ymwrthod â', gw. GPC 1025; y cyngor yma yw ar i'r wraig ymwrthod â'i gŵr.

tyrchbryd Deellir yma 'un o ymddangosiad torchau', gan mai cyfeirio at y ferch a wneir; pe cyfeirid at y gŵr Eiddig, gellid aralleirio 'un o bryd twrch' gan ddeall yma gyfeiriad at un o'r baeddod a grybwyllir yn chwedl 'Culhwch ac Olwen', sef Grugyn Gwrych Eraint, gw. CO³ 38 (llau. 1083–4).

56 **coeg** Os cyfeiriad at y ferch yw hwn, yr ystyr yw 'balch', neu 'gellweirus', ond os cyfeiriad at ei gŵr, yr ystyr ffigurol yw 'dall, un-llygeidiog'; noder hefyd ail ystyr *tywyll* (ll. 22) sef 'dall'.

cig Wener Arfer yr oes Gatholig ganoloesol oedd ymwrthod â chig ar ddydd Gwener o barch i Wener y Groglith a'r Croeshoeliad, gw. ODCC³ 641, a chyngor ac anogaeth Gruffudd Llwyd yw fod ei gariad yn ymwrthod â'i gŵr ac yn ceisio [*g*]*wr glân* yn ei le. Sylwer ar Pen 53, 85 *llyma ir achossion y delyr ympridiet duw Gwener yn vwy no diwarnod arall* a rhestrir saith digwyddiad gresynus a fu ar ddyddiau Gwener. Cywasgiad o **cig ar Wener* yw *cig Wener* ac fe ddigwydd yr un ymadrodd yn yr 16g., gw. L.J. Hopkin-Jones a T.C. Evans, *Hen Gwndidau, Carolau a Chywyddau* (Bangor, 1910), 5 (4.26) *a gwenwyn rhyw ddydd oedd gig wener* (Thomas ap Ieuan ap Rhys): dweud y mae'r bardd wrth y ferch y dylai ymwrthod ag Eiddig fel â bwyta cig ar ddydd Gwener.

6

Cywydd yn trafod yn chwareus sut y gall y bardd estyn ei fywyd yw'r cywydd hwn. Ar goel gwlad (llau. 29–32) fe gredid mai'r tri pheth gorau oll at gael einioes hir oedd bod naill ai'n garw, yn bysgodyn (neu'n fanwl gywir yn eog), neu'n eryr. Dilynir yma hen draddodiad y chwedlau Cymraeg a'u straeon am anifeiliaid hynaf y byd. Yr enwocaf o'r straeon hynny yw fersiwn 'Culhwch ac Olwen'[1] lle yr enwir Mwyalchen Cilgwri, Carw Rhedynfre, Tylluan Cwm Cawlwyd, Eryr Gwernabwy, ac Eog Llyn Lliw, yn y drefn honno, fel yr anifeiliaid hynaf yn y byd a'r Eog yn hynaf oll. Eithr nid yw cywydd Gruffudd Llwyd yn dilyn fersiwn 'Culhwch ac Olwen' yn fanwl ac y mae'n llawer tebycach mai ar stori wahanol am yr anifeiliaid hynaf yr oedd y bardd yn patrymu ei gerdd. Ceir copi o'r fersiwn amgen hwnnw yn llaw Thomas Wiliems o Drefriw yn llawysgrif BL Add 31055, 107ᵛ, llawysgrif a gopïwyd yn y blynyddoedd 1594–6, a cheir adysgrifiad o hwnnw, gydag amrywiadau o fersiwn bratiog o'r un testun a geir yn llaw-ysgrif Caerdydd 2.25, 1–2, ynghyd â sylwadau ar y testun, yn Thomas Jones, 'Pethau Nas Cyhoeddwyd', Cylchg LlGC vii (1951–2), 62–6.[2] Noder hefyd mai yn llaw Thomas Wiliems y cadwyd fersiwn llawysgrif Pen 77 o'r cywydd hwn.

Dymuniad nifer o'r Cywyddwyr yw fod eu noddwyr yn byw gyhyd â'r anifeiliaid hynaf hyn[3] ond yma dywed Gruffudd Llwyd iddo daro ar fformwla arall a ddaw ag adnewyddiad iechyd ac ieuenctid hirhoedlog yn ei sgil heb gymorth nac anifail na meddyg na ffisig (llau. 53–4), sef cael cusan gan ei gariad. Cyd-destun secwlar, ysgafnfryd a geir yma i'r thema estyn einioes, ond yr oedd iddi ystyriaethau dwysach. Wedi'r Farwolaeth Fawr yn 1349, a'r plâu eraill a'i dilynodd, daeth erchylltra bywyd a'i fyrhoedledd yn amlycach. Yn ôl un cronicl Lladin, lladdodd y Pla Du ddeuparth poblogaeth Cymru[4] a bu hynny'n gyfrwng i weddnewid agwedd beirdd Cymru at fywyd a marwolaeth fel sydd, efallai, yn ymhlyg yng nghywydd 'Yr adfail' gan Ddafydd ap Gwilym.[5]

Y mae'r cywydd hwn yn dystiolaeth i wybodaeth eang Gruffudd Llwyd o destunau llenyddol y cyfnod, megis amryfal destunau chwedl 'Yr Anifeiliaid Hynaf', pwysigrwydd ac arwyddocâd 'Trioedd Ynys Prydain' (gw. llau. 1–4), *Vita Sancti David* (gw. llau. 7–10) yn *Vitae Sanctorum Britanniae et Genealogiae*, a thestun 'Hystoria Gwlad Ieuan Fendigaid' yn Llyfr yr Ancr (gw. llau. 11–18). Thema gyffredin i feirdd Provençal oedd erfyn am gusan gan eu cariadon, a dangosir gwybodaeth Gruffudd Llwyd o themâu

[1] Gw. CO³ 31 (ll. 839)–33 (ll. 919).

[2] Am fersiynau pellach o'r chwedl annibynnol hon am yr anifeiliaid hynaf, gw. D. Ifans, 'Chwedl yr Anifeiliaid Hynaf', B xxiv (1970–2), 461–4. Gw. hefyd ll. 1n isod.

[3] Gw., e.e., ll. 4n isod d.g. *carw* a *pysg.*

[4] G. Williams, *The Welsh Church from Conquest to Reformation* (Cardiff, 1962), 146. Hyd yn oed pe na bai ffigur y cronicl yn un cwbl gywir, y mae'n adlewyrchu'r argraff a gafodd y drychineb ar drwch y boblogaeth.

[5] Gw. D.J. Bowen, 'Agweddau ar Ganu'r Bedwaredd Ganrif ar Ddeg a'r Bymthegfed', LlCy ix (1966), 65–6 ac ar y testun, gw. GDG³ 381 (144.41–2).

llenyddiaeth y Cyfandir wrth iddo lawenhau (llau. 49–58) fod cusan wedi'i chaniatáu iddo.[6]

1 **tripheth**   Er bod Gruffudd Llwyd yn gyfarwydd â Thrioedd Ynys Prydain nid yw ei *dripheth* ef yn cytuno â fersiwn y Trioedd o'r 'Tri Hynaif Byd', sef *Tyllvan Gwm Kowlwyd*, / *Eryr Gwern Abwy*, / *A Mwyalchen Gelli Gadarn*, gw. TYP[3] 220–1. Carw, pysgodyn (sef gleisiad) ac eryr yw'r tri sy'n byw hynaf, yn ôl tystiolaeth Gruffudd Llwyd yma. Gthg. fersiwn Siôn Cent yntau o'r chwedl lle y rhoir *Trioed pawl gwern* ... / *Ar gi*, teiroes ci ar farch, trioed march ar ŵr, trioed gŵr ar hydd, trioed carw ar fwyalch, a thrioed y fwyalch ar dderwen, gw. IGE[2] 273 (llau. 3–14). Gw. hefyd y nodyn cefndir uchod.

4 **carw**   Ar y carw yn arwydd o hirhoedledd, cf. GST 141 (33.83–6) *Tripheth rhoed Duw i Ruffudd— / Hir oes megis einioes hydd, / Hir iechyd, llawenfyd llu, / A gras gan y gwir Iesu.* Gw. hefyd y nodyn ar lau. 5–10 isod; P.L. Williams, 'Cywydd "Y Carw" Dafydd ap Gwilym: rhai ystyriaethau', Traeth clv (2000), 80–92.

pysg   Ffurf un. yma, yn cyfeirio at leisiad (gw. ll. 19); am gyfeiriadau at y gleisiad yn arwydd o hirhoedledd, cf. GLGC 374 (169.59–62) *Hŷn fyddych no dyn ac no dâr–o goed / ac no gwŷdd y ddaear, / no'r gleisiad ac no'r adar, / no'r hydd o'r gwŷdd a fo gwâr; ib.* 454 (208.39–42) *Hydd yw Meredydd ar wŷr, / aeth yn ŵr, weithian eryr. / Y gleisiad, ddigwyl Oswallt, / ydiw yr hydd, o'r dŵr hallt.* Gw. hefyd lau. 19–28 isod.

carw a physg   Ar y trawiad, cf. Pen 67, 126 (LXXXII.53–4) *oes eryr a vessurwn / a charw a ffysc a chorff hwn* (Huw Dafi); cyfeiriad at eog yw *a chorff hwn*.

5–10   Yma cyfeirir at y modd y gall yr hydd adnewyddu ei ieuenctid, sef drwy neidr, cf. *Vita Sancti Dauid*, VSB 150 (llau. 25–7) *Ceruus autem in antiquo serpente signat dominium, sicut enim ceruus, expoliatus serpentibus pastus, fontem aque desiderans, acceptis uiribus uelut iuuentute renouatur.* 'Yn wir, noda'r carw ei diriogaeth yn erbyn y neidr yn yr hen amser, oherwydd y mae'r carw, wrth anrheithio nadredd pan nad oes ganddo fwyd a ffynhonnell o ddŵr, yn cael ei adnewyddu drwy'r nerth a gaiff, megis i'w ieuenctid.' (Diolchir i Mrs Helen Davies am y cyfieithiad.) Adlewyrcha'r dyfyniad arglwyddiaeth y carw dros y neidr, ond y mae'n werth cofio nad yw'r carw, fel rheol, yn anifail rheibus. Yn y *Physiologus* (neu'r Athronydd Naturiol) o'r 4g. (gw. cyfieithiad M.J. Curley (Austin, Texas, 1979)) trafodir gelyniaeth yr hydd a'r sarff: dywedir yno i'r hydd ddenu'r sarff o'i nyth drwy dasgu

---

[6] Ar yr un thema yn llenyddiaeth Cymru, cf. cywydd y 'Cusan', GDG[3] cerdd 133; R.G. Gruffydd, *'Englynion y Cusan* by Dafydd ap Gwilym', CMCS xxiii (Summer 1992), 1–6; D.J. Bowen, 'Cywydd Gorchest Gruffudd Hiraethog', YB ix (1976), 114–17.

dŵr arni ac yna ei sathru i farwolaeth: cymherir hynny â Christ yn sathru Satan dan draed, gw. C. Hicks, *Animals in Early Medieval Art* (Edinburgh, 1993), 108.

5 **maenol** Dyma'r ffurf yn llyfrau cyfraith y Gogledd, *maenor* yn llyfrau'r De, am uned diriogaethol a gweinyddol yng Nghymru, gw. GPC 2310, ac fe'i defnyddir yn drosiadol yma am ardal gynhyrchiol. Ar y trawiad *maenol … mynydd*, cf. GGl² 289 (CXII.85–6) *Llwyddo Duw efo Dafydd— o Drefawr, / Ei faenawr a'i fynydd.*

7 **neidr** Er mai delwedd negyddol sydd i'r neidr yn y farddoniaeth fel rheol oherwydd y Cwymp ac ar gyfrif ei gwenwyn, yn yr achos hwn y mae iddi swydd gadarnhaol yn ailsefydlu cryfder ac ieuenctid y carw. Am destun canoloesol Cymraeg sy'n cynnig delwedd gadarnhaol o'r neidr, gw. I. Williams, 'Rhinweddau croen neidr', B iv (1927–9), 33–6. Am enghraifft o neidr yn symbol o anfarwoldeb mewn celf weledol Gristnogol, gw. C. Hicks, *op.cit.* 83.

8 **merydd** Ar yr ystyr 'araf, marwaidd, diog, llwfr', gw. GPC 2438, eithr noder yr ystyr estynedig 'difenter' a gynigir yn GMB 3.132 *Gan a'e canóu ny bu ueryt* (Meilyr Brydydd). Ar *diferydd*, gw. isod 11.5–6 *Mur Glyn, menestr rhoddlyn rhydd, / Dyfrdwy fawr dwfr diferydd.*

11–18 Yn y llau. hyn cyfeirir at y modd y gall yr eryr adnewyddu ei ieuenctid drwy gyfrwng carreg sydd yn y môr: cf. rhinwedd cerrig *Midiosi*, gw. *Ystorya Gwlat Ieuan Vendigeit (Llythyr y Preutur Siôn) Cyfieithiadau Cymraeg Canol o 'Epistola Presbyteri Johannis'*, gol. G.Ll. Edwards (Caerdydd, 1999), 37–8 a'r cyfeiriadau pellach yno.

11 **eryr** Ar yr eryr yn arwydd o hirhoedledd, gw., e.e., GLGC 446 (204.41) *Betawn hŷn no'r hen eryr*; ar adnewyddu ieuenctid yr eryr, gw. Salm ciii.5 *ef sy'n fy nigoni â daioni dros fy holl ddyddiau i adnewyddu fy ieuenctid fel eryr*; ar ddau eryr yn y traddodiad Gwyddelig a oedd yn weinyddwyr adnewyddiad ieuenctid, gw. W. Stokes, 'The Voyage of Mael Duin', RC x (1889), 72–9; ac ar ddarogan yr eryr yng Nghaer Septon, gw. RB ii 64 (llau. 6–7) a H. Lewis, 'Proffwydoliaeth yr Eryr', B ix (1937–9), 112–15. Ar Ynysoedd Prydain defnyddid unrhyw gerrig a gaed mewn nythod eryrod fel talismonau genedigaeth, gw. G. Jones, *Dictionary of Mythology, Folklore and Symbols* (New York, 1962), 484.

15 **ciried** Ffurf 3 un.pres.myn. ba. *ciriedu*; y mae G 141 yn fwy ansicr o'r f. nag y mae GPC 484. Yn betrus, y mae'r ddwy ffynhonnell yn cynnig yr ystyr 'ewyllysio, mynnu', a derbynnir hynny yma.

18 **maen** Gw. ll. 11 uchod ar *eryr*.

19–28 Edrydd y llau. hyn hanes y gleisiad yn encilio o'i gartref arferol yn y cefnfor i adnewyddu ei nerth.

19 **gleisiad** Am gyfeiriadau yn y farddoniaeth at hirhoedledd y gleisiad, gw. ll. 4n uchod d.g. *pysg*. Yn llenyddiaeth Iwerddon portreedir yr eog fel yr hynaf o holl greaduriaid y ddaear, gw. J. Carey, 'Scél Tuáin meic Chairill', *Ériu* xxxv (1984), 93–111. Yn ddigon naturiol fe gysylltir oedran teg â hollwybodaeth ac â mawr ddoethineb, a hynny yn ei dro â phriodoleddau'r duwiau, gw. T.F. O'Rahilly, *Early Irish History and Mythology* (Dublin, 1946), 318–23 a'r cyfeiriadau pellach yno.

21 **gwŷl** Ffurf 3 un.pres.myn. y f. *gweled*, yma yn dwyn yr ystyr 'ystyried, barnu, cydnabod', gw. GPC 1626.

22 **O gil y gro i gael y grug** Cf. uchod ll. 18 *o gil y môr*. Sonnir yma am daith yr eog o ymyl y môr i'r gweundir uchel lle y mae'n dodwy ei wyau. Y mae'r ll. hon sillaf yn rhy hir fel y saif ond gellir cywasgu *gro i*.

24 **bwy** Ar ddefnyddio'r ardd. gyda *gilydd*, gw. GMW 97; GPC 2948.

25 **Abad Caer** Caer neu Gaerfyrddin yw'r ddau ddewis yma, gw. G 95. Cysylltir Caerfyrddin â phriordy yn hytrach nag ag abaty, ond gallai'r term *abad* gael ei ddefnyddio'n llac yma am bennaeth tŷ crefyddol, yn abaty neu briordy. Esboniad posibl arall yw fod priordy Urdd Sant Awstin Caerfyrddin yn un o'r priordai hynny a ddeuai o dan awdurdod abaty, a chofnodir bod priordy Caerfyrddin yn un o ddibyniaethau abaty Battle, gw. D. Knowles & R.N. Hadcock, *Medieval Religious Houses: England and Wales* (London, 1953), 59; D. Knowles, *The Monastic Order in England* (Cambridge, 1940), 597; ar abaty Battle, gw. R. Graham, *English Ecclesiastical Studies* (London, 1929), 188–208. Llifa Afon Tywi i'r môr drwy Gaerfyrddin a denodd hynny sylw'r beirdd: gw. y disgrifiad ohoni yn GLlBH 4.12 *Lle lleinw heli Dywi daer* (Dafydd ap Gwilym), a bu'n ardal enwog am bysgota eogiaid dros y canrifoedd. Os Caer, sef Caerlleon Gawr (Chester), a olygir, dichon fod digon o eogiaid yn Afon Dyfrdwy yn yr Oesoedd Canol i gyfiawnhau *cored ... a'i rhwydau* (llau. 25–6). Yr oedd abaty llugoer ei ymroddiad i ofynion y bywyd mynachaidd yng Nghaer yn y cyfnod hwn a diswyddwyd yr abad yno gan Thomas de la Mare yn hanner cyntaf y 15g., gw. G. Williams, *The Welsh Church from Conquest to Reformation* (Cardiff, 1962), 232. Am hanes yr abaty, ac am restr o fynaich ac abadau Caer, gw. R.V.H. Burne, *The Monks of Chester: The History of St Werburgh's Abbey* (London, 1962); yng nghyfnod Gruffudd Llwyd dyma restr o'r abadau: 1363–86 Thomas de Newport, 1386–7 William de Merston, 1387–1413 Henry de Sutton, 1413–34 Thomas Erdeley, gw. *ib*. xix. Ni wyddys beth oedd cysylltiad Gruffudd Llwyd â'r abaty ond yn ôl LlGC 872D [= Wrecsam 1], 433, gŵr o blwyf Llangadfan ym Mhowys oedd Gruffudd Llwyd a byddai dal cysylltiad â Chaer yn ddigon naturiol i un o'r ardal honno.

29–32 Pwyso ar y traddodiad llafar ac ar goel gwlad a wna Gruffudd Llwyd, yn ôl ei dystiolaeth ef ei hun, wrth gyflwyno'i achos. Hen wybodaeth a ddaeth i'w feddiant drwy gyfrwng cyfarwyddiaid, athrawon y cyfnod, a thrwy ei ddarllen eang ei hun yw hon ynglŷn â hirhoedledd y carw, yr eog a'r eryr, meddai. Barna Thomas Roberts fod defnydd Gruffudd Llwyd o'r traddodiad llafar yn eithriadol o gyfoethog: 'Mynych y cyfeirir yng ngwaith y beirdd at yr hen chwedlau a'r hen draddodiadau, ond credaf fod Gruffudd Llwyd yn eithriadol yn eu mysg yn y cyfeiriad hwn', gw. IGE² xvii. Nid yr un rhai oedd y beirdd a'r cyfarwyddiaid erbyn y 14g. ond awgryma'r Athro Emeritws D.J. Bowen fod llau. megis y rhain yng ngwaith Gruffudd Llwyd yn adlewyrchu peth dynesu rhwng y ddwy garfan gan nad oedd safle'r beirdd mor freiniol â chynt, gw. D.J. Bowen, 'Agweddau ar Ganu'r Bedwaredd Ganrif ar Ddeg a'r Bymthegfed', LlCy ix (1966), 50.

33 **dyfod** Llsgrau. ACD *dowod*, B *Dywod*. Sylwer mai *dyfod* yw ffurf y llsgrau. oll yn ll. 39 isod.

hynaf haint Cymerir mai cyfeiriad at serch fel yr hynaf o'r clefydau sydd yma: dichon fod dychymyg y bardd yn aros ym maes hynafiaeth yr anifeiliaid hynaf ac yn ffansïol ddyfarnu i serch ei le fel yr hynaf o'r afiechydon sy'n blino dynolryw. Gellid hefyd ddeall *haint* yn ffigurol fel 'pangfa o boen'.

34 **Duw Ddofydd, Dy ddioddefaint!**   Deellir y ll. hon yn sangiad ebychiadol, gthg. IGE² 139 (llau. 5–6): ai gwneud iawn am ei ryfyg yn sôn am serch, ac nid pechod, fel yr *hynaf haint* y mae Gruffudd Llwyd?

35 **oedd ferched** Ar y treiglad, gw. Treigladau 303–4.

38 **mursen** Ymysg yr ystyron a restrir yn GPC 2504–5 y mae 'merch sy'n cellwair caru, un sy'n chwarae â serchiadau'; eithr dyry D '*a coy dame*' ac y mae L.Chr. Stern, 'Die Visionen des Bardd Cwsc', ZCP iii (1901), 187 yn tarddu'r gair o'r S. *virgin*.

42 **a** Llsgrau. ACD *ba*, B *Bo*; fe'i diwygir i gydymffurfio ag anghenion y gynghanedd.

45 **Gwen** Sef y ferch y rhoes y bardd ei galon arni, cf. uchod 5.6, 9, 35.

46 **deunwyf** Dellir yr elfen *deu-* yma ag ystyr gryfhaol yn hytrach na rhifol, gw. G 315.

47 **gwirdda** Deellir yma yr ystyr 'rhagorol, gwirioneddol fendithiol' a hynny, fe ddichon, am fod y gorthrwm sy'n gwasgu ar y bardd yn agor y ffordd i'r ferch ei arbed rhagddo.

52 **Gŵyl Ilar** Sef Ilar, y sant a'r merthyr y cysegrwyd eglwys iddo yn Llanilar yng Ngheredigion. Yn 'Bonedd y Saint' (gw. MA² 426n1) fe'i gelwir yn *Ilar bysgodwr* ac y mae'r Calendrau Cymraeg yn rhoi Ionawr 13, 14, a 15 fel ei ddydd gŵyl, gw. LBS iii, 299. Cyfeirir ato droeon gan

y beirdd, gw., e.e., GLGC 160 (68.55–6) *Ei stad ef a ddrychefir / Ŵyl Ilar hael, a'i loer hir*, ib. 369 (167.13–14) *Llywelyn, ar ddull Ilar, / Fychan, dau gryfach no dâr.* Y mae'r ffaith fod yr un dydd(iau) gŵyl i Ilar a Sant Hilarius o Poitiers yn awgrymu'n gryf mai'r un un ydynt, gw. ODCC[3] 769–70.

53 Y mae'r gynghanedd yma yn mynnu odli *ym* â *gymwy*, sef odli *y*- glir ac -*y*- dywyll, arfer nas arddelir bellach ond a ganiateid yn Oes y Cywyddwyr.

55 **crynllwyd** Dilynir awgrym petrus ac nid cwbl foddhaol G 183 "?o faint ac oedran' gan ddeall yma a. cyfansawdd a'i elfen flaenaf yn dwyn yr ystyr 'go fawr, mawr, helaeth', gw. GPC 623 d.g. *cryn*[1], a'i ail elfen yn gyfeiriad at oedran. Ai adnewyddiad ysbryd henwr sydd yma, ai cadw ysbryd ieuenctid yn barhaol fyw yw'r gobaith? Y naill ffordd neu'r llall yr ergyd yw fod cael cusan ac arni flas gwin gan un o natur dirion Gwen yn adnewyddu ysbryd llanc a henwr fel ei gilydd. Digwyddodd yr iachâd hwn ar Ŵyl Ilar ganol Ionawr, yn ystod cyfnod pan oedd cariad yn brin a barnu wrth dystiolaeth Dafydd ap Gwilym am fisoedd y gaeaf.

56 **anian carw** O'r tri chreadur sydd â'r gallu i fyw'n hen ac a grybwyllir yma, sef y carw, y gleisiad a'r eryr, daw'n amlwg mai anian carw a apeliodd fwyaf at y bardd.

57 **arwydd** Ar yr ystyron 'argoel', 'baner', gw. GPC 216; GGrG 8.16n.

7

Cywydd serch i wraig weddw ifanc ac anghyffredin o hardd yw'r cywydd hwn. Nid Gruffudd Llwyd oedd yr unig fardd i ganu i wraig weddw brydferth: fe gyflawnodd Dafydd ab Edmwnd yntau yr un gorchwyl yn ddiweddarach, tua chanol y bymthegfed ganrif, pan ganodd ei gywydd 'I wraig weddw ac i'w galarwisg'.[1] Ynddo, fel yng nghywydd Gruffudd Llwyd, y mae Dafydd ab Edmwnd yn moli prydferthwch y wraig weddw ac yn ei chwennych iddo'i hunan: *ar ol y marw yr wyli / ar ol y vyw yr wylaf i …/ ac o chawn blygv chwanec / y min taer am enav tec / vn vlas a nefol ossai / oedd wefus merch weddw vis mai.*[2]

Datganiad agoriadol cywydd Gruffudd Llwyd yw tristwch fod gwraig hardd yn cysgu ar ei phen ei hun, a chyhoeddir bwriad y bardd i roi tro amdani. Brawychir y ferch hardd a chwyna yng nghlust ei morwyn fod ysbryd yn ei chadw ar ddi-hun (llau. 19–20). Ond nid felly, meddir. Ymagwedda'r bardd fel angel o'r goleuni sydd wedi dod â neges i'r weddw

---

[1] Gw. DE 53–5.
[2] *Ib*. 54 (XXX.19–20, 39–42).

beidio â bod *Yn unig dan wayw nawnych* (ll. 70) ond iddi ymarfer lletygarwch, un o rinweddau'r wraig uchelwrol: *Na chwsg un noswaith, fy chwaer, / Dy hunan, feingan fwyngaer* (llau. 57–8), ystryw'r bardd i'w chael i oresgyn ei galar am ei diweddar ŵr a'i gymryd ef, Gruffudd Llwyd, yn gywely yn ei le. Ond er ei berswâd ni thwyllir y wraig ac ni chroesewir y bardd.

Dull yr ymddiddan a ddewiswyd. Y tro hwn y mae tri pherson yn y ddrama, sef y wraig weddw hardd, ei morwyn, a'r carwr sy'n honni bod yn angel o'r nef. Y mae sgwrsio, yn naturiol, yn nodwedd ar ganu serch, ond y mae'r dewis gymeriadau yma yn estyn ffiniau arferol y *genre* gan fod y bardd yn dewis dau lais o'r byd real ac un sy'n ymagweddu fel llais o'r byd goruwchnaturiol. Digwydd ymddiddan yn amlach yn y traddodiad Cymraeg rhwng enaid person a chorff yr un person,[3] yn hytrach nag ar ffurf gwraig weddw ddaearol yn siarad, fel petai, ag angel o'r nef fel yma. Serch hynny, fe ddigwydd y thema ymddiddan ag ysbrydion yng ngwaith Dafydd ap Gwilym ac Ieuan ap Rhydderch, i enwi dim ond dau o'n beirdd.[4]

Cyfeirir yn y cywydd at un o'r Trioedd (ll. 16), gweler y nodyn isod. Gwelir yn y cywydd hefyd ymwybyddiaeth o *fabliaux* Ffrainc a'r *chansons de malmariée* gyda'u triawdau set o ŵr eiddig, ei wraig, a'r cariad llawn gobaith.[5] Â'r gerdd hon hefyd, cymharer Atodiad ii isod, cerdd ymddiddan rhwng bardd a gwraig ieuanc hardd, a gweler y cyfeiriadau yno at ymddiddanion 'dan bared'.

6   Y mae amwysedd yma: gellid deall bod cydymdeimlad y bardd gyda'r wraig weddw am ei bod yn cysgu ar ei phen ei hun, neu ynteu fod y bardd yn drist ar gyfrif unigrwydd yr *eurfab* (ll. 1) tra ei fod yn ddigariad.

16   **Dyfr** Dyfr Wallt Euraid, un o 'Dair Rhiain Ardderchog Llys Arthur', gw. TYP[2] 215, 335. Ni ddigwydd ei henw yng ngwaith Beirdd y Tywysogion ond cyfeiria'r Cywyddwyr ati fel safon prydferthwch, gw., e.e., R 1326.20 *oleune dyfyr neu lunet* (Gruffudd ap Maredudd); GSRh 5.31 *Dyad Dyfr drwsiad* (Rhisierdyn); GDG[3] 140 (52.13) *hoen Dyfr o sud.*

21–4   Deellir mai morwyn y wraig weddw sy'n siarad yma, a'i bod yn deisyf ar ei meistres gau'r drws ar y prydydd dieithr sy'n tynnu eu sylw drwy ystryw.

24   **By'th ddawr ...?** Ar *py, pa* yn enwol i ddynodi 'pa beth', gw. GMW 76–7. Ar *dawr, tawr* 3 un.pres.myn. ba. 'bod o bwys, bod o

---

[3]   Ymhellach, gw. B. Jones, 'Ymryson ac Ymddiddan Corff ac Enaid', YB v (1970), 44–61; gw. hefyd Bl BGCC 203–33 a'r cyfeiriadau pellach yno, yn enwedig tt. 206–7.

[4]   Gw. GDG[3] cerdd 141 'Ei gysgod'; IGE[2] cerdd LXXIX 'Cywydd Ymddiddan â'r Ysbryd'.

[5]   A.T.E. Matonis, 'Traditions of Panegyric in Welsh Poetry: The Heroic and the Chivalric', *Speculum*, liii (1978), 667–87.

ddiddordeb', gw. *ib*. 150 a G 303–4. Ar *pa'th ddawr* 'what does it matter to thee?', gw. GMW 76.

29 **mynag ynn** Llsgrau. A–E *ym*. Diwygir er mwyn y gynghanedd, a chymryd y ffurf l. *ynn* yn gyfeiriad at y ferch a'i morwyn. Gadewir *Mynag ym*, isod ll. 43, heb ei ddiwygio, gan nodi hefyd fod y ll. honno yn ddigynghanedd.

31 **angel** Er nad oedd bri mawr ar angylion yng nghyfnod yr Eglwys Fore fe ddaeth tro ar fyd erbyn y Seithfed Cyngor yn 787, gw. D.S. Evans, *Medieval Religious Literature* (Caerdydd, 1986), 9. Aed ar ofyn dau archangel yn enwedig, sef Mihangel a Gabriel. Enwir yr Archangel Gabriel ddwywaith gan y Gogynfeirdd, gw. GMB 31.23 *Gabriel, Raphael a'm riuant—yn gymhen* (Meilyr ap Gwalchmai), ond dyma'r unig gyfeiriad at Raphael (a enwir yn Llyfr Tobit yn yr Apocryffa) sydd ym marddoniaeth y Gogynfeirdd; GBF 39.31 *Mihagel, Gabriel, gobrόyon—ganmaόl* (Gruffudd ab yr Ynad Coch). Enwir yr Archangel Mihangel ddwy ar bymtheg o weithiau, gw. A. Parry Owen, 'Mynegai i Enwau Priod ym Marddoniaeth Beirdd y Tywysogion', LlCy xx (1997), 30, 34. Dim ond y farddoniaeth grefyddol, ddwys a alwai ar yr angylion am gymorth yng nghyfnod Beirdd y Tywysogion, ond erbyn Oes y Cywyddwyr yr oedd trafod y bodau nefol mewn dull ysgafn a oedd yn ymylu ar y cellweirus yn dderbyniol gan rai o'r beirdd.

goleufiant Llsgrau. B *yngoleufaint*, D *yngolevnant*; ni ddigwydd yr un o'r ffurfiau yn G na GPC, ond deellir yma *golau* a'r ôl-ddodiad haniaethol *-iant*. Ar angel goleuni, cf. ChO 6 (llau. 5–6) *a gwahawd diawl yn ganhorthwy yn lle angel goleuni*; ar Satan yn ymrithio fel angel goleuni, gw. 2 Cor xi.14.

33 **Paradwys, lwys lysoedd** Am yr amrywiaeth trigfannau gwych yn y nefoedd, gw. Io xiv.2 *Yn nhŷ fy Nhad y mae llawer o drigfannau; pe na byddai felly, a fyddwn i wedi dweud wrthych fy mod yn mynd i baratoi lle i chwi?*

38 **awdur doeth** Gellid yma gyfeiriad at Dduw yn *awdur doeth* o gymryd *awdur* i olygu 'creawdwr, lluniwr', gw. G 47 a GPC 239, neu gellid cyfarchiad hunanfoddhaus Gruffudd Llwyd iddo ef ei hun.

39 **llaw** Deellir cydgymeriad yma, a *llaw* i olygu 'corff'. Bydd y ferch dlos yn cael nerth corfforol a fydd yn ei galluogi i glywed a derbyn yr hyn a fydd yn llesol iddi ei wybod.

42 **geiriau damwain** Gellid yma yr ystyr 'geiriau trychineb', fel yn GBF 49.29 *ys tristyt treisddwyn damwein—dreic* (Bleddyn Fardd), neu ddeall grym a. i damwain 'helyntus', gw. G 293, GPC 886.

43–6 **Mynag ym … / … i'w enaid?** Awgrymwyd y gellid, o bosibl, ddeall yma gyfeiriad at ddefod Ŵyl Fair ac â'r caneuon a genid fel rhan o'r ddefodaeth honno, gw. DGIA 172. Eithr y mae'n fwy tebygol mai cyfeiriad sydd yma at yr arfer o offrymu dros y meirw sydd yn y Purdan.

43 **Mynag ym, er dy fonedd** Ni cheir cynghanedd yn y ll. hon, ond cf. ll. 29 uchod.

47 *saint* Llsgrau. A–E *haint.*

49 **y proffwydi** Proffwydwyd yn yr Hen Destament na fyddai angen bwyd o unrhyw fath ar bobl Dduw ym Mharadwys, gw., e.e., Joel xxx.18. Datguddiwyd yr un wybodaeth i Ioan, gw. Dat vii.16 *Ni newynant mwy ac ni sychedant mwy.*

51 **ffurfeiddia'** Dilynir awgrym petrus G 514 sy'n gweld yma'r posibil-rwydd o ddeall y gair yn radd eithaf yr a. *ffurfaidd* 'lluniaidd, hardd'; cf. defnydd Gruffudd ap Maredudd o'r ffurf honno yn R 1195.14.

52 **gair praw'** Gellid deall *prawf* yma i olygu 'tystiolaeth, &c., sy'n dangos neu'n cadarnhau gwirionedd, dilysrwydd, gwerth, &c., rhywbeth', gw. GPC 2869, sef gwerth y weddw i'w gŵr. Eithr gellid deall hefyd 'treial', gw. *l.c.,* ar y gŵr a'i ddilysrwydd ef.

54 **llwytu** Disgrifiodd Dafydd ap Gwilym yntau ei hunan yn *Lwytu ŵr,* gw. GDG[3] 341 (128.44), sef 'llwyd-ddu'.

57 **chwaer** Am *fy chwaer* yn yr ystyr 'cariadferch', gw. GLIF 6.65 *Lleucu glaer, uy chwaer, yn chwerthin* (Hywel ab Owain Gwynedd) a'r nodyn ar y ll., *ib.* 9.5 *Y edrych uy chwaer chwerthin egwann* (eto); am yr un ystyr mewn cyfnod diweddarach, gw. GDG[3] 573.

58 **mwyngaer** Y mae'n demtasiwn gweld yma y *caer* sydd yn *caerwys* 'hardd', gw. GMB 7.119 a'r nodyn ar y ll.

59 **rhyw cêl** Cyfeirir yma at rywogaeth yr ysbryd sy'n sgwrsio â'r wraig weddw fel rhywogaeth sy'n deillio o'r byd anweledig ac sydd, o'r herwydd, yn gysgod disylwedd.

61 **anferth ... ynfyd** Ar y trawiad, cf. R 1362.33–4 *aserth ac anuerth sorth ac ynvyt* (Y Mab Cryg).

64 **Powys** Bardd o blwyf Llangadfan ym Mhowys oedd Gruffudd Llwyd yn ôl LlGC 872D [= Wrecsam 1], 433; am sawl cyfeiriad at Bowys yn ei waith, gw. yr Eirfa isod.

70 **nawnych** Arfer y beirdd oedd defnyddio rhifau arwyddocaol megis *naw* yn eu cerddi. Ar *naw* yn dwyn yr ystyr 'cyflawnder', gw. M.E. Owen, 'Y Trioedd Arbennig', B xxiv (1970–2), 444, 449–50. Posibil-rwydd arall yw'r ystyr 'aml', cf. GGrG 9.65 *nawtwf* 'o aml dyfiant' (Ithel Ddu).

71 **Rhydd** *ef* **ymhob rhwydd ofeg** Dim ond yn amrywiad ar y gair *ofeg*, a hynny yn llsgr. E yn unig, y digwydd *ddameg* ac felly derbynnir *ofeg* i'r testun a diwygio *ym* (llsgrau. ABCE) yn *ef* at ddibenion y gynghanedd.

8

Cerdd fer, 26 llinell, i ferch anhysbys yw'r gerdd hon a luniwyd ar fesur englyn ynghyd â llinellau o gywydd, fe ymddengys. Cyn dyddiau Dafydd ap Gwilym yr englyn oedd y mesur barddol a ddefnyddid amlaf ar gyfer cerddi serch;[1] wedi ei ddyddiau ef fe drodd y beirdd yn un haid at y cywydd serch. Y mae'r cywydd hwn yn sylweddol fyrrach na dim arall a geir gan Ruffudd Llwyd, ac un copi ohono yn unig a oroesodd. Ynddo telir teyrnged i ferch bryd tywyll, lygadlas y mae un edrychiad o'i heiddo yn peri dolur serch i'r bardd. Tynnwyd sylw at y defnydd helaeth o'r ddelwedd hon ym marddoniaeth serch y Cyfandir, a'r modd y mae llygaid y ferch yn ddigon grymus i beri marwolaeth y bardd.[2]

Ond dylid nodi bod y cyfuniad o englyn a chywydd yn gwbl eithriadol yn y traddodiad Cymraeg yn y cyfnod hwn. Gan nad oes cyswllt clir, digamsyniol rhyngddynt, a chan nad oes ond un copi, y mae'n bosibl mai dwy gerdd wahanol sydd yma, a'r cywydd yn anghyflawn. Daw'r englyn i ben ar waelod ffolio 52^v a digwydd llinell gyntaf y cywydd (fel y'i cadwyd) ar frig ffolio 53^r. Ni ddigwydd *Mwyn ydyw pob mynudyn* fel llinell gyntaf yn MCF (5 Medi 2000), fodd bynnag, ac os cywydd annibynnol ydyw y mae'n rhaid fod ei ddechrau ar goll; noder hefyd y daw'r priodoliad wrth droed y cywydd, ac na cheir unrhyw awgrym o enw awdur gwahanol wrth droed yr englyn.

O edrych ar y llawysgrif nid oes arwydd fod dalennau wedi eu colli rhwng ffolio 52^v a ffolio 53^r. Serch hynny, y mae tystiolaeth fod llawer o waith trwsio wedi bod ar ymylon y dalennau a defnyddiwyd papur trwsio newydd yn y plyg rhwng y ddwy ffolio. Gall hyn awgrymu bod y ffolios yn rhydd cyn eu trwsio ac nad ydynt o reidrwydd wedi eu hailrwymo yn y drefn gywir. Neu, a chymryd bod ffolios 52–3 ar ganol cydiad, y mae'n bosibl fod cydiad dwyddalennog arall ar ganol y cydiad hwn wedi ei golli ar ryw adeg cyn i'r tudaleniad mewn inc gael ei ychwanegu. Ond am y tro fe drinnir y ffolios yn ddilyniant, a'r llinellau hyn yn un gerdd.

4 **Mawrth** Diarhebir am fis Mawrth 'Mawrth a ladd, Ebrill a fling', gw. W. Hay, *Diarhebion Cymru* (Lerpwl, 1955), 165 a'r amrywiadau yno. Yma, fodd bynnag, nid gwyntoedd Mawrth yw achos marwolaeth y

---

[1] R. Bromwich, *Aspects of the Poetry of Dafydd ap Gwilym* (Cardiff, 1986), 128. Noder hefyd yr enghreifftiau hynny o englynion serch a ymgorfforwyd yng Ngramadegau'r Penceirddiaid, gw. GEO, *passim*.

[2] DGIA 209–10.

bardd, eithr ei wrthodiad gan y ferch hardd, gw. llau. 3–4, 26. A yw'r ailadrodd hwn yn cryfhau'r posibilrwydd mai dwy gerdd wahanol sydd yma?

6 **muchudd ... deurudd** Ar y cyfuniad, cf. DGG² 38 (XXV.23–4) *Muchudd deurudd, a'u dirwyn / Main eu tro ym môn y trwyn* (Dafydd ap Gwilym yn ôl DGG² ond fe'i gwrthodwyd i'w ganon yn GDG³; fe'i cynhwyswyd yn DGA 51 (18.25–6)).

8 **cwmpasau ... campus** Ar y cyfuniad, cf. GDG³ 38 (13.127) *Campus reddf cwmpas roddfath*.

12 **llusweddferch** Llsgr. *llasweddverch*. Deellir yma yr elfennau *llus* + *gwedd* + *merch* 'y ferch o wedd llus', 'y ferch o bryd tywyll'.

13 **gorhoen y dydd** Sylwer ar yr un trawiad isod 9.35.

20 **llaes** Y mae'r bardd yn cyfarch y ferch fel '[un] wylaidd', cf. GLlBH 3.24 *Llaesferch Faredudd* (Llywelyn Brydydd Hoddnant); cf. *llaesteg* am Efa ferch Madog ap Maredudd, gw. GCBM i, 5.4.

21 *owi* Llsgr. *och*. Diwygir oherwydd y gynghanedd, ac i reoleiddio hyd y ll.

22 **'rwy'n nychu** Llsgr. *vchur yn iach oichyr i nvchv*. Diwygir gan ddilyn arweiniad IGE² 143 (ll. 22) (eithr gthg. IGE¹ 149 (ll. 22)) er mwyn rheoleiddio hyd y ll., ac i gadarnhau'r synnwyr.

23–6 Gellid hefyd gystrawennu *Oni thry iawn athrawon / ... arolwg hon, / ... / Adwen mai f'angau ydyw*, a deall bod Gruffudd Llwyd yn rhybuddio ei gynulleidfa y bydd llygaid y ferch hardd yn ei ladd oni fydd yr athrawon yn troi ei golwg ymaith i gyfeiriad arall; ond nid oes enghraifft gynnar o *arolwg* 'archwiliad', gw. GPC 210, ac ni restrir *arolwg* yn G.

9

Molir dau wrthrych yn y gerdd hon, sef yr haul a Morgannwg. Elfennau naturiol yr haul, sef ysblander ei oleuni a'i gynhesrwydd, sy'n denu'r bardd ato, ac ysblander bywyd bob dydd uchelwyr Morgannwg a chynhesrwydd eu cwmnïaeth sy'n ei ddenu at wŷr y de.

Mewn mytholeg glasurol dywedir bod yr haul yn cael ei dywys mewn cerbyd rhyfel, ond nid oes arlliw o'r ddelwedd glasurol honno yng ngherdd Gruffudd Llwyd nac yn ei ddisgrifiad o'r haul yn teithio drwy'r awyr, er gwaethaf ei adnabyddiaeth o lenyddiaeth glasurol. Fe ddilyn y bardd ganllawiau cyfundrefn Ptolemi, sef y gred mai planed oedd yr haul, yn wahanol i ganllawiau seryddiaeth fodern sy'n pennu'r haul yn seren. I'r llygad noeth ymddengys mai'r haul yw'r fwyaf a'r fwyaf llachar o'r sêr, ond mewn gwirionedd y mae ymysg y lleiaf a'r lleiaf llachar ohonynt, gwahaniaeth sy'n seiliedig ar y ffaith fod y seren nesaf o ran pellter at y ddaear bron i 300,000 o weithiau mor bell i ffwrdd â'r haul. Ond ni tharfodd hynny ddim ar frwdfrydedd a llonder canmoliaeth Gruffudd Llwyd, ac meddai am yr haul, *Gorhoff blaned a garaf* (ll. 19). Y mae'n cyfarch yr haul yn uniongyrchol ac yn deisyf arno i weithio drosto—sylwer ar fynychder ei ddefnydd o'r ffurf 2 un.grch. wrth gyfarch yr haul: *rhed* (ll. 2), *na ad* (ll. 28), *arwain* (ll. 35), *ymwŷl* (ll. 38), *dyred* (ll. 42), *ymddangos* (ll. 43), *dos* (ll. 45), *dwg* (ll. 45), *tro* (ll. 49), *hebrwng* (ll. 52), *cyrch* (ll. 53). Gorchymyn y bardd i'r haul, wrth iddo godi dros Forgannwg, dywynnu'n llachar o fro Gwent hyd Lyn Nedd, ac i amddiffyn y *winwlad wen* honno (ll. 28) rhag tywydd garw. Y mae'r bardd hefyd yn personoli'r haul ac yn deisyf arno i fynd â chyfarchion y bardd gydag ef i Forgannwg, ac i ymweld â phob neuadd wyngalchog, sef cartref uchelwr, i rannu ei gofion a'i werthfawrogiad ohonynt. Bu ymwneud y bardd â gwŷr Morgannwg yn y gorffennol yn brofiad tra dymunol: fe'i cafodd yn fro hardd, yn cynnig lletygarwch o'r radd flaenaf, a'r bobl yn hardd eu gwedd a ffyddlon eu hymarweddiad. Cloir y cywydd drwy air o glod digamsyniol i ddeallus-rwydd a diwylliant gwŷr Morgannwg, a'u nawdd diildio i feirdd.

Mewn nodyn wrth droed rhai o'r testunau llawysgrif honnir mai erfyniad ar i'r haul dywynnu lles a ffyniant ar Forgannwg am i wŷr y fro honno ryddhau'r bardd o ormes y Bwa Bach yw'r cywydd hwn. Esbonnir bod y bardd (a deellir mai Dafydd ap Gwilym fyddai'r bardd hwnnw) wedi ennyn llid y Bwa Bach am ddwyn Morfudd a'i fod yn gwbl ddiedifar ganddo wneud hynny: yn wir, fe wnâi'r un peth yr eildro pe câi hanner cyfle. Ond nid oes dim yn y cywydd sy'n cadarnhau'r troednodyn. Ni cheir enw Morfudd na'r Bwa Bach ynddo, ac ni cheir cyfeiriad penodol at unrhyw ferch ynddo, dim ond gair cyffredinol am harddwch merched Morgannwg un ac oll. Er i'r cywydd gael ei gynnwys mewn amryw gasgliadau a'i dadogi ar Ddafydd ap Gwilym, nid oes tystiolaeth mai ef a'i piau. Diau mai ei gysylltiad â Morgannwg ac â llys Ifor Hael a rwydodd y copïwyr i briod-oli'r cywydd i Ddafydd ap Gwilym, hynny ynghyd â chynnwys y cwpled *O Wynedd heilfedd hwylfa / I Forgannwg dwg ddydd da* mewn rhai copïau o'r cywydd, sef cwpled a berthyn i gywydd Dafydd ap Gwilym 'Basaleg'.[1] Fe'i cynhwysir yn ail gwpled cywydd Gruffudd Llwyd 'I'r haul ac i Forgannwg' yn llawysgrifau *ADEHLPQTVcf*, ac yn ail gwpled 'Basaleg' Dafydd ap Gwilym.

Priodolir 'I'r haul ac i Forgannwg' i amryw feirdd, sef Gruffudd Llwyd ap Dafydd ab Einion Lygliw, Gruffudd Llwyd ab Ieuan ab Einion, Gruffudd Llwyd ap Dafydd Gaplan, Iolo Goch,[2] Ieuan ap Gruffudd Gwent, a Dafydd Llwyd ab Einion Lygliw, yn ogystal â Dafydd ap Gwilym. Datryswyd problem awduriaeth y gerdd, fodd bynnag, gan

[1] Gw. GDG³ 21 (8.3–4), lle y digwydd llau. y cwpled hwn yn y drefn wrthwyneb.
[2] Cyhoeddwyd y cywydd dan enw Iolo Goch yn IG, ond dywed y golygydd mai ar gam y'i priodolwyd i Iolo, yn ôl pob tebyg, gw. *ib.* 657.

T. Roberts, 'Cywydd gyrru'r haul i Forgannwg', B i (1921–3), 235–7 ac eto
yn IGE² xx–xxi, drwy ddangos tystiolaeth mewn dau gywydd a allai brofi,
i'r graddau y gellir gwneud hynny, mai Gruffudd Llwyd yw awdur y
cywydd hwn. Noda Thomas Roberts fod Rhys Goch Eryri yn anfon yr
haul yn gennad i Forgannwg mewn cywydd o'i eiddo, a bod Rhys Goch yn
cofio i'r haul fod yn gennad dros fardd arall unwaith, bardd a eilw yn
Gruffudd:

> Ef a'th gad yn gennad gynt
> Orwen haul i'r un helynt:
> Gruffudd llon awenydd llawn
> A'th gafas yn iaith gyfiawn.³

Deellir mai Gruffudd Llwyd ap Dafydd ab Einion Lygliw ap Heilyn⁴ yw'r
Gruffudd hwnnw oherwydd ceir ateg i'r llinell *Gruffudd llon awenydd llawn*
yng ngherdd Llywelyn ab y Moel *Gruffudd llawn awenydd Llwyd*⁵ wrth i
Lywelyn restru pynciau cerddi Gruffudd, yn eu plith yr *haul deg*:

> Gruffudd llawn awenydd Llwyd,
> Fab Dafydd ...
> ... fab Einiawn,
> ... o Heilin hil ...
> Prydawdd i'r Tad o'r gadair,
> Prydydd fu, prydawdd i Fair;
> Prydawdd i'r Mab o'r aberth,
> Prydawdd i'r Ysbryd cyd certh;
> Prydawdd, diyngnawdd dangnef,
> I'r haul deg, areilied ef.⁶

Cadarnheir felly mai Gruffudd Llwyd ap Dafydd ab Einion Lygliw yw
awdur y cywydd *Yr haul deg ar ei neges*.

1 **haul** Sylwer mai eb. yw *haul* yma, a'i fod yn gallu amrywio o ran
cenedl mewn Cym.C.; yn gyffredinol fe'i ceir yn eb. yn y farddoniaeth,
gw. WG 229. Am yr ymadrodd *yr haul deg*, gw. hefyd ll. 4 isod.

3 **planed** Yn ôl rheolau seryddiaeth fodern ystyrir mai seren yw'r haul,
ond yn ôl cyfundrefn Ptolemi o Alexandria, sef yr awdur a ddilynid
ynglŷn â materion seryddol yn yr Oesoedd Canol, fe ystyrid yr haul yn
blaned. Astudid dau o draethodau Ptolemi yn fwyaf arbennig, sef
Theorica Planetorum a'r *Almagest*. Cysylltodd Dante saith blaned y

---

³ IGE² xxi.

⁴ Gw. llsgr. Wrecsam 1, 433 am enw'r bardd ac enw ei dri mab, sef Maredudd, Dafydd ac
Einion.

⁵ Noder bod yr un ll. yn union yn digwydd ym 'Marwnad Gruffudd Llwyd gan Rys Goch',
gw. IGE² 157 (ll. 4).

⁶ GSCyf 14.4–6, 7, 29–34.

system Ptolemaidd, sef y lleuad, Mercher, Gwener, yr haul, Mawrth, Iau a Sadwrn, â'r saith gelfyddyd freiniol, sef gramadeg (yr iaith Ladin), rhesymeg, rhethreg, rhifyddeg, cerddoriaeth, geometreg (neu feintoniaeth) a seryddiaeth, yn y drefn honno, gan gysylltu'r haul â rhifyddeg, gw. A.W. Astell, *Chaucer and the Universe of Learning* (Ithaca & London, 1996), 84–5. Cyfeirir am yr eildro at yr haul yn blaned, gw. isod ll. 19.

5 **Sul enw** Tardda'r enw *Sul* o'r term paganaidd *dies solis*, y diwrnod a gysegrwyd i'r haul, gw. ODCC[3] 1558. Yn ddiweddarach rhoddwyd ystyr Gristnogol i'r enw drwy beri ei fod yn cyfeirio at Grist, Haul Cyfiawnder, gw. Mal iv.2 *Ond i chwi sy'n ofni fy enw fe gyfyd haul cyfiawnder â meddyginiaeth yn ei esgyll.* Eithr nid yw'n amhosibl nad yw Gruffudd Llwyd yn dweud yn syml mai *Sul* yw enw'r haul a'i fod yn cysylltu'r enw Cymraeg *Sul* â'r Llad. *sol, solis.*

13–14 **Tra da haul, trwy dy hoywliw / Y cad i'r lleuad ei lliw** Deellir *tra da* yma i olygu 'haelfrydig, cymwynasgar', hynny yw, fod yr haul yn hael dros ben yn caniatáu i'w olau adlewyrchu ar y lleuad a thrwy hynny ei oleuo yntau; y mae'n amlwg fod Gruffudd Llwyd, i'r graddau hynny, yn gyfarwydd â rheolau naturiol y gofod. Yr oedd cosmogoni ac astroleg sylfaenol yn bynciau poblogaidd gan wrêng a bonedd yn yr Oesoedd Canol diweddar ac yng nghyfnod y Dadeni, fel y dengys astudiaeth y Cymro Robert Recorde a anwyd yn Ninbych-y-pysgod ac a ymsefydlodd yn Llundain fel meddyg: yn 1551, tua chanrif a chwarter ar ôl marwolaeth Gruffudd Llwyd, fe gyhoeddodd *The Pathway to Knowledge*, sy'n egluro'r diffygion ar yr haul a'r lleuad yn ôl dull Copernicus, gw. CLC[2] 615–16.

15 **rhywel** Fe'i deellir i olygu 'olwyn ysbardun', o'r S.C. *rouel, ruel* 'rowel', gw. GPC 3146. Yn chwedl 'Iarlles y Ffynnon' gwisgai Owain ysbardun-au ac arnynt yr oedd troell, sef olwyn fach finiog a ddefnyddid i bigo march yn ei ochr i'w annog ymlaen, gw. R.L. Thomson, *Owein* (Dublin, 1975), 12 (ll. 284). Gellir dyddio'r rhywel i'r 13g. ond yn ôl G.F. Laking ni wyddys o ble y daeth olwyn o'r fath ar ysbardunau'r 13g., gw. G.F. Laking, *A Record of European Armour and Arms*, iii (London, 1920–2), 164–70.

17 **gloywne** Cyfuniad o'r elfennau *gloyw* 'disglair' a *gne* 'lliw, pryd', gw. GPC 1415, a cf. GP 12 (ll. 36) *Hoewne gwanec* 'o liw prydferth [y] don'.

22, 36 Nodir yma debygrwydd anghyffredin y ddwy l.

23 **doniog** Disgwylid treiglad meddal i'r a. yn dilyn eb. ond y mae effaith yr orffwysfa yn dad-wneud y treiglad, gw. Treigladau 486.

25 **medry** Â'r ffurf, cf. GDG[3] 309 (117.7–8) *A buaned y rhedy / Yr awron dros y fron fry*; ib. 310 (117.39–40) *Hydoedd y byd a hedy, / Hin y fron, bydd heno fry.*

28 **gwinwlad wen** Ar y trawiad, gw. GLlG 4.15–16 *Ail llygad y winwlad wen / Yw fy llewlyw, Llywelyn* ond gthg. yr aralleiriad yno 'gwlad deg y gwin'.

31 **gwenwyn sygn** Dysgai prifysgolion yr Oesoedd Canol symudiadau'r saith blaned i'w myfyrwyr (seryddiaeth) yn ogystal â dylanwadau'r sygn, sef deuddeng arwydd y sodiac (astroleg). Credid gan wyddonwyr yr Oesoedd Canol fod pŵer y sygn yn ddigon cryf i fedru effeithio ar, os nad bennu, meithder oes yr unigolyn; credid y gellid rhagfynegi'r dyfodol drwy gyfrwng arwyddion y sodiac, ac i raddau ei reoli; gallai'r sygn hefyd amlygu agweddau ar bersonoliaeth yr unigolyn. Da y disgrifiwyd ei nerth fel *gwenwyn*, sylwedd sy'n gallu niweidio iechyd a pheri marwolaeth; ystyron eraill ar y gair *gwenwyn* yw 'ffyrnigrwydd', 'cenfigen', neu 'ofid' a byddai unrhyw un o'r rheini yn gweddu yma.

33 **pellynt bill** Ar y cyfuniad, cf. OBWV 95 (56.47–8) *Caerdroea wynt, bellynt bill, / Carn wybren corun Ebrill* (Gruffudd Gryg) a sylwer ar yr odl nid annisgwyl ag *Ebrill* fel yng nghywydd Gruffudd Llwyd.

35 **arwain** Deellir yma yr ystyr 'hebrwng, cludo', gw. GPC 214.

gorhoen y dydd Sylwer ar yr un trawiad uchod 8.13.

36 **penwn** 'Baner, yn enw. un hirgul ar lun triongl neu gynffon gwennol ac arni arfbais weithiau, a glymir wrth waywffon neu helmed', gw. GPC 2764.

39 **Od ei dan wybren heno** Sef 'machludo', eithr aralleirir 'Os ei [di] dan gwmwl heno' er mwyn amlygu'r trosiad sydd ymhlyg yn *llen fraisg* (ll. 40).

44 **anterth** Ni ddigwydd y gair yn y farddoniaeth gynnar ac y mae'n bosibl mai dyma'r enghraifft gynharaf ohono mewn barddoniaeth. Benthyciad o'r Llad. *ante tertiam* 'cyn y drydedd (awr)' yn ôl y drefn eglwysig o rannu'r diwrnod ydyw, sef naw o'r gloch y bore, eithr defnyddir *anterth* gan Ruffudd Llwyd i olygu'r teirawr cyn canol dydd, gw. GPC 159 a cf., e.e., GDG³ 386 (146.17–20).

45, 47, 48 **dwg / ... / Ddyddiau da ... / ... ac annerch** Sef 'dos â / ... chyfarchion / ... a chyfarchiad'; cf. DB 21 (llau. 1–2) *Athro mawr y wybot a'e doethineb yn anuon annerch y athro arall kyfarwyd yn ffyd y Drindawt*; GDG³ 21 (8.3–4) *O Forgannwg dwg dydd da / I Wynedd, heilfedd hwylfa.*

47 **dyddiau da** Deellir yma'r ystyr 'cyfarchion', ar sail y cyfarchiad 'Dydd da it!'; gw. hefyd y nodyn uchod.

gorseddfa serch Cyfeirir yma at Forgannwg yn llys neu breswylfod cariad. Y mae'n debyg y gellid damcaniaethu ynghylch sifalri rhamant-aidd yma, ond tybed na all *serch* olygu 'ewyllys da' yn ogystal?

50 **neuaddau calchaid** Portreadu ffyniant ac ysblander bro a wna adeiladau gwyngalchog; cf. GLlLl 22.11 *Kalcheid y kaeroet kylchwy— Maelgynig*; HGK 30 (llau. 17–18) *echtywynygu a wnei Wynedd yna o eglwysseu kalcheit, fal y ffurfafen o'r syr.*

52 **gwydr** Fe'i defnyddir naill ai yn drosiadol am beth tebyg i wydr o ran gloywder, neu am wydr ffenestr, cf. GCBM i, 5.14 *Trwy fenestri gwydyr yt ym gŵelynt.*

terydr Ail drosiad o fewn yr un ll., y tro hwn yn delweddu pelydrau'r haul a'u gweld ar ffurf ebillion hir. Darlun cyfarwydd o fyd y saer yw'r taradr, sef y mwyaf o offer y saer ar gyfer tyllu pren. Ymhellach ar yr arfer o wrthbwyso delweddau'r saer a'r bardd, gw. M.T. Davies, ' "Aed i'r coed i dorri cof": Dafydd ap Gwilym and the Metaphorics of Carpentry', CMCS xxx (1995), 67–85.

58 **Prydydd ... 'Paradwys!'** Cyfosodir y ddeuair yn aml yn rhinwedd eu sain, cf. OBWV 109 (61.51–2) *Aed Duw i gynnal oed dydd / I baradwys â'i brydydd* (anh.); am ffurfiau treigledig, cf. IGE² 325 (llau. 21–2) *Gruffudd a'i dwg, diwg, dwys, / Brydydd merch i Baradwys* (Rhys Goch Eryri). Gruffudd Llwyd yw'r Gruffudd hwnnw, ac efallai mai adlais o'r ll. hon sydd gan Rys Goch Eryri gan iddo fod yn ddisgybl i Ruffudd Llwyd.

61 **lle gwarae** Sef 'chwaraefa'; â'r cwpled hwn cf. GBF 42.27–8 *Gŵeleis wyr yn trin a meirch mysterin / A gŵin a gŵerin, a gŵarŵyua* (Gruffudd ab yr Ynad Coch). Cf. *gwarwyfa* isod 11.34.

62 **lledw** Dyma a geir yn llsgrau. *CYik*. Posibilrwydd arall yw *llydw* 'byddin' a geir yn llsgrau. *i(d)* a dyna ddewis Thomas Roberts, gw. IGE² 145 (ll. 34).

66 **gra gwyn** Math o ffwr gwyn ar gyfer gwisg seremonïol oedd *mynfyr* '*men(i)ver*', gw. GPC 2537. Ceir yr un ymadrodd yn GGl² 206 (78.27–8) *Gwraig oedd yn gwisgo gra gwyn / Gruffudd, ben llywydd Llëyn*, a chan Dudur Aled, gw. TA 395 (101.46) *Lliw'r grug oll ar y gra gwyn*. Am *mynfyr*, gw. isod 11.11n.

69 **Rhwyf** Y mae'n bosibl, hefyd, mai cyfeiriad at yr haul yw hwn, yn hytrach nag at Dduw fel rheolwr yr *hinon*.

73–6 **Be bai ... / ... roi nâg** Ergyd y pedair ll. hyn yw y byddai gwyrda Morgannwg yn methu ag ufuddhau pe caent orchymyn i wrthod rhoi nawdd i feirdd.

77–80 **Bei caeth ... / ... ym Morgannwg** Gair o glod eithafol i haelioni diwarafun gwŷr Morgannwg a geir yn y ddau gwpled olaf hyn. Petai'r byd i gyd wedi'i wahardd i'r beirdd, a phe baent wedi'u halltudio o ŵydd pob noddwr, eto fe fyddai gwŷr Morgannwg yn gwrando ar eu cerddi ac yn talu i'r beirdd amdanynt.

78 **a bod allan**   Yr oedd yn arferiad yn llysoedd yr Oesoedd Canol i wahodd y beirdd gorau i ran anrhydeddusaf y neuadd, sef y rhan lle'r eisteddai'r brenin neu'r noddwr, i ganu yn ei bresenoldeb. O'r herwydd yr oedd rhai beirdd, sef y goreuon, 'i mewn [yn y neuadd]' a rhai beirdd, sef y distadlaf, 'allan', cf. GCBM i, 1.34 *A mi, ueirt, y mewn a chwi allan!* Diau y gwelir yma hefyd arlliw o'r syniad o fod ar herw, sef yn ddi-nawdd.

10

Cywydd yn galw ar Syr Dafydd Hanmer i ddod i Gaerfyrddin i wrando achos Morgan ap Dafydd ap Llywelyn o Rydodyn yw'r cywydd hwn. Mab Dafydd ap Llywelyn o Rydodyn ym mhlwyf Caeo yn sir Gaerfyrddin ac Angharad, aeres Syr Morgan ap Maredudd o Dredegar yn sir Fynwy, oedd Morgan. Priododd ag Alys ferch Gruffudd ap Llywelyn Foethus a ganwyd mab o'r enw Dafydd iddynt.[1] Rhwng 1381 ac 1382 yr oedd Morgan ap Dafydd yn gwarchod ystadau Syr Rhys ap Gruffudd ym Maenordeilo nes i'w aer ddod i oed, ac fe restrir Morgan yn un o siedwyr sir Gaerfyrddin yn y blynyddoedd 1377–80.[2] Erbyn 1385, fodd bynnag, wynebai achos cyfreithiol. Y cyhuddiad yn ei erbyn oedd iddo chwarae rhan yn llofrudd-iaeth y Dirprwy Ustus John Lawrence ar 5 Hydref 1385 wrth iddo deithio ar y ffordd rhwng Caerfyrddin ac Aberteifi.[3] Ar sail y cyhuddiad hwn gellir dyddio'r cywydd i'r cyfnod 1385–7 gan fod Syr Dafydd Hanmer yn farnwr yn llysoedd y brenin Rhisiart II rhwng 1383 ac 1387. Enwir yn y cywydd ddeuddeg gŵr yr oedd Gruffudd Llwyd o'r farn y byddent yn addas i fod yn aelodau o'r rheithgor, pob un ohonynt yn fardd cyfoes ag ef. Rhesymol fyddai credu bod pob un o'r beirdd a enwir yma yn fyw adeg llunio'r cywydd hwn, ac o'r herwydd bu'r cywydd yn dystiolaeth bwysig wrth bennu dyddiadau'r beirdd hyn, rhai yn fwy nag eraill.

Beth oedd hanes Morgan ap Dafydd? A ddygwyd ef gerbron ei well? Ac os felly y bu, beth oedd y ddedfryd? Cafwyd llwyddiant rhannol wrth geisio dod o hyd i gyfeiriadau at yr achos hwn yn y Public Records Office yn Kew. Gallai cofnod o'r achos fod wedi'i gofrestru yn Rholiau Pledion Mainc y Brenin[4] ond ni ddaethpwyd o hyd i unrhyw sôn am achos Morgan ap Dafydd yn eu plith. Ymhellach, ni chafwyd cofnod ohono yn Rholiau Rheoli (*Controlment Rolls*) Mainc y Brenin,[5] cofrestr sy'n mynegeio'r Rholiau Pledion. Yn ddamcaniaethol os nad oes cofnod o'r achos ar y

---

[1] L. Dwnn: HV i, 225.

[2] R.A. Griffiths: PW i, 319.

[3] *Baronia de Kemeys*, ed. T.D. Lloyd (Cambrian Archaeological Society, 1861), 125; R.A. Griffiths: PW i, 116.

[4] PRO document class KB 27.

[5] PRO record class KB 29.

Rholiau Rheoli yna ni fydd sôn amdano ar y Rholiau Pledion. Fodd bynnag, ychydig iawn o Roliau Rheoli a oroesodd o gyfnod teyrnasiad Rhisiart II (1377–1400) ac nid oes cofnod o achos llys Morgan ap Dafydd yn eu plith. Yn ôl yr Athro J. Beverley Smith, nid oes lle i ddisgwyl y byddai achos a gyfodai yn siroedd Caerfyrddin neu Aberteifi yn cael ei gofnodi yn KB 27 p'un bynnag.[6] Pe bai achos yn cael ei drosglwyddo ar apêl o sesiwn yn siroedd Caerfyrddin neu Aberteifi fe wneid hynny i gyngor y brenin. Yn achlysurol, pe byddai trosedd ddifrifol wedi ei chyflawni, fe godid panel comisiwn arbennig i ymchwilio i'r amgylchiadau a dod â'r troseddwyr o flaen eu gwell. Ni oroesodd unrhyw dystiolaeth o fodolaeth y fath gomisiwn yn ymwneud â'r achos hwn.

Fodd bynnag, fe ddaethpwyd o hyd i un cyfeiriad at achos Morgan ap Dafydd mewn man arall. Gorchmynnwyd Syr Nicholas Audley,[7] Prif Ustus De Cymru, drwy lythyrau caeedig, i ddod â Morgan ap Dafydd i'r ddalfa. Yn ddiweddarach collodd Audley ffafr y brenin ac yn ystod deuddegfed flwyddyn teyrnasiad Rhisiart II lluniwyd erthyglau uchelgyhuddiad yn ei erbyn. Ymhlith yr erthyglau y mae adran sy'n ymwneud â Morgan ap Dafydd.[8] Dyma gyfieithiad o'r erthygl gyntaf yn yr achos yn erbyn Nicholas Audley (o'r testun Lladin):

Dywed y rheithwyr ar eu llw fod Nicholas Audley, pan oedd yn ustus y brenin yn Ne Cymru, yn gwybod am amryw gynulliadau, gydag ymgysylltu a chydgrynhoi mewn modd terfysgol, sef bod Morgan ap Dafydd ac eraill yn gysylltiedig ag ef yn cynllwynio i ladd John Lawrence, siryf y brenin yn sir Aberteifi ac un a benodwyd yn ddirprwy'r brenin i gynnal y sesiynau bychain yn lle'r ustus, a bod y dywededig Morgan ac eraill gydag ef, ar ddydd Iau cyn Gŵyl Sant Denis yn y nawfed flwyddyn o deyrnasiad Rhisiart II (5 Hydref 1385), ar ffordd y brenin rhwng Caerfyrddin ac Aberteifi, wedi lladd y dywededig John Lawrence, swyddog y brenin, yn ffelwniaethus gan lesteirio cyfraith y brenin, ac fe allasai'r dywededig Nicholas, gan iddo wybod cyn y diwrnod hwnnw am y cynllwyn i ladd y dywededig John, fod wedi eu rhwystro a'u hatal yn unol â'i briod ddyletswydd, ond drwy esgeulustod Nicholas, a oedd yn ustus ar y pryd, llofruddiwyd y dywededig John Lawrence oherwydd methiant i sicrhau cadwraeth yr heddwch.[9]

Dyma ateb Audley i'r erthygl gyntaf (cyfieithiad o'r Ffrangeg):

---

[6] J. Beverley Smith, 'The Legal Position of Wales in the Middle Ages', yn *Law-making and Law-makers in British History*, ed. A. Harding (London, 1980), 21–53.

[7] Arno, gw. R.A. Griffiths: PW i, 115–16, 117, 197.

[8] PRO JUST 1/1156 membrane 6.

[9] Diolchir i'r Athro Emeritus J. Beverley Smith am y cyfieithiad hwn, ac am y cyfieithiad o'r Ffr. isod.

O ran yr erthygl gyntaf ... fe ddywed nad yw yn euog ar un o'r pwyntiau a gynhwysir yn yr erthygl.

Sylwer bod trefn y llinellau yn fersiwn Thomas Roberts o'r cywydd hwn[10] yn wahanol i'r drefn a roddir yma. Dilynir yma drefn llinellau'r llawysgrif gynharaf, sef llawysgrif Card 2.114 [= RWM 7], copi a wnaed gan law anhysbys, *c.* 1564–5, trefn a ategir (yn fras) gan lawysgrif BL Add 14978, sef copi a wnaed gan law anhysbys *c.* 1600. Ni welodd Thomas Roberts y naill na'r llall o'r rhain.

teitl **Rhydodyn** Plasty ym mhlwyf Llansawel yng nghwmwd Caeo yn yr hen sir Gaerfyrddin, gw. WATU 191. Ar gynllun y plasty, gw. P. Smith, 'Historical Domestic Architecture in Dyfed: an Outline' yn *Carmarthenshire Studies*, ed. T. Barnes & N. Yates (Carmarthen, 1974), 72–3, 95. Croesewid beirdd i Rydodyn ar ddiwedd y 14g. ac yr oedd yn lle enwog am ei haelioni, gw. GEO Atodiad D 40.3–4 *Rhyd hynod hoywglod odyn, / Rhwydd ged, lle rhed pob rhyw ddyn*; GGl² 278 (CVIII.47–8) *Nid adwen hyd Rydodyn / Abad well i roi bwyd yn.* Ar hanes y plasty o 1411 ymlaen, gw. B.G. Owens a D.E. Williams, *Schedules of the Edwinsford Collection* i, ii (cyfrolau anghyhoeddedig, Llyfrgell Genedlaethol Cymru, Aberystwyth, 1971).

1, 4 **Syr Dafydd ... / ... Hanmer** Sef y barnwr y mae Gruffudd Llwyd yn dymuno'i weld yn dod i gynnal yr achos a dducpwyd yn erbyn Morgan ap Dafydd o Rydodyn yng Nghaerfyrddin *c.* 1385–6. Daeth Syr Dafydd Hanmer yn ustus mainc y brenin yn 1383 ac fe'i gwnaethpwyd yn farchog yn 1386, y mae'n debyg, gw. R.R. Davies: ROG 138: 'it was in 1386, probably, that David Hanmer was made a knight; by midsummer 1387 he was dead'; ar yrfa farnwrol Hanmer, gw. R.A. Griffiths: PW i, 114–15, 117–18. Yr oedd Syr Dafydd Hanmer yn dad yng nghyfraith i Owain Glyndŵr: priododd Hanmer Angharad, ferch Llywelyn Ddu ap Gruffudd ab Iorwerth Foel; priododd eu merch, Margaret, ag Owain Glyndŵr, ac ymunodd meibion Dafydd Hanmer, sef Gruffudd, Philip a John, yn y Gwrthryfel, gw. ByCy 315; ymhellach, gw. J. Hanmer, *A memorial of the parish and family of Hanmer in Flintshire* (London, 1877). Am gyfeiriad arall ato yng ngwaith Gruffudd Llwyd, gw. isod 12.41, 43n.

1 **gohedrydd** Dilynir yma awgrym petrus G 551 'cyfnerthwr, cadarnhawr'. O ddilyn GPC 1444 d.g. *gohedrydd* deellid 'o hedrydd (edrydd) hawl', ond 'rhwydd, parod, hwylus' yw ystyr *gohedrydd* yn ôl IGE² 413, fel pe bai *rhydd* yn elfen o'r gair.

---

[10] Gw. IGE² 116–18.

3 **Mordaf** Sef Mordaf Hael ap Serfan, un o'r Tri Hael yr oedd yn arfer gan y beirdd gymharu eu noddwyr yn ffafriol â hwy, gw. TYP² 463. Y ddau arall oedd Nudd Hael ap Senyllt, gw. TYP² 476–7, a Rhydderch Hael ap Tudwal Tutglyd, gw. TYP² 504–5. Y mae'n ffaith ddiddorol fod Llanforda(f) yn drefgordd ym mhlwyf Croesoswallt, gw. WATU 123.

5 **cyfreithiwr** Sef gŵr cyfraith; ar ei bwysigrwydd yng Nghymru'r Oesoedd Canol, gw., e.e., Ll.B. Smith, ' "Cannwyll Disbwyll a Dos-barth": Gwŷr Cyfraith Ceredigion yn yr Oesoedd Canol Diweddar', *Ceredigion*, x (1984–7), 230–53.

6 **Dafydd Broffwyd** Y Brenin Dafydd y cofnodir ei hanes yn yr Hen Destament yn frenin cyntaf Jwda, gw. I Sam xvi–I Br ii, I Cr x.13–xxix; ef hefyd oedd awdur y Salmau. Ymhellach, gw. ODCC³ 452–3. Cysylltir y beirdd â Dafydd oherwydd ei ddawn broffwydol ac oherwydd ei ddawn gerddorol wrth ganu'r delyn. Ystyrid bod Dafydd yn fardd i Dduw, gw. GIG 95 (XXII.83–6) *Hoff fydd gan Ddafydd Broffwyd / Ddatganu cerdd Lleucu Llwyd; / Prydydd oedd Ddafydd i Dduw, / Clod y Drindod a'r Unduw*, a gw. uchod 2.7–8n.

7 **pell** Gellid yma yr ystyr 'yn ymestyn dros bellter mawr … pellgyr-haeddol' yn ogystal â'r ystyr 'yn parhau am amser maith', gw. GPC 2723–4.

8 **seliaist** Ffurf 2 un.grff.myn. y f. *selu* 'gweld'; cf. GDB 34.19 *Doethineb Selyf selwyd i'm naf* (Dafydd Benfras).

Selyf Sef Solomon fab Dafydd Broffwyd, gw. ODCC³ 1515. Yn y ffynonellau canoloesol ystyrid Solomon yn ddewin medrus a phriod-olwyd iddo nifer o gyfrolau ar ddewiniaeth. Priodolwyd iddo hefyd ymddiddanion ynghylch doethineb, gweithiau sy'n seiliedig ar ei ymddiddanion â Brenhines Seba, gw. I Br x.1–3 a 2 Cr ix, ac â Hiram, brenin Tyrus, gw. 2 Cr ii; ymhellach, gw., e.e., R.J. Menner, *The Poetical Dialogues of Solomon and Saturn* (Oxford, 1941), 21–6; *The Prose 'Solomon and Saturn' and 'Adrian and Ritheus'*, ed. J.E. Cross & T. Hill (Toronto, 1982). Ar ei ddoethineb, gw. *Ystoryaeu Seint Greal* i, gol. T. Jones (Caerdydd, 1992), 124 (llau. 4394–8) *Selyf uab Dauyd, yr hwnn a vu gyflawn o bop doethineb … hyt na wydyat neb mwy noc efo onyt Duw ehun*; TYP² 506–7.

9–10 **Caer … / … Fyrddin** Sef tref Caerfyrddin. Yn ôl y gerdd hon, yno yr oedd y cwest i'w gynnal, mewn tafarn lle yr oedd merch anhysbys o'r enw Gwenllïan yn byw. Tybid i'r dref gael ei henwi ar ôl y bardd a'r proffwyd o'r 6g.; arno, gw. TYP² 469–74.

9 **cof** Ystyrid cof yn un o'r pum angen sylfaenol ar gyfer ustus, gw. AL i, 348 (llau. 18, 25) *Pymp clo yssyd yr ygneidaeth … Pymet yȏ cof y cadȏ e dysc*. Am y cyfuniad *cof llys* '*the recollection or evidence of a court of*

law', gw. LlB 121 (ll. 1), 127 (ll. 13). Ar bwysigrwydd *cof* yn gyffredinol yn yr Oesoedd Canol, gw. M. Carruthers, *The Book of Memory: A Study of Memory in Medieval Culture* (Cambridge, 1992), 164–5.

12 **Rhisiart ... Frenin** Sef Rhisiart II (1377–99).

barwnwart Deellir yma yr elfennau *barwn* 'uchelwr, arglwydd' a *gwart* 'nawdd, amddiffyn' o'r S.C. *ward* neu *garde*, gw. EEW 73, 243; GPC 1586–7. Yma disgrifir y brenin Rhisiart II yn 'amddiffynnwr barwn[iaid]'; cf. GIG 2 (I.1) *Edwart ab Edwart, gwart gwŷr*, sef Edward III. Y mae'n debyg fod cynnig y gair *gwart* yn rhan o'r confensiwn o ganmol brenin. Ar yr ystyr 'barwn sy'n noddwr ac amddiffynnwr', gw. H.C. Jones, *Gwaith Huw Ceiriog ac Edward Maelor* (Caerdydd, 1990), 203.

15 **diaur** Ffurf 3 un.pres.myn. y f. *diheuro*, sef 'barnu neu gyhoeddi'n ddieuog, difeio, clirio (enw da neu gymeriad), rhyddhau (o gyhuddiad)', &c., gw. GPC 953, 1008.

16 **Morgan** Morgan ap Dafydd ap Llywelyn o Rydodyn y ceir ei ach yn L. Dwnn: HV i, 225. Yr oedd yn llysfrawd i Ifor Hael, noddwr Dafydd ap Gwilym. Canodd Madog Dwygraig i'w noddwr Morgan ap Dafydd o Rydodyn, gw. R 1271.33–4 *ll6ybyr hard y brifuard brofi obennllyn gofyn ryt odyn ae reit oedi*; ymhellach, gw. E.R.Ll. Davies ac E. Edwards, 'Teulu Ifor Hael a'r Traddodiad Nawdd', YB xii (1982), 143–56 (yn arbennig 143–9), hefyd y nodyn ar *Rhydodyn* yn nheitl y gerdd.

19 **Ni myn gael, mael hael helmlas** Derbynnir yma fersiwn T. Roberts yn IGE² 116 (ll. 19), er y byddai darlleniad llsgrau. AKN *ni mynn er mael hael helmlas* (llsgrau. na welodd T. Roberts mohonynt) yn taro lawn cystal.

20 **procurwyr** Ar *procuriwr* 'procurator (yn yr Ymerodraeth Rufeinig)', gw. GPC 2901; *procurator* oedd y swyddog ariannol taleithiol yn yr Ymerodraeth Rufeinig ac fe ddichon ei fod yn cael yr enw o fod yn dwyllwr; cf. isod 13.49 *cariad dibrocuriwr*.

21 **cryddiaid** Crefft anurddasol oedd crefft y crydd yn yr Oesoedd Canol ac un i fwrw sen arni. Agwedd debyg a gyflwynir yn PKM 58 (llau. 5–9) pan ddywed Cigfa wrth Bryderi am beidio ag ymgymryd â chrefft crydd gan nad oedd yn grefft deilwng o ŵr o'i statws. Eisoes gwelwyd hynny yn *ib.* 54 (ll. 5)–55 (ll. 2) wrth adrodd hanes Manawydan a Phryderi yn arfer crefft crydd gyda'r fath *panache* nes dod yn gryddion gorau'r ardal, ond pan una'r clwstwr cryddion lleol i geisio lladd Manawydan a Phryderi am ddwyn eu bywoliaeth, meddai Pryderi, '*Pam y kymerwn ninheu hynny gan y tayogeu lladron ... namyn eu llad oll?*', gw. *ib.* 54 (llau. 25–7). Ar 'Dri Eurgrydd Ynys Prydain', gw. TYP² 176–8.

dihyder Deellir yma yr ystyr 'diymddiried' neu 'llwfr', gw. GPC 1010.

22 **porthmyn** Swyddogaeth isel ei statws oedd porthmona, sef 'masnachu, delio'n fasnachol, marchnata, prynu a gwerthu', gw. GPC 2857. Enw drwg oedd i wŷr busnes y cyfnod, cf. LlA 40 (llau. 8–10) *Pa obeith yssyd yr porthmyn. ychydic. kannys odwyll. Ac annudonev. ac vsur. Ac ockyr ykeissynt pob peth hayach oe kynnull.* Twyllwyr oedd gwerthwyr gwlân a chwyr—pobl gwbl anaddas i'w rhoi ar reithgor.

25–6 **Gruffudd ap Rhys ... / Gwynionydd** Sef Gruffudd ap Rhys Gwynionydd ap Rhys ap Llywelyn ap Hoedlyw y ceir ei ach yn L. Dwnn: HV i, 57; P.C. Bartrum: WG1 'Llywelyn ap Hoedlyw'. Cadwyd un englyn yn unig o'i waith a hynny yn Llawysgrif Hendregadredd, f. 128ʳ, mewn llaw y cred Mr Daniel Huws ei bod yn perthyn i ddiwedd y 14g. neu ddechrau'r 15g. ac a fyddai felly yn gyfoes â'r cywydd hwn neu o fewn cenhedlaeth iddo: *keisiaw diureiniaw duw vrenin—pabyl / a wnaeth pobyl gyfriskin /* [ ]*divreiniawd duw vrenin / y tylwyt ar lwyt ar llin,* gw. GLlBH 5. Canodd y Prydydd Bychan farwnad i ryw Rys ap Llywelyn, un a allai fod yn daid i Ruffudd ap Rhys, sef Rhys ap Llywelyn ap Hoedlyw o ardal Llandysul yn Is Cerdin yng nghwmwd Gwynionydd a restrir yn ach Bartrum fel gŵr yn perthyn i'r genhedlaeth a aned rhwng 1215 ac 1245, gw. GBF 117. Os felly, yr oedd Gruffudd ap Rhys yn hanfod o swyddog tywysog—yr oedd ei daid yn ddistain i Faredudd ab Owain ap Gruffudd.

Raphael Yn ôl T. Roberts (IGE² 116 (ll. 25)), cyfeirir yma at yr archangel. Yn llyfrau Tobit ac Enoc yn yr Apocryffa, Raphael yw un o'r saith archangel sy'n sefyll ym mhresenoldeb Duw. Yn llyfr Tobit gwrendy weddïau'r duwiolion ac yn llyfr Enoc dywedir iddo 'iacháu' y ddaear wedi iddi gael ei llygru gan bechodau'r angylion syrthiedig, gw. ODCC³ 1316. Enwir Raphael ym marddoniaeth y Gogynfeirdd, gw. GMB 31.23 *Gabriel, Raphael a'm riuant—yn gymhen* (Meilyr ap Gwalchmai). Os Raphael a fwriedid yma, delweddir safon o onestrwydd. Eithr os *affael* a fwriedid, darlleniad y llsgrau. cynharaf (sef llsgr. L (1564–5) a llsgr. K (1599)) ac eithrio copi John Davies Mallwyd yn 1588, ni ellir ond dyfalu ei ystyr gan nas cofnodir ef yn G na GPC.

26 **Gwynionydd** Cwmwd rhwng cymydau Is Coed a Mebwynion yn ne Ceredigion, gw. WATU 85–6, 280, a chartref y Gruffudd ap Rhys a enwir yn ll. 25.

29–30 **Llywelyn ... / ... Goch** Awgrymodd T. Roberts mai Llywelyn Goch ap Meurig Hen a gysylltir â phlas Nannau yn sir Feirionnydd (gw. ByCy 568) yw'r bardd hwn, gw. 'Cywydd y Cwest ar Forgan ap Dafydd o Rydodyn gan Ruffudd Llwyd ap Dafydd ab Einion', B i (1921–3), 238, a derbyniodd D. Johnston hynny yn ffaith, gw. GLlG 3;

ymhellach ar Lywelyn Goch ap Meurig Hen, gw. GLlG yn y gyfres hon.

32 **Rhys** Cyfeirir at y bardd hwn wrth ei enw bedydd gan hepgor rhagor o ddiffinio achyddol. Yr enwocaf o feirdd y cyfnod o'r enw Rhys, un na fyddai'n rhaid wrth gyflwyniad helaethach na'i enw bedydd, oedd Rhys Goch Eryri, disgybl barddol i Ruffudd Llwyd, a thebyg mai ato ef y cyfeirir yma. Yn yr hynaf o'r llsgrau. nodir ar ymyl y ddalen *R. goch or Ryri* a derbyniwyd hynny gan gopïwyr diweddarach. Erbyn copïo llsgr. C rywbryd tua diwedd yr 16g. yr oedd y cywydd wedi codi cwpled ychwanegol i esbonio pa Rys a olygid: *Gwelem ynod galwem ni / gwych ar air goch or yri* ac fe'i copïwyd i lsgrau. BHQ yn ddiweddarach. Rhys ap Dafydd ab Ieuan Llwyd oedd Rhys Goch Eryri yn ôl llsgr. BL Add 14866, f. 261ʳ, Rhys ap Dafydd ab Iorwerth ab Ieuan Llwyd ap Rhirid yn ôl PACF 199 dan Hafod Garegog. Yr oedd Rhys Goch Eryri yn *Agos ... / ... ogyfoed* â Gruffudd Llwyd (gw. IGE² 157 (llau. 13–14)), a bu iddo un ferch, sef Margred, a oedd yn dal yn fyw yn 1517, gw. C. Gresham, 'Nanmor Deudraeth', Cylchg CHSFeir viii (1977–80), 107; yr oedd y bardd Morys Gethin yn ŵyr i Rys Goch Eryri, gw. A.C. Lake, 'Morys Gethin', LlCy xvii (1992–3), 109. Ymhellach ar Rys Goch Eryri, gw. ByCy 792; IGE² xxxviii–liii, 157–86 *passim*, 301–38 a'r nodiadau ar y cerddi; ynghyd â golygiad Mr D. Foster Evans yn y gyfres hon o gerddi Rhys Goch Eryri (i ymddangos). Ar arferiad Gruffudd Llwyd o gyfeirio at enwogion ei ddydd wrth enw bedydd yn unig, cf. y nodyn cefndir i gerdd 13 isod 'Marwnad Rhydderch'.

35–8 **Rhys ... / Fab Dafydd ... / ... fab Ierwerth** Y mae'n debyg mai at Rys ap Dafydd Llwyd ab Iorwerth, athro barddol Llywelyn ab y Moel, y cyfeirir yma. Yr oedd Rhys hefyd yn fardd o Bowys, gellid tybio, gan fod Llywelyn ab y Moel yn tystio mai Rhys ap Dafydd Llwyd oedd prifardd Powys yn dilyn marwolaeth Gruffudd Llwyd, gw. GSCyf 14.51–2, 57–64. Cadwyd wyth ll. o gywydd o waith Rhys ap Dafydd Llwyd ab Iorwerth yn llsgrau. Pen 50, 132, Pen 113, iii, 65, a Pen 270, 352. Codwyd testun Pen 50 (copïwyd y llsgr. *c.* 1420) gan J.G. Evans, gw. *id.*, 'Extracts from Hengwrt MS. 34', Cy ix (1888), 326: *Nyt hiraeth etgy llaeth gꝺyn / Am eur na charyat morꝺyn / Hudaꝺl gꝺraꝺl am goryꝺ / Hiraeth am eur bennaeth byꝺ / Gwladeidd oedd y vriclꝺydaꝺ / Glegr du gwae loegr o daꝺ / Gwaꝺr gein kauas gwyr gꝺynedd / Gan dduꝺ ꝺr yn vyꝺ o vedd.* Erfynia Llywelyn ab y Moel ar Rys i gywiro llau. o gywydd o'i eiddo, *Dod arnynt ... / Dy nod* meddai wrth Rys ap Dafydd Llwyd, gw. GSCyf 14.71–2, er mwyn i Lywelyn ab y Moel gael clod gan y glêr. Awgrymwyd y posibilrwydd mai dilyn proses o gywiro ar bapur a wnâi Rhys (gw. GSCyf 14.71–2n) ond, boed felly neu beidio, yr oedd Rhys i roi ei stamp ar y gwaith ac i awdurdodi ei gywirdeb cyn i'r cywydd gael ei ddatgan yn gyhoeddus.

36 Â'r ll., cf. isod 14.31–2 *Obrudd i fardd ebrwydd fawl / I brydu cerdd briodawl.*

37 **ffynidwydd** Pren bytholwyrdd conifferaidd yn dwyn dail gwyrdd tywyll ar ffurf nodwyddau yw'r ffynidwydden, ac fe'i hystyrir yn goeden ffyniannus ac yn arwydd o lewyrch, cf. *Owein*, ed. R.L. Thomson (Dublin, 1975), 7 (llau. 146–7) *ac ympherued yr ystrat y gwely pren mawr a glassach y vric no'r fenitwydd glassaf*; Eseia lv.13 *Bydd ffynidwydd yn tyfu yn lle drain.*

38 **Ierwerth** Ar y ffurfiau *Ierwerth / Iorwerth*, gw. W Surnames 139–40.

39 **dioddef** Dichon mai'r cyfuniad *dioddef brawd* 'undergo judgement' yw'r ystyr yma.

39–40 **Owain / Ap Dafydd** Ni wyddys at bwy y cyfeirir yma, ond y tebyg yw fod Owain ap Dafydd yn fardd o Bowys a gydoesai â Gruffudd Llwyd, neu'n fardd o gwmwd Is Coed yn ne Ceredigion, efallai. Ni chadwyd dim o'i waith, hyd y gwyddys.

40 **saer cywydd cain** Cyfochrir yn aml ddawn bardd a dawn saer ym marddoniaeth y Cywyddwyr, gw. M.T. Davies, ' "Aed i'r coed i dorri cof": Dafydd ap Gwilym and the Metaphorics of Carpentry', CMCS xxx (Winter 1995), 67–85; gw. hefyd DGG² 190 'Hoff iawn ydoedd y beirdd o ddefnyddio termau saer coed am eu prydyddu. *Naddu* gwawd y byddent, etc., ac felly yn naturiol daeth safon y saer, yr ysgwîr, yn derm hwylus ganddynt am ganu safonol, patrwm perffaith.' Â'r ymadrodd, cf. GSCyf 14.59 *saer cywydd certh* (Llywelyn ab y Moel am Rys ap Dafydd ab Iorwerth, gw. uchod llau. 35–8).

41 **Gŵr a gân organ irgoed** Delwedd boblogaidd gan feirdd y cyfnod ac un a adleisir ym marwnad Gruffudd Llwyd, gw. IGE² 157 (LIII.26) *Llais organ bedw llys irgoed* (Rhys Goch Eryri).

42 **Is Coed** Cwmwd yn ne Ceredigion, yn ffinio â chwmwd Is Coed (gw. uchod ll. 26n) a chartref Owain ap Dafydd a enwir yn llau. 39–40.

43 **Moel y Pantri** Llysenw ar fardd cyfoes â Gruffudd Llwyd, o ardal Llanwnnog yng nghwmwd Arwystli ym Mhowys, gw. WATU 141, 239. Yn ôl IGE² 163 (llau. 5–6) *Moel … / … Pantri y medd* (Rhys Goch Eryri) tarddodd y llysenw o hoffter y Moel o ddiod fedd. Rhestrir disgynyddion 'y Moel' neu 'Moel y Pantri' yn P.C. Bartrum: WG1 'Moel y Pantri'. Ar yr olwg gyntaf ymddengys fod rhestr o gyndadau Moel y Pantri yn llsgr. Wy 144, 876–8, lle y dywedir bod 'Llywelyn Moel of the Pantri' (ai gwall sydd yma am Lywelyn ap Moel y Pantri?) yn fab i Faredudd Benwyn o Lanwnnog, a oedd yn llinach Brochwel Ysgithrog ap Cyngen Glodrydd ap Cadell Ddyrnllug, gw. P.C. Bartrum: WG1 'Gloyw Wallt Hir' 14. Eithr yn ach Maredudd Benwyn yn P.C. Bartrum: WG1 'Bod Hen' 1–2 y mae Maredudd Benwyn wedi'i

osod yng nghenhedlaeth 7, ond ni cheir neb o'r enw Llywelyn yng nghenhedlaeth 9 na neb o'r enw Owain yng nghenhedlaeth 10. Ni ellir bod yn bendant a oroesodd cerddi o waith Moel y Pantri: y mae I. Williams yn awgrymu dau gywydd posibl, gw. IGE[2] lix a cherddi LXVII, LXVIII. Am waith barddol ei fab, sef Llywelyn ap Moel y Pantri (m. 1440), gw. GSCyf 75–210, ac am waith ei ŵyr, Owain, gw. GOLlM.

44 **Cain** Dilynir yma awgrym E. Rolant (gw. GOLlM x) mai cyfeiriad at Fechain yw hwn: 'y mae'n fwy na thebyg, er yn amhrofadwy, y dylid darllen "eryr Cain", ac os felly dyna awgrymu fod Moel y Pantri yntau yn gysylltiedig rywfodd â Mechain, ond y mae'n hollol bosibl wrth gwrs nad oedd cyswllt felly'n bod cyn ei briodas'. Ategir y cyswllt ym marwnad Guto'r Glyn i Lywelyn ab y Moel, gw. GGl[2] 14 (V.17–18) *Cŵyn mawr acw yn y Main / A mwy uchod ym Mechain*. Priododd Moel y Pantri â Lleucu ferch Deio ap Llywelyn o Ddolobran. Yr oedd hi yn disgyn o Aleth frenin Dyfed (drwy ei thad) ac (ar ochr ei mam, sef Meddefus Fechan ferch Gruffudd Fychan o Ddeuddwr) o Gynan Garwyn ap Brochwel Ysgithrog, y brenin ar Bowys y canodd Taliesin iddo.

47 **Belyn** Belyn neu Y Melyn yn ôl llsgrau. ABD–RTUV, a *Gwilim Felyn* yn ôl nodyn ymyl y ddalen yn llsgr. O. Yn ôl MCF 23 Mawrth 1999, priodolir un cywydd brud i Wilym Felyn yn Bangor 1267, f. 6[v] ac LlGC 659A, 38 *Am ryfel y mae'r ymofyn* ond priodolir yr un cywydd i Rys Goch Eryri (neu Rys Goch ap Dafydd) yn BL Add 31080, 97[r], Llst 54, 213, 229, a Llst 120, 263 ond fe'i hepgorwyd o gasgliad IGE[2] o waith Rhys Goch Eryri, o bosibl ar sail tystiolaeth Llst 120 fod ffynonellau eraill yn priodoli'r cywydd i *Morris mab Llewelin*. Fodd bynnag, derbyniodd IGE[2] 117 (ll. 19) y darlleniad *Fleddyn* a chynigiodd T. Roberts enw Bleddyn Ddu Was y Cwd yn fardd posibl. Bardd a chysylltiadau agos â Môn oedd Bleddyn Ddu: canodd awdl farwnad i Oronwy ap Tudur Hen yn 1331 ac os ef yw'r Bleddyn hwn, cafodd oes faith. Ymhellach arno, gw. GBDd.

49 **Y Cyw** Ni wyddys enw bedydd y Cyw, ac ni oroesodd cerddi o waith y bardd hwn, hyd y gwyddys.

52 **Y Crach** Enwir 'Crach Ffinnant', bardd o Bowys, ymhlith pleidwyr Owain Glyndŵr yn 1400, gw. J.E. Lloyd, *Owen Glendower* (Oxford, 1931), 31, 35. Ceir o leiaf ddwy enghraifft o'r enw Ffinnant yn sir Drefaldwyn, y naill heb fod ymhell o Gynllaith, ym mhlwyf Llansan-ffraid-ym-Mechain, a'r llall ym mhlwyf Trefeglwys, gw. G 506. Disgrifid Crach Ffinnant yn broffwyd i Owain Glyndŵr ac yr oedd hefyd yn fardd a gawsai hyfforddiant proffesiynol. Yng nghyfnod llunio'r cywydd hwn yr oedd cysylltiad pendant rhyngddo a Glyndŵr

gan iddo ymddangos dan faner y gwrthryfelwr yn Berwick yn 1384, gw. R.R. Davies: ROG 159. Eto ar 16 Medi 1400 yr oedd Crach Ffinnant yn bresennol yn nefod sefydlu Owain Glyndŵr yn Dywysog Cymru, a'i gefnogaeth a'i gyngor yn hanfodol iddo, gw. *l.c.* Ni oroesodd cerddi o waith y bardd hwn, hyd y gwyddys, ond cadwyd un eitem ar ddeg o waith Dafydd ap Siencyn ap Dafydd ab y Crach (yn ôl MCF 24 Mawrth 1999) a allai fod yn ddisgynnydd iddo; ar Ddafydd ap Siencyn, *fl.* 1450, gw. ByCy 91. Yn llsgr. H enwir ar ymyl y ddalen *Madog Benfras als y Crach* gogyfer â'r ll. hon. Bardd a flodeuai *c.* 1320–60 oedd Madog Benfras a'i ddyddiadau felly'n rhy gynnar ar gyfer llunio'r cywydd hwn; arno, gw. ByCy 572.

53 **Y Poesned** Llysenw ar fardd cyfoes â Gruffudd Llwyd, bardd serch yn ôl tystiolaeth ll. 54 a'r un cywydd o'i eiddo a oroesodd. Ystyr *posned* yw 'pot neu lestr (metel fel arfer) at ferwi', gw. GPC 2860, ond defnyddir y gair mewn ystyr ddilornus yn P 428: 'O y posned bach! *O the little squab!*' Rhoddir yno hefyd yr ystyron '*a round body, or that swells out; a squat figure*' ac y mae'n debyg mai cyfeiriad at nodweddion corfforol y bardd yw'r llysenw hwn. Ni chadwyd manylion byw-graffyddol am y Poesned, ond cadwyd cywydd serch o'i eiddo yn llsgr. Pen 57, 22 *Caru o vewn korf fy eis* (gw. Atodiad i).

56 **aur afarn** Ni ellir dilyn awgrym T. Roberts IGE² 117 (ll. 28), 401 a gweld yma gyfeiriad at Auvergne yng nghanolbarth Ffrainc, er bod llenyddiaeth a'r celfyddydau gweledol yn ffynnu yno yn y 12g., y 13g., ac wedi hynny, gw. Georges Duby, *France in the Middle Ages 987–1460*, trans. Juliet Vale (Oxford, 1991). Nid oes ychwaith idiom debyg i *aur Periw* yn Ffrangeg a fyddai'n enwi Auvergne fel tir delfrydol gyfoethog, cf., yn hytrach, *tot l'or d'Avalon, or d'Arrabe, or d'Allemaigne, or de Chypre, or d'Arragon*, &c. Ystyriaeth arall yw na fyddai Auvergne yn debygol o Gymreigio yn *Afarn* eithr yn hytrach yn *Awfern* neu *Ofern* yn yr O.C. Posibilrwydd arall yw deall yma e.c., sef *afarn* 'bribery', gw. P 25 (lle y rhoddir yr ystyr '*a golden bribe*' i *aur afarn*) a D. Silvan Evans, *An English and Welsh Dictionary* (Denbigh, 1852–8), 180, *bribery* 'afarn', &c. Awgrym petrus G 14 yw 'a ellir yr ystyr "caled", neu'r gwrthwyneb "meddal" i'r gair?' Gwelir yma, yn hytrach, gysylltiad â'r Ll. *Avernus* (a diolchir i Dr C. Lloyd-Morgan am yr awgrym hwn), sef llyn ger Napoli yn yr Eidal 'which fills the crater of an extinct volcano. It was described by Virgil and other Latin writers as the entrance to the underworld', gw. *The Oxford English Reference Dictionary*, ed. J. Pearsall & B. Trumble (Oxford, 1996), 94. Cf. ll. o waith y bardd Lladin Fyrsil, '*Facilis descensus Averno* The descent to the nether world is easy', gw. *Dictionary of Foreign Phrases and Classical Quotations*, ed. H.P. Jones (Edinburgh, 1949), 41. Ar y trywydd hwn, deellir *aur afarn* i olygu 'aur uffern, aur drwg'. Byddai

cynulleidfa ganoloesol yn gyfarwydd â gwaith Fyrsil—Gruffudd Llwyd a'i ddysg Ladin yn gymaint felly â neb.

58 **Sypyn** Sef Sypyn Cyfeiliog, o ardal Cyfeiliog yn ne-orllewin Powys. Bernir yn GSCyf 6 mai ei ddyddiadau yw *c*. 1320–*c*. 1390, ac i saith cerdd ddilys o'i eiddo oroesi, sef awdl foliant, cywydd moliant, pedwar cywydd serch, ac un englyn moesegol, ynghyd â ll. o gerdd a ddyfynnir yng Ngeirfa William Llŷn, gw. *ib*. 7. Meddir am y bardd hwn: 'Yng ngwaith Sypyn Cyfeiliog yn gyffredinol ymdeimlir â phersonoliaeth lawen, haelfrydig, a difalais' a bernir bod ei gerddi yn 'nwyfus a ffres eu delweddau', gw. *ib*. 8.

61 **rhamant** Fe'i deellir yma i olygu 'rhagoriaeth', er y gallai fod yn gyfeiriad at arbenigedd Gruffudd Llwyd yn fardd serch, ymysg ei ddoniau barddol eraill.

62 **finnau** Cynigia Gruffudd Llwyd ei enw ei hun yn ddeuddegfed aelod o'r rheithgor.

66 **twng** Deellir *tyngu* yma mewn ystyr gyfreithiol, sef 'talu dirwy' dros rywun, neu ymrwymo i fynd yn sicrwydd dros rywun arall, neu hyd yn oed i brynu maddeuant i arall.

68 **Gwenllïan** Merch anh. a oedd yn byw yn y dafarn (ll. 70) lle y gobeithid cynnal y gwrandawiad, neu ferch a oedd â chysylltiad agos â'r *tŷ* hwnnw (ll. 68). Amhosibl gwybod ai merch go iawn, ai cynnyrch dychymyg y bardd, a gyferchir yma.

73 **Mair** Mam Crist, gw. ODCC[3] 1047–9. Gan fod iddi statws mor bwysig yn y ffydd Gristnogol ar gyfrif ei swyddogaeth yn fam y Gwaredwr, fe'i cyfrifir gan Eglwys Rufain yn bennaf o'r saint. Yma, fe ymddengys fod ganddi'r grym i felltithio yn ogystal ag i fendithio. Ymhellach, gw. J. Cartwright, *Y Forwyn Fair, Santesau a Lleianod: Agweddau ar Wyryfdod a Diweirdeb yng Nghymru'r Oesoedd Canol* (Caerdydd, 1999).

11

Cywydd mawl i Owain Glyndŵr ar gyfrif ei orchestion milwrol yw'r cywydd hwn. Ynddo cymherir campau Owain Glyndŵr ar faes y gad yn gyntaf â champ Uthr Bendragon yn dial ar y Saeson am ladd ei frawd, Emrys Wledig (llau. 35–8), ac yn ail ag ymryson Owain ab Urien â Marchog y Ffynnon (llau. 39–44, 49–52), dwy gymhariaeth wedi eu tynnu o'r chwedlau Cymraeg brodorol. Cymhariaeth arall yw honno â Ffwg (ll. 57), sef Foulk (neu Fulke) fitz Warren (neu Warine),[1] un o arglwyddi

---

[1] Gw. G 504 d.g. *Ffawc* (*Ffwc*) a'r cyfeiriadau yno at y defnydd o'i enw gan y beirdd: am y cyfeiriad R 1314.15 darllener R 1314.24–5 *wyr ffwc* (Gruffudd ap Maredudd).

Whittington yn swydd Amwythig a dyfodd yn arwr chwedlonol Norman-
aidd, er ei fod yn ddraenen yn ystlys tywysogion Powys.

Nodir mai gwrhydri Owain Glyndŵr ar dir yr Alban (*Prydyn*, llau. 16,
84) a fawrygir yma. *Mur Glyn ... / Dyfrdwy* (llau. 5–6) yw'r teitl a roddir
iddo yn y cywydd hwn, a dyna'r teitl a ddefnyddiai'n arferol yn ystod y
bedwaredd ganrif ar ddeg. Ar gorn hynny dyddir y cywydd i'r cyfnod cyn
mis Medi 1400 pan gymerodd arno'i hunan deitl Tywysog Cymru[2] a dyddio
ei ddogfennau swyddogol i flwyddyn ei deyrnasiad ef ei hun.

Cofnodwyd achlysur yn wythdegau'r bedwaredd ganrif ar ddeg pan fu
Owain Glyndŵr ar gyrch i'r Alban. Listiodd Owain ym myddin Rhisiart II
yn ystod haf 1385, o bosibl yn lluoedd Iarll Arundel, sef Richard Fitzalan.
Gydag Owain Glyndŵr ar y cyrch hwn i Gaeredin yr oedd ei frawd, Tudur;
ei frawd yng nghyfraith, John Hanmer; gŵr ei chwaer, Robert Puleston; ac
un o'i gyfeillion agosaf, Morgan Yonge.[3] Barna Mr Thomas Roberts[4] a'r
Athro Dafydd Johnston[5] mai at y cyrch hwn y cyfeiria Gruffudd Llwyd, ac
mai yn gynnar wedi 1385 y canwyd y cywydd.

Barna'r Athro R.R. Davies, fodd bynnag, mai dyrchafu Owain Glyndŵr
am ei ran yn y garsiwn yn y Ferwig (Berwick-upon-Tweed) yn 1384 dan
gapteiniaeth Syr Grigor Sais a wna'r cywydd—fel un o gywyddau Iolo
Goch yntau:[6] 'bardic comment on Owain's service at Berwick' yw ei farn ef
am y ddau gywydd hyn.[7] Anheddiad amaethyddol a sefydlwyd gan y
Sacsoniaid yn 833 oedd y Ferwig, ond daeth yn dref o bwys gwleidyddol o
1018 ymlaen pan fynnodd Malcolm II, brenin yr Alban (1005–1034), fod
Afon Tweed yn yr Alban a bod y Ferwig, o'r herwydd, yn rhan o'i deyrnas.
Yn ystod teyrnasiad David I (1124–53) yr oedd y Ferwig yn un o bedair
bwrdeistref frenhinol yr Alban. Daeth Alexander III (1249–86) â Ffleming-
wyr a'u diwydiant gwlân i'r dref ac yn sgil llewyrch hwnnw fe ddaeth â
chyfoeth i'r wlad.

Hanes cythryblus a fu i'r dref rhwng 1147 ac 1482, a newidiodd ddwylo
dair gwaith ar ddeg yn ystod y blynyddoedd hynny cyn cael ei chydnabod
yn derfynol, yn 1482, yn un o drefi Lloegr.[8] Am 1384, serch hynny, fe
gofnodir: 'The Scots received Berwick through the corruption of the

---

[2] J.C. Davies, 'Some Owen Glyndwr Documents', Cylchg LlGC iii (1943–4), 48.

[3] R.R. Davies: ROG 146–7.

[4] IGE[2] xix.

[5] GIG 228.

[6] GIG cerdd IX; IGE[2] cerdd XII.

[7] R.R. Davies: ROG 359 troednodyn 29, eithr gw. hefyd l. 16n isod.

[8] *A Dictionary of British History*, ed. J.P. Kenyon (Ware, 1992), 44; *The Oxford Companion to
British History*, ed. J. Cannon (Oxford, 1997), 100; *The Cambridge Medieval History—Maps*, ed.
C.W. Previté-Orton & Z.N. Brooke (Cambridge, 1936), mapiau 54 a 55. Ar y llanw a'r trai ym
mherthynas Lloegr a'r Alban dros y 14g., gw. A. Grant, 'The Otterburn War from the Scottish
point of view' yn *War and Border Societies in the Middle Ages*, ed. A. Tuck & A. Goodman
(London, 1992).

deputy-governor who then retook the town later that year.'[9] Dywed yr Athro R.R. Davies mai ar ôl ymadawiad garsiwn Owain Glyndŵr â'r ardal y cipiodd gwŷr yr Alban gastell y Ferwig,[10] ac na fu yn eu meddiant yn hir.

Ond tybed i ba wlad y tybiai Gruffudd Llwyd y perthynai'r dref? Pe bai ansicrwydd yn ei feddwl ynghylch hynny digon hawdd fyddai deall yma gyfeiriad at y cyrch i amddiffyn y Ferwig rhag y Sgotiaid.

Bu hiraeth Gruffudd Llwyd ar ôl ei noddwr tra bu Owain Glyndŵr yn rhyfela yn yr Alban yn boen aruthrol i'r bardd. Ond wedi i'r arwr ddychwelyd i'w gartref yn iach a buddugoliaethus pentyrrir clod ar enw Owain Glyndŵr am yrru pob gelyn ar ffo. Byrdwn y cywydd yw mai'r Cymro glew, y *marchog o'r Glyn* (ll. 88), sydd i'w anrhydeddu o flaen undyn arall am fuddugoliaeth byddin Rhisiart II dros y Sgotiaid.

Dangosodd yr Athro Gruffydd Aled Williams mai cerdd a ddatganwyd gyntaf yn llys Owain Glyndŵr yng Nglyndyfrdwy yw'r gerdd hon, yn hytrach nag yn un o'i lysoedd eraill. Cyferchir Owain fel *Mur Glyn ... / Dyfrdwy* (llau. 5–6), *F'enaid uwch Dyfrdwy faenawr* (ll. 31), ac yn y llinell olaf fel [*y*] *marchog o'r Glyn* (ll. 88).[11]

2–4 **Owain ... / Eurfab ... / Gruffudd Fychan** Owain ap Gruffudd Fychan, sef Owain Glyndŵr. Ar ochr ei dad yr oedd Owain Glyndŵr yn disgyn o dywysogion Powys, gw. P.C. Bartrum: WG 1 'Bleddyn ap Cynfyn' 5.

5–6 **Glyn ... / Dyfrdwy** Sef Glyndyfrdwy, gw. WATU 77; W. Rees, *An Historical Atlas of Wales from Early to Modern Times* (Cardiff, 1951), platiau 49 a 50; ac isod llau. 31, 88.

7 **ymannos** Deellir yma yr ystyr 'y noson o'r blaen' ond posibilrwydd arall fyddai dilyn arweiniad Pen 228 (1604–7), d.g., a deall yr ystyr 'seibiant, gorphwys, enhyt, gorsaf wrth wneuthur peth, hamdhen'.

8 **cyfedd** Rhestrir yr enghraifft hon yn fe. yn GPC 688 'gwledda, gloddesta ynghyd; yfed, cydyfed' ond dan yr ystyr 'gwledd, cyfeddach, ?ymborth' yn G 205 gyda'r awgrym 'gellir bf.e. ohono yma'.

medd 'Diod gadarn a wneir trwy eplesu mêl a dŵr', gw. GPC 2394. Diau fod yma gyfeiriad at arfer uchelwr o rannu medd a chyfrif hynny'n gyfystyr â chyflog milwr: dyletswydd y sawl a dderbyniai'r medd o law noddwr fyddai bod yn ffyddlon iddo hyd farw, gw. CA xlviii–xlix, 70; B. Dickins, *Runic and Heroic Poems of the Old Teutonic Peoples* (Cambridge, 1915), 64–9; M. Haycock, 'Mêl a Mêl Farddoni', BaTh 39–59; id., ' "Canu y Cwrw" o Lyfr Taliesin', *Dwned*, iv (1998), 9–32. Gw. hefyd l. 11 isod.

[9] *Collins Encyclopaedia of Scotland*, ed. J. Keay & J. Keay (London, 1994), 76.
[10] R.R. Davies: ROG 146.
[11] G.A. Williams, *Owain y Beirdd* (Aberystwyth, 1998), 5.

11–14 Yr allwedd i ystyr y llau. hyn yw *cellweiriaw* 'gwneud hwyl am ben', gw. uchod ll. 9.

11 **medd** Gw. uchod ll. 8. Y mae'n debyg fod yn y ll. hon chwarae ar ystyr ddeublyg *medd*, sef '*mead* / awdurdod'.

mynfyr Math o ffwr gwyn a ddefnyddid i leinio ac addurno gwisg seremonïol; benthyciad o Ffrangeg Lloegr, neu o S.C. *men(i)ver*, gw. GPC 2537. Cf. hefyd uchod 9.66 *Gwraig wych yn gwisgo gra gwyn* a'r nodyn ar y ll., ac isod ll. 75. Fe'i defnyddir yma yn ffigurol am uchelwr. Posibilrwydd arall yw diwygio yn *mynfer* (gw. GPC 2537) a'i ddeall yn ffigurol am 'dywysog'.

13 **nawrym** Ar y rhifol *naw* yn dwyn yr ystyr 'cyflawnder', gw. uchod 7.70n.

15–16 **aethost ... / Dir** Ffurf 2 un.grff.myn. y f. *myned* 'cyrchu i le' yn cael ei defnyddio heb ardd. o flaen enw pen y daith, a hwnnw'n treiglo'n feddal, gw. Treigladau 227–8.

16 **Prydyn** Yr Alban, lle bu Owain Glyndŵr yn ymladd yn wythdegau'r 14g., gw. y nodyn cefndir uchod. Ond y mae'n ddigon posibl na ddylid rhoi gormod o sylw i *Prydyn* fel sail i awgrymu mai cyfeiriad sydd yma at gyrch y brenin Rhisiart II i'r Alban yn 1385 ac mai yn gyfeiriad barddol am gyrch i ryw dir pell y dylid deall y cyfeiriad hwn, gan ganfod yma, gyda'r Athro R.R. Davies, gyfeiriad at wasanaeth milwrol Owain Glyndŵr yn y Ferwig yn 1384, gw. y nodyn cefndir uchod. Fodd bynnag, gall fod yma ychydig o ddryswch gan fod R.R. Davies, 'Owain Glyn Dŵr and the Welsh Squirearchy', THSC, 1968, 164, yn cyfeirio at gerdd Iolo Goch IGE[2] cerdd XII a cherdd Gruffudd Llwyd IGE[2] cerdd XLII (yn hytrach na'r gerdd hon, sef cerdd rhif XLI yn IGE[2] fel y mynegir yn R.R. Davies: ROG 359 nodyn 29)) fel y ddwy gerdd sy'n mawrhau Owain Glyndŵr am ei gampau milwrol yn y Ferwig.

21 **grudd** Am y ddihareb *nychel grud kystud callon*, gw. R 1035.36; W. Hay, *Diarhebion Cymru* (Lerpwl, 1955), 184; I. Williams, 'Hen Ddiarhebion (Llyfr Du o'r Waun, td. 32)', B iii (1926–7), 26.

24 **y tad hael** Sef Gruffudd Fychan, gw. ll. 4 uchod.

26 **ystad** Deellir yma yr ystyr 'urddas, rhwysg, ysblander', cf. TA 406 (CIV.1–2) *I bwy rhoes Duw bob rhyw stad, / Fodrwy Asaf, a'i drwsiad?*; DE 78 (XLI.50) *Llanvaes deg llawn fv o stad*.

29 **trymlawdd** Gellid yma naill ai'r cyfansoddair *trwm* a *llawdd*[1] 'mawl', gw. GPC 2106, neu o bosibl *trwm* 'enbyd' a *blawdd* 'twrf, cynnwrf, cyffro, braw, dychryn', gw. GPC 284. O ran ystyr yr ail bosibilrwydd sy'n taro orau yn y cyd-destun hwn ond os felly fe ddisgwylid y ffurf *trymflawdd*.

31 **Dyfrdwy** Ar arglwyddiaeth Glyndyfrdwy, gw. uchod llau. 5–6.

34 **gwarwyfa** Sef 'lle chwarae', cf. uchod 9.61n.

35 **rhamant** Defnyddir yr un gair uchod 10.61 i olygu 'rhagoriaeth' wrth ganmol Gruffudd Llwyd am ei gampau mydryddol fel bardd mawl. Yma fe'i deellir i olygu 'chwedl arwrol', yn air o glod i Owain Glyndŵr ar gyfrif ei orchestion milwrol, tebyg i eiddo Uthr Bendragon, gw. isod ll. 36n, ac Owain ab Urien, gw. isod ll. 40n.

antur Benthyciad o S.C. *anter, aventure* yn dwyn yr ystyr 'camp feiddgar, enbydwaith, gorchest, gwrhydri, beiddgarwch', gw. GPC 159; EEW 67.

36 **Uthr Bendragon** Mab Custennin II a thad y Brenin Arthur yn ôl 'Historia Regum Britanniae' Sieffre o Fynwy. Magwyd Uthr a'i frawd Emrys, meddai Sieffre, yn Llydaw, ac Uthr a olynodd Emrys ar orsedd Prydain. Cyfeirir yn y cywydd hwn at hanes Uthr Bendragon yn dial ar y Saeson am wenwyno ei frawd Emrys Wledig (gw. RB 173 (llau. 7–22)). Ymhellach arno, gw. TYP² 520–3; CLC² 744; WCD 636–7.

38 **ei frwydr** Gellid hefyd ddarllen yma *i'w frwydr*.

40 **Owain ab Urien** Un o arwyr yr Hen Ogledd yn y 6g. ac fe'i dyrchefir am ladd Fflamddwyn, arweinydd y Saeson, ym 'Marwnad Owain', cerdd a briodolir i Daliesin. Cyfeirir ato droeon yn 'Canu Urien' (gw. isod ll. 50n), gan danlinellu'r lle blaenllaw a oedd iddo ym mywyd teyrnas Rheged. Erbyn y 12g. yr oedd Owain wedi datblygu'n gymeriad chwedlonol, ac yn y cywydd hwn cyfeirir at ei gampau arwrol yn chwedl 'Owain' neu 'Iarlles y Ffynnon'. Lladdodd Owain y Marchog Du, ceidwad y Ffynnon ryfeddol, a phriodi ei weddw, yr Iarlles. Cyfeirir droeon at Owain ab Urien gan y beirdd, weithiau wrth y teitl Iarll y Cawg (gw., e.e., TA 75 (XIII.70)). Perthnasol hefyd (o safbwynt y defnydd a wnaeth y bardd o chwedl 'Owain') yw erthygl E. Rolant, 'Rhamant Hanes y Beirdd', YB iii (1967), 28–38. Ymhellach ar Owain, gw. TYP² 479–83; CLC² 547; WCD 518–20; *Owein*, ed. R.L. Thomson (Dublin, 1968). Enwir Owain eto yn llau. 47, 50 isod.

42 **y marchog duog** Cymeriad yn chwedl 'Owain' neu 'Iarlles y Ffynnon'. Fel rheol cyfeirir at y gŵr hwn fel *y marchawc du* a dim ond ddwywaith yn y chwedl y'i gelwir *y marchawc duawc*; eithr ar sail defnydd Gruffudd Llwyd o'r teitl hwn efallai y gellir gweld cadarnhad i'r ail deitl. Gall mai 'du ei liw' yw'r ystyr, neu fod yma rywfaint o ystyr y cytras Gwyddelig *dubhach* 'gloomy, mournful', gw. R.L. Thompson, *op.cit.* 47. Ar yr ymladdfa rhwng Owain a'r marchog, gw. *ib.* 11 (llau. 269–77).

48 **Taer y gwnaut, drafn, â llafn, llwybr** Dilynir awgrym GDG³ 546 ynglŷn â'r atalnodi.

trafn Ar yr ystyr 'arglwydd, pennaeth', gw. GDG³ 546 ac am enghreifftiau pellach o'r ystyr hon, gw. R 1206.20–1 *travyn trerkastell* (Gruffudd ap Maredudd); GLlG 3.28 *Trafn Abermarlais*; GLlBH 4.62n.

50 **Urien** Urien Rheged ap Cynfarch Oer, brenin ar ardal eang iawn yn yr Hen Ogledd, a allai esbonio'r sylw helaeth a roddir iddo ef a'i fab Owain yn y farddoniaeth a'r dogfennau hanesyddol yn ymwneud â Brythoniaid y gogledd. O'r cerddi 'Canu Urien' deellir ei fod yn rhyfelwr di-ail, ef a'i fab, ac nid rhyfedd fod Owain Glyndŵr yn cael ei gyffelybu i Owain ab Urien yma. Ymhellach ar Urien Rheged, gw. TYP² 516–20; CLC² 744; WCD 632–5; ar y cerddi 'Canu Urien', gw. CLlH liv–lv, 11–19, 111–48; EWSP 75–119; CT cerddi II–X a'r nodiadau arnynt; P Tal xxxvi–lv.

55 **torres dy onnen** Cyfeirir yma at ddryllio gwaywffon Owain Glyndŵr mewn ysgarmes yn ystod ei gyrch i'r Alban yn 1385. Fe'i torrwyd yn dri darn (gw. ll. 58) a sonnir am yr un digwyddiad gan Iolo Goch, gw. GIG 44 (IX.52) *A dryll ei wayw o drallid*. Eithr gw. y nodyn cefndir a ll. 16n uchod.

56 **Tirion grair taer yn y gryd** Cyflwyna'r ll. hon ddarlun deublyg o Owain: dyn a oedd ar y naill law yn dirion a charedig ond ar y llaw arall yn aruthr mewn brwydr.

57 **Ffwg** Cyfeiriad at deulu Fulk Fitzwarine o Whittington yn swydd Amwythig, teulu o genedlaethau o arglwyddi Whittington a oedd yn gymdogion pwerus iawn i ddeiliaid ystad Owain Glyndŵr yn Sycharth dros y canrifoedd. Sefydlwyd y teulu gan un Gwarine a bu cenhedlaeth ar ôl cenhedlaeth o'r teulu yn llywodraethu yn yr ardal am 400 mlynedd, a phob etifedd am naw cenhedlaeth yn dwyn yr un enw bedydd, gw. DN 181–2. Daeth rhai aelodau o'r teulu i fwy o amlygrwydd na'i gilydd. Dichon fod cyfoeth o lên gwerin wedi datblygu o gwmpas enw y Fouke fitz Waryn a oedd yn herwr yn ystod teyrnasiad y brenin John, gw. R. Bromwich, 'Cyfeiriadau Dafydd ap Gwilym at Chwedl a Rhamant', YB xii (1982), 75–6; Th.M. Chotzen: Rech 140. Cymaint, yn wir, fel y lluniwyd 'hanes' i groniclo ei orchestion *c.* 1320–30 'mewn rhyddiaith Anglo-Normanaidd, a seiliwyd yn ei dro ar gerdd goll yn yr un iaith, efallai o waith rhyw glerigwr o Lwydlo yn ail hanner y 13ed ganrif', gw. R. Bromwich, *art.cit.* 76. Ymhellach ar y ffug-hanes, gw. *Fouke le Fitz Waryn*, ed. E.J. Hathaway, P.T. Ricketts, C.A. Robson, A.D. Wilshere (Oxford: Anglo-Norman Text Society, 1975); T. Jones, 'Geoffrey of Monmouth, *Fouke le Fitz Waryn*, and National Mythology', *Studies in Philology*, xci (1994), 233–49. Yn ôl R.R. Davies: ROG 147–8, a'r rhestr gynnull E 101/40/33, yr oedd un Fulk Fitzwarine ac Owain Glyndŵr yn gyd-filwyr yng ngosgordd bersonol Iarll Arundel ddechrau Mawrth 1387 yn sicr,

ychydig yn ddiweddarach na chyfnod y cywydd hwn (ac yn ôl pob tebyg cyn hynny, gw. R.R. Davies: ROG 146): priodol, felly, fyddai cymharu Owain Glyndŵr ag arwr y teulu dylanwadol hwnnw. Ymhellach ar Fulk Fitzwarine, gw. *Pennant's Tours in Wales*, i, ed. J. Rhys (Caernarvon, 1883), 307–14; J. Morris, 'The Family of Fitz-Warine', Arch Camb xii (1852), 282–91. Cyfeirir at Syr Ffwg yn aml gan feirdd y 14g. a'r 15g., gw., e.e., GDG³ 17 (6.37); TA 38 (VII.3), *ib.* 41 (VII.95), *ib.* 133 (XXIX.85), *ib.* 164 (XXXVIII.55), *ib.* 171 (XL.29), *ib.* 403 (CIII.20); GIG 14 (III.41), *ib.* 148 (XXXIII.50). O lên gwerin y cyfnod y codai'r beirdd eu cyfeiriadaeth gan amlaf, nid o ffynonellau ysgrifenedig gan mai cylchrediad cyfyng a gâi'r testunau hynny.

60 **gwayw ufeldan** Ystyr *ufeldan* yw 'tân gwreichionog' a cf. *gwayw ufelfellt* isod 12.46n.

68 **ychen llog** Yma cymherir nerth ymosodiad Owain â nerth ychen a gyflogwyd i gyflawni tasg anodd. Am yr ymadrodd, cf. DGG² 8 (IV.33–4) *A llwyth yr wyth ychen llog / O'r tyweirch ar y taeog* (Dafydd ap Gwilym yn *ib.* ond anh. yn ôl D.J. Bowen, *Beirdd yr Uchelwyr* (Caerdydd, 1959), 76; DGA 37 (14.33–4)). Yn ôl WML 73 (llau. 18–19) *Teithi ych yö eredic eredic yn rych ac yguellt* a cheir darlun yma o Owain Glyndŵr hefyd yn aredig ei ffordd drwy fyddin y gwrthwyneb-wyr. Posibilrwydd arall yw fod yma ddarlun o Owain Glyndŵr yn ymlid milwyr cyflog y gelyn.

71 **medd dy wawdydd** Neges y bardd yw y bydd cyrch Owain Glyndŵr yn sefyll allan oherwydd ei ragoriaeth hyd Ddydd y Farn: *Hyd Ddydd Brawd ... / ... hynod fydd / ... dy hwyl.*

72 **hanwyd** Ffurf 2 un.pres.myn. y f. *hanfod* 'bod, deillio neu hanu, (weithiau) bod yn wneuthuredig', gw. G 764; GPC 1822.

74 **Prydain** Cyfeirir yma at drigolion Prydain, sef Cymru, Lloegr a'r Alban, er bod y term weithiau'n eithrio'r Alban. Am y teitl *Llyw Prydain*, gw. GLlLl 23.9 *Llywelyn, llyö Prydein a'e phar*; ac am *Llew Prydain*, gw. GIG 37 (VIII.55) (am Owain Glyndŵr); GSCyf 2.35n.

75 **torri brisg** Fel rheol 'torri llwybr / ffordd' sef 'arloesi' yw'r ystyr, er y gellid tybio ei fod hefyd yn golygu 'torri gwŷdd / gwiail' yn GDG³ 393 (148.37–8) *Eithr torri, ethrod diraen, / Braisg gofl yw, y brisg o'i flaen.*

gwisg wen Gw. y nodyn ar *mynfyr* uchod ll. 11. Noder hefyd awgrym IGE² 371 sy'n gofyn y cwestiwn ai gwyn oedd lliw lifrai dilynwyr Owain, maes o law; gw. hefyd GSCyf 9.50, 54 a'r awgrym y gallai *gwyn* olygu 'di-staen, di-waed' wrth gyfeirio at wŷr Owain Glyndŵr, yn ôl pob tebyg, yn y gerdd 'I frwydr Waun Gaseg' gan Lywelyn ab y Moel.

77 **cant** Deellir yma y rhifol *cant* a'i ddeall i olygu 'cant o bersonau', gw. G 108, neu yn llai caeth 'torf, llu, mintai', gw. GPC 418. Posibilrwydd

arall yw deall *cant* i olygu 'lle amgaeedig' (gw. GPC 418), neu 'cylch, caer, *enclosure*' (gw. CT 95) ac aralleirio 'cythryblwr caer'. Ar yr ail ystyr, gw. I. Williams, 'Bellum Cantscaul', B vi (1931–3), 351–4; A.G.C. Williams, 'A Further Selection of Somerset Place-names containing Celtic Elements', B xv (1952–4), 18; D.E. Evans, 'Some Celtic Forms in *cant-*', B xxvii (1976–8), 237–8.

79 **daioni** Ar *daioni* 'dewrder', gw. GPC 880 a cf. YCM² 46 (ll. 15) *marchawc prouedic y dayoni*, ib. 103 (ll. 2) *gwr prouedic y lewder a'e daioni*, ib. 106 (llau. 4–5) *ac y pallwys idaw y holl ryvic a'e dayoni*.

82 **Cymro'r gamp** Sef Owain Glyndŵr, a gyflawnodd orchestwaith milwrol.

84 **Prydyn** Gw. y nodyn ar l. 16 uchod ynghyd â'r nodyn cefndir.

86 **gŵyth** Yma deellir y ffurf *gŵyth* 'llidiog' eithr gellid y rhifol *wyth* 'aml'. Ar restru ffenomenâu fesul wyth, gw., e.e., GCBM i, 3.71–2 *Kynn arnaf ernywed wyth heint, / Wyth prifwyd, ỽyth prifwyth kymeint*. Cf. isod *wythfed* 13.35n, *wythrym* 13.63n.

88 **Glyn** Gw. y nodyn uchod llau. 5–6.

12

Cerdd o gyfnod cyn Gwrthryfel Owain Glyndŵr yw'r cywydd hwn eto, ac y mae'n gywydd pwysig yn ogystal â bod yn gywydd difyr ar gyfrif y ffaith ei fod yn rhoi i ni syniad o ymagweddiad bardd proffesiynol at y tensiynau cymdeithasol a frigai i'r wyneb yn wythdegau'r bedwaredd ganrif ar ddeg. Hawdd yw edrych yn ôl i'r ganrif honno a gweld y byddai'r Cymry'n gwrthryfela yn erbyn yr hyn a ystyrid yn anghyfiawnder y drefn, a'r berthynas orthrymus rhwng dyn a'i gyd-ddyn. Ond i unigolyn o fardd a ganai cyn y Gwrthryfel, tybed a oedd mor amlwg â hynny iddo fod chwyldro ar y gorwel? Go brin fod arwyddion yn y cywydd hwn i awgrymu'r hyn a ddilynodd: efallai iddo gael ei lunio mewn cyfnod a oedd yn rhy bell oddi wrth ddechrau'r cythrwfl i fardd allu ei rag-weld na'i adlewyrchu.

Yn sicr fe geir yn y cywydd y syniad o ddigalondid, o chwerwedd ac o annhegwch cymdeithasol, a'r syniad clir o fyd lle yr oedd y gwerthoedd cymdeithasol hierarchaidd traddodiadol yn chwalu. Un o feirdd y Mers oedd Gruffudd Llwyd, yn lleisio trallod ei oes.[1] Lle y ceid gynt uchelwyr o

---

[1] Ar sefyllfa gymdeithasol yr oes, gw. E.B. Fryde, *Peasants and Landlords in Later Medieval England, c. 1380–c. 1525* (Stroud, 1996); D.J. Bowen, 'Siôn Cent a'r Ysgwieriaid', LlCy xxi (1998), 8–37; J. Bolton, ' "The World Upside Down". Plague as an Agent of Economic and Social Change' yn *The Black Death in England*, ed. W.M. Ormrod & P.G. Lindley (Stamford, 1996); W. Rees, 'The Black Death in Wales', *Transactions of the Royal Historical Society*, iii (1920), 115–35.

dras yn uchaf eu statws, bellach ceid cwmni o newydd-ddyfodiaid gormesol yn arwain cymdeithas: *A fu isaf ei foesau / Uchaf yw, mawr yw'r och fau, / A'r uchaf cyn awr echwydd / Isaf ac ufyddaf fydd* (llau. 13–16). Pwy oedd y newydd-ddyfodiaid? Nid yw Gruffudd Llwyd yn manylu ac ni sonia am achos y trawsnewidiad cymdeithasol. Fodd bynnag, oherwydd dylanwad y Farwolaeth Fawr bu lleihad sylweddol ym mhoblogaeth Cymru (fel ym mhoblogaeth gwledydd eraill Ewrop) a gellid ymgodi'n sydyn yn hynny o fyd—yn ogystal â cholli troedle ar yr ysgol gymdeithasol. Dal swydd dan y Goron oedd un ffordd sicr o ddod ymlaen yn y byd.[2] Trethi trymion oedd y gŵyn bennaf gan fod Edward III yn gwasgu'n ddi-baid am arian a milwyr o Gymru ar gyfer ei ymgyrchoedd milwrol.[3] Y mae'n debyg mai'r uchelwyr Cymraeg a gydweithredai â'r Brenin Edward III oedd yr union rai a ganmolid gan y beirdd am eu haelioni, er mai godro arian prin o Gymru a wnaent, a hynny ar draul teuluoedd llwm eu byd.

Ar yr un pryd, fodd bynnag, yr oedd y syniad o chwalfa gymdeithasol yn un yr oedd poblogaeth ddefodol yr Oesoedd Canol yn gyfarwydd ag ef o'u seremonïau tymhorol,[4] ac yr oedd y topos 'y byd a'i ben i lawr' yn thema gyffredin yn llenyddiaeth yr oesau.[5] Dyma ddarn agoriadol un o gerddi'r *Carmina Burana*, casgliad o gerddi'r Goliardi o fynachlog Benedictbeuern, Bafaria, sy'n mynegi'r un syniadaeth:

> Florebat olim studium,
> Nunc vertitur in tedium;
> Iam scire diu viguit,
> Sed ludere prevaluit.
> Iam pueris astutia
> Contingit ante tempora,
> Qui per malevolentiam
> Excludunt sapientiam.
> Sed retro actis seculis
> Vix licuit discipulis
> Tandem nonagenarium
> Quiescere post studium.
> At nunc decennes pueri
> Decusso iugo liberi
> Se nunc magistros iactitant ...

---

[2] G. Roberts, 'Wales and England: Antipathy and Sympathy, 1282–1485', *Cylchg HC* i, (1960–3), 387.

[3] R.A. Griffiths, 'Gentlemen and Rebels in Later Mediaeval Cardiganshire', *Ceredigion*, v (1964–7), 166n51.

[4] Ar ddefodaeth y Satwrnalia, gw., e.e., Rh. Ifans, *Sêrs a Rybana* (Llandysul, 1983), 32–5.

[5] V.J. Scattergood, *Politics and Poetry in the Fifteenth Century* (London, 1971), 302–4; E.R. Curtius, *European Literature and the Latin Middle Ages*, translated by W.R. Trask (London, 1979), 94–8.

(Once learning flourished, but alas! / 'Tis now become a weariness. / Once it was good to understand, / But play has now the upper hand. / Now boyish brains become of age / Long before time can make them sage, / In malice too of age become, / Shut wisdom out of house and home. / In days long gone and passed away / A scholar hardly dared to say / When he had reached his ninetieth year, / "My hour of rest from toil is here." / But now see little boys of ten / Lay down the yoke, strut out as men, / And boast themselves full masters too ...)[6]

Disgrifia'r gerdd yr anhrefn a barwyd mewn amgylchiadau bob dydd. Gwelir y Tadau Gregori, Jerôm, Awstin, a Benedict, meddir, mewn tai potes, o flaen eu gwell, neu yn y farchnad. Nid yw Mair bellach yn ymhyfrydu mewn bywyd o fyfyrdod ar bethau ysbrydol, na Martha yn y bywyd prysur. Canmolir bellach bopeth a waharddwyd unwaith. Yr oedd y byd, yn wir, wedi cael ei droi ar ei ben. Yng Nghymru, cafwyd yr un syniad genhedlaeth neu ddwy cyn cyfnod Gruffudd Llwyd yng nghywydd enwog Dafydd ap Gwilym 'Yr Adfail'[7] ac fe'i gwelwyd droeon wedi hynny wrth i'r un syniad gael ei ailddefnyddio drosodd a thro hyd y ganrif hon.

Yn hytrach na gweiddi am frysio'r Gwrthryfel er mwyn glanhau'r wlad o drais y giwed newydd, ateb Gruffudd Llwyd i'r broblem yw edrych yn ôl at gewri'r gorffennol am ysbrydoliaeth. Brân fab Llŷr, Custennin Fawr a'r Brenin Arthur yw'r tri a enwir yn batrwm o iawn lywodraeth (llau. 25–38). Ail ddatrysiad fyddai edrych am rywun yn y byd cyfoes a fyddai'n addas i wisgo mantell yr hen arwyr. Pwy ond Owain Glyndŵr? Y mae'n sicr fod yn y cywydd ble dros urddo Owain Glyndŵr yn farchog, a'r rhactyb ydyw fod y tri marchog a enwir bellach wedi marw. A oedd Gruffudd Llwyd wedi bod yn ddigon craff i synhwyro egin gwrthryfel a dal ar y cyfle i gyflwyno enw Glyndŵr fel arweinydd y Cymry? Neu ai canu cywydd mawl traddodiadol a wnaeth yma—cywydd yn clodfori Owain yn benodol am ei gampau mewn twrnameintiau ymysg ieirll y deyrnas?[8]

10 **cenedl** Am nodyn ar ystyron 'cenedl' a 'nasiwn' yn y cyfnod Canol, gw. D. Johnston, ' "Propaganda'r Prydydd": Gwleidyddiaeth Beirdd yr Uchelwyr', *Cof Cenedl XIV*, gol. G.H. Jenkins (Llandysul, 1999), 44–5, ac ymhellach L. Lloyd, 'Beth yw perthyn? Pedwar term teuluol ym marddoniaeth yr Oesoedd Canol' yn *Dwned* vi (2000) (i ymddangos).

---

[6] *Ib.* 94–5.

[7] Gw. GDG³ cerdd 144, a sylwadau D.J. Bowen, 'Agweddau ar Ganu'r Bedwaredd Ganrif ar Ddeg a'r Bymthegfed', LlCy ix (1966), 65–6; R.G. Gruffydd, 'Sylwadau ar gywydd "Yr Adfail" gan Ddafydd ap Gwilym', YB xi (1979), 109–15.

[8] Awgrymodd yr Athro Gruffydd Aled Williams mai 'breuddwyd bardd wrth ei ewyllys efallai' yw llau. olaf y cywydd lle y 'dychmygir Owain yn ei rwysg marchogol yn "ymwan ar dwrneimant" ac yn cymdeithasu ymysg ieirll', gw. G.A. Williams, *Owain y Beirdd* (Aberystwyth, 1998), 8.

brain brwysg Trosiad cyffredin o fyd y beirdd yw'r epithet *brân* / *branes* 'haid o frain, byddin' am ymladdwyr, cf., e.e., GBF 4.27 *branhes terrwyn* (Y Prydydd Bychan), *ib.* 48.16 *Teyrnlles branhes Bryneich syrthyaϭ* (Bleddyn Fardd). Yma cymherir pobl Cymru â brain, gan ychwanegu'r dirmyg o'u cael yn *frwysg*, sef yn feddw a digyfeiriad. Am barhad o'r ymhel â byd yr adar, cf. isod llau. 19–20.

12 **callor goludd** Ceir delwedd gref o weld yma'r ystyr 'crochan [ar gyfer berwi] coluddion', a'r rheini'n codi a gostwng yng ngwres y pair (llau. 13–16); cf. I. Williams, 'Y Cyfoesi a'r Afallennau yn Peniarth 3', B iv (1929), 119 (ll. 177) *mal y gallor golud*.

17, 18 **tincwd ... / ... tancwd** Cf. y cywydd dychan i geilliau Guto'r Glyn yn CMOC 126 (28.30) *tancwd pŵl fal tincwd paill* (Dafydd ab Edmwnd), a'r ll. yn R 1336.1 *Llech rech rϭt tankϭt tingkyr gwarth tlodi* (Gruffudd ap Maredudd).

20 **berïon** Efallai y dylid dilyn darlleniad llsgr. A, sef *bryhyrion*, gan ddeall yma ffurf l. *brëyr* 'uchelwr' ond er mwyn cadw at unffurfiaeth ddelweddol dewiswyd ffurf l. *bery* 'aderyn ysglyfaethus, barcud' yma, gw. GPC 276, gan gadw mewn cof ystyr ffigurol *barcud*, sef 'rheibiwr, ysglyfiwr', gw. GPC 257.

cylion Deellir yma ffurf l. yr a. *cyl¹* '?coliog, pigog, picellog, arfog', gw. GPC 746, ac aralleirir 'gyda phigau'; gthg. IGE² 125 (ll. 20) sy'n ffafrio *culion*.

cul Awgryma T. Roberts y gair *cwyl* '?plu ("quill")', gw. *ib.* 125 (ll. 20), 407, ac awgryma GPC 652 mai ffurf ffug ar *cŵl* 'bai, cam, trosedd; pechod, drwg' ar gyfer y ffurf *cwyl* (heb ddyfynnu'r ll. hon). Eithr y mae'n fwy tebygol mai *eilchwyl / cul* yw'r odl, ar sail GPC 1191 *ail* a *chwŷl* 'tro'. Mewn perthynas â'r drafodaeth ar uchelwyr y cyfnod, cedwir mewn cof ystyr ffigurol *cul* 'heb fod yn eangfrydig, crintach; dallbleidiol, rhagfarnllyd', gw. GPC 629.

24 Twyll gynghanedd, yr unig enghraifft y sylwyd arni, ac yn arwyddocaol fe ddigwydd mewn ll. sy'n sôn am yr anhrefn y cyfeirir ato yn y nodyn cefndir. Ond gellid dadlau mai cynghanedd sain (reolaidd) sydd yma.

hyd nad Arno, gw. GMW 238.

26 **Brytaniaid** Sef y Brythoniaid, y Cymry.

28 **Caw** Sef Caw o Brydain neu o Brydyn, sef yr Alban, un o arglwyddi Cymry'r Gogledd, ac yn ôl traddodiad yr oedd iddo deulu mawr o feibion a oedd yn saint. Y mae i Gaw le amlwg yn chwedl 'Culhwch ac Olwen' gan mai iddo ef y daeth y fraint o gipio ysgithr Ysgithrwyn Ben Baedd (gw. CO³ 36 (llau. 1019–20)), ac o eillio Ysbaddaden Bencawr (gw. CO³ 42 (llau. 1232–3)) ar ddiwedd y chwedl. Ymhellach arno, gw. TYP² 301–3; CO³ 134–5.

29 **tri amherodr** Yn ôl Gruffudd Llwyd fe fu i dri ymherodr o Gymro ennill tiroedd dramor, sef Brân Fendigaid fab Llŷr (ac o bosibl yn frawd i Beli Mawr, gw. ll. 32), Custennin Fawr ap Constant neu Cystaint (gw. ll. 33), a'r Brenin Arthur (gw. ll. 34).

tra moroedd Cf. *Tra môr tra Brython* 'beyond the sea, beyond [*the borders of*] the Britons', gw. WG 410.

31 **Brân** Sef Brân Fendigaid fab Llŷr a oedd, yn ôl chwedl 'Branwen ferch Llŷr', yn ŵyr i Feli Mawr (gw. PKM 29 (llau. 9–11)) yn hytrach na brawd iddo, fel yr awgrymir yn ll. 32. Yn ôl cyfeiriadau eraill ym Mhedair Cainc y Mabinogi gellir deall fod Brân yn nai i Beli, yn fab i'w chwaer, e.e. dywedir bod Brân a Manawydan yn gefndryd i Gaswallon fab Beli, gw. PKM 49 (ll. 10), ac mai oherwydd hynny y daeth Brân yn frenin ar Ynys Prydain. Ymhellach ar Fendigeidfran fab Llŷr, gw. TYP² 284–6. Yn ll. 32 hwyrach y dylid deall *brawd* i olygu 'câr, gŵr o'r un tylwyth'.

32 **Beli** Sef Beli Mawr fab Manogan, cymeriad chwedlonol yr aeth y traddodiadau amdano ar goll, ond fe'i hystyrid yn frenin Ynys Prydain yn ystod oes aur yn hanes chwedlonol y deyrnas honno ac fe hawliai pob un o'r prif freniniaethau Cymreig eu bod yn llinach Beli Mawr, gw., e.e., VSB 22 (llau. 3–9) am linach frenhinol Powys. Yn ôl un o gerddi Llyfr Taliesin yr oedd ganddo saith mab: enwir yno Gaswallon, Lludd a Chestudyn (gw. T 70.19–20), ond gellid ychwanegu at enwau'r tri hynny enwau Afallach, Llefelys a Nynio. Dywedir hefyd fod i Feli Mawr ddwy ferch, sef Penarddun (mam Brân Fendigaid, Branwen a Manawydan) ac Arianrhod (gw. uchod ll. 31n ar *Brân*). Ymhellach arno, gw. TYP² 281–3.

camwri Ceir ystyr dda ac ystyr ddrwg i'r gair, sef 'arwriaeth, dewrder, rhagoriaeth', a 'trais, camwri', gw. G 101. Y mae'n annhebygol fod yma gyfeiriad at gamwedd, megis y cofnod fod Beli wedi colli tir Ynys Prydain i'r Ymerawdwr Macsen, gw. BrM 8 (llau. 13–15) *Ac y goresgynnoys* [*Maxen*] *yr ynys ar Veli mab Manogan, a'e ueibon, ac y gyrroys ar uor wynt.*

33 **Custennin** Sef Custennin Fawr, mab Cystaint, yr ymerawdwr Cristnogol cyntaf (gw. ODCC³ 405), ac Elen, gw. G 188. Erbyn y 10g. yr oedd ach teulu brenhinol Dyfed yn cael ei holrhain yn ôl at *Constans map Constantini magni map Constantii et Helen luitdauc*, gw. EWGT 10; GDB 25.32n. Posibiliadau eraill yw Custennin ap Macsen Wledig (gw. WCD 156–7) neu Gustennin Fendigaid, taid y Brenin Arthur yn ôl Sieffre o Fynwy (gw. TYP² 314–15; WCD 157–8).

34 **Arthur** Sef y Brenin Arthur a ystyrid gan y beirdd yn baragon o ryfelwr, gw. TYP² 274–7.

chwith fu neb Y mae'r gystrawen *chwith fu neb* yn un annisgwyl. A ellid yma 'chwith fu i neb wrtho', sef fod y sawl a fu'n brwydro wyneb yn wyneb ag Arthur yn rhyfelwr chwithig o'i gymharu â'r Brenin?

35–8 **Diau o beth ... / ... ceirw yr ynys** Cyfeiriad, y mae'n debyg, at yr 'Historia Regum Britanniae' o waith Sieffre o Fynwy yn *c*. 1135–8, fersiwn ar hanes brenhinoedd o Gymry gan lenor a ffug-hanesydd; ar Sieffre o Fynwy a'i weithiau, gw. J.J. Parry & R.A. Caldwell, 'Geoffrey of Monmouth' yn R.S. Loomis, *Arthurian Literature in the Middle Ages* (Oxford, 1959), 72–93; B.F. Roberts, 'Geoffrey of Monmouth, *Historia Regum Britanniae* and *Brut y Brenhinedd*' yn *The Arthur of the Welsh*, ed. R. Bromwich, A.O.H. Jarman, & B.F. Roberts (Cardiff, 1991), 97–116.

37 **pum hugain** Gellid deall yma gyfeiriad at y rhestr o bum brenin ar hugain a restrir gan Sieffre o Fynwy yn yr 'Historia Regum Britanniae', na nodir y berthynas rhyngddynt, gan mwyaf; ond gw. Pen 132, 107, *llyma Henweu y pedwar brenhin ar hugeint* ... Neu gellid deall yma gyfeiriad (anfanwl) at y brenhinoedd niferus a enwir gan Sieffre drwy ei waith.

Llundain O'u llysoedd yn Llundain yr oedd nifer o frenhinoedd Ynys Prydain wedi rheoli eu tiroedd, e.e. y Brenin Lludd (gw. *Cyfranc Lludd a Llefelys*, ed. B.F. Roberts (Dublin, 1975), 1 (llau. 3–14)). I Sieffre o Fynwy yr oedd coron Llundain yn symbol o undod Ynys Prydain ac yn arwydd mai un brenin a oedd yn rheoli'r deyrnas. 'The concept of a succession of single kings, sovereigns of Britain, is at the root of Geoffrey's view of the path of British history', gw. B.F. Roberts, *art.cit.* 102.

38 **ceirw** Digwydd y gair yn gyffredin yn ei ystyr ffigurol mewn canu moliant a dychan, gw., e.e., awdl foliant Rhys ap Rhys ap Gruffudd o Abermarlais yn GLlG 3.55–6 *Carw trin, cwr o lin lanaf / Ceinfyged Ednyfed naf* ac isod ll. 76. Am ddelwedd o'r carw yn arwydd o hirhoedledd ac arglwyddiaeth, gw. uchod cerdd 3.4, 5–10.

40 **trais ac amraint** Dyry Gruffudd Llwyd enghraifft o'r gormes a'r amarch y mae ei genedl yn eu profi drwy ddatgan mai dim ond dau farchog o Gymro a oedd yng Nghymru yn dilyn marwolaeth Syr Hywel y Fwyall, o bosibl yn 1381. Y mae'n rhaid felly i'r cywydd fod wedi ei ganu cyn marwolaeth Syr Dafydd Hanmer erbyn canol haf 1387. Nifer bach iawn o Gymry a urddwyd yn farchogion yn y 14g., sef y tri a enwodd Gruffudd Llwyd: Syr Dafydd Hanmer (gw. isod llau. 41, 43n), Syr Grigor Sais (gw. isod ll. 44n) a Syr Hywel y Fwyall (gw. isod ll. 47n), ynghyd â Syr Gruffudd Llwyd, Syr Hywel y Pedolau, a Syr Rhys ap Gruffudd, gw. R.R. Davies: ROG 77.

Cymry Gan fod *Cymry* yn y cyfnod hwn yn gallu golygu'r wlad neu'r bobl, rhoddir *Cymry* yn hytrach na *Cymru* yma er mwyn yr odl: dim ond yn ddiweddarach y gwahaniaethwyd rhwng y ddwy ffurf, gw. WG 13.

41, 43 **Dafydd ... / O Hanmer** Ar Syr Dafydd Hanmer (m. 1387), gw. uchod 10.1, 4n. Priododd Owain Glyndŵr ferch Syr Dafydd Hanmer, Marred (Margaret), yn 1383 y mae'n debyg, ffaith sydd ynddi ei hun yn dyst i statws cymdeithasol ac economaidd Owain Glyndŵr yn y cyfnod. Ymsefydlodd yr Hanmeriaid yng nghwmwd Maelor Saesneg yn sir y Fflint yn ystod teyrnasiad Edward I, gan gymryd arnynt eu hunain enw pentref Hanmer (gw. WATU 87) yn gyfenw; gellir aralleirio naill ai 'O [deulu] Hanmer' neu 'O [gwmwd] Hanmer'. Fe'i gwnaethpwyd yn farchog *c*. 1386, y mae'n debyg, o ddilyn tystiolaeth cywydd Gruffudd Llwyd 'Y cwest ar Forgan ap Dafydd o Rydodyn' (gw. cerdd 10 uchod) a luniwyd *c*. 1385–6 ac sy'n enwi Dafydd Hanmer wrth ei deitl. Cf. hefyd: 'it was in 1386, probably, that David Hanmer was made a knight; by midsummer 1387 he was dead', gw. R.R. Davies: ROG 138.

44 **Grigor ... Sais** Sef Syr Grigor Sais, neu Sir Desgarry Seys / Degory Sais, milwr proffesiynol hynod lwyddiannus. Yn ei wasanaeth ef y daeth Owain Glyndŵr i sylw gyntaf. Enwir Owain Glyndŵr a Thudur, ei frawd, ymhlith garsiwn y Ferwig o dan Syr Grigor Sais ym mis Mawrth 1384 (gw. A. Goodman, 'Owain Glyndŵr before 1400', Cylchg HC v (1970–1), 67). Bu Grigor Sais yn bresennol ar gyrch y Tywysog Du ar Castile yn 1367, ac anrheithiad Limoges yn 1370. Enillodd iddo'i hunan wobrau disglair am ei waith, megis prif swyddi milwrol yng Nghymru, Lloegr, a Ffrainc; aeres gyfoethog o Poitou yn wraig; pensiwn blynyddol o £200 y flwyddyn am oes; yn ogystal, wrth gwrs, â'i urddo'n farchog, gw. R.R. Davies: ROG 145–6. Bu farw yn 1390, gw. A.D. Carr, 'Welshmen and the Hundred Years' War', Cylchg HC iv (1968–9), 30. Ymhellach ar Syr Grigor Sais, gw. A.D. Carr, 'A Welsh Knight in the Hundred Years' War: Sir Gregory Sais', THSC, 1977, 40–53; P. Morgan, *War and Society in Medieval Cheshire 1277–1403* (Manchester, 1987), 158–60, 166. Gthg. awgrym G 525 mai'r Pab Gregori, sef Gregori Fawr, 590–604, a enwir droeon mewn rhyddiaith a barddoniaeth Gymraeg, a olygir yma. Gregori Fawr oedd tad y Babaeth ganoloesol, ac un o'i lwyddiannau mwyaf oedd troi Lloegr at y Babaeth, drwy gyfrwng Awstin Sant, yn bennaf. Ymhellach ar Gregori Fawr, gw. ODCC³ 706–7.

Sain Siôr Nawddsant Lloegr, a merthyr, gw. ODCC³ 664–5.

46 **gwayw ufelfellt** Ystyr *ufelfellt* yw 'fflachiadau o wreichion' a cf. *gwayw ufeldan* uchod 11.60n.

47 **pensel** Yr ystyr yw 'baner fechan' o'r S.C. *pennoncel*, gw. GPC 2759; EEW 110. Ceir disgrifiad manylach o faner Syr Hywel y Fwyall gan Iolo Goch yn GIG 7 (II.48–52) *Ystondardd—ys hardd o sud; / Pensel Syr*

Hywel yw hwn; / *Myn Beuno, mae'n ei benwn* / *Tri fflŵr-dy-lis, oris erw,* / *Yn y sabl, nid ansyberw.* Ei arfbais oedd tri fflŵr-dy-lis (*oris* 'lili') ar gefndir *sabl* 'du'; gw. ymhellach DWH i, 73, 212.

Syr Hywel Sef Hywel ap Gruffudd ap Hywel ap Maredudd ab Einion ap Caradog ap Gwgon ap Merwydd Goch ap Gollwyn ap Tangno (Syr Hywel y Fwyall), Arglwydd Eifionydd ac Ardudwy, a fu farw, o bosibl, yn 1381, gw. P.C. Bartrum: WG1 'Gollwyn' 4, 8; L. Dwnn: HV ii, 101; CLC² 354. Yn filwr proffesiynol (gw. A.D. Carr, 'Welshmen and the Hundred Years' War', Cylchg HC iv (1968–9), 29), brwydrodd ym myddin Edward III, ac ym mrwydr Crécy (1346) arweiniodd fyddin o Gymry dan faner y Tywysog Du. Enillodd glod mawr iddo'i hun yn y frwydr honno, cymaint felly nes dywed traddodiad iddo gael ei urddo'n farchog ar faes y gad, ond yn sicr felly erbyn 1355, gw. A.D. Carr, *l.c.* Serch hynny, nid oes sail i'r traddodiad iddo ddal Brenin Ffrainc yn Poitiers (1356). Ar gyfrif y celanedd a barodd â'i fwyell, rhoddodd y Tywysog Du le urddasol iddi yn y neuadd frenhinol. 'Rhoddid bwyd o flaen y fwyell bob dydd ac yna fe'i dosberthid i'r tlodion; parhaodd y traddodiad hwn hyd at deyrnasiad Elisabeth I', gw. CLC² 354. Fe'i penodwyd tua'r flwyddyn 1359 yn Gwnstabl castell Cricieth hyd 1381, gw. H. Lewis, 'Gruffudd ab Maredudd ab Dafydd a Rhisierdyn', B i, (1921–3), 128–32; ByCy 345; A.D. Carr *art.cit.* 29, ac awgryma H. Lewis (*art.cit.* 132) iddo ailgartrefu yn Chwilog, hen gartref y teulu, ychydig cyn ei farwolaeth. Gw. hefyd gerdd Iolo Goch 'I Syr Hywel y Fwyall', GIG 6–8 (cerdd II), marwnad Gruffudd ap Maredudd iddo (gw. R 1327–8; H. Lewis, *art.cit.* 131–2), a 'Marwnad Hywel ap Gruffudd o Eifionydd' (Rhisierdyn), gw. GSRh 65–8 (cerdd 6).

48 **gair** Yn ogystal â'r ystyr 'ymadrodd', gellid yma yr ystyr 'enw', sef 'un ac enw da iddo', 'un a gair da iddo'.

Otiel Un o arwyr rhamantau Siarlymaen, gw. YCM² 44 (llau. 10–13) *Sarassin o'r Yspaen, Otuel y enw, gwr a wedei yn anrydedus o bedeir ford, o arderchogrwyd pryt, a chedernit yn arueu, a chenedyl, a doethineb, a deuth yn genyat y gan Garsi Vrenhin.* Lluniwyd cerdd iddo yn Ffr. dan y teitl 'Otinel' rywbryd wedi 1175 yn ôl Bédier, ond ychydig wedi hanner cyntaf y 13g., yn ôl Guessard a Michelant, gw. *ib.* xxiii–xxiv. Tybed a oedd Gruffudd Llwyd yn gyfarwydd â hi? Yn sicr byddai Otiel yn wrthrych teilwng i gymharu Syr Hywel y Fwyall ag ef, gan fod i Otiel ragoriaeth mewn milwriaeth, llinach, doethineb, a phryd a gwedd.

aur ei otoyw Ar *gotoyw* 'ysbardun', gw. GPC 1516, a cf. â'r ymadrodd hwn l. Iolo Goch *A rho eto aur otoyw* ('Moliant Syr Rosier Mortimer') yn GIG 86 (XX.100). Cf. *gwell no ruddaur ottoew*, gw. R.G. Gruffydd, '*Englynion y Cusan* by Dafydd ap Gwilym', CMCS xxiii (Summer 1992), 4 (ll. 15) a'r nodyn ar y ll.

51 **Profyns** Provence yn ne Ffrainc, yn ôl T. Roberts, IGE[2] 358. Bu Syr Hywel y Fwyall a Syr Grigor Sais yn ymladd yn Ffrainc, ond tybed a fuont yn brwydro mewn ardaloedd mor ddeheuol-ddwyreiniol â Provence? Neu ai enghraifft o gydgymeriad sydd yma? Os nad aeth milwyr Cymru i ardal Provence, ai cyfeiriad sydd yma at fyddin hur Provence yn ymladd dan faner brenin Ffrainc yn erbyn Edward, y Tywysog Du? Rhan o ddiplomatiaeth rhyfel yn y 14g. oedd talu am wasanaeth byddinoedd o filwyr cyflog, gw., e.e., A. Goodman, 'The military subcontracts of Sir Hugh Hastings, 1380', *The English Historical Review*, xcv (1980), 114–20; S. Walker, 'Profit and Loss in the Hundred Years War: the Subcontracts of Sir John Strother, 1374', *Bulletin of the Institute of Historical Research*, lviii (1985), 100–6. Ar fyddin o filwyr cyflog Provence yn y cyfnod, gw. Michel Hébert, 'L'Armée Provençale en 1374', *Annales du Midi*, xci (1979), 5–27. Gellid aralleirio 'yn agos i Provence' neu 'yn ymyl [gwŷr] Provence'.

52 **pryns** Sef Edward, y Tywysog Du (1330–76), mab hynaf y brenin Edward III. Yn ôl traddodiad, daeth iddo ei deitl oherwydd iddo wisgo arfau du ym mrwydr Crécy. Ymhellach arno, gw. R. Barber, *Edward, Prince of Wales and Aquitaine, a biography of the Black Prince* (London, 1978).

53 **diwedd farchog** Cyfeirir yma at Syr Hywel y Fwyall (m. ?1381) y buwyd yn trafod ei orchestion milwrol yn y llau. blaenorol a'r awgrym yw mai ef oedd yr olaf yn marw.

54 **crest** Gellid yma yr ystyr 'addurn o blu, &c., ar helm' neu'r ystyr herodrol 'llun neu ddyfais uwchben helm ar bais arfau', gw. GPC 592.

55 **Ednywain** Awgrymir yn betrus yn G 439–40 mai cyfeiriad at Ednywain Bendew ap Cynon ap Gweithfoed (gw. L. Dwnn: HV ii, 22, 83, 303–5) a geir yma, pennaeth un o bymtheg llwyth Gwynedd. Yr oedd gan Ednywain Bendew ddau lys, sef Coed y Mynydd ym mhlwyf Ysgeifiog yn sir y Fflint (gw. WATU 226), a Thref Ednywain ym mhlwyf Chwitffordd (gw. WATU 223). Y mae Ednywain yn ach Syr Hywel (gw. P.C. Bartrum: WG1 'Gollwyn' 3), er nad yn yr olyniaeth uniongyrchol.

61 **ethyw** Ffurf 3 un.prff.myn. y f. *myned*, gw. GMW 132.

63 **Owain** Sef Owain Glyndŵr. Arno, gw., e.e., J.E. Lloyd, *Owen Glendower* (Oxford, 1931); R.R. Davies: ROG.

64 Ceir yr un ll. yn union gan Iolo Goch wrth ddisgrifio Owain Glyndŵr, cf. GIG 43 (IX.16) *Iôr Glyn, daeardor, Dyfrdwy*.

Iôr Glyn ... Dyfrdwy Sef Glyndyfrdwy yn nyffryn Afon Dyfrdwy, gw. WATU 77. Goroesodd dogfen wedi ei dyddio 16 Mehefin 1392 lle y mae'n amlwg mai fel Arglwydd Glyndyfrdwy yr ystyriai Owain

Glyndŵr ei hun yn y cyfnod hwn, gw. J.C. Davies, 'Some Owen Glyndwr Documents', Cylchg LlGC iii (1943–4), 48–50.

66 **Sycharth** Cyn y Gwrthryfel yr oedd Owain Glyndŵr yn berchen ar dair ystad ganolig eu maint. Lleolwyd y gyntaf ohonynt yn ardal Glyndyfrdwy (gw. WATU 77), ond ei ail ystad, Sycharth yng nghwmwd Cynllaith (gw. WATU 54), heddiw brin filltir o'r ffin â Lloegr, oedd ei brif gartref a'i brif ffon cynhaliaeth. Lleolwyd trydedd ystad Glyndŵr yng ngorllewin Cymru, yn Is Coed (gw. WATU 95), yn ymledu i'r gogledd o ddyffryn Teifi ac Aberteifi, gw. R.R. Davies: ROG 131–2. Ceir disgrifiad helaeth o lys Owain Glyndŵr yn Sycharth yng nghywydd enwog Iolo Goch 'Llys Owain Glyndŵr', gw. GIG 46–8 (cerdd X), a thrafodaeth arno yn E. Roberts, 'Tŷ pren glân mewn top bryn glas', TCHSDd xxii (1973), 12–47. Ymhellach arno, gw. D.B. Hague & C. Warhurst, 'Excavations at Sycharth Castle, Denbighshire, 1962–63', Arch Camb cxv (1966), 108–27.

67 **henyw** Ffurf 3 un.pres.myn. y f. *hanfod* 'bod, deillio neu hanu, (weithiau) bod yn wneuthuredig', gw. G 764; GPC 1822.

69 **mam dinam dad** Dyrchefir yma linach Owain Glyndŵr. Ar ochr ei dad, Gruffudd Fychan, yr oedd Owain Glyndŵr yn disgyn o dywysogion Powys (gw. P.C. Bartrum: WG1 'Bleddyn ap Cynfyn' 5) ac ar ochr ei fam, Elen, yn disgyn o dywysogion Deheubarth (gw. P.C. Bartrum: WG1 'Rhys ap Tewdwr' 7). Pan laddwyd Owain Lawgoch yn Ffrainc yn 1378 darfu am aer gwryw i frenhiniaeth Gwynedd; ac am freniniaethau Deheubarth a Phowys, yr oedd Owain Glyndŵr yn ddisgynnydd hynaf y ddwy deyrnas, er mai drwy ei fam, Elen, y daethai ei hawl ar Ddeheubarth. Gwthiai Gruffudd Llwyd hawl Owain Glyndŵr i'w etifeddiaeth er i Owain ddod yn etifedd tir Deheubarth mewn ffordd ychydig yn anarferol i Gymro, sef drwy dras ei fam.

70 **wrls** Sef *orles*, gw. EEW 103, 162. Ar *wrls* 'ymyl, godre' yng nghyd-destun gwisg, gw. IGE[2] 4 (ll. 22) *Wrls gwyn ar eurlewys gwiw* (Iolo Goch); ar *wrls* '*orles*' yn yr ystyr herodrol 'a narrow band of half the width of the bordure, following the outline of the shield, but not extending to the edge of it', gw. OED[2] 937.

ysgarlad Defnyddir *ysgarlad* yn arwydd o uchel statws Glyndŵr, megis y defnyddiai'r beirdd cynharach *porffor* am arglwydd a wisgai wisg borffor yn arwydd o'i statws brenhinol.

72 **barwn** Yr oedd safon byw Owain Glyndŵr yn uwch na safon byw y rhan fwyaf o uchelwyr Cymru'r cyfnod ar gyfrif, yn bennaf, graffter ei gyndadau. Yn 1328 parodd ei daid, ar gais ei deulu yng nghyfraith y teulu Lestrange, fod Glyndyfrdwy a Chynllaith yn dod iddo ef a'i wraig, yn gwbl groes i gyfraith Cymru. Trosglwyddwyd y tir a'r teitl i'r mab hynaf yn hytrach na'u rhannu'n gyfartal rhwng y meibion i gyd,

gyda'r canlyniad fod ystadau teulu Glyndŵr wedi eu cadw'n gyfan tra
oedd tiroedd teuluoedd uchelwyr eraill yn cael eu darnio ymhellach
gyda phob cenhedlaeth. Meddai Iolo Goch am daid Owain Glyndŵr,
Gruffudd ap Madog Fychan, *Hynod yw henw ei daid, / Brenin ar y
barwniaid*, gw. GIG 43 (IX.13–14). Ymhellach ar y barwniaethau
Cymreig, gw. A.D. Carr, 'The Barons of Edeyrnion, 1282–1485',
Cylchg CHSFeir iv (1963–4), 187–93, 289–301; *id*., 'Medieval Dinmael',
TCHSDd xiii (1964), 9–21.

76 **cordwalfrith** A. yw *cordwal* o enw'r dref Cordofa yn Sbaen a ddaeth i
fri mawr yn yr Oesoedd Canol am ei diwydiant gwneud lledr. Ar y
dechrau cynhyrchid yno ledr croen gafr, wedi'i olchi a'i drin, ond yn
ddiweddarach cynhyrchid y lledr o groen ceffyl. Yr oedd yn boblogaidd
iawn gan uchelwyr y cyfnod, yn wŷr a gwragedd, a cheir sôn mynych
amdano yn y chwedlau Cymraeg brodorol.

79 **eistedd** Ar yr ystyr 'llenwi sedd mewn ystyr swyddogol (yn enw. fel
barnwr, ynad, pwyllgorwr, &c.)', gw. GPC 1200; ar y tebygolrwydd fod
Owain Glyndŵr wedi cael addysg gyfreithiol, gw. R.R. Davies: ROG
144–5; ar y math o addysg gyfreithiol a fodolai yn Llundain a
Rhydychen, ac yn llai tebygol yng Nghaer-grawnt, gw. P. Brand,
'Courtroom and Schoolroom: the Education of Lawyers in England
prior to 1400', *Historical Research*, lx (1987), 147–65; M.J. Bennett,
'Provincial Gentlefolk and Legal Education in the Reign of Edward II',
Bulletin of the Institute of Historical Research, lvii (1984), 203–8; ac ar
brentisiaeth gyfreithiol Glyndŵr, 'Hic primo juris apprenticius fuit
apud Westmonasterium', gw. *Annales Ricardi Secundi et Henrici Quarti*,
ed. H.T. Riley (Rolls Series, 1866), 333.

80 **bwrdd tâl** O gwmpas yr 'uchel fwrdd'; ar *talfwrdd* ' "top table," y
bwrdd yn y pen', gw. IGE² 423 a cf. *talfainc* 'gorseddfainc', gw. *l.c.* a'r
esboniad pellach 'cadair wag Gwilym [ap Gruffudd o'r Penrhyn], lle'r
eisteddai gynt gyda'r ustus i farnu', *ib*. 392.

82 **ymwaisg** Deellir yma yr ystyr 'ymlynu wrth, cofleidio, anwesu,
cymdeithasu â', cf. RB ii, 215 (llau. 33–4) *Ac odyna ymwascu
aegedymdeithon aoruc g6alchmei*.

13

Marwnad i Rydderch ab Ieuan Llwyd o Lyn Aeron yw'r cywydd hwn, er
nad yw'r cywydd ei hun yn cyfeirio at ei wrthrych yn fanylach nag wrth yr
enw bedydd *Rhydderch* (llau. 18, 36, 38, 56, 74) nac yn rhoi'r Rhydderch
hwnnw yng nghyd-destun unrhyw ardal benodol. Serch hynny, y mae rhai
cyfeirbyst sy'n troi ein sylw at y gŵr o Lyn Aeron. Y mae gwrthrych y
farwnad yn ach Cynddelw, meddir (ll. 67). Yn ôl llawysgrif LlGC 3042B [=

Mos 134], 21ᵛ, hanai Rhydderch ab Ieuan Llwyd o Ruffudd Foel a
Chadifor, a Gwaithfoed, ac ni cheir sôn yn yr ach am Gynddelw; ni sonnir
am lwyth Cynddelw yn yr ach yn L. Dwnn: HV i, 15, 18, nac ychwaith yn
P.C. Bartrum: WG 1 'Cydifor ap Gwaithfoed' 2. Serch hynny, cafwyd ateg
fod teulu Rhydderch ab Ieuan Llwyd hefyd yn llinach Cynddelw pan
sylwodd yr Athro Emeritws D.J. Bowen fod ach Wiliam Warin o Dref-
wern yng ngogledd Penfro yn cael ei holrhain i Gadifor, fel y mae ach
Rhydderch ab Ieuan Llwyd yntau, a bod Cynddelw yn hynafiad yn yr ach
honno.[1]

Nododd Thomas Roberts[2] y tebygrwydd sydd rhwng y farwnad hon a
'Marwnad Rhydderch (dros Lywelyn Fychan o Lyn Aeron)' o waith
Dafydd ap Gwilym.[3] Cynigiodd fod y ddwy farwnad wedi eu canu i'r un
gwrthrych,[4] a bod hwnnw yn ŵr dysgedig, hardd, doeth a nerthol. Ym
marwnad Gruffudd Llwyd fe'i cymherir ag Adda o ran doethineb (ll. 14),
nerth (ll. 15), a harddwch pryd a gwedd (ll. 16) ac yr oedd rhagoriaethau
Adda berffeithiaf i gyd yn eiddo i Rydderch, meddir:

> Campau Addaf gwplaf gynt,
> Ar Rydderch oll yr oeddynt.[5]

Gŵr o'r un anian oedd Rhydderch y bardd iau ac fe ddywedodd Dafydd
ap Gwilym am y Rhydderch hwnnw o Lyn Aeron:

> Pregeth ryfedd oedd weddu
> Dan hyn o dywerchyn du
> Gwybodau, synhwyrau serch,
> Gwmpas rodd gampus Rydderch,
> A'i wiwdawd digolltawd gall,
> A'i gryfgorff gwyn digrifgall,
> A'i gampau, chwedl doniau dawn,
> A'i loywddysg a'i oleuddawn,
> A'i ras, gyweithas ieithydd,
> A'i glod, och ddyfod ei ddydd![6]

Eithr ffug-farwnad yw eiddo Dafydd ac felly nid oes anhawster cronolegol
o ran tybio mai i'r un noddwr y canwyd y ddau gywydd.

---

[1] D.J. Bowen, 'Marwnad Rhydderch, IGE² XXXVIII; xv', LlCy xii (1972–3), 121, lle y
dyfynnir o gywydd marwnad Dafydd Llwyd Mathew i Wiliam Warin o Dref-wern yn 1611: *Fry
y blinwyd farw'n blaenawr / Fry o faint Cadifor Fawr, / Dôi gwynfan ar waed Gwynfardd / Dyfed
a'i holl dyfiad hardd ... / Cofiwn fyth ŵr cyfion farn, / Croyw gwiwdeg, Harri Gadarn; / Cwyn a
ddeil rhyw Cynddelw ran, / Cwyned uniawnwaed Cynan ... / Yn wir, gwae lin hir gloyw wedd /
Einion Fawr, union fawredd.*

[2] Gw. IGE² xv.

[3] Gw. GDG³ (cerdd 17).

[4] Gw. IGE² xv: 'Dichon mai'r un noddwr y galarodd y bardd o Bowys ar ei ôl yn ei ieuenctid,
ag y marwnadodd Dafydd iddo yn ei henaint.'

[5] Llau. 17–18.

[6] GDG³ 49 (17.31–40).

Gan na roddir rhagor o fanylion na'r enw bedydd Rhydderch, gwelodd D.H.E. Roberts hynny ynddo'i hun yn brawf fod yma ŵr tra enwog i'r gynulleidfa gyfoes, ac o'r dewis uchelwyr o'r enw yn y cyfnod hwnnw, mai dim ond Rhydderch o Lyn Aeron y gallai hwnnw fod.[7] Yn sicr y mae'r copïwyr, oll ac un, o'r farn mai Rhydderch ab Ieuan Llwyd ydoedd, ac yn crybwyll enw Ieuan Llwyd yn nheitl y gerdd.

Ag enw Rhydderch ab Ieuan Llwyd o Lyn Aeron y cysylltir Llyfr Gwyn Rhydderch,[8] ac yr oedd yn ffigur allweddol yn hanes diwylliannol Ceredigion fel noddwr llên, a chynheiliad y gyfundrefn farddol yn ail hanner y bedwaredd ganrif ar ddeg,[9] fel y bu aelodau eraill o'i deulu o'i flaen.[10] Tynnodd Dr Rachel Bromwich sylw at y gyfres o gyfeiriadau llenyddol sydd i'w canfod yng nghywydd Gruffudd Llwyd, gan ddod i'r casgliad ar sail y gyfeiriadaeth honno y byddai'n anodd credu nad ydynt yn arwyddocaol berthnasol i achos Rhydderch ab Ieuan Llwyd, y noddwr; neu o bosibl fod Gruffudd Llwyd yn tynnu ar lawysgrif anhysbys am ei ysbrydoliaeth ac yn dyfynnu ohoni.

Y cyntaf o'r cyfeiriadau perthnasol yw'r deunydd o Drioedd Ynys Prydain (llau. 9–18, 74) lle y priodolir i Rydderch ddoethder, nerth, a phryd a gwedd y gwŷr a etifeddodd y nodweddion hynny gan Adda.[11] Yn ail, cyfeirir at destun 'Chwedlau Saith Doethion Rhufain',[12] gan ychwanegu enw Rhydderch yn wythfed yn eu plith. Yn drydydd, cyflwynir rhydd-gyfieithiad o linellau'r gerdd 'Cyfoesi Myrddin a Gwenddydd ei Chwaer'.[13] Dangosodd Dr Rachel Bromwich i'r tri thestun hyn ddod ynghyd am y tro cyntaf yn Llyfr Coch Hergest, ond na ddigwydd yr un ohonynt yn Llyfr Gwyn Rhydderch (llawysgrif a oroesodd mewn ffurf anghyflawn) er bod corff y llawysgrif honno yn cyfateb i gynnwys y Llyfr Coch.[14] Cyn cloi, cyfyd Dr Rachel Bromwich y posibilrwydd mai ffug-farwnad yw hon eto, ond (ffug neu ddilys) iddi gael ei llunio yn ystod blynyddoedd olaf y bedwaredd ganrif ar ddeg.

Rhesymol yw casglu bod swm y dystiolaeth o blaid enwi Rhydderch ab Ieuan Llwyd o Lyn Aeron yn wrthrych y farwnad yn ddigonol.

---

[7] D.H.E. Roberts, 'Noddwyr y beirdd yn Sir Aberteifi', LlCy x (1968–9), 87.

[8] Gw. R.M. Jones, *Llyfr Gwyn Rhydderch* (Caerdydd, 1973), xiii; D. Huws, 'Llyfr Gwyn Rhydderch', CMCS xxi (Summer 1991), 19–22.

[9] Ymhellach arno, gw. D.H.E. Roberts, *art.cit.* 83–9. Am enghreifftiau o dystiolaeth y beirdd am ei nawdd, gw. GIG 261.

[10] '... yn ddiau wrth ystyried ei linach ef yr ydym yn adnabod un o aelwydydd pwysicaf a chynharaf uchelwriaeth yr oesoedd canol', meddir am Ieuan Llwyd, gw. J.B. Smith, 'Einion Offeiriad', B xx (1962–4), 345.

[11] Gw. TYP² 122–8.

[12] Gw. SDR².

[13] Gw. R 583.25–6.

[14] R. Bromwich, 'Marwnad Rhydderch (IGE² 113–15)', B xxix (1980–2), 81–3.

Ganwyd Rhydderch ab Ieuan Llwyd tua'r flwyddyn 1325[15] yn un o uchelwyr Dyffryn Aeron yng Ngheredigion, yn aelod o deulu Glyn Aeron.[16] Priododd ag Angharad ferch Gruffudd Gryg ab Ieuan Fychan ab Ieuan ap Rhys ap Llawdden, a chael tri phlentyn o'r briodas, sef Dafydd, Gwyril a Thanglwst.[17] Priododd ail wraig, sef Mawd ferch Syr William Clement, arglwydd Tregaron, a chaed saith o blant o'r briodas honno.[18] Crybwyllwyd y posibilrwydd iddo briodi am y trydydd tro, ond nid oes sicrwydd o hynny.[19] Clodforir Rhydderch ab Ieuan Llwyd am ei waith ym myd llywodraeth leol ei ardal, a'i ddealltwriaeth fanwl o Gyfraith Hywel (gw. yn arbennig lau. 63, 66, 70 a'r nodiadau arnynt) a chanwyd iddo droeon gan y beirdd.[20] Yr oedd Rhydderch ab Ieuan Llwyd wedi marw erbyn 1398/9.[21]

1 **Addaf** Sef y dyn cyntaf a grëwyd gan Dduw, a hynny yn berffaith, ar lun a delw Duw, gw. Gen i.26–7; ymhellach arno, gw. ODCC³ 15. Y ffurf *Addaf* a geir yn gyson hyd ganol y 14g. ond o hynny ymlaen ceir y ffurf *Adda* wrth i'r sain *-f* fynd i golli, gw. TYP² 263. Yr oedd i Adda'r beirdd dair priodoledd arbennig, sef tegwch pryd a gwedd (gw. isod ll. 10), doethineb (gw. isod ll. 11) a nerth (gw. isod ll. 12), cf. GDB 34.19– 21 *Doethineb Selyf selwyd i'm naf / A thecced eidduned Adaf / A dewred yr vndyn dewraf* (Dafydd Benfras).

7 **tad** Delwedd a ddefnyddir yn gyffredin am Adda, sef y tad cyntaf a chyndad y ddynoliaeth.

iawndud Dilynir yma ddarlleniad llsgrau. AD–HJ–MO; gthg. IGE² 113 (ll. 7) sy'n dilyn darlleniad llsgr. B. Aralleirir *iawndud nawdd* yn

---

[15] Gw. D. Huws, *art.cit.* 20.

[16] Dadleuwyd yn argyhoeddiadol gan E.D. Jones mai Glyn Aeron oedd enw'r cartref teuluol yng nghyfnod tad Rhydderch, sef Ieuan Llwyd ab Ieuan ap Gruffudd Foel, a'i fod wedi'i leoli uwchlaw Llangeitho, yng nghesail y bryn lle y saif eglwys Llanbadarn Odwyn, gw. E.D. Jones, 'Some Glimpses of Cardiganshire', JWBS vi (1943–9), 7n1 a GLlBH 10–12; ar sail englyn Hillyn 'Dathlu codi tŷ Ieuan Llwyd' (gw. GLlBH cerdd 6), gofynnwyd 'ai dyma'r tŷ y daethpwyd i'w enwi'n Barcrhydderch, o bosibl ar ôl Rhydderch ab Ieuan Llwyd, yn ddiweddarach?' (gw. *ib.* 12), eithr nodir hefyd y posibilrwydd mai 'dathlu adnewyddu'r hen gartref yng Nglyn Aeron a wnaethpwyd, yn hytrach na dathlu codi cartref newydd sbon ar safle gwahanol'.

[17] Gw. L. Dwnn: HV i, 44–5.

[18] Gw. *ib.* 15, 44–5.

[19] Gw. IGE² xxiv–xxv.

[20] Gw., e.e., awdl i Rydderch yn R 1305.1–32 (Dafydd y Coed); 'Moliant Rhydderch ab Ieuan Llwyd o Lyn Aeron a Llywelyn Fychan o Anhuniog' (GLlG cerdd 4); y ffug-farwnad 'Marwnad Rhydderch (dros Lywelyn Fychan o Lyn Aeron)', gw. GDG³ 48–9 (cerdd 17).

[21] Gw. R.A. Griffiths: PW i, 117 a'r gyfeiriadaeth yno. Dichon mai rhyw Rydderch ab Ieuan Llwyd arall yw'r un a grybwyllir yn R.A. Griffiths, 'Gentlemen and Rebels in Later Mediaeval Cardiganshire', *Ceredigion*, v (1964–7), 156: 'Rhydderch ab Ieuan Llwyd, who had had at least two sons in revolt, lived to take an intermittent interest in the administration of his own commote between 1409, when Glyn Dŵr was still very much at large, and 1442, when he must have been a very old man.'

'gwarchodaeth gwlad berffaith', gan weld yma adlais o'r ymadrodd *bro baradwys* (ll. 3). Cf. R 1303.35 *Trɣy Jaɣndud modyant trindaɣt madeu* (Dafydd y Coed).

9–10 **Trywyr … / O'i bryd a fu briodawl** Yn ôl Trioedd Ynys Prydain, y tri gŵr a oedd yn gyfrannog o harddwch Adda oedd Absalom fab Dafydd Frenin yn yr Hen Destament, Jason fab Aeson, a Paris fab Priam, gw. TYP² 127.

9 **helynt hawl** Ar *helynt* 'cwrs, hynt, llwybr, rhawd, taith, mordaith', gw. GPC 1847 ac ar *hawl¹* 'iawnder', gw. *ib*. 1828.

11 **tri o'i ddoethder** Yn ôl Trioedd Ynys Prydain, y tri gŵr a oedd yn gyfrannog o ddoethineb Adda oedd Cado Hen, Beda, a Sibli Ddoeth, gw. TYP² 128.

brywder Ni restrir y ffurf *brywder* yn G na GPC eithr rhestrir y ffurf *bryw* 'grymus' yn G 81 a GPC 342: ar sail hynny deellir yma yr e. 'grymuster'. Noder hefyd y ffurf *briwder*, 'cyflwr clwyfedig neu ddrylliedig, ysictod, poen, gofid', gw. GPC 328, a ddefnyddir yng ngwaith Llawdden yn y 15g./16g.

braw Fe'i defnyddir yn a. yn dwyn yr ystyr 'aruthr' yn rhai o'r enghreifftiau a restrir yn G 72 ac felly y'i deellir yma.

12 **tri o'i nerth** Yn ôl Trioedd Ynys Prydain, y tri gŵr a oedd yn gyfrannog o nerth Adda oedd Ercwlff (Hercules), Echdor (Hector) a Samson, gw. TYP² 122–6.

trewyn' Ffurf 3 ll.amhff.myn. y f. *taro*. Sylwer mai'r ffurf ymddangosiadol ddiweddarach *trawen* a geir yn y llsgr. hynaf, sef llsgr. N.

14 **ni ddoeth** Gwrthodir yma arweiniad IGE² 113 (ll. 14) i ddarllen *'e ddoeth*.

â'i Ni ddyry'r un llsgr. *o'i ddoethineb*, er mai dyna ddewis IGE² 113 (ll. 14).

17 **cwplaf** Sef gradd eithaf yr a. *cwbl* a gymherir yn GPC 634 â'r Grn. *coul, cowal*.

18 **Rhydderch** Y mae'n bur debygol mai Rhydderch ab Ieuan Llwyd o Lyn Aeron a olygir yma, gw. y nodyn cefndir uchod. Ar darddiad yr enw, gw. CA 201 lle y mae I. Williams yn nodi bod y gair *ryderc* yn a. sydd efallai yn dwyn yr ystyr *'noble'*.

20 **paun** Trosiad cyffredin am wrthrych haeddiannol o glod; cyfrifid y paun yr aderyn mwyaf urddasol ac ysblennydd a fegir ar dir yr uchelwr canoloesol.

clod Sylwer bod Duw (ll. 4) a Rhydderch yn teilyngu mawl y bardd.

penwn Gw. uchod 9.36 a'r nodyn ar y gair. Defnydd trosiadol sydd i'r gair yma.

22 **peintiwr**　Os 'artist' yw'r ystyr, y ddau brif weithgarwch iddo yng Nghymru'r Oesoedd Canol oedd gwaith ar lawysgrifau, a pheintio sgriniau a waliau mewn eglwysi. Ymhellach, gw. C.R. Dodwell, *Painting in Europe: 800–1200* (Harmondsworth, 1971); M. Rickert, *Painting in Britain: The Middle Ages* (Harmondsworth, 1965). Ar y llaw arall, o gymryd *peintiwr* mewn ystyr ehangach, sef i olygu 'crefftwr' neu 'gerflunydd', e.e., y mae'r posibiliadau yn helaethach.

calch　Gan fod mwyafrif poblogaeth yr Oesoedd Canol yn anllythrennog, yr oedd delweddau yn dra phwysig iddi. Gweithid ar sawl deunydd, gan gynnwys calch a chwyr (gw. y nodyn isod). Defnyddid y term *calch* am ddefnydd yr addurnid arfau ag ef, e.e. enamel ac efydd (gw. G 98; M. Chamot, *English Medieval Enamels* (London, 1930)), ond y mae'n fwy tebygol mai cyfeiriad sydd yma at *gesso* 'plastr Paris' a ddefnyddid i selio wyneb pren neu'r cyffelyb ar gyfer peintio arno. Meddai J. Hewitt, *Ancient Armour and Weapons in Europe III* (Oxford & London, 1860), 497 ac a ddyfynnir yn OED² vi, 474: 'This [shield] ... is formed of wood ... faced with canvas, on which is laid a gesso to receive the painting and gilding.' Cofier hefyd fod cerfio mewn carreg galch yn gyffredin yn y cyfnod ac y geill mai hynny yw'r ystyr. O gymryd *peintiwr* i olygu cerflunydd, gw. y nodyn uchod.

cwyr　Defnyddid cŵyr hefyd at ddibenion celfyddydol. Toddid cwyr gwenyn, ei gannu, a'i baratoi ymhellach ar gyfer sawl diben, e.e. ei gymhwyso i fod yn ddeunydd y gellid creu modelau ohono, neu'n ddeunydd y gellid rhoi peintiad llosgliw arno, neu'n syml i'w ddefnyddio yn un o elfennau plastr. Defnyddid cwyr hefyd i selio gwaith celf i'w amddiffyn rhag llwch a drwgeffeithiau'r aer. Byddai unrhyw un o'r ystyron uchod yn addas yma ond, o dderbyn *peintiwr* i olygu cerflunydd, efallai mai paratoi model mewn cwyr cyn castio mewn efydd a oedd gan y bardd mewn golwg. Ar y grefft o beintio gyda chwyr, gw. E.J. Greenland, 'Polite Arts', *Transactions of the Society of Arts*, v (1789), 103–10.

24 **delw**　Sylwer bod *delw* yn ddeusill yma, cf. isod 19.68n.

25 **ymysgaroedd**　Ar *ymysgaroedd* 'tosturiaethau, cynhesrwydd', cf. Phil ii.1–2 *od oes dim cymdeithas yr Ysbryd, od oes dim ymysgaroedd a thosturiaethau, cyflawnwch fy llawenydd*, ond byddai dewis darlleniad llsgr. N yn gwella'r gynghanedd.

26 **lluosog**　Un o'r canmoliaethau stoc (ond perthnasol) wrth foli noddwr oedd canmol ei haelioni tuag at feirdd ac felly y deellir *lluosog* 'hael, dibrin' yn y cyd-destun hwn, sef yn estyniad ar yr ystyr a roddir yn GPC 2227–8 'niferus, llawer, aml, amryfal'.

27 **teuleiddwalch**　Er mwyn hyd y ll. derbynnir *teuleiddwalch* y mwyafrif o'r llsgrau., sef cywasgiad o *teulueiddwalch*, y cyfansoddair *teuluaidd* a

gwalch 'arwr'. Ar *teuluaidd* 'bonheddig', cf. GDG³ 259 (95.7) *Da leddfair deulueiddferch, ib.* 306 (116.11) *Talofyn gwych teuluaidd* ynghyd â'r Eirfa, td. 602; ond byddai ystyron eraill *teuluaidd*, sef 'lletygar, agos at, cyfeillgar, gwych, graslon', hefyd yn gwbl addas. Yn ôl pob tebyg, fe fwriedir hefyd ddwyn i gof ddatganiad y Gramadegau (gw. GP 17.9– 10), *Tri pheth a berthynant ar deuluwr: kyuanhedu, a haelyoni, ac eruyn da yn deulueid heb rwy ymbil amdanaw* gan fod cymaint o gyfeiriadau yn y gerdd at ddawn farddol Rhydderch ab Ieuan Llwyd: er na chadwyd cerddi o'i eiddo, y mae'n amlwg ei fod yn fardd o fri.

28 **gwalch** Sef hebog, ac fe'i defnyddir yn ffigurol am filwr campus a phendefig urddasol, gw. G 608–9, a cf. B.L. Jones, 'na golwc hebawc mut, na golwc gwalch trimut: WM 476', B xxiii (1968–70), 327–8 am y gymhariaeth rhwng harddwch llygaid Olwen yn chwedl 'Culhwch ac Olwen' a harddwch hebog yn ei anterth.

29 **mawrNudd** Yn llsgr. N *mawrvdd* yw'r ffurf, sef 'arglwydd mawr' ac y mae'n amhosibl dweud ai hynny ai ffurf llsgrau. ABD–GJ–MO *mawrNudd* sydd fwyaf priodol yma. Os *mawrNudd* dyma gyfeiriad at haelioni Nudd Hael ap Senyllt, un o 'Dri Hael Ynys Prydain' ynghyd â Mordaf Hael ap Serfan a Rhydderch Hael ap Tudwal Tudclyd, y tri yn frenhinoedd neu dywysogion o'r Hen Ogledd: ymhellach arnynt, gw. TYP² 5–6, 463, 476–7, 504–5. Topos yn y farddoniaeth oedd canmol noddwr am fod yn haelach na'r tri hyn, gw., e.e., GLlL1 2.29–30 *Gᴘell wytt, un edmyc treissyc, no'r Tri— / Mordaf, Nut, Ryderch—yn detyf roti* (am Ddafydd ab Owain o Wynedd), a gw. R.G. Gruffydd, 'Cywyddau Triawdaidd Dafydd ap Gwilym: rhai sylwadau', YB xiii (1985), 168– 70. Cf. hefyd yr ateg i hyn yn ll. 36 isod.

33 **saith ddoctor** Gwelir yma gyfeiriad at Saith Doethion Rhufain, sef y saith athro dysgedig a gynghorai'r ymerawdwr yn Rhufain. Cyhuddir mab yr ymerawdwr o dreisio ei lysfam a chynghora'r doethion hyn y tywysog i gymryd arno bod yn fud am saith diwrnod tra eu bod hwy yn bwydo ei dad â chwedlau am dwyll gwragedd, gw. SDR².

35 **wythfed aeth** Cyfeirir yma at ymweliad Rhydderch â Rhufain, dinas a oedd yn ganolbwynt y bywyd crefyddol yn yr Oesoedd Canol ac yn gyrchfan pererindod. Honnir i Ddewi Sant ymweld â'r ddinas (gw. SEBC 151–3), ac yn ôl WLSD 54 cafodd Dewi ei urddo yn archesgob yno: diau fod nifer o Gymry wedi dilyn esiampl ei bererindod. Neu ai'n drosiadol y deellir *aeth* yma? A yw'n enghraifft o dopos y beirdd, sef eu harfer o ddweud bod awdurdod noddwr yn ymestyn o Rufain? Gw. GCBM ii, 1.13 *rieu Ruuein*; R 1313.35–6 *rᴘyf ennillweith vyt ruuein allwed* (Gruffudd ap Maredudd).

saeth Fe'i deellir yma yn ffigurol am '[achos] gofid' neu '[achos] poen'.

36 **mawr ei roddion** Cf. uchod ll. 29n d.g. *mawrNudd.*

41 **Merddin** Ffurf arferol beirdd y 15g. ar enw Myrddin, gw., e.e., y gyng-
hanedd lusg yn GDG³ 53 (19.27) *Cwplws caniatgerdd Ferddin.* Tybir
mai gŵr o'r 6g. oedd Myrddin ac iddo ynfydu a dianc i Goed Celyddon
wedi i Rydderch Hael orchfygu teyrnas Gwenddolau, noddwr
Myrddin, ym mrwydr Arfderydd. Yn ei ynfydrwydd dywedir iddo fod
wedi datblygu doniau proffwydo ac iddo lunio sawl cerdd yn darogan
dydd nerth y Cymry: un o'r cerddi a briodolir iddo yw 'Cyfoesi
Myrddin a Gwenddydd ei chwaer' (gw. llau. 45–6n isod). Ymhellach ar
Fyrddin, gw. TYP² 469–74. Ystyriai'r beirdd fod Myrddin yn fardd
ysbrydoledig, gw. CA 19 (ll. 466) *gwenwawt mirdyn*, a'r cfr. at *gadair
Ferddin* yn GLGC 316 (140.46).

42 **dywawd** Dilynir yma lsgr. N sy'n cynnig ffurf 3 un.grff.myn. y f.
dywedyd yn hytrach na'r ffurf 3 un.pres.myn. a geir yn IGE² 114 (ll. 14).

44 **Gwenddydd** Sef chwaer neu gariad Myrddin, gw. G 659; WCD 314; ac
ar 'Pum Breuddwyd Gwenddydd', gw. R.W. Evans, 'Pum Breuddwyd
Gwenddydd', B xii (1946–8), 19–22; T. Jones, 'The story of Myrddin
and the Five Dreams of Gwenddydd in the Chronicle of Elis Gruffudd',
Études viii (1958–9), 315–45; CLC² 607.

araith wanddig Ai ymadrodd a. yn goleddfu *Gwenddydd* '[â'r]
ymadrodd trist a chwerw' yw hwn (gw. ll. 46n isod)?

45–6 **Rhaid i bawb ... / ... ddiofrydu a garo** Ag ergyd y llau., cf. llau. o'r
gerdd hir ar ffurf ymddiddan 'Cyfoesi Myrddin a Gwenddydd ei
chwaer' yn R 583.25–6 *Gỽendyd na vyd anhylar. neur roet yllỽyth yr
dayar. diofryt obaỽp agar.* Erfynnir ar i Wenddydd beidio â bod yn
anhylar 'chwerw' (cf. *araith wanddig* uchod ll. 44) gan fod gofyn i bawb,
yn angau, ymwrthod â'r sawl y mae'n ei garu. Diddorol yw darlleniad
llsgr. N sy'n cynnig cynghanedd gryfach ond neges gwbl groes *goel
gwryd gael a garo* y gellid ei aralleirio 'Y mae'n rhaid i bawb, pa mor
hir bynnag y mae'n byw, / Gwarant gwroldeb, gael y sawl y mae'n ei
garu', ac meddai Myrddin wrth Wenddydd (gw. R 583.27–8) *Ymbyỽ
nythdiofredaf. ahyt vraỽt yth goffaaf.* Rhestrwyd ll. y Llyfr Coch yn
ddihareb *Diofryd o bawb a gâr* yn W. Hay, *Diarhebion Cymru* (Lerpwl,
1956), 81.

49 **cariad dibrocuriwr** Ar *procuriwr* 'procurator' (yn yr Ymerodraeth
Rufeinig)', gw. GPC 2901; deellir wrth *cariad dibrocuriwr* 'gariad heb ei
drefnu ymlaen llaw, cariad digymell'. Cf. hefyd uchod 10.19–20 *Ni myn
gael, mael hael helmlas, / Dwyllwyr na phrocurwyr cas.*

51 **ufydd** Sef 'gwylaidd', cf. BT (RB) 122 (llau. 21–2) *vfyd ymplith y
dylwyth, balch ymplith estronnyon.*

55 **seithglod serch** Yn yr Oesoedd Canol yr oedd symboliaeth Gristnogol
i rifolion. *Tri* oedd y rhif a ddynodai'r Drindod, *pedwar* y rhif a
ddynodai'r pedair elfen, y pedair rhinwedd a'r pedwar efengylwr.

Gyda'i gilydd fe ddynodent *saith*, sef y rhif a gynrychiolai'r ddynoliaeth ac a gyfleai saith oes dyn, y saith planed a effeithiai ar ei ddyfodol, saith diwrnod y Creu, y saith rhinwedd Gristnogol, saith gweithred y drugaredd, a'r saith sacrament a fyddai'n achub dyn rhag y saith pechod marwol: 'The 7 sounds of music and the 7 gifts of the Holy Ghost are but further symbols of the harmony that exists between nature and God', gw. YMTh 65 lle y dyfynnir yr Athro E.C. Llewellyn. Arfer gyffredin oedd rhestru'r ffenomenâu y gellid eu hamgyffred fesul saith, gw. YMTh 58 (29–36); GGH 222 (69.75–90). Yma, fodd bynnag, efallai fod *saith* yn dynodi perffeithrwydd, 'cyflawnder mawl, clod perffaith'.

58 **brawdwr cyfiawn** Yn llau. 55–8 cyfeirir yn bennaf at alluoedd cyfreithiol Rhydderch ab Ieuan Llwyd o Lyn Aeron, gan eu trafod mewn termau diwinyddol a galw i gof y sôn am y Barnwr cyfiawn, gw. 2 Tim iv.8 *Bellach y mae'r dorch, a roddir am gyfiawnder, ar gadw i mi; a bydd yr Arglwydd, y Barnwr cyfiawn, yn ei chyflwyno hi imi ar y Dydd hwnnw.* Ni cheir ar y ddaear bellach, meddai Gruffudd Llwyd yma, neb cymwys i fwrw llinyn mesur dros y beirdd wedi claddu Rhydderch.

59 **dail** Delwedd gyffredin am hyd ac ansawdd bywyd dyn yw ei gymharu â deilen, cf. CLlH 10 (II.14) *Y deilen honn, neus kenniret gwynt. Gwae hi o'e thynghet! Hi hen; eleni y ganet*; GLlLl 12.28 *Nyd hyn hoes dyn noc oes deil.*

60 **Rhoi dwylaw ... ar delyn** Mynegwyd droeon na wyddys sut y byddai Beirdd yr Uchelwyr yn cyflwyno eu gwaith yn y llysoedd, a ph'un ai a wneid gwahaniaeth ganddynt wrth gyflwyno gwahanol fathau o gerddi, megis cerdd fawl a cherdd farwnad, dyweder. Os traddodiad llafar o ddatganu neu lafarganu ydoedd, a ddatgenid i gyfeiliant telyn neu grwth, ac ai dyna'r awgrym yma? Cf. sylw Wiliam Cynwal wedi marwolaeth y telynor Siôn ap Rhys Gutyn: *mae'n gloffach y glêr*, fel petai'r telynor yn gallu cynyddu llawer ar werth ac atyniad awdl neu gywydd drwy baratoi cyfeiliant pwrpasol ar eu cyfer er mwyn iddo gael ei gyflwyno'n gyhoeddus; ymhellach, gw. E. Roberts, 'Marwnadau Telynorion', TCHSDd xv (1966), 80–117, yn enwedig 106–8; A.O.H. Jarman, 'Telyn a Chrwth', LlCy vi (1960–1), 154–75. A geir yn y ll. hon hefyd ateg i'r honiad yn nheitl copi llsgr. D o'r gerdd fod Rhydderch ab Ieuan Llwyd yn delynor, neu'n *gerddor da* fel yr honnir yn llsgrau. GKM?

62 **cerdd dant** Nid yr ystyr gyfoes, sef canu penillion i gyfeiliant telyn, sydd i'r term yma, ond yn hytrach y grefft (*cerdd*) o ganu offeryn(nau) gyda thannau iddynt, sef canu telyn a chrwth. Yn ôl y dogfennau sy'n ymwneud ag eisteddfodau Caerwys 'gellir tybio y rhoddid yr un urddas ar gerdd dafod a cherdd dant', gw. E. Roberts, *art.cit.* 86.

63 wythrym dadl Ym marddoniaeth y Cywyddwyr fe geir yr ystyr 'aml' i'r rhifol *wyth*. O'i ddeall felly, gellid aralleirio 'dadl aml / helaeth ei grym'. Eithr os deellir *wyth* i olygu 'wythwaith', neu weld yma yr ystyr 'un o nerth wyth [mewn] achos cyfreithiol', cf. y cyfeiriad at Rydderch yn wythfed o Ddoethion Rhufain (ll. 35). Ar restru ffenomenâu fesul wyth, gw., e.e., GCBM i, 3.71–2 *Kynn arnaf ernywed wyth heint, / Wyth prifwyd, ʋyth prifwyth kymeint.*

65 Capten mad, ceimiad cymen Er bod y gynghanedd yn wan, y mae'n demtasiwn yma i ddilyn llsgr. N sy'n cyfochri nodweddion noddwr llên a doniau cyfreithiol Rhydderch ab Ieuan Llwyd yn y ll. *Caid gan atgeiniaid cymen / Gyfraith* ... Eithr dilynir yma IGE² 115 (ll. 3) a darllen *Capten mad, ceimiad cymen* sy'n rhoi cynghanedd gadarnach er mai defnydd cyfyngedig iawn sydd i'r gair *capten* yn y 14g. ac er mai dim ond un enghraifft ohono a nodir yn GPC 421 ar gyfer y 14g., sef honno yn IGE² 107 (ll. 9) *Captaen yn y blaen heb ludd* (dienw).

66 cyfraith Mynegir yma athrylith Rhydderch ym myd y gyfraith, barn a ategir gan feirdd eraill, gw., e.e., R 1305.11–12 *Creir geirgall da dyall didyed* (Dafydd y Coed); casgliad yr Athro D. Johnston yw mai yn rhinwedd eu swydd yn arbenigwyr cyfreithiol y teithiodd Rhydderch ab Ieuan Llwyd a'i gyfaill agos Llywelyn Fychan yng ngwasanaeth y brenin, gw. GLlG 4.44 *A gwin y brenin a obrynynt*; a gw. GIG 66 (XIV.78) *Probost, hoywbost Deheubarth*. Gw. hefyd l. 70n isod.

pob iaith o'i ben Datgenir yma fod Rhydderch ab Ieuan Llwyd yn hyddysg mewn sawl iaith a honnir ei fod yn ŵr cyfraith disglair mewn unrhyw un o'r ieithoedd hynny, gw. ll. 70n isod.

67 Cynddelw lwyth Dywed sawl llsgr. mai Rhydderch ab Ieuan Llwyd o Lyn Aeron yw gwrthrych y farwnad hon a thystiolaeth Gruffudd Llwyd yw fod Rhydderch yn hanfod o lwyth Cynddelw. Tynnodd yr Athro Emeritws D.J. Bowen sylw at gywydd marwnad Dafydd Llwyd Mathew yn 1611 i Wiliam Warin o Dref-wen yng ngogledd Penfro, ac at y ffaith fod y farwnad honno yn enwi Cynddelw yn hynafiad yn ach Wiliam Warin. Olrheinir yr ach honno i Gadifor: felly hefyd ach Rhydderch ab Ieuan Llwyd, gw. D.J. Bowen, 'Marwnad Rhydderch, IGE² XXXVIII; xv', LlCy xii (1972), 121. Dyma ategu honiad y llsgrau. mai Rhydderch ab Ieuan Llwyd yw gwrthrych y gerdd.

68 Caf o'i ôl cof i wylaw Gellid hefyd aralleirio, 'Fe gaf ar ei ôl atgof i [beri imi] wylo'.

69 cynnwr Sef '?blaenor, gŵr cyntaf, arweinydd', gw. GPC 797 lle y rhestrir yr enghraifft hon yn enghraifft gynharaf o'r gair; â'r ffurf *cyn-*, *cynt-* a *gŵr*, cf. GLlLl 4.53 *kyntoryf*, sef *cyn-* a *torf* 'cynnorf, byddin flaen'. Yr oedd yn arfer gan y beirdd weld noddwr yn batrwm o ddewrder a'r haeriad yma eto yw fod Rhydderch yn arweinydd di-syfl

mewn brwydr. Ategir hynny gan Ddafydd y Coed, bardd arall a
dderbyniodd nawdd gan Rydderch, gw. R 1305.22–3 *Gᴜaᴜr uaelᴜr, gᴜir*
vilᴜr, goruoled.

70 **Cannwyll disbwyll a dosbarth** Cyfeiriadaeth gyfreithiol sydd yn y ll.
hon ar yr olwg gyntaf. Yr oedd Rhydderch yn awdurdod disglair ar
Gyfraith Hywel, a bu'n ddosbarthwr, neu'n ddehonglydd arni, yn ystod
y cyfnod rhwng 1380 a 1392, gw. R.A. Griffiths: PW i, 117; J.B. Smith,
'Einion Offeiriad', B xx (1962–4), 347; Ll.B. Smith, ' "Cannwyll
Disbwyll a Dosbarth": Gwŷr Cyfraith Ceredigion yn yr Oesoedd Canol
Diweddar', *Ceredigion*, x (1984–7), 232. Yr oedd Rhydderch ab Ieuan
Llwyd yn hanfod o deulu o noddwyr llên pwysig iawn yng
Ngheredigion, gw. P.C. Bartrum: WG1 'Cydifor ap Gwaithfoed' 2, ac
yr oedd Rhydderch ei hun yn gynheiliad yr un traddodiad a hynny
mewn cyfnod pwysig yn ei ddatblygiad. Y mae'n debygol felly fod
dosbarth yn air mwys a bod yma gyfeiriad at ddosbarth cerdd dafod
gan fod Rhydderch a'i fab Ieuan yn feirdd, cf. y cyfeiriad at Rydderch
yn fardd serch R 1305.10 *pab geirserch.* Fel y dywed J.B. Smith, *l.c.* y
mae cydchwarae rhwng delweddau cyfreithiol a delweddau cerdd dafod
yn rhan o natur y gerdd, cf. *Brawdwr cyfiawn ar brydydd* (ll. 58),
Cyfraith drwy bob iaith o'i ben (ll. 66). Posibilrwydd pellach yw fod yma
hefyd gyfeiriad at ddosbarth cerdd dant, gw. llau. 60n, 62n uchod.

73 **cwplau** Sef 'cwpledi', cf. IGE² 159 (ll. 22) *Lluniawdr ar bob cwpl*
lluniaidd 'Marwnad Gruffudd Llwyd gan Rys Goch'; GLM 321
(LXXXIX.9–10) *Cywydd fal ef nis caewn: / cae pleth oedd bob cwpl i*
hwn (am Ddafydd ab Edmwnd). Dylid, o bosibl, gadw mewn cof ystyr
arall *cwpl*, sef 'un o ddwy geibren ar ogwydd yn cyfarfod â'i gilydd ym
mrig adeilad ac wedi eu cysylltu ynghyd yn y bôn gan rwymbren yn
gorffwys ar y muriau er mwyn bod yn brif gynhaliaeth i'r to', gw. GPC
645; I.C. Peate, *The Welsh House: A Study in Folk Culture* (Liverpool,
1944), 149. Defnyddir yr un ddelwedd yn drosiadol am ŵr cadarn,
diysgog; conglfaen y canu serch.

74 **cwplaf** Gw. uchod ll. 17n. Cynhelir cymeriad cynganeddol heb fod yn
gwbl reolaidd rhwng *capelau* (ll. 73) a *cwplaf* (ll. 74), sef *p-l* yn ateb *pl*,
er y ceir cyfatebiaeth reolaidd yn llau. 63–4, 69–70, 71–2; ymhellach,
gw. J. Morris-Jones: CD 291.

14

Cerdd fawl i ddau o noddwyr Gruffudd Llwyd, sef y brodyr Hywel a
Meurig Llwyd o Nannau, yw'r cywydd hwn.[1] Meibion oeddynt hwy i

---

[1] Canwyd cywydd moliant i'r ddau frawd hefyd gan Lywelyn Goch ap Meurig Hen, gw.
GLlG cerdd 8.

Feurig Fychan, cefnder Llywelyn Goch ap Meurig Hen; wyrion i Ynyr Fychan; a gorwyrion i Ynyr Hen (*fl.* yn gynnar yn y 13g.), un o ddisgynyddion Bleddyn ap Cynfyn (*fl.* 1063–75), ond ni ddilynir yr ach ymhellach yn ôl na dyddiau Ynyr Hen yn y gerdd hon. Eithr cyn moli, y mae'n rhaid datrys problem foesol: a yw canu moliant gan ddisgwyl tâl am y gwaith yn weithred bechadurus? Yn ôl awdur yr *Elucidarium*, traethawd Lladin (neu efallai Ffrangeg)[2] ar faterion diwinyddol o waith Honorius o Augustodunum yn yr unfed ganrif ar ddeg, yr oedd yn weithred ysgeler: *baich ym o bechawd / Oedd brydu a gwerthu gwawd* (llau. 9–10). Cwyn y beirdd oedd fod awduraeth yr *Elucidarium* yn anhysbys, ac o'r herwydd na ellid pwyso a mesur barn dyn na wyddid ei dras.[3] Wedi gosod y broblem (llau. 1–16), eir ati i ateb y cyhuddiad a chymhwyso'r dadleuon i radd farddol Gruffudd Llwyd ei hun (llau. 17–34). Nid rhigymwr ffair mohono, meddai Gruffudd Llwyd. Deilliodd ei ddawn farddol, yn hytrach, o'r Ysbryd Glân, ac o'r herwydd bu drwy gydol ei oes yn fardd o'r radd flaenaf. Dadl a godai ei phen yn aml yn y cyfnod oedd dadl yr Awen farddol. Ai o Dduw ai o'r diafol y'i cenhedlwyd? Yna, try Gruffudd Llwyd ei sylw at wrthrych ei fawl, sef *Meibion ... / Meurig cain* (llau. 35–6), y brodyr Hywel a Meurig Llwyd. Molir eu tras a'u haelioni, a thystir na fu iddynt hwy erioed fod yn brin eu nawdd na'u hawddgarwch i'r bardd. Cyffelybir hwy i Adar Llwch Gwin (ll. 64), adar chwedlonol grymus ac arwrol eu gweithredoedd.

Nid oes modd dyddio'r cywydd hwn yn fanwl gan nad yw dyddiadau marwolaeth y ddau frawd yn hysbys. Bu farw Meurig Llwyd rywbryd cyn diwedd y bedwaredd ganrif ar ddeg, os oes coel ar eiriau Robert Vaughan o'r Hengwrt. Ceir nodiadau yn llaw Robert Vaughan[4] yn dweud 'Meurig LLoyd dyed [a] few yeares before the death of Richd. II', sef yn 1399, ond y mae dogfennau llywodraeth leol yn dweud bod Meurig Llwyd yn wdwart Tal-y-bont yn 1399/1400.[5] Canwyd cerdd farwnad i Hywel ap Meurig Fychan gan Ruffudd Llwyd a hynny, gellir tybio, rywbryd rhwng 1395/6

---

[2] Gw. ODCC[3] 788.

[3] Diddorol o safbwynt cyfiawnhau'r taliadau a dderbyniai'r beirdd yw sylw (diweddarach) Wiliam Llŷn, er mai cyfeirio at farwnadau a wna ef. Dyfynnir y sylw yn I.W. Williams, 'Wiliam Llŷn', Traeth cxxxv (1980), 127: *O amser Grvff ap Kynan hyd heddyw kanmoladwy ac arveredic fu i benkeirddiaid ne ddisgybl penkerddiaidd or prydyddion wylofi a chanv marwnad pob pendevic ne arennic wr o vrddas a fai yn dwyn ne allai ddwyn pais o arfau o vraint i waed ne i dir dygwydd/ ac ir hwnn nei I vn oi hynaif, i roedd kerdd freiniol ac or vn modd arveredic fv talu am y gerdd arian neu avr ne dlws ac er bod rrai yn doedvd mae dyledvs ywlr/ farwnad er kof am y feistrolaeth o'r blaen: kanys nid klodgerdd yw marwnad Eithr hystori nev gronic Eto perthnasol ir boneddigion vod yn Rinweddol a Rinwedd voneddigaidd yw haelioni, ac or achos hynny y bv arveredic gwrteissiawl daledigaeth am varwnad mal y dywedyd or blaen.*

[4] Am drawsysgrifiad, gw. T.J., 'Notes on the House of Nannau by Robert Vaughan of Hengwrt, 1649', Arch Camb ix (1863), 131.

[5] B.R. Parry, 'Hugh Nanney Hên (c. 1546–1623), Squire of Nannau', Cylchg CHSFeir v (1965–8), 188.

pan gofnodwyd enw Hywel yn fân swyddog ar y cyd â'i frawd, Meurig Llwyd,[6] a 1402 pan gofnodir llosgi Nannau a hynny, fe dybir, wedi marwolaeth Meurig Llwyd. Ond yr oedd Meurig eto'n fyw pan ganwyd cywydd marwnad ei frawd *Pwy a gaf ... / I Feurig ... / I roi awen ar iewydd?* (gw. isod 15.45–8). Y mae'n rhaid dyddio'r gerdd cyn 1402, ond faint yn gynharach na hynny, ni ellir dweud.

teitl **Hywel ap Meurig Fychan** Noddwr Gruffudd Llwyd, ac aelod o deulu Nannau, gw. P.C. Bartrum: WG1 'Bleddyn ap Cynfyn' 50. Bu'n fân swyddog ar y cyd â'i frawd, Meurig, yn 1391/2 ac eto yn 1395/6, gw. B.R. Parry, 'Hugh Nanney Hên (c. 1546–1623), Squire of Nannau', Cylchg CHSFeir v (1965–8), 188. Wedi marwolaeth Meurig Fychan nid Hywel oedd deiliad Nannau ond yn hytrach ei frawd iau, Meurig. Y mae'n bosibl fod Hywel wedi cartrefu yng Nghae Gwrgenau heb fod ymhell o Nannau, gw. GLlG 8.73–4 a ll. 74n. Ond sylwer hefyd ar ddadl M. Richards, 'Llywelyn Goch ap Meurig Hen a Chae Gwrgenau', Cylchg LlGC xii (1961–2), 400–1 sy'n awgrymu Cefnyrywenuchaf a Chefnyrywenisaf yn gartrefi i'r brodyr. Bu Hywel ap Meurig Fychan yn briod deirgwaith: â Nest ferch Ieuan Fychan, â merch i Gynwrig Sais, ac â merch i Iorwerth Sais, gw. P.C. Bartrum: WG1 'Bleddyn ap Cynfyn' 50.

Nannau Plasty yn ardal Llanfachreth, sir Feirionnydd (gw. WATU 163, 292), a chartref Hywel ap Meurig Fychan a'i frawd Meurig Llwyd; ar *Nannheu*, *Nanneu* yn hen ffurf l. *nant*, gw. I. Williams: ELl 26. Codwyd y plasty gan Gadwgan ap Bleddyn ap Cynfyn yn gynnar yn y 12g., ac fe'i llosgwyd i lawr gan Owain Glyndŵr yn 1402, yn nyddiau Hywel Sele, mab Meurig Llwyd. Er dyddiau'r Gorchfygiad yn y 13g. ochrodd teulu Nannau gyda'r Goron, ond law yn llaw â hynny buont yn driw i'r beirdd a'u traddodiadau. Ar y canu i deulu Nannau, gw. A. Lloyd Hughes, 'Rhai o Noddwyr y Beirdd yn Sir Feirionnydd', LlCy x (1968–9), 157–66. Ar deulu Nannau, gw. ByCy 640–1; E.D. Jones, 'The Family of Nannau (Nanney) of Nannau', Cylchg CHSFeir ii (1953–6), 5–15; M. Vaughan, 'Nannau', *ib.* iv (1961–4), 119–21, 204–8; B.R. Parry, *art.cit.* 185–206. Cyfeirir at Nannau isod ll. 70.

Meurig Llwyd Brawd iau Hywel ap Meurig Fychan, gw. y nodyn teitl uchod, a phriod Mallt ferch Hywel Pickhill, un o ddisgynyddion Sandde Hardd, Arglwydd Mostyn, gw. PACF 200. O'r ddau frawd, Meurig Llwyd oedd deiliad Nannau. Bu'n rhaglaw cwmwd Tal-y-bont yn 1391/2 ac yn rhannu cyfrifoldeb am *havotry* Tal-y-bont â'i frawd, Hywel, mân swydd y bu iddynt ei rhannu yn 1395/6 yn ogystal. Y mae'n bosibl fod Meurig yn gysylltiedig â bradwriaeth Dug Caerloyw

---

[6] *L.c.*

yn 1397 gan fod rhyw Feurig Llwyd wedi derbyn pardwn ym mis Tachwedd 1398. Sut bynnag am hynny, cofnodir enw Meurig yn wdwart cwmwd Tal-y-bont ac yn rhannol gyfrifol am *havotry* Meirionnydd yn 1399/1400, gw. B.R. Parry, *art.cit.* 188–9.

7 **Liwsidariws** Sef *Elucidarium*, yr enw a roir ar lsgr. o waith Honorius o Augustodunum yn gynnar yn y 12g. ac sy'n ymwneud â diwinyddiaeth Gristnogol. Cyfieithwyd y gwaith i'r Gymraeg gan ancr Llanddewibrefi yn 1346, a thrwythwyd y beirdd yn ei gynnwys, gw. E.I. Rowlands, 'Bardic Lore and Education', B xxxii (1985), 148. Dywed Gruffudd Llwyd fod yr *Elucidarium* (neu'r *Liwsidarius* gan fod Gruffudd Llwyd wedi troi enw'r gwaith, *Liwsidariwm*, yn enw awdur *Liwsidariws*) yn datgan fod ysbrydoliaeth y beirdd yn dod oddi wrth y Diafol. At hynny cynhwysid y beirdd yng nghorlan y masnachwyr, sef y sawl a brynai ac a werthai gerddi am aur ac a oeddynt, o'r herwydd, yn golledig. Ar y datganiad ynghylch y glêr, gw. LlA 40 (llau. 4–6) *Pa obeith yssyd yr gler. nyt oes yr vn. kannys oe holl ynni ymaent ygwassanaethu ydiaѣl. Amyrei hynny ydyѣedir. nyt adnabuant ѣy duѣ*; ac ar y datganiad ynghylch y *porthmyn*, sef y masnachwyr, gw. *ib.* 40 (llau. 8–15) *Pa obeith yssyd yr porthmyn. ychydic. kannys odѣyll. Ac annudonev. ac vsur. Ac ockyr ykeissynt pob peth hayach oe kynnull ... Ac amhynny ykymerant ѣy ev kyfuloc yma. Am yrei hynny y dyѣedir. Aymdiretto oeolut megys deueit yn vffernn ygossodir. Ac aghev Ae pyrth.*

gwydws Amrywiad ar y ffurfiau safonol *gwydus, gwydius*, 'pechadurus, drwg, llygredig; beius, enwir', gw. GPC 1752. Cadwyd y ffurf *gwydws* sy'n ymddangos yn llsgr. H, sef y llsgr. hynaf (cf. *wydiws waith*, llsgrau. BC) er mwyn dibenion y gynghanedd. Deellir *gwydws waith* yn sylw ar lau. 8–10 yn hytrach na chondemniad cyffredinol ar gynnwys yr *Elucidarium* drwyddo draw.

8 **dywod** Ar ffurf 3 un.grff.myn. y f. *dywedyd*, gw. GMW 124; WG 338.

dwywaith Ynglŷn â'r ddau rybudd, gw. y nodyn ar *Liwsidariws* uchod ll. 7.

9 **y mae** Ar yr ystyr 'mai', gw. GMW 143–4.

11–14 Dadl Gruffudd Llwyd yw hyn: gan na wyddys pwy yw awdur y traethawd sy'n datgan mai pechod yw gwerthu gweniaith neu foliant, ni ddylid derbyn y safbwynt hwnnw.

12 **unaf** Ar *uno* 'chwenychu, dymuno, awyddu, hiraethu am', cf. GDG³ 412 (154.33–4) *Ni fynnaf, nid unaf dwyll, / Gymod â dyn dig amwyll*. Ar darddiad *uno* a'i gysylltiadau, gw. I. Williams, 'uno "chwenychu" ', B x (1939–41), 41–4.

17 **tan bwyth**   Ar yr ystyron '*in payment, in return, as recompense*; *in revenge, in retaliation*; *?at risk, under threat* (*of*), *in peril*', gw. GPC 2957.

18 **clêr**   Beirdd a dybid yn israddol i'r beirdd hynny a gafodd hyfforddiant proffesiynol; ar yr arfer o glera, gw. E.D. Jones, 'Presidential Address', Arch Camb cxii (1963), 1–12; C. Lake, 'Goblygiadau Clera a golwg ar ganu Guto'r Glyn', YB xx (1995), 125–48.

19 **croesan**   Benthyciad o'r H.Wydd. *crossán* '*a lewd, ribaldrous rhymer; a mimic, jester, buffoon*', gw. GPC 605 a'r dyfyniad yno o droednodyn yn *Contributions to Irish Lexicography* (*A–Dno*), ed. K. Meyer (1906), 530, d.g. *crossán*, 'The crossbearers in religious processions who also combined with that occupation the profession of singing satirical poems against those who had incurred Church censure, or were for any other cause obnoxious'.

22 **post**   Gellid deall yma 'negesydd', gw. GPC 2861 d.g. *post²*; 'swydd, lle (mewn sefydliad); safle (dyletswydd)', gw. *l.c.* d.g. *post³*, neu efallai 'ymffrost', gw. GPC 302.

23 **Ysbryd Glân**   Yma y mae Gruffudd Llwyd yn ateb cyhuddiad awdur yr *Elucidarium* fod canu mawl yn weithred bechadurus drwy ddweud mai'r Ysbryd Glân a'i gwnaeth ef yn fardd, ac mai o'r Ysbryd y tarddai ei awen. Dyma hanfod yr ymryson rhwng Siôn Cent a Rhys Goch Eryri, gw. IGE² 181–6 (cerddi LX a LXI). Taerai Siôn Cent fod dau fath o Awen ar waith yn y byd, sef yr Awen sanctaidd a'r Awen gelwyddog a ddefnyddid gan feirdd Cymru wrth ganu eu cerddi mawl, gw. IGE² 182 (llau. 23–4) *Awen yw hon, wan ei hawl, / O ffwrn natur uffernawl.* Etyb Rhys Goch, *Nid oes chwaith awen ond un. / O'r Ysbryd Glân, gwiwgan gwawd, / Y tyf honno i'r tafawd*, gw. IGE² 186 (llau. 24–6). Ymhellach, gw. B. Jones, 'Pwnc Mawr Beirniadaeth Lenyddol Gymraeg', YB iii (1967), 253–88, yn enwedig 268–70; D.J. Bowen, 'Siôn Cent a'r Ysgwieriaid', LlCy xxi (1998), 34; ar eirwiredd ym mywyd y llys, gw. L. Patterson, 'Court Politics and the Invention of Literature: The Case of Sir John Clanvowe', *Culture and History, 1350–1600: Essays on English Communities, Identities and Writing*, ed. D. Aers (Hemel Hempstead, 1992), 19–20, 26–30.

cof   Yn ysgolion y beirdd rhoddid hyfforddiant trwyadl ym materion y 'Tri Chof': 'Y "cof" cyntaf oedd hanes Ynys Prydain, cyfarwyddyd ac ystoriâu; yr ail "gof" oedd iaith y Brytaniaid; a'r trydydd "cof" oedd achau, arfau bonedd a rhandiroedd', gw. GPC 536; G.J. Williams, 'Tri Chof Ynys Brydain', LlCy iii (1954–5), 234–9. Ar bwysigrwydd y cof yn gyffredinol yn yr Oesoedd Canol, gw. M. Carruthers, *The Book of Memory: A Study of Memory in Medieval Culture* (Cambridge, 1992). Yma fe'i deellir i olygu 'dawn farddol'.

24 **tyf** Deellir yr ystyr 'datblygu, cynyddu' yma i ffurf 3 un.pres.myn. y f.
tyfu, ond gan gadw mewn cof hefyd yr ystyr 'iacháu, gwella', gw. GLlLl
2.16 *G*ɔ*yth wasta*ɔ*d taua*ɔ*d nas tyf eli*; GCBM ii, 4.64 *Ny thyf cof rac*
cotyant ebrwyt. Ond tybed a ellid deall *tyfu* yn golygu 'trigo'?

25–6 **Hwn a lestair … / … Ei brydydd** Â'r llau. hyn, cf. llau. Rhys Goch
Eryri yn ei farwnad i Ruffudd Llwyd, gw. IGE² 159 (llau. 27–8) *Cedwid*
Mair, fy eurgrair fydd, / Ffriwdeg, enaid ei phrydydd.

27 **llyfrau llên** Cyfeirir yma at lyfrau dysg ac ysgolheictod, y mae'n
debyg, gw. E.I. Rowlands, *art.cit.* 143–55, ond y mae 'llyfrau [gwŷr]
llên' neu 'lyfrau eglwysig' hefyd yn bosibl.

29–32 Byddai rhediad y frawddeg yn eglurach o aralleirio: 'Awen ddoeth a
rydd Duw i'w fardd teulu i lunio cân addas.'

30 **teuluwas** Sef swydd y bardd teulu; arno, gw. GP 17 (ll. 6), 37 (llau. 1–
2), 48 (llau. 42–3), 57 (llau. 3–6), 133 (llau. 21–2), 148 (llau. 9–11). Ar y
gwahaniaeth rhwng teuluwr a chlerwr, gw. E.I. Rowlands, 'Dafydd ap
Gwilym', Traeth xxxv (1967), 25–6, eithr tuedda B. Jones, *art.cit.* 259,
troednodyn 6, 'weld y naill a'r llall yn toddi i'w gilydd, ac yn cael eu
diffinio gan eu perthynas i benceirddïaeth. Hynny yw, dau eithaf clir ac
arwyddocaol oedd, sef Pencerdd a Chlerwr, a'r Teuluwr yn nodi un
safle yn y raddfa a arweiniai o'r naill i'r llall.'

35–6 **Meibion … / Meurig** Sef Hywel ap Meurig Fychan a Meurig Llwyd,
meibion Meurig Fychan, gw. y nodyn teitl uchod.

36 **Mair** Y Forwyn Fair, mam yr Iesu ac un o brif saint yr Eglwys
Gatholig, gw. ODCC³ 1047–9.

38 **wyrion Ynyr** Wyrion i Ynyr Fychan oedd Hywel a Meurig Llwyd o
Nannau, gw. y nodyn cefndir uchod.

39 **a'm gwir eurynt** Ar sail hynafiaeth dewiswyd yma ddarlleniad llsgrau.
BCH *am gwir eurynt*, ff. 3 ll.amhff.myn. y f. *euro* 'gorchuddio neu
addurno ag aur', neu'n ffigurol 'enwogi, anrhydeddu', gw. GPC 1257 (a
byddai'r naill ystyr a'r llall yn addas yma) yn hytrach na darlleniad
llsgrau. D–G *am goreurynt* (ac a ddilynir gan IGE² 120 (ll. 13)).

40 **Gwên** Awgrymwyd mai un o feibion Llywarch Hen a olygir yma, gw.
E.I. Rowlands, *Poems of the Cywyddwyr* (Dublin, 1976), 74. Ar Gwên
fab Llywarch, gw. CLlH lii–liv, lix–lx, I 1–28, VIII 1, IX, XII 3. Posibil-
rwydd arall yw'r Gwên y crybwyllir ei enw, ynghyd ag enw Ynyr, yng
ngherdd Lewys Glyn Cothi wrth ddilyn ach Bedo (Maredudd) ap Rhys
o Benrhos ym Mhenegoes, gw. GLGC 422 (193.8) *ac o Wên ac o Ynyr.*
Yr oedd y Gwên hwnnw yn orwyr i Seisyll (gw. P.C. Bartrum: WG1
'Seisyll' 1) ac yr oedd cysylltiad teuluol rhwng teulu'r Gwên ap Gronwy
hwnnw a llwyth Ynyr o Nannau: priododd Gwenhwyfar, wyres Gwên

ap Gronwy (gw. P.C. Bartrum: WG1 'Seisyll' 4), Ynyr Fychan o Nannau (gw. P.C. Bartrum: WG1 'Bleddyn ap Cynfyn' 48).

41 **eu mam** Mam Hywel a Meurig oedd Angharad ferch Gruffudd [ab Owain] ap Bleddyn ab Owain Brogyntyn, gw. L. Dwnn: HV ii, 226.

42 **Edeirniawn** Cwmwd yng ngogledd-ddwyrain sir Feirionnydd, gw. WATU 63, 293, 294.

43 **lamp** Deellir *lamp* yn llythrennol yma, ond gellid ei ddeall yn drosiadol am yr haul, gw. GPC 2051–2; gw. hefyd *gwawr*, uchod 1.6n.

44 **y Rug** Plasty yn Edeirnion yn ardal Corwen, gw. WATU 185, a chartref Angharad, mam Hywel ap Meurig Fychan a Meurig Llwyd; ar yr ystyr 'lle y tyfai *grug*', gw. I. Williams: ELl 47. Ymhellach ar y Rug, gw. PACF 59; A.D. Carr, 'The Barons of Edeyrnion, 1282–1485', Cylchg CHSFeir, iv (1961–4), 187–93, 289–301; W.F. Irvine, 'Notes on the History of Rûg', *ib*. i (1949–51), 77–82; B.G. Owens, 'Rûg and its Muniments', *ib*. 83–8; H. Hughes, 'Rûg Chapel', *ib*. 89–90; D.B. Hague, 'Rug Chapel Corwen', *ib*. iii (1957–60), 167–83; B.G. Owens, 'Rûg Deeds and Documents', Cylchg LlGC vi (1949–50), 104–6. Ar y canu i deulu'r Rug, gw. A. Lloyd Hughes, *art.cit.* 166–79 a'r cyfeiriadau pellach yno.

45–6 **Owain … / Brogyntyn** Sef un o dywysogion Powys, *fl.* 1180, a mab gordderch i Fadog ap Maredudd, brenin olaf Powys. Parhaodd Owain ar delerau da â Harri II wedi marwolaeth ei dad yn 1160. Daliai diroedd yn Edeirnion a Dinmael; ymhellach arno, gw. ByCy 649.

49 **Hywel** Gw. y nodyn teitl uchod ar *Hywel ap Meurig Fychan*.

50 **Meurig** Gw. y nodyn teitl uchod ar *Meurig Llwyd*.

maer Ar yr ystyr 'stiward, goruchwyliwr', gw. uchod 4.33 a'r nodyn ar y ll.

54 **Dyfr** Rhestrir yr enghraifft hon dan enw rhyw Ddyfr anh. yn G 414, gan nodi, o bosibl, ei fod yr un â Dyfr ab Alun Dyfed. Digwydd enw Dyfr ab Alun Dyfed yn y farddoniaeth (gw. G 414) ac yn y chwedlau, gw. R.L. Thomson, *Ystorya Gereint uab Erbin* (Dublin, 1997), 21 (ll. 606), 99–100, yno yn un o osgordd Geraint ac mewn chwedlau eraill yn un o gynghorwyr Arthur. Cf. GSRh 4.46n, 10.47n.

60 **Ynyr** Sef Ynyr Hen, gw. y nodyn cefndir uchod.

64 **Adar Llwch Gwin** Adar chwedlonol sy'n cyfateb, o bosibl, i *griffins* yn Saesneg ac a oedd yn gyfrifol am godi Alecsander Fawr i'r awyr mewn cawell, un ym mhob congl, er mwyn iddo fedru nodi safle byddinoedd Gog a Magog a oedd yn dod i'w erbyn. Yn ôl y traddodiad Cymraeg, yr oeddynt yn ddau o ran nifer ac yn cyfateb yma i'r ddau frawd. Ymhellach ar yr adar hyn, gw. DN 159–61. Yng nghanu'r beirdd y mae Adar Llwch Gwin weithiau'n gyfystyr â 'gweilch, hebogiaid'; droeon

eraill fe'i defnyddir yn drosiadol am 'ymladdwyr grymus'. Yma deellir y teitl yn ffigurol i olygu 'cefnogwyr, noddwyr' a'r ergyd yw fod Hywel ap Meurig a Meurig Llwyd fel Adar Llwch Gwin iddo, yn gefnogwyr a chynheiliaid selog a ffyddlon. Am 'griffins (in heraldry)', gw. GPC 12. Y mae'n debygol fod y cyfeiriad hwn at Adar Llwch Gwin yn awgrymu bod Gruffudd Llwyd yn gyfarwydd â ffurf (Gymraeg neu arall) ar chwedl Alecsander Fawr yn ogystal ag â'r traddodiad Cymraeg amdano.

65 **eurweilch** *Aur* 'rhagorol' a *gweilch* 'hebogiaid' a ddefnyddir yn ffigurol am y ddau uchelwr a noddai'r bardd. Parheir â'r trosiad o weld y brodyr yn Adar Llwch Gwin, uchod ll. 64.

66 **uwchlaw'r graig** Y mae'n debygol mai cyfeiriad sydd yma at safle Nannau, sef ar godiad tir; ar safle'r plasty ar dir uchel, gw. T.I. Ellis, *Crwydro Meirionnydd* (Llandybïe, 1954), 106 lle y dywedir y gellir gweld 'Nannau bron ar y grib yn ysblander ei urddas'. Ond cf. hefyd yr hyn a ddywed Guto'r Glyn wrth ganu i'r teulu, gw. GGl² 153 (LVII.7) *Y Graig Wen a fagai'r gwŷr*, ib. 156 (LVIII.49–50) *Duw a roes ŵr da a'i wraig / Doe'n ungrefft dan y Wengraig*.

67 **Cred** Sef 'gwledydd Cred, y byd Cristnogol'. Yr oedd bri Nannau a boneddigeiddrwydd y teulu ar gynnydd drwy wledydd Cred. Eithr fel y dywed G 170, nid hawdd bob amser yw dewis rhwng yr ystyr hon a'r ystyr 'cred, crediniaeth, ffydd'.

68 **'gradd o nef'** Ai cyfeiriad sydd yma at safle plasty Nannau, yn uchel ar lechwedd ac felly yn agos at y nefoedd? Nodir i Fachreth Sant (gw. LBS iii, 393) sefydlu cell iddo'i hun yn yr ardal hon ac i anheddiad gael ei sefydlu ar y safle hwnnw: '[it] was focussed on an earlier foundation, the cell of the Dark Age saint Machreth ... though its existence may not have been an important consideration in Cadwgan ap Bleddyn's decision to make his home at Cefn Llanfair, the holding which later became known as Plas Nannau', gw. C. Thomas, 'The Township of Nannau, 1100–1600 A.D.', Cylchg CHSFeir v (1965–8), 98. Sylwer hefyd ar nodyn E.I. Rowlands, *op.cit.* 74, 'it should be noted that the hill, on the slope of which Nannau is situated, is called "Moel Offrwm", "the (bare) hill of sacrifice" '. Yn ôl C. Thomas, *l.c.*, fodd bynnag, y mae Nannau wedi'i leoli rhwng Foel Cynwch a Foel Offrwm.

grudd Ar *grudd* 'anrhydedd', gw. trafodaeth G. Thomas ar *cadw grudd*, 'Llinellau o Gerddi i Gadwallon ap Cadfan', B xxvi (1974–6), 408. Posibilrwydd arall yw 'llechwedd', trosiad sy'n digwydd yng nghysgod *y graig* (ll. 67), gw. CO³ 22 (ll. 602) *A wely di y keibedic rud draw?* ynghyd â'r eirfa td. 201 'graean, gro' a geirfa CO² 198 'slope, tilth'.

70 **nen** Ar *breiscnenn* 'cynheiliad cadarn', gw. GCBM ii, 6.39.

craig Defnyddiwyd *craig* yn ffigurol droeon i gyfleu cadernid, cf. yn fwyaf arbennig *Graig yr oesoedd* (am Grist). Dywedir yn y rhagair i'r *Elucidarium* (y trafododd Gruffudd Llwyd beth o'i gynnwys uchod) 2 (llau. 11–12) *Gr6nd6al yg6eith h6nn aossodet argarrec. Sef y6 hynny. crist.* Ar Ynyr yn cael ei adnabod wrth y trosiad *Craig Nannau*, gw. GGl² 69 (XXV.39).

Nannau Gw. y nodyn teitl uchod ar *Nannau*.

75 **rhoi 'Hawddamawr!'** Cf. ll. 84n isod.

80 **da dros da** Gellid yma ddeall yr ystyr 'eiddo am eiddo', 'lles am les', 'daioni am ddaioni', neu'r cyffelyb.

84 **'Dydd da!'** Ar *dyddiau da* 'cyfarchion', gw. uchod 9.47 a'r nodyn ar y ll.

15

Cerdd farwnad i Hywel ap Meurig Fychan o Nannau yw'r gerdd hon[1] a ganwyd rywbryd rhwng 1395/6 pan gofnodwyd enw Hywel yn fân swyddog ar y cyd â'i frawd, Meurig Llwyd,[2] a 1402 pan gofnodir llosgi Nannau a hynny, fe dybir, wedi marwolaeth Meurig Llwyd. Ond yr oedd Meurig eto'n fyw pan ganwyd y cywydd hwn *Pwy a gaf ... / I Feurig ... / I roi awen ar iewydd*? (llau. 45–8).

Nodir eto wybodaeth Gruffudd Llwyd o'r chwedlau traddodiadol, y tro hwn stori 'Pererindod Siarlymaen' a gyfieithwyd i'r Gymraeg o destun Ffrangeg yn ystod y drydedd ganrif ar ddeg. Codwyd o'r stori honno ddisgrifiad o aradr ac iau Hu Gadarn (llau. 7–8) ac fe sylfaenwyd y cywydd cyfan ar y broffes *Hu Gadarn a farn wyf i* (ll. 2), a'r syniad fod y bardd yn cymryd arno *persona* yr arwr chwedlonol hwnnw wrth ganu'r cywydd.

Hyfforddid disgyblion barddol i ganu gwahanol fathau o gerddi: y mae adran yng Ngramadegau'r Penceirddiaid sy'n dangos sut y dylid moli pob peth a datgenir barn y penceirddiaid ar y mater yn y Trioedd Cerdd. Rhoddodd Simwnt Fychan, yntau, ei sylwadau: *Testyn dda i voli gwr yw honn i fod ef yn hwsmon da ar ysmonaet*[ ] *yw aredic ar aredic yw kroesa*[ ] *pawb iw lys a dwedvd geiriav di*[ ] *doethion a bod yn llawen wrthy*[ ] *A gwedy hynny hav ar hav hwnn*[ ] *yw Roi aur ac ariann i veirdd a*[ ] *i gerddorion ac i bob dyn. ac or Rain y tyf knwd tec ffr*[ ]*lawn. Nid amgen clod a molia*[ ] *a chariad gan dduw a chan ddy*[ ] *dan gynyddv a ffrwytho wellwell.*[3] Canodd sawl un o'r beirdd gerddi mawl neu farwnad, gan ddefnyddio systemau

---

[1] Gw. sylwadau D. Johnston, 'Cywydd Marwnad Gruffudd Llwyd i Hywel ap Meurig o Nannau', YB xvi (1990), 60–70.

[2] Gw. B.R. Parry, 'Hugh Nanney Hên (c. 1546–1623), Squire of Nannau', Cylchg CHSFeir v (1965–8), 188.

[3] Copïwyd y testun i lsgr. Pen 189, 135; fe'i dyfynnir yn GP c.

amaethu'r Cyfnod Canol yn fframwaith iddynt. Canodd Dafydd ap Gwilym ei gywydd 'Hwsmonaeth Cariad' yn seiliedig ar alegori amaeth-yddol;[4] felly hefyd 'Cywydd y cathrëwr yn cathrain cerdd' o waith Bedo Phylip Bach (*fl*. 1480) sy'n canu mawl pedwar mab Morgan ap Dafydd Gam o Frycheiniog, gan gymryd arno mai ychen gwedd yw'r meibion, a'r bardd yn gathrëwr arnynt.[5]

Perthyn marwnad Gruffudd Llwyd i Hywel ap Meurig Fychan o Nannau i draddodiad o gerddi a godai'n naturiol o gymdeithas amaethyddol y Gymru Gymraeg yn y bedwaredd ganrif ar ddeg. Seilir y cywydd hwn ar y syniad craidd mai dau ych bôn oedd Hywel a Meurig Llwyd. Amaeth-yddiaeth oedd yn cynnal y gymdeithas ganoloesol ac yr oedd llafur yr ych yn gwbl ganolog i waith y diwydiant cynhyrchu bwyd. Dosberthid yr ychen yn ôl pwysigrwydd eu lleoliad yn y wedd; rhoid y ddau ych cadarnaf o dan yr un iau ym môn y wedd yn nesaf at yr aradr gan mai arnynt hwy y syrthiai baich y gwaith wrth nesáu at y dalar ac wrth ailddechrau ar y gŵys nesaf.[6] O'r herwydd yr oedd gwaith yr ych bôn yn hanfodol i barhad cymdeithas: delwedd a geir yma o ddau ŵr a oedd yn cynnal eu bro yn anrhydeddus ac yn cynnal traddodiadau a beirdd y fro honno yn hael.

Prif bwyntiau'r gerdd yw tanlinellu statws cymdeithasol y ddau frawd, Hywel a Meurig Llwyd o Nannau, fel arweinwyr cymdeithas ac fel nodd-wyr a oedd yn gwneud mwy na'u siâr i gynnal safonau materol y beirdd; ond drwy wneud hynny tanlinellir agosrwydd y brodyr, ac na cheid undyn ar y ddaear a allai gymryd lle ei frawd, Hywel, ym mywyd Meurig Llwyd (llau. 49–50).[7]

Noder bod yr unig gopi llawysgrif o'r gerdd hon yn llaw Wiliam Llŷn.

2 **Hu Gadarn** Arwr chwedlonol y dywedir yng nghywydd Iolo Goch 'Cywydd y Llafurwr' (gw. GIG cerdd XXVIII) ei fod yn Ymerawdwr Caergustennin ac iddo lywio aradr â'i ddwylo ei hun heb fwyta dim bara nad oedd ef yn gyfrifol am ei gynhyrchu. Digwydd y stori hon yn y cyfieithiad 'Pererindod Siarlymaen' o'r 13g. lle y cyfieithwyd Hugun le Fort y fersiwn Ffr. gwreiddiol yn Hu Gadarn, gw. CLC[2] 338; am hanes 'Pererindod Siarlymaen', gw. YCM[2] 179–204, ac am y disgrifiad o Hu yn aredig, gw. *ib*. 187. Ar gefndir Celtaidd Hu Gadarn, gw. A.C.

---

[4] Gw. GDG[3] cerdd 87. Cymherir cariad y bardd i hedyn a heuir er mwyn iddo aeddfedu'n gynhaeaf ffrwythlon; gofelir am yr hedyn a'i arbed rhag anffawd gwyntoedd a drycinoedd fel y byddid yn arbed cariad rhag cael ei ddifetha gan dwyll a brad, ond oherwydd afreoleidd-dra'r tywydd ofer fu'r holl ymdrech. Cf. hyn â delwedd Guillaume de Lorris yn ei gerdd 'Roman de la Rose' lle y mae'r bardd yn ei gymharu ei hunan â'r sawl a heuodd had ond a fethodd â chynaeafu'r cynnyrch, eto oherwydd y tywydd garw, gw. Th.M. Chotzen: Rech 331–2.

[5] Ar yr enghraifft hon a rhai eraill, gw. F.G. Payne, 'Cwysau o Foliant Cyson', Ll xxvi (1946–7), 3–24.

[6] Gw. *ib*. 5–6.

[7] Gwrthgyferbynier â'r ddelwedd hon ddarlun arall o ych a gydieuwyd yn anghymharus, sef Dafydd ap Gwilym a gŵr Morfudd, gw. GDG[3] 254 (93.9–26).

Rehjon, 'Hu Gadarn: Folklore and Fabrication', yn *Celtic Folklore and Christianity*, ed. P.K. Ford (Santa Barbara, 1983), 201–12; WCD 367–8. Ymddiddorai Iolo Morganwg yn Hu Gadarn, gw. R. Bromwich, 'Trioedd Ynys Prydain: The *Myvyrian* "Third Series" ', THSC, 1968, rhan ii, 303–4. Yn y ll. hon y mae Gruffudd Llwyd yn datgan ei fwriad i chwarae rhan Hu Gadarn, sef yr aradrwr gwych; y ddau ych yn y ddrama yw'r noddwyr o Nannau a fu'n gymaint cynhaliaeth i Ruffudd Llwyd.

6 **llog … aradr** Ar y cyfuniad *llog aradr 'carucate, hide, plough-land; juger (Roman land measure)'*, gw. GPC 2202 d.g. *llog*[3]; Bren Saes 18 (llau. 15–16) *lloc vn aradyr o dir a rodassei Catvan a Chatwallawn y eglwys Caer Wynt*.

7–8 **Ei aradr … / … o aur tawdd** Disgrifir yn stori 'Pererindod Siarlymaen' ym mha fodd yr oedd Hu yn aredig ei dir, a pha fath offer oedd ganddo, gw. YCM[2] 187 (llau. 8–10) *Enryued oed y aradyr; eur oed y swch a'r kwlltyr; mein rinwedawl mawrweirthawc oed yr ieuawr*. Y mae'n amlwg fod Gruffudd Llwyd yn gyfarwydd â'r testun hwnnw. Ar hanes yr aradr yng Nghymru, gw. F.G. Payne, *Yr Aradr Gymreig* (Caerdydd, 1975).

8 **ieuawr** Gw. GPC 2014 *ieuawr, ieuor* 'ieuau; iau; yn *ffig.* gŵr sy'n dwyn yr iau (mewn ystyr glodforus am un yn gwneud mwy na'i ran, cf. *ych bôn*); gwedd neu iau o ychen'.

9 **ymannos** Gw. uchod 11.7n.

13 **deugarw** Am ddefnyddio'r un gair am ddau frawd arall, sef Siôn a Hywel, meibion Ieuan Coch o Elfael, gw. GLGC 346 (155.45). Fe'i defnyddir yma yn ei ystyr ffigurol 'arwyr', fel yn ll. 17 isod.

caredigion Fe'i cymerir yn e.ll. yma, ond y mae a.ll. yn treiglo'n feddal ar ôl ffurf ddeuol hefyd yn bosibl.

15 **angerdd** Awgryma D. Johnston, 'Cywydd Marwnad Gruffudd Llwyd i Hywel ap Meurig o Nannau', YB xvi (1990), 69, mai 'tawch, ager' yw'r ystyr yma, er mai o Feibl 1588 y daw'r enghraifft gynharaf o'r ystyr honno yn GPC 50. Eithr dilynir yma 'ysbrydoliaeth farddol', gw. awgrym M. Haycock, 'Llyfr Taliesin: astudiaethau ar rai agweddau' (Ph.D. Cymru [Aberystwyth], 1983), 616.

16 **Meiriawn** Yn Llanfachreth ym Meirionnydd yr oedd Nannau, cartref Hywel ap Meurig Llwyd; ar Feirionnydd, gw. WATU 155, 292–5.

17–18 **Cael wrthyn' … / … luniaethu** Ar y gystrawen *cael wrth*, cf. *cael gan* a bf. yn golygu *'to induce to'*, gw. GPC 387; a ellir ei dilyn yma?

18 **lluniaethu** Ar yr ystyr 'trefnu', gw. DB 116 ac ar wahanol ffurfiau'r gair, gw. IGE 380. Yma deellir yr ystyr 'saernïo', cf. GSRh 10.100–1 *Ef biau a brydwyf, / A phopeth a luniethwyf* (Gruffudd Fychan).

19–22 Ni wnawn ... / ... eu gwahanu hwy Defnyddir cyfochraeth yma lle y cadarnheir yr un sentiment drwy gyfosod dau ddarlun: ni fyddai Gruffudd Llwyd (dan gochl Hu Gadarn) yn ystyried cydaredig â neb; yn yr un modd ni ellid ystyried gwahanu'r ddau frawd Hywel a Meurig wrth iddynt fod o dan yr un iau. Ar agosrwydd dau ych cydieuol, cf. yn enwedig farwnad Cynddelw Brydydd Mawr i Ririd Flaidd a'i frawd Arthen: *Gwyr yn amwyn greid gretyf ychen—yg gϭet*, GCBM i, 24.21; GBF 33.59–60 *Griduana, ocha ual ych—yn beichaϭ / Pan uo yn kϭynaϭ gϭae y gytych* (Madog ap Gwallter).

21 Garwy Enwir Garwy Hir droeon gan y Gogynfeirdd a chan y Cywyddwyr yn eu cerddi, gw. G 523. Daeth i enwogrwydd fel carwr ac fel arwr milwrol, gw. TYP² 354–5; WCD 272–3; ac uchod 1.2n. Nododd D. Johnston, *art.cit.* 69, na ddisgwylid treiglad i'r enw yma, cf. GLlLl 22.29 *Kereist o'th uebyd, gwryd Garwy* oni bai fod y treiglad sy'n dilyn *uerch* yn y teitl *Indec uerch Arvy Hir* yn awgrymu'r gysefin i Ruffudd Llwyd, ond go brin y byddai bardd a oedd mor hyddysg yn y traddodiad Cymraeg ag ydoedd Gruffudd Llwyd yn syrthio i'r fagl honno; yr oedd treiglad yn bur gyffredin i enwau priod mewn ymadroddion genidol.

25 gorwedd Gwrthgyferbynnir *gorwedd* (llau. 25, 32, 41, 44, 51), ystum a orfodir ar Hywel ap Meurig Fychan yn angau, ag *eistedd* (ll. 39), sef ei ddymuniad yn ei fywyd.

26 doeth Ai'r a. 'craff' a olygir yma, ai ffurf 3 un.grff.myn. y f. *dyfod*? Byddai'r naill a'r llall yn addas.

27–8 Bwrw pen yr iau ... / I lawr Sef trosiad am farwolaeth: er agosed perthynas y ddau frawd, yr oedd un ohonynt wedi ildio'i le yn y bartneriaeth o dan yr iau wrth i angau ei gipio. Yr oedd 'cynnal pen yr iau' yn idiom a olygai ymroi i gynnal dyletswyddau bywyd, a 'gollwng / gostwng pen yr iau' yn droad ymadrodd am derfynu oes.

27 deau Ar yr ystyr 'cyfiawn, cywir', gw. GPC 909 a cf. GDG³ 301 (114.39) *rhadau y deau Dad* a'r Eirfa td. 574.

29–30 Hywel ... / ... Amheurig Hywel ap Meurig Llwyd o Nannau, gw. y nodyn cefndir uchod; hefyd cerdd 14.teitl n.

35 sôn Ystyr *sôn* yma yw 'sgwrsio, ymddiddan' yng nghwmni ei fardd a chwmni'r llys, cf. GSCyf 12.28 *Sonio'n ffraeth am gwrw San Ffraid* (Llywelyn ab y Moel).

38 Eliwlad Eliwlad ap Madog ab Uthr, un o bedwar marchog ar hugain llys Arthur, gw. TYP² 345, WCD 245; am gyfeiriadau ato yng ngwaith y Cywyddwyr, gw. G 470. Yn y gerdd gynnar 'Ymddiddan Arthur a'r Eryr' datgelir bob yn dipyn mai Eliwlad yw'r eryr sy'n siarad ag Arthur, gw. I. Williams, 'Ymddiddan Arthur a'r Eryr', B ii (1923–5),

269–86); Bl BGCC 297–312. I Fleddyn Fardd yr oedd Eliwlad yn safon milwriaeth (gw. GBF 46.7 *Gilwr Gal Eliwlat*) ac yn ôl y Trioedd yr oedd yn gymeriad huawdl, yn un o'r *Tri Marchoc Aurdavodiawc* a oedd yn llys Arthur (gw. TYP² 250) ac a allai ddadlau ei achos yn benigamp.

39 **eistedd** Ar y gwrthgyferbyniad rhwng *gorwedd* ac *eistedd*, gw. ll. 25n uchod.

42 **Ynyr** Yr oedd Hywel ap Meurig Fychan yn ŵyr i Ynyr Fychan ac yn orwyr i Ynyr Hen (*fl.* yn gynnar yn y 13g.), un o ddisgynyddion Bleddyn ap Cynfyn (*fl.* 1063–75). Ar ach Hywel ap Meurig, gw. P.C. Bartrum: WG1 'Bleddyn ap Cynfyn' 50.

43 **Ar rudd … cystuddlef** Ar y ddihareb 'Ni chêl grudd gystudd calon', gw. W. Hay, *Diarhebion Cymru* (Lerpwl, 1955), 184; I. Williams, 'Hen Ddiarhebion (Llyfr Du o'r Waun, td. 32)', B iii (1926–7), 26.

46 **pwyll dig** Fe'i deellir yn epithet yn disgrifio natur lidiog milwriaeth Hywel ap Meurig. Ar *pwyll* yn e. yn golygu 'anian, natur', gw. CLlH 85.

pell dâl Yma estynnir yr ystyr 'pellgyrhaeddol' (gw. GPC 2723–4) sydd i'r gair *pell* i olygu 'di-ball'. Cyfeirir yma, y mae'n debyg, at daliadau am waith barddol, ac felly mewn un ll. fe gyfunir priodoleddau pwysicaf uchelwr o Gymro, sef rhagoriaeth milwrol a nawdd di-ball i feirdd.

47 **Meurig** Meurig Llwyd, brawd Hywel ap Meurig Fychan. Canwyd y cywydd a Meurig Llwyd yn dal yn fyw, ac felly gellir dyddio'r cywydd cyn 1402, gw. y nodyn cefndir uchod. Ymhellach ar Feurig Llwyd, gw. y nodyn teitl i gerdd 14 uchod; ar ach y teulu, gw. P.C. Bartrum: WG1 'Bleddyn ap Cynfyn' 50.

gwynfydig Deellir yma yr ystyr '*vexed*', cf. GDG³ 280 (104.15–16) *Meinir a ŵyr fy mynud, / Mynnu gwynfydu yn fud*; ar gwynfydig 'eiddigus, cenfigennus', gw. GPC 1774 a cf. GIG 99 (XXIII.37–8) a'r nodyn ar y ll.

48 **awen** Ar *awen* 'llinyn ffrwyn', gw. GPC 241 d.g. *awen²* er mai *c.* 1470 yw dyddiad yr enghraifft gynharaf yno.

iewydd Sef '?rhan o'r gêr tynnu neu o'r iau wrth aredig ag ychen, efallai'r did sy'n cysylltu clust yr aradr wrth ganol yr iau; hefyd yn *ffig.*', gw. GPC 2015.

49 **araf** Dilynir yma G 35 a'i ddeall yn a. yn golygu 'trist', er na cheir yr ystyr honno yn GPC 175.

52 **blaenor** Cyfeiriad, y mae'n debyg, at yr iau flaen (gw. F.G. Payne, 'Cwysau o Foliant Cyson', Ll xxvi (1946–7), 6–7), sef yr iau a wisgid gan y pâr ychen a arweiniai'r tîm; yn ffigurol yma am 'arweinydd, yr un yn y prif safle'.

arddatgor Deellir yma fôn y f. *arddu* 'aredig' (gw. *ib.*) ac *atgor* 'cwys, erw, cyfair; gwedd aredig' (gw. GPC 229); gw. hefyd sylwadau D. Johnston, *l.c.*

55 **Prynu ... braw** Gwrthodir darlleniad y llsgr. *prynnv mowyd brevddwyd braw* ar sail y ffaith mai talgron yw'r -wy- yn *bywyd* a lleddf yw'r -wy- yn *breuddwyd*, gw. J. Morris-Jones: CD 237–42.

braw Ar *braw* yn a. yn golygu 'aruthr', gw. 13.11n.

59 **meistr** Deellir hwn yn gyfeiriad at arglwydd 'y byd a gefais [gynt]', gw. ll. 58.

duloyw Gair o ganmoliaeth oedd disgrifio un wrth y term *duloyw* 'o liw du llathraid, cyn ddued â'r muchudd'; cf. R 1377 29–30 *diovyn iorgloewdu eovyn arglöydieid* (Dafydd y Coed); TA 140 (XXXI.73–4) *Tëyrn gwledd, tirion, gloywddu, / Tebig i bendefig du.*

61–6 **Â'r llau. hyn**, cf. llau. Lewys Glyn Cothi i Wenllïan ferch Owain Glyndŵr, gw. GLGC 413 (188.49–54).

61 **bradychwawd bron** Cf. y defnydd o eirfa debyg ym 'Marwnad Tudur Aled', gw. GILlV 15 (VII.3) *Brad gwawd buredig ydoedd.*

16

Cerdd foliant i Owain ap Maredudd ap Dafydd Llwyd o'r Neuadd-wen yn Llanerfyl ym Mhowys yw'r cywydd hwn. Yn noddwr hael i feirdd (ll. 66), cynlluniodd Gruffudd Llwyd ei gerdd fawl i Owain ap Maredudd gan weithio ei gerdd o gwmpas nodwedd amlwg ar ei noddwr, sef ei farf ysblennydd. Nid Gruffudd Llwyd oedd y cyntaf na'r olaf i ganu i farf. Barnodd Mr D. Foster Evans fod tua hanner dwsin o gywyddau i'r farf wedi goroesi o'r bedwaredd ganrif ar ddeg a'r bymthegfed ganrif, cerddi gan Iolo Goch, Llywelyn Goch ap Meurig Hen, Rhys Goch Eryri, Llywelyn ap Moel y Pantri, Gruffudd Llwyd a Lewys Glyn Cothi, a'u bod yn ffurfio is-*genre* a ddaeth i amlygrwydd am gyfnod byr yn gynnar yn oes y Cywyddwyr.[1] Cwyno am eu barf a wna Iolo Goch, Llywelyn Goch ap Meurig Hen, Rhys Goch Eryri a Llywelyn ap Moel y Pantri am ei bod yn tarfu ar eu bywyd carwriaethol. Nid felly gerddi Lewys Glyn Cothi a Gruffudd Llwyd: cywydd gofyn eilliad yw cywydd Lewys Glyn Cothi, a chywydd mawl i uchelwr yw'r cywydd hwn o eiddo Gruffudd Llwyd.

Yr oedd i farf arwyddocâd symbolaidd yng Nghymru'r Oesoedd Canol, yn arwyddo cryfder milwrol, doethineb ac aeddfedrwydd fel arweinydd, yn ogystal ag arwyddocáu ffydd yng Nghrist.[2] Arwyddai barf lawn hefyd

---

[1] Gw. D. Foster Evans, 'Y Bardd a'i Farf: y Traddodiad Barfol', *Dwned*, ii (1996), 11–29.

[2] Gw. G. Constable yn ei ragymadrodd (ar farfau yn yr Oesoedd Canol) i *Apologiae Dvae*, ed. R.B.C. Huygens (Turnholti, 1985), 144. Cadwer mewn cof hefyd y ddihareb Gymraeg *Baryf ny*

wrywdod gŵr a chredid bod barf yn gartref i hanfod y grym bywydol.[3] Yr oedd defodaeth benodol ynglŷn â barfau yn y cyfnod. Pe byddai unigolyn yn torri gwallt neu farf gŵr arall, golygai hynny fod perthynas o ddarostyngiad rhwng y naill a'r llall: ped ildiai Arthur ei farf i Rita byddai Arthur yn frenin gorchfygedig.[4] Nid chwiw Gymreig yn unig mo hyn. Yn ôl deddfau Alfred Fawr, byddai'n rhaid talu iawn o ugain swllt i'r sawl y torrwyd ei farf,[5] ac yr oedd yn anghyfreithlon i ddal dyn wrth ei farf, fel yr ydoedd i rwygo blew o farf neu o wallt dyn arall.[6] Gair o glod diamodol i Owain ap Maredudd oedd canu cerdd fawl i'w farf.

Adlewyrchir yn y cywydd wybodaeth Gruffudd Llwyd o draddodiadau a chwedloniaeth Cymru, ynghyd â gwybodaeth drylwyr o gynnwys 'Historia Regum Britanniae' Sieffre o Fynwy, fersiwn Cymraeg, fe ddichon (ac efallai 'Brut Dingestow'), sy'n adrodd hanes yr anghydfod a fu rhwng Rhita Gawr ac Arthur.[7]

Cynllun diwastraff sydd i'r cywydd. Egyr drwy gofnodi'r chwedl am Rhita Gawr yn ymladd â'r Brenin Arthur (llau. 1–26); y mae llinellau 27–44 yn glod i Owain ap Maredudd a'i farf ysblennydd; nodir tair barf bwysicaf dynoliaeth yn llinellau 45–52: barf Adda, barf yr ail Adda, sef Crist, ac yn drydedd barf odidog Owain ap Maredudd;[8] a chloir y cywydd â dyfaliad meistraidd o farf y noddwr (llau. 53–70).

---

ard ny chward y glas ('Gŵr nad yw'n aredig ni fydd ei fintai o gyd-wladwyr yn llawenhau [wrtho]'), gw. H. Lewis, 'Diarhebion ym Mheniarth 17', B iv (1927–9), 1–17 yn enwedig 5, rhif 136.

[3] Cf. *mefl ar fy marf* '*shame on my ... manhood* (*lit. beard*)', gw. GPC 2404. Yn ôl y gyfraith Gymreig, deuai gŵr i aeddfedrwydd yn bump ar hugain oed a gellid ei wneud yn ynad yn yr oedran hwnnw *canys ena y byt baryf arnau ef ac y byt guastat y puyll ac y byt tec barnu ohonau ar paub en gyffredyn, ar denyon hen a'r rey yeueyng*, gw. *Damweiniau Colan*, gol. D. Jenkins (Aberystwyth, 1974), 45 (llau. 2–4).

[4] Ar symboliaeth torri gwallt gŵr ieuanc a chymryd dyletswyddau tad maeth, cf. I.Ll. Foster, '*Culhwch and Olwen* and *Rhonabwy's Dream*', yn *Arthurian Literature in the Middle Ages*, ed. R.S. Loomis (Oxford, 1959), 33; P.K. Ford, 'Welsh *asswynaw* and Celtic Legal Idiom', B xxvi (1974–6), 147–53, yn enwedig 147. Ymhellach ar ddelweddaeth ac arwyddocâd gwallt yn yr Oesoedd Canol, gw. R. Bartlett, 'Symbolic Meanings of Hair in the Middle Ages', *Transactions of the Royal Historical Society*, iv (1994), 43–60.

[5] *Councils and Synods with Other Documents Relating to the English Church, I: 871–1204*, ed. D. Whitelock, M. Brett, & C.N.L. Brooke (Oxford, 1981), I.1, 31 ac a ddyfynnir yn R.B.C. Huygens, *op.cit.* 62.

[6] L.c. Ar gelfyddyd weledol ganoloesol yn dangos dau ddyn yn gafael ym marf ei gilydd ac fel petaent yn ymladd, gw. E. Mâle, *Religious Art in France: The Twelfth Century A Study of the Origins of Medieval Iconography* (Princeton, 1978), 17. Am enghraifft Gymreig bosibl, gw. tympanwm Trefynwy yn Amgueddfa Trefynwy ac a drafodwyd yn M. Thurlby, *The Herefordshire School of Romanesque Sculpture* (Logaston, 1999), 129–30.

[7] Am wybodaeth bellach ynglŷn â lle Rhita Gawr mewn llenyddiaeth Gymraeg, gw. C. Grooms, *The Giants of Wales: Cewri Cymru* (Lampeter, 1993), 214–18.

[8] Enwir tair barf yn null Trioedd Ynys Prydain, ond gan nad oes tystiolaeth Feiblaidd i farf nac Adda na Christ, tybed ai dychanu pwysigrwydd y Trioedd a wna Gruffudd Llwyd yma? Neu tybed a yw'n dilyn traddodiad llafar neu ynteu draddodiad llenyddol ynglŷn â'r barfau hyn?

teitl **Owain ap Maredudd** Un o noddwyr Gruffudd Llwyd. Yr oedd Owain ap Maredudd ap Dafydd Llwyd ap Gruffudd Fychan yn ddisgynnydd i Owain Gwynedd, gw. HPF v, 118. Ychydig a wyddys am ei fywyd, eithr digwydd ei enw mewn rhestr o fwrdeisiaid y Trallwng yn 1406, gw. L. Dwnn: HV i, 312, ac yr oedd yn amlwg ym mywyd Cymru ddechrau'r 15g. Cynorthwyodd ef, ei ddau frawd (sef Dafydd Llwyd a Gruffudd), a'i dad luoedd Owain Glyndŵr yn ystod y Gwrthryfel, a chafodd y tri brawd bardwn gan Harri V (trwy law Syr Edward de Charleton, arglwydd Powys) ar 8 Mehefin 1417, gw. M.C.J. ac W.V.Ll, 'Incidents connected with the Rebellion of Owen Glendower in Powysland', Mont Coll iv (1871), 340. Yr oedd yn fyw yn 1446, gw. P.C. Bartrum: WG1 'Llawr Grach' 4.

Neuadd-wen Plasty ym mhlwyf Llanerfyl ym Mhowys a chartref Owain ap Maredudd.

Powys Bardd o Bowys oedd Gruffudd Llwyd a pheth naturiol fyddai iddo fynd ar ofyn Owain ap Maredudd am nawdd, a'i foli am ei haelioni.

2 **Rhita Gawr** Cawr chwedlonol a oedd yn lladd brenhinoedd ac yna yn gwneud dillad a charthenni o'u barfau. Mynnai Rhita fod Arthur yn torri ei farf ac yn ei hanfon ato: oni chytunai Arthur i hynny, byddai ymladdfa hyd angau rhyngddynt a'r gorchfygwr yn hawlio'r barfau un ac oll, gan gynnwys barf y gorchfygedig. Arthur a aeth â'r llawryf, wedi lladd Rhita yn Eryri. Y mae'r chwedl onomastig hon hefyd yn adrodd sut y bu i Arthur orchymyn i bob un o'i filwyr osod carreg ar gorff y cawr, ac mai drwy wneud hynny y ffurfiwyd yr Wyddfa, gw. CLC² 642; WCD 555–6. Ar y chwedl, gw. BD 170 (llau. 20–32); RB ii, 213 (ll. 31)–214 (ll. 11); am y traddodiadau am Rita Gawr a gofnodir gan Siôn Dafydd Rhys, gw. H. Owen, 'Peniarth Ms. 118, fos. 829–837: Introduction, Transcript and Translation', Cy xxvii (1917), 126–9; R. Bromwich, 'Trioedd Ynys Prydain: The *Myvyrian* "Third Series"', THSC, 1969, 129, 150.

3–4 **nid o gôr crefydd / ... heb un gair o ffydd** Tybed a oes yn hanes Arthur yn lladd Rhita Gawr, y Cristion yn difa'r anffyddiwr, adlais o hanes Dafydd yn ymladd â Goliath y cawr, *y Philistiad dienwaededig hwn* (gw. I Sam xvii.36)? Wrth siarad â Saul esbonia Dafydd sut y lladdai lew a ysbeiliai ei ddefaid: *Pan fydd yn codi yn fy erbyn, byddaf yn cydio yn ei farf, a'i drywanu a'i ladd. Mae dy was wedi lladd llewod ac eirth, a dim ond fel un ohonynt hwy y bydd y Philistiad dienwaededig hwn, am iddo herio byddin y Duw byw*, gw. I Sam xvii.35–6.

6 **Arthur** Y Brenin Arthur, arweinydd milwrol enwog, gw. G 43; TYP² 274–7 a'r cyfeiriadau ato yn y Mynegai td. 534; *Arthurian Literature in*

the Middle Ages, ed. R.S. Loomis (Oxford, 1959); *The Arthur of the Welsh*, ed. R. Bromwich, A.O.H. Jarman, B.F. Roberts (Cardiff, 1991).

9 **nis bedyddiais** Gair o anghlod eithafol oedd datgan bod rhywun heb ei fedyddio, ac felly y tu allan i gylch y ffydd Gristnogol. Gw. uchod llau. 3–4n.

10 **pais** Yn BD 170 (llau. 22–4) dywedir *Hvnnv a'e kymellassei y ymlad ac ef o achavs ry wneuthur pilis ohonav idav o uarueu brenhined*. Ystyr *pilis* yw 'mantell, clogyn' (gw. *ib.* 273) ac felly y dehonglwyd *pais* yma. Daw *pelisse* o'r Llad. *pellicia* (*uestis*) 'gwisg o grwyn, ffwr'. Am ddefnydd pellach o'r ystyr hon, gw. GGl² 195 (LXXIII.45–6) *Rhoed pilis, rhwydau pali, / Rhita Gawr ar hyd dau gi*. Am ystyron gwahanol, gw. GPC 2670. Ymhellach ar y ddelwedd o wallt godidog yn fantell, gw. C. O'Rahilly, 'Words Descriptive of Hair in Irish', *Éigse* xiii (1969–70), 177–80.

15 **iddaw** At bwy y mae Arthur yn cyfeirio yma? A yw'n ateb her y cawr drwy ddyfarnu y dylai Arthur gadw ei farf? Neu a yw'r brenin yn herio Rhita i'w rhwygo oddi ar ei wyneb? Gellid deall yr ystyr 'Caffed [Rhita] … y pen a'r wyneb hwnnw [yn ogystal â'r farf … dim ond iddo] ei blingo neu ei rhwygo o'i gwraidd!' yn ateb dilornus i sialens y cawr.

22 **gair** Tystiolaeth traddodiad y chwedl werin a olygir yma, y mae'n debyg. Yr oedd Gruffudd Llwyd yn hyddysg iawn mewn llên gwerin.

25 **bagad** Rhestrir *bagwd* yng Ngeirfa IGE² 403, ond ni roir ystyr wrtho; nis rhestrir yn G 49 na GPC 249; felly, nid oes modd osgoi diwygio yn *bagad* 'torf, llu'.

merydd Am yr ystyr 'araf, difywyd', gw. uchod 6.8n; yma fe'i deellir i olygu 'ynfyd'.

30 **berf** Rhestrir yr enghraifft hon o'r gair yn GPC 273 gyda'r ystyr 'rhan-ymadrodd a ddefnyddir i fynegi gweithred neu fod; gair' eithr ni restrir *berf* yn G. Yn ôl GP 14 (llau. 38–40) *Mwyhaf bei ar gerd yw eisseu beryf yndi, kanys eneit ac ystyr a synnwyr pob ymadrawd yw beref*. Neges Gruffudd Llwyd yw fod enaid y moliant sy'n ddyledus i Owain ynghlwm wrth y ffaith ei fod yn gyfarwydd â gwisgo barf dra atyniadol, yn arwydd o'i gryfder a'i wrywdod.

32–4 **Owain … / Mab … / Maredudd** Owain ap Maredudd, noddwr Gruffudd Llwyd, gw. y nodyn cefndir uchod a'r nodyn ar y teitl.

36 **barwn** Gw. uchod 12.72n.

Heiliarth Rhan o Bowys lle yr oedd y Neuadd-wen, gw. IGE² 358. Cofnodir pedwar cyfeiriad at Heularth (-iarth, Heiliarth) yn G 523 d.g. *garth¹* a chyfeirir at yr enghraifft hon fel Bryn Heiliarth, gan ddilyn llsgrau. ADF.

heiliau Ar *hail* 'gwledd, bwyd a diod', gw. uchod 10.3 *heiliau Mordaf*; GDG³ 40 (14.7) *Neud eisiau heiliau*; GO 133 (XX.49) *I vwtler seler kwrs heiliav.*

37 **Cai** Cai ap Cynyr Ceinfarfog, ymysg yr enwocaf o holl ddilynwyr y Brenin Arthur. Yn arwr Celtaidd, rhestrir priodoleddau gwyrthiol Cai yn CO³ 10 (llau. 266–73), 14 (llau. 384–92), 61–2, ond darlun gwahanol a geir ohono yn y chwedlau Ffrengig ac fe'i cyflwynir yno yn gymeriad pigog, sarrug, croendenau, parod i weld bai a pharod i bwdu. Ymhellach arno, gw. TYP² 303–7.

38, 42 **barf** Sylwer ar y modd y trinnir *barf* o safbwynt y gynghanedd: lluniodd Gruffudd Llwyd gynghanedd drychben yn ll. 38 ond y mae'r gyfatebiaeth yn gyflawn yn ll. 42.

40 **rhuddfelyn** Ailadroddir droeon mai barf *rhuddfelyn* (ll. 40), [*p*]*ensel melyn* (ll. 55), *aur* (ll. 61), *cwyraidd* (ll. 64), *gwinau* (ll. 67) oedd barf Owain ap Maredudd ac yr oedd i liw barf arwyddocâd symbolaidd 'with, in an ideal vision, a Celtic strain of fair-haired aristocrats at the top', gw. W. Sayers, 'Early Irish Attitudes toward Hair and Beards, Baldness and Tonsure', ZCP xliv (1991), 188. Yn llenyddiaeth Iwerddon yr oedd gan arwyr eithriadol wallt ac iddo dair haen o liw: brown yn nesaf at groen y pen, gwaetgoch ar ganol y blewyn, ac euraid yn nesaf allan fel coron, gw. C. O'Rahilly, *art.cit.* 177.

42 **Arthur oferfardd** Yn ôl y Trioedd, yr oedd Arthur yn un o'r *Tri Overveird Enys Prydein*, ynghyd â Chadwallon ap Cadfan a Rhahawd fab Morgant, gw. TYP² 21–2. Yn ôl R. Bromwich, *ib.* 21, dylid deall, efallai, '*scurrilous bards*' am oferfeirdd. Tadogwyd ar Arthur englyn milwr digon diawen i farf Dillus Farfog, gw. CO³ 35 (llau. 978–80), englyn y digiodd Cai yn enbyd wrtho gan ei fod yn awgrymu y byddai Dillus wedi trechu Cai pe na bai ef, Cai, wedi ei dwyllo, gw. y nodyn *ib.* 155. Eto yn 'Ymddiddan Arthur a'r Eryr' ymhonna Arthur yn fardd, *Es ryfedaf, kann wyf bard*, gw. Bl BGCC 300 (30.1a) er ei bod yn bosibl mai a'i dafod yn ei foch y dywed hyn. Cf. hefyd GGl² 172 (LXIV.55–8). Am ragor o enghreifftiau o Arthur y bardd, gw. TYP² 21–2.

44 **da** Gellid yma yr ystyr 'daioni' neu'r ystyr 'dewrder', gw. uchod 11.79n.

45–6 **Barf ... / ... Addaf** Nodir yma mai i Adda, y dyn cyntaf, y rhoddwyd y farf gyntaf er mwyn ategu ei fod o oedran gŵr; eithr ni cheir cofnod Beiblaidd fod i Adda farf.

48 **Duw** Deellir yma gyfeiriad at ail Berson y Drindod, sef Crist neu'r ail Adda, gan fod y ll. nesaf yn nodi bod y Duwdod wedi 'cymryd' barf: hynny, y mae'n debyg, yn arwydd o ddyndod Crist yn ogystal â'r Duwdod a oedd iddo cyn hynny. Yn ôl cerdd fer am Grist a'r Apostolion (gw. T. O Máille, 'Críst rocrochad', *Ériu*, iii (1907), 194–9),

yr oedd gan Grist farf laes yn ôl traddodiad llenyddol Iwerddon: *folt dond is ulcha fata / for ind Righ an ro-[f]atta* (*the glorious, very tall king, had brown hair and a long beard*), eithr ni cheir cofnod Beiblaidd fod i Grist farf. Darlunnir Crist yng ngwaith celf yr Oesoedd Canol hefyd yn farfog a gwalltlaes, a'r ddelwedd gref o Grist ar y groes, y 'Volto Santo' yn Eglwys Gadeiriol S. Martino yn Lucca, oedd ysbrydoliaeth nifer o'r delweddau yn y byd gorllewinol, gw. E. Mâle, *Religious Art in France: The Twelfth Century* (Princeton, 1978), 255. Yng Nghymru y mae'r ffigur o Grist sydd ar glawr Llyfr Llandaf yn delweddu Crist barfog, ond nid yw'r ddelwedd honno hyned â'r llsgr.

51 **trylwyn** Rhestrir yr enghraifft hon yn GPC (i'w gyhoeddi) dan yr ystyr 'parod, buan, cyflym, deheuig; disglair, ysblennydd; cadarn; ?hapus'.

54 **llwyn o sidan** Deellir *llwyn* yn drosiadol am dyfiant trwchus barf Owain yn yr un ffordd ag y defnyddir *llwyn* yn air o glod am wallt merch, gw. GDG³ 199 (73.14) *Llwyn aur mâl, llinynnau'r mawl.* Â'r dyfaliad *llwyn o sidan*, cf. DN 89 (XXXII.11) *Llwyn o sidan, a manavr.*

57 **Lleon** Sef Lleon Gawr, ffug eponym am sefydlydd dinas Caer, neu Gaerlleon. Yn ôl Brut y Brenhinedd (gw. RB ii, 63 (llau. 26–30), sefydlwyd y dref gan Lleon ap Brutus Darianlas, neu Lleon Gawr yn ôl rhai fersiynau; gw. hefyd WCD 407. Byddai Caer yn ddinas bwysig i drigolion Powys yn yr Oesoedd Canol.

64 **cyrraedd bron** Â hyd barf Owain ap Maredudd, cymharer hyd barf Fergus (un o arwyr epigau Iwerddon) a gyrhaeddai heibio i'w fogail ac a allai amddiffyn hanner cant o ymladdwyr rhag y storm a'r glaw, gw. *Táin bó Cúailnge: Recension I*, ed. C. O'Rahilly (Dublin, 1976), 82 (llau. 2712–14). Mewn testun arall, nodir droeon fod Cú Chulainn yn ddifarf. Difriir hynny *in serrite óc amulchach* (gw. *Táin bó Cúalnge from the Book of Leinster*, ed. C. O'Rahilly (Dublin, 1967), 21 (ll. 735)) a'i gymryd yn arwydd o anaddasrwydd Cú Chulainn fel ymladdwr.

67 **gwiwne** Sef *gwiw* 'hardd' a *gne* 'lliw'.

68 **gwyn** Ar yr ystyr 'golau o bryd (o wallt)' yn arferol gydag enwau personol, gw. G 743; eithr gellid hefyd yr ystyr 'santaidd, bendigaid, gwynfydedig; da, rhagorol', gw. *ib.*

17

Cerdd fawl orfoleddus i Ruffudd ab Ieuan Llwyd yw'r cywydd hwn. Delfrydir ei lys ym Mathafarn am ei drysorau a'i lewyrch, a gwelir Gruffudd ab Ieuan Llwyd yn safon o ragoroldeb i ymgyrraedd ati ar gyfrif ei linach ysblennydd, ei allu milwrol, ei ragoriaeth foesol, a'i haelioni. Ymhyfryda Gruffudd Llwyd yng nghyfoeth mawr Gruffudd ab Ieuan ac ymfalchïa yn y ffaith fod ei diroedd yn ymestyn o'r môr i'r mynydd (llau.

45–6), a bod ganddo ddeunaw o felinau dŵr (llau. 47–8), ynghyd â gyrroedd o wartheg yn pori'r ucheldir (llau. 49–50).

Cyferchir Gruffudd ab Ieuan Llwyd yn ei henoed (llau. 30, 32, 38, 63–8) gan fardd sydd, yn ôl ei gyfaddefiad ei hun, yn oedrannus (ll. 63). Sonnir am dri mab difai i Ruffudd ab Ieuan Llwyd a adawodd y nyth ym Mathafarn i ymgartrefu mewn ardaloedd newydd (llau. 27–34), ac a oedd, fe dybir, yn anterth eu nerth. Cawn yn y cywydd hwn gip ar sentiment, ac urddas, hynafgwyr sy'n edrych yn ôl ar orffennol gwych ac yn ymhyfrydu ym mireinder y presennol.

Cyfartaledd y cynganeddion yn y cywydd hwn yw: cynghanedd groes 66.1 y cant, cynghanedd draws 16.1 y cant, cynghanedd sain 14.7 y cant a chynghanedd lusg 2.9 y cant. Y mae cynganeddiad y cywydd hwn ychydig yn wahanol i'r hyn a ddisgwylid yn arferol gan Ruffudd Llwyd. Yn ôl meini prawf Thomas Parry,[1] ni pherthyn y cywydd i'r bedwaredd ganrif ar ddeg; ac yn wir, un o gywyddau diweddar Gruffudd Llwyd yw hwn a luniwyd yn ei henaint. Y tebyg yw iddo gael ei lunio yn hwyr yn ail ddegawd y bymthegfed ganrif, er y gellid dadlau bod y canran cynganeddion sain yn dal yn drawiadol o isel i'r cyfnod hwnnw hefyd. Ar yr un pryd ceir yn y cywydd ganran llawer uwch na'r disgwyl o gynganeddion croes[2] a mwy o wallau cynghanedd nag a ddisgwylid i Ruffudd Llwyd eu caniatáu iddo'i hun.[3]

Dau gopi o'r cywydd hwn a oroesodd a'r ddau yn enwi Gruffudd Llwyd fel ei awdur. Efallai, pe ceid rhagor o gopïau, y ceid ffurf gywirach ar gynghanedd llinellau 2, 9, 38, 48 a 52 (gw. y nodiadau isod), a ffurf seithsill ar linellau 2 a 45; neu tybed a briodolid hi i fardd arall llai sicr ei grefft?

---

[1] Gw. T. Parry, 'Dafydd ap Gwilym a'r Cyfrifiadur', YB xiii (1985), 114–22 (a'r cyfeiriadau yno) lle y dywed mai un o nodweddion cywydd o'r 14g. yw fod tua 25 y cant o'r cynganeddion ynddo yn gynganeddion sain; yn GDG xcvi fe ddywed Thomas Parry fod y cyfartaledd hwnnw yn lleihau'n sylweddol erbyn y 15g.

[2] Ar ganu bardd a bontiai'r 15g. a'r 16g., cymharer gwaith Lewys Môn (*fl.* 1485–1527), ganrif, yn fras, wedi cyfnod blodeuo Gruffudd Llwyd, ac fe welir ynddo fod y gynghanedd groes, neu amrywiadau arni, yn digwydd mewn rhyw wyth o bob deg o'r llau. (gw. E.I. Rowlands, 'Dadansoddiad o Gynghanedd Lewys Môn', LlCy iv (1956–7), 135–61, yn enwedig td. 137) a bod y bardd yn manteisio ar oddefiadau a llacrwydd yn y rheolau, ac yn barod i arddel ambell l. nad oedd yn gwbl gywir yn dechnegol (gw. *ib.* 161). Cywydd cynharach yw cywydd Gruffudd Llwyd, ond y mae'r cyfartaledd cynganeddion sain yng nghywydd mawl Gruffudd ab Ieuan yn awgrymu canol y 15g., tra perthyn dyddiadau henaint Gruffudd ab Ieuan Llwyd i ail ddegawd y 15g., fe dybir.

[3] Fe ddywed Thomas Parry am farddoniaeth y 14g., 'Os gwelir rhywbeth o'i le ar gyfatebiaeth y cytseiniaid, gellir bod yn weddol sicr fod y darlleniad yn anghywir neu fod y gerdd yn waith rhywun anghelfydd' (gw. GDG xcviii). Gwelwyd eisoes fod Gruffudd Llwyd yn gynganeddwr gyda'r gorau. Dyna farn Rhys Goch Eryri amdano: *mal Cynddelw y cant* meddai (gw. IGE[2] 159 (ll. 24)). Yr un yw tystiolaeth Llywelyn ab y Moel a ddywedodd mai *Mesur glân a chynghanedd / A synnwyr wiw, sain aur wedd* (gw. GSCyf 14.49–50) oedd nodweddion amlwg canu Gruffudd Llwyd.

teitl **Mathafarn** Plasty yn Llanwrin, gw. ll. 4n isod, a chartref Gruffudd ab Ieuan Llwyd.

2 Y mae'r ll. sillaf yn fyr yn y llsgrau. a dilynir IGE² 131 (ll. 2) ynglŷn â'r darlleniad; ond y mae problem gyda'r gynghanedd yn y ll. hon gan fod *sr* yn cael ei ateb â *rh* oni bai fod *r* yn caledu ar ôl *s*; ond gellid ll. gywir o ddiwygio yn *Y mae llys rydd*, *aml lles rhad*. Noder bod *llys* yn eb. mewn Cym.C., gw. WG 229.

4 **llwyn** Fe'i defnyddir yma yn drosiadol i olygu 'trwch, clwstwr'; gw. hefyd uchod 16.54n.

Llanwrin Plwyf yng nghwmwd Cyfeiliog yn ardal Machynlleth yn sir Drefaldwyn, gw. WATU 142.

9 Y mae cynghanedd y ll. hon yn wallus a cheir *g*- yn ateb *c*-. Gellid diwygio yn *Can ŵr glân*, ond byddai hynny yn difetha'r cymeriad llythrennol yn llau. 9–14.

aur glod Posibilrwydd arall yw deall 'clod rhagorol'.

11–12 **Gruffudd ... / Ab Iefan Llwyd** Gruffudd ab Ieuan Llwyd o Fathafarn yn Llanwrin, noddwr Gruffudd ab Ieuan Llwyd. Ceir ei ach yn L. Dwnn: HV i, 295–6; Pen 72, 232; P.C. Bartrum: WG1 'Seisyll' 3: Gruffudd ab Ieuan Llwyd ap Llywelyn ap Tudur ap Gronwy ab Einion (ll. 15) ap Seisyllt (ll. 17) arglwydd Meirionnydd ab Ynyr Farfdrwch ap Gwyddno Garanhir (ll. 21). Yr oedd Gruffudd yn daid i'r bardd a'r brudiwr Dafydd Llwyd ap Llywelyn ap Gruffudd, *fl.* 1460–80, gw. IGE² 358. Un o gampau'r beirdd oedd ymorchestu mewn dilyn ach, fel yr enghreifftir yma.

15 **Einion** Gw. y nodyn ar ach Gruffudd ab Ieuan Llwyd uchod llau. 11–12n. Am Einion ap Seisyll, gw. y gerdd farwnad iddo o'r 15g. yn GGrG Atodiad i; sonnir yno hefyd am *aer Seisyllt*, *ib.* At.i.21.

17 **Seisyllt** Gw. y nodyn ar ach Gruffudd ab Ieuan Llwyd uchod llau. 11–12n, a ll. 15n uchod. Fe'i henwir am yr eildro yn ll. 36.

Iesu Mab Duw ac ail berson y Drindod, gw. ODCC³ 872–5.

18 **eryr du** Nid yw M.P. Siddons yn gallu gweld esboniad herodrol i'r cyfeiriad hwn a gwêl yma, o bosibl, gyfeiriad brudiol, gw. DWH i, 76, eithr gw. ll. 39n isod.

20 **cowntiau** Dilynir yma awgrym petrus GPC 572 '?iarll, arglwydd', benthyciad o'r S. *count*, ar gyfer yr enghraifft hon o *cownt*. Ni nodir enghraifft arall dan yr ystyr hon. Noder yr *n* berfeddgoll yn y ll., sy'n anarferol yng ngwaith Gruffudd Llwyd.

21 **Gwyddno** Gwyddno Garanhir, *gwyno garianir arglwydd Kantref gwaylod* (gw. Pen 72, 232), brenin o'r 6g. a enwir yn ach Gruffudd ab

Ieuan Llwyd, gw. y nodyn uchod llau. 11–12n. Ar Wyddno Garanhir y traddodiad Cymraeg, gw. CLC² 309; WCD 346–8.

22 **coronaur** Y mae'n dra thebygol mai gwall am *Garanir* sydd yma, a'r enw yn cael ei drychu.

rhannu Yn chwedl 'Culhwch ac Olwen', un o'r anoethau y mae Ysbaddaden Bencawr yn eu nodi yw sicrhau basged hud Gwyddno Garanhir ar gyfer y wledd briodas gan ei bod yn llenwi wrth gael ei gwagio, gw. CO³ 23 (llau. 618–22). Fe'i henwir hefyd yn un o 'Dri Thlws ar ddeg Ynys Brydain' ac meddir yno amdani: pe rhoid ynddi fwyd i un gŵr byddai ynddi fwyd i gan gŵr pan agorid hi, gw. TYP² 240, 245; E.I. Rowlands, 'Y Tri Thlws ar Ddeg', LlCy v (1958–9), 33–69, yn enwedig td. 55. Nid yw'n rhyfedd, felly, fod Gwyddno yn enwog am ei haelioni.

24 **trywyr** 'Tri gŵr', sef tri o bedwar mab Gruffudd ab Ieuan Llwyd, gw. isod ll. 57n. Rhesymol fyddai tybio i Lywelyn, y mab hynaf, aros ym Mathafarn gan fod mab Llywelyn, Dafydd Llwyd y brudiwr, yn sicr yn byw yno yn ei ddydd. Os felly, brodyr Llywelyn, sef Dafydd, Ieuan (Hywel) ac Owain Fychan, fyddai'r tri gŵr a fudodd i Feirionnydd.

28 **Meirionnydd** Yn sir Feirionnydd y cartrefodd tri o feibion Gruffudd ab Ieuan Llwyd, gw. llau. 29n, 31n, 34n isod.

29 **Harlech** Cartref un o feibion Gruffudd ab Ieuan Llwyd (gw. ll. 30), gw. P.C. Bartrum: WG1 'Seisyll' 3 a llau. 11–12n.

31 **Penllyn** Ardal yn sir Feirionnydd (gw. WATU 174, 310) a chartref un o feibion Gruffudd ab Ieuan Llwyd, gw. ll. 11–12n uchod. Gan fod Gruffudd Llwyd wedi enwi'r mab hynaf yn gyntaf, gw. llau. 29–30, dichon mai cyfeiriad at yr ail fab, sef Dafydd, yw hwn, gw. P.C. Bartrum: WG1 'Seisyll' 3.

33 **ni** Ymddengys fod Gruffudd Llwyd yn siarad ar ran ei gyd-feirdd yma, ac eto yn ll. 38 *gorhoffwn*, ffurf 1 ll.pres.myn. y f. *gorhoffi* (gw. G 568), er na ddefnyddir ffurf 1. *bardd* yn ll. 34 *eu bardd*. Neu a allai *bardd* (ll. 34) olygu fod y trydydd mab yn fardd? (Wedi'r cyfan, yr oedd Dafydd Llwyd o Fathafarn (*fl.* 1447–97) yn fardd.)

34 **Castell y Byri** Sef Castell y Bere (gw. I. Williams: ELl 23), cartref un o feibion Gruffudd ab Ieuan Llwyd, gw. llau. 11–12n uchod. Saif Castell y Bere ar graig ar lan Afon Dysynni, ym mhlwyf Llanfihangel-y-Pennant yn sir Feirionnydd, gw. WATU 11.

35 **hyna' i gyd** Cywesgir yn ddeusill er mwyn hyd y ll. Gellid hefyd *hynai' i gyd* a deall yma *hynaif* sy'n gallu bod yn e.ll., gw. GPC 1974 d.g. *hynaf¹*.

38 Hyd ddiwedd y 14g. fe ddisgwylid i'r beirdd ateb *h* yn rheolaidd o flaen yr acen mewn cytseinedd, oddi eithr ei bod yn dilyn y cytseiniaid caled

p, t, c, ff, th, ch, ll, s. Erbyn yr 16g. y mae'r arferiad yn llacio, ac fe enghreifftir ll. o'r 16g. yn J. Morris-Jones: CD 205 *Gruffudd y gŵr a hoffym*, ll. ddigon tebyg ei chynganeddiad i'r ll. hon a briodolir yn y llsgrau. i Ruffudd Llwyd. Am enghreifftiau eraill gan y bardd o beidio ag ateb *h* o flaen yr acen, gw., e.e., 14.22, 75.

39 **llew du** Efallai mai cyfeiriad brudiol yw hwn yn hytrach na chyfeiriad herodrol (fel yn ll. 18 uchod), ond arfbais disgynyddion Seisyll, arglwydd Meirionnydd (gan gynnwys teulu Mathafarn), oedd: 'Argent, a lion passant Sable between three fleurs-de-lis Gules', gw. DWH i, 76. Awgryma'r cyfeiriad hwn fod y llew du yn gysylltiedig â disgynyddion Seisyll erbyn dechrau'r 14g. Cf. GGrG At.i.22 *Aur lew du ar ei wlad oedd* (am Einion ap Seisyll).

40 **yngod** Ar yr ystyr 'yno', gw. GDG³ 605.

angel Fe'i defnyddir yn ffigurol am Ruffudd ab Ieuan Llwyd; cf. 7.31, 60 uchod.

41 **Dyfi** Afon Dyfi; arni, gw. EANC 139–40.

43 **Caerig** Nant fechan yn codi ar y Mynydd Du ac yn rhedeg trwy Lyn Caerig i Ddyfi ym Mathafarn i'r dwyrain o Lanwrin, gw. EANC 182.

45 Sylwer bod y ll. sillaf yn fyr yn y llsgrau.

48 Camosodiad *n dd / dd n.*

49 **da ar fynyddoedd** Ar y farchnad wartheg, gw. W.H. Waters, 'Documents relating to the Office of Escheator for North Wales for the year 1309–1310', B vi (1931–3), 363–4. Ar dalu *commorth* o ddeugain buwch bob dwy flynedd yn Llanfair-ym-Muallt, gw. R.R. Davies, *Lordship and Society in the March of Wales 1282–1400*, (Oxford, 1978), 134; ac am Iarll Henffordd yn gofyn treth wartheg o £36 yn Aberhonddu yn 1340 a'i chodi yn £81 erbyn 1358, gw. *ib.* 140.

52 Y mae'r ll. hon yn rhy hir o sillaf; y mae hefyd yn cynnwys y bai caled a meddal (*c* yn ateb *g*) oni ddiwygir yn *Yn byw'n ei gwrt …*

53 **cerddwyr** Ar 'cerddwr' yn golygu 'bardd', gw. G 135; ymhellach, gw. J.E.C. Williams, 'Cerdd a Phencerdd', LlCy xvi (1989–91), 205–11.

54 **plwy** Ar *plwy(f)* 'pobl y plwyf', gw. GDG³ 484. Deellir mai deisyfwyr fyddai'r rhain a bod croesawu eirchiaid yn glod i arglwydd tir.

55 **Machynllaith** Machynlleth, enw ar gantref a phlwyf yng nghwmwd Cyfeiliog yn sir Drefaldwyn; weithiau fe'i defnyddid yn gyfystyr â chwmwd Cyfeiliog, gw. WATU 148, 259, 301.

56 **Cyfeiliog** Cwmwd ym Mhowys, gw. WATU 54, 259, 300, 301.

57 **meibion** Enwir pedwar mab i Ruffudd ab Ieuan Llwyd yn P.C. Bartrum: WG1: 'Seisyll' 3, sef Llywelyn, Dafydd, Ieuan (Hywel), ac Owain Fychan.

58 **A'u gweryrfeirch, gwŷr arfau** Â'r ll., cf. y ll. ganlynol o awdl Tudur Aled i Siôn Grae, Arglwydd Powys ac Iarll Tancrfil, ganrif yn ddiweddarach, gw. TA 11 (II.74) *A'th holl weryrfeirch, a'th holl wŷr arfog.* Yr oedd Mathau Brwmffild yn hoff o'r gair *gweryrfeirch* hefyd, gw. *Gwaith Mathau Brwmffild*, gol. A. Cynfael Lake (i ymddangos yng Nghyfres Beirdd yr Uchelwyr), 3.42, 5.51, 6.49.

59 **merched** Merched Gruffudd ab Ieuan Llwyd oedd Annes a Jonet, gw. P.C. Bartrum: WG1 'Seisyll' 3.

60 **wyrion** Ar wyrion Gruffudd ab Ieuan Llwyd, gw. P.C. Bartrum: WG1 'Seisyll' 3. Yr enwocaf ohonynt oedd y bardd a'r brudiwr Dafydd Llwyd (nad oedd wedi ei eni pan ganwyd y gerdd hon); arno, gw. ByCy 94; GDLl. Ond tybed a yw *wyrion* yn golygu 'disgynyddion' Gruffudd ab Ieuan Llwyd, yn ogystal â phlant ei blant?

61 **Nudd** Y cyntaf o 'Dri Hael Ynys Prydain', gw. TYP² 5–6, 476–7; WCD 509; a gw. uchod 13.29n.

64 **ytoedd ... ato** Darlleniad y ddwy lsgr. yw *ytoedd* yn ateb *ato* a chadwyd at hynny, yn hytrach nag *ydoedd ... ato*, er mwyn sicrhau cynghanedd reolaidd.

65 **Enog** Enoch, un o batriarchiaid yr Hen Destament a thad yr hynafgwr Methwsela. Bu Enoch fyw i fod yn 365 mlwydd oed, ond ni welodd angau: yn hytrach, cafodd ei gipio i'r nefoedd heb fynd drwy farwolaeth, *Rhodiodd Enoch gyda Duw, a daeth ei oes i ben, oherwydd cymerodd Duw ef*, gw. Gen v.24; Heb xi.5. Pan fo'r beirdd yn cyfeirio at Enoch a'i hirhoedledd, efallai mai Enos fab Seth a olygent: bu hwnnw fyw i fod yn 905 mlwydd oed; arno, gw. Gen v.11.

66 **cofus ... cyfiawn** Canmolir Enoch am ei ffydd, a'i gwnaeth yn gyfiawn yng ngolwg Duw, yn Heb xi.5–6 *y mae tystiolaeth ei fod, cyn ei gymryd, wedi rhyngu bodd Duw; ond heb ffydd y mae'n amhosibl rhyngu ei fodd ef.*

18

Gellir rhannu'r cywydd duwiol hwn yn bedair rhan. Egyr gyda chyfarchiad i'r Tad, i'r Mab, ac i'r Ysbryd Glân (llau. 1–8), cyn symud ymlaen yn yr ail ran i fawrhau Duw am ei waith yn y Cread, yn llunio dyn, ac yna yn darparu bendithion tymhorol ar ei gyfer (llau. 9–40). Llais y bardd mewn gweddi bersonol ac mewn diolchgarwch i Dduw a glywir yn y ddwy adran gyntaf.

Yn y drydedd ran (llau. 41–82) dangosir anaddasrwydd dyn yn ei gyflwr naturiol i gymdeithasu â Duw ar gyfrif y ffaith fod dyn yn sarhau pum archoll Crist a'i ddioddefaint ar y Groes (llau. 49–50), ac yn gorthrymu ei gyd-ddyn (llau. 57–66). Ymosodir ar falchder a thrahauster uchelwyr Cymru, a'u gwanc am arian a chlod, a theg yw tybio bod y cywydd hwn yn weddi gyhoeddus ar ran ei noddwyr, efallai, ac ar ran cynulleidfa uchelwrol Gruffudd Llwyd, yn ogystal â bod yn weddi bersonol, ac mai rhan o fwriad y bardd wrth lunio'r cywydd oedd cyflwyno llais didactig, rhybuddiol, ac offeiriadol.

Er gwaethaf cyflwr truenus y byd a'i bethau yn ystod oes Gruffudd Llwyd, credid y byddai dirywiad pellach cyn y deuai'r byd i ben yn derfynol; canwyd am y dadfeiliad hwnnw eisoes gan y beirdd. Canodd Llywelyn Fardd I ei gerdd 'Arwyddion cyn Dydd Brawd'[1] (yn seiliedig ar fersiwn Damien o'r Pymtheg Arwydd) er mwyn rhybuddio ei gynulleidfa ynghylch yr amryfal argoelion a ymddangosai yn ystod y pymtheg diwrnod cyn Dydd y Farn.[2] (Yr oedd traddodiad y Pymtheg Arwydd yn boblogaidd drwy Ewrop a thybir mai Jerôm Sant a'u cofnododd gyntaf.)

Diwedda'r cywydd drwy sôn am Ddydd y Farn (llau. 83–100) pan fydd y defaid a'r geifr yn cael eu didoli, y llu da i'w osod ar law dde Crist, a'r llu drwg i'w osod ar ei law aswy. Ni leolir cartref tragwyddol yr edifeiriol na'r anedifeiriol yn y cywydd hwn, rhagor na'u bod ar dde ac aswy Crist. Er tynghedu'r cadwedig i wynfyd a'r colledig i wae ni cheir yma ymuniaethu â'u llawenydd nac â'u cyfyngder.[3]

Cynigir pedwar priodoliad yn y llawysgrifau: fe'i priodolir i Ddafydd Llwyd ab Einion Lygliw mewn dwy lawysgrif, i Iolo Goch mewn saith llawysgrif, i Siôn Cent mewn deuddeg llawysgrif, ac i Ruffudd Llwyd mewn dwy lawysgrif ar hugain; ni nodir enw awdur yn llawysgrif BL Add 31062, ac y mae llawysgrif Llst 133 yn datgan mai *Gruffydd Llwyd dd ap Eignion a'i cant Sion Cent medd arall*. Noder bod Saunders Lewis yn gadarn o'r farn mai Siôn Cent a'i lluniodd.[4] A barnu wrth y nifer copïau a oroesodd o'r cywydd hwn, gellir synied iddo fod yn gywydd tra phoblogaidd yn ei ddydd. Eithr y mae'n amhosibl ei ddyddio ar sail tystiolaeth fewnol.

2 **Mair Forwyn** Sef mam yr Iesu. Yr oedd iddi bwysigrwydd mawr yn yr Oesoedd Canol fel un a chanddi fwy o hawl ar fendithion Duw nag a

---

[1] Ymhellach ar awduraeth a dyddiad y gerdd, gw. GLlF 71–2; am y testun, gw. *ib.* cerdd 5. Dyma'r unig enghraifft Gymraeg o'r dosbarth o Arwyddion a gofnodwyd gyntaf yn y *De novissimis et Antichristo*, cap. IV, 'Signa praecedentia judicii diem ex S. Hieronymi sententia' gan Peter Damien (*c.* 1050–70).

[2] Am drafodaeth lawn ar y Pymtheg Arwydd a'r fersiynau Cymraeg ohono, gw. W.W. Heist, *The Fifteen Signs before Doomsday* (East Lansing, Michigan, 1952); *id.*, 'Welsh Prose Versions of the Fifteen Signs Before Doomsday', *Speculum*, xix (1944), 421–32; C.A. McKenna, 'Welsh Versions of the Fifteen Signs before Doomsday Reconsidered' yn *Celtic Folklore and Christianity: Studies in Memory of William W. Heist*, ed. P.K. Ford (Santa Barbara, California, 1983), 84–112; T. Jones, 'Yr Anghrist a Dydd y Farn', B xiii (1948–50), 174–84; J. Szövérffy, 'Eschatologie in mittelalterlichen Hymnen—Homiletische Literatur, mittelalterliche Kunst und die Hymnen', *Zeitschrift für deutsche Philologie*, lxxix (1960), 18–27. (Dilynir yma'r cyfeiriadau a rydd C.A. McKenna yn GLlF 71n1.)

[3] Eithr gw. Math xxv.31–4, 41, ysbrydoliaeth y ddelwedd hon, am eu diwedd tragwyddol.

[4] S. Lewis, *Braslun o Hanes Llenyddiaeth Gymraeg* (Caerdydd, 1986), 109: 'Ni fedrai ond Siôn Cent ei ysgrifennu.'

oedd gan y saint eraill ac o'r herwydd fe gredid bod ei heiriolaeth dros eneidiau yn fwy grymus na'u heiddo hwy. Ymhellach, gw. ODCC³ 1047–9 ac ar gwlt y Forwyn Fair yn y 12g., gw. R.R. Davies: CCC 207–8; J. Cartwright, *Y Forwyn Fair, Santesau a Lleianod: Agweddau ar Wyryfdod a Diweirdeb yng Nghymru'r Oesoedd Canol* (Caerdydd, 1999).

3 **Celi ... Culwydd** Cyfeirir yma at Grist yn ei berthynas â Duw; cf., e.e., GMB 26.43 *Archaf ym Arglwyt, Culwyt Keli* (Einion ap Gwalchmai), *ib.* 29.2 *Erglyw o'm gweti, Keli Kulwyt* (eto); GDB 27.1 *Mau foli Crist celi, Culwydd* (Dafydd Benfras).

un Mab Duw Cyfarchiad cyffredin yng nghanu'r Cywyddwyr, fel yng nghanu'r Gogynfeirdd o'u blaenau: cf., e.e., GCBM ii, 16.3 *Vn Mab Duꞗ.* Dyma a fu credo'r Eglwys Gatholig ar hyd yr oesoedd: 'Credaf yn un Duw, Tad Hollalluog ... / Ac yn un Arglwydd Iesu Grist ...', gw. *Llyfr Offeren y Sul*, gol. J. Fitzgerald & P.J. Donovan ([Aberystwyth], 1988), 5.

5 **Cadair** Y mae i *cadair* yr ystyr 'cân, mesur' yn ogystal â 'gorsedd, arglwyddiaeth' neu 'gadair farddol', gw. LlTA 636–7; am enghreifftiau o *cadair* yn golygu 'gorsedd', cf. GDB 35.34 *Ketwis y gadeir gyt a gꞗenna* (Dafydd Benfras). Yma, fodd bynnag, deellir *cadair* yn ffigurol am 'arglwydd, pennaeth', gw. G 90, GPC 375, a cf. GMB 33.60–1 *Ejnnyoes enryded rac llu annweir / Yn lle ernywet a wna Kadeir* (Meilyr Brydydd). Am Dduw'r Tad a Duw'r Ysbryd yn Arglwydd ar y cyd, gw. isod 19.3 a'r nodyn ar y ll.

7 **trwydoll** Deellir *trwydoll* yn ffurf f. yr a. *trwydwll, trydwll*: D 'perforatus', WG 268 'perforated', GDG³ 603 'briw, toredig' ac IGE² 424 lle yr ychwanegir yr ystyr 'llwyr'; ar y ffurf f. *toll*, gw. CLlH 90. Cf. GDB 4.3–4 *Neut trei callon donn* (*duc vi*) / *Ac neut trꞗydoll o'e golli* (Einion Wan).

8 **a Duw a dyn** Cyfeirir yma at ddwy natur Crist, sef y ddwyfol a'r ddynol, gw. ODCC³ 825–6; *The Religion of the Incarnation: Anglican Essays in Commemoration of Lux Mundi*, ed. R.[C.] Morgan (Bristol, 1989).

12 **gorfuost** Ffurf 2 un.grff.myn. y f. *gorfod* 'gorchfygu, trechu', &c., gw. GPC 1481.

17 **gobryn** Ffurf 3 un.pres.myn. y f. *gobryn* 'teilyngu', gw. G 540.

33–4 **Y tân ... / ... o'r garreg** Cyfeirir yma, y mae'n debyg, at garreg gallestr, *flint*.

34 **Mab Mair** Cyferchir Crist yma fel un a oedd, ynghyd â Duw'r Tad, ynglŷn â'r Creu, cf. M.P. Bryant-Quinn, ' "Archaf Weddi": Rhai Sylwadau ar farwysgafn Meilyr Brydydd', LlCy xx (1997), 15–16.

37 **crwth** Cysylltiadau anhyfryd sydd i'r crwth fynychaf (gw. uchod 5.52n), eithr yma fe'i ceir yn offeryn sy'n dwyn boddhad i ddynoliaeth.

45 **corff ... cig** Cyfeirir yma at ymgnawdoliad Crist, cf. LlDC 60 (29.5) *Mad devthoste yg corffolaeth.*

45, 48 **tyngant ... / ... a dwng** Yr oedd tyngu llw yn weithred anfoesol, anysgrythurol; am ddysgeidiaeth Crist ynghylch llwon, a esboniwyd mewn rhan o'r Bregeth ar y Mynydd, gw. Math v.33–7.

49 **eurgrair** Am *crair* 'gwrthrych a addolir, a berchir, neu a gerir, anwylyd, ?cadernid, gwarant', gw. G 172–3. Am *crair* yn golygu 'amddiffynfa', gw. GMB 16.11 *Archaf nawd Mab Meir, creir credadun* (Elidir Sais) a chan mai achubiaeth pechadur drwy gyfrwng gwaed Crist yw pwnc yr adran hon byddai aralleirio 'amddiffynfa wych' hefyd yn taro'n briodol. Am yr ystyr 'trysor', gw. GPC 578–9.

50 **pum harcholl** Cyfeiriad at y pum clwyf a gafodd Crist ar y groes, cf. GBF 40.60 *Yr y gytaruoll, yr y pymharcholl* (Gruffudd ab yr Ynad Coch). Ar yr anadliad caled yn dilyn *pum*, gw. Treigladau 137, a cf. *Bum hugain* 12.37 uchod. Cwyna'r bardd fod dyn yn sarhau marwolaeth iawnol, aberthol Crist ar y groes.

51–2 **Na chymered ... / Dyn oer enw Duw'n orwag** Y trydydd o'r Deg Gorchymyn, gw. Ecs xx.7.

63 **brwysg ... rhwysg** Ar y trawiad, cf. GCBM i, 16.93 *Brwysc rwysc rwyf*; GCBM ii, 6.280; *ib.* 9.187.

63–4 **Braint ... / ... byrllofiawg** Pwysleisir yn y llau. hyn ddiflanedigrwydd gogoniant dyn; yr oedd *sic transit gloria mundi* yn thema gyffredin ym marddoniaeth grefyddol y cyfnod.

64 **Hwyl berw llif, hael byrllofiawg** Â'r ll. hon, cf. cwpled Dafydd ap Gwilym i'r ddiod fedd, gw. GDG³ 287 (108.17–18) *Hon a wna, anrhegfa rhawg, / Hwyl berw llif, hael byrllofiawg.* Dangosir yn GPC 366 mai'r elfennau *bwr, bwrr* a *llofiog, llawiog* sydd i'r gair *byrllofiawg*, ac mai 'â llaw fawr yn afradu, gwastrafflyd' yw'r ystyr; gthg. IGE² 404 'digyfoeth'. Am y ddihareb *Hael byrllofiog*, gw. W. Hay, *Diarhebion Cymru* (Lerpwl, 1955), 34; enwir yr *Hael byr llouyaʋc a treulho y holl da* ymhlith y rhestr o'r rhai na ddylid credu eu tystiolaeth, gw. A.W. Wade-Evans, 'Peniarth Ms. 37. Fol. 61A–Fol. 76B.', *Cy* xvii (1903), 147 (llau. 9–10); ac ar nodwedd anfoesol ar gymeriad Gwilym Goch, gw. RB 397 (llau. 26–9) *gwilym goch ... hael byrllafyaʋc athraʋs achreulaʋn oed.*

65–6 **A fo hael ... / ... bid o'i dda ei hun** Tinc diarhebol sydd i'r llau. hyn, cf. W. Hay, *Diarhebion Cymru* (Lerpwl, 1955), 34 a ll. 64n uchod.

68 **môr tawch** Sef 'y môr, y weilgi', gw. IGE² 359; fe'i hunieithir weithiau â Môr y Gogledd, y Môr Coch, a Môr Iwerydd, yn ogystal â'i

ddefnyddio'n ffigurol, gw. GPC 2485. Defnydd ffigurol sydd i'r enghraifft hon, fel i R 1304.23 *Gϭneuthost uor taϭch. athir ffrϭythlaϭch. aϭch uchelaϭdyr* (Dafydd y Coed).

a dyr muriau Noder y cedwir yma ffurf gysefin y goddrych ar ôl ffurf 3 un.pres.myn. y f. *torri*, gw. Treigladau 193. Gellid yma yr ystyr 'malurio' neu efallai 'torri [yn erbyn]'.

muriau'r tir Proffwydir y bydd y môr yn creu adfeilion o amddiffynfeydd a gwrthgloddiau Cymru wrth i Ddydd y Farn nesáu; gellir deall hynny yn llythrennol neu'n ffigurol.

79–80 **Daear ... / A grŷn** Yn fersiwn Damien o'r Pymtheg Arwydd byddai'r ddaear yn crynu a dadfeilio ar y pumed diwrnod cyn Dydd y Farn, gw. PL cxlv, col. 840. Cf. GLlF 5.33, 36 *Wythuet dyd dybyd dyar / ... Val yt gryn dyn a daear* (Llywelyn Fardd I) lle y digwydd y dirywiad ar yr wythfed dydd cyn y Farn.

84 **corn Dyddbrawd** Gelwir pawb i'r Farn â llef utgorn, gw. Math xxiv.31.

86 **mynydd mawr** Cyfeirir yma at Fynydd yr Olewydd a safle'r Farn, gw. GDB 10.50 *Deuwn rac y uronn Urynn Olifer* (Llywelyn Fardd II), er mai yn nyffryn Jehosaffat yr eistedd yr Arglwydd mewn barn, yn ôl Joel iii.12; LlA 61 (ll. 16) *Ac yglynn iosaphath ybyd yvraϭt.*

89–90 **yn dangos ... / ... Dy welïau** Credid y deuai Crist i farnu'r byd yn yr un cyflwr corfforol ag ydoedd adeg y Croeshoelio, gw. T. Jones, 'Yr Anghrist a Dydd y Farn', B xiii (1948–50), 181 *Yna, gwedy darffo gossot pob peth yn y lle yr ymdengys Crist Vn Mab Duw, yn y delw a'r drych y bu ef yn y byt yn godef lleas yr prynu y etholedigyon, gan dangos y archolleu a'e welioed a'e groes a'r kethri a'r goron drein a'r gwayw.*

89 **tablglos** Deellir yma y cyfansoddair *tabl* 'table, tablet?' (gw. EEW 85), sef cyfeiriad at y tabl cyfreithiol sy'n eiddo i Grist ar ffurf dwy lech ar y rhai yr ysgrifennodd Duw ei orchmynion (gw. Ecs xxiv.12) a *clos*[1] 'clawstr, côr, llys', &c. (gw. GPC 508), 'llys y tabl'. Am enghraifft bellach o glos neu lys Duw yn gyfeiriadaeth at y nefoedd, gw. IGE[2] 313 (llau. 19–20) *Geilw dorfoedd, golau derfyn, / I glos Duw nog i lys dyn!* (Rhys Goch Eryri).

91 **llu gwyn** Thema gyffredin ymysg beirdd yr Oesoedd Canol oedd y gred boblogaidd am y 'tri llu', sef y syniadaeth fod y ddynoliaeth yn cael ei rhannu'n dair carfan ar Ddydd y Farn, ar sail addasrwydd pob unigolyn i gael ei alw i'r nefoedd. Gelwid y *llu gwyn*, y *valde boni*, i'r nefoedd, yr *omnino damnati* i uffern, a'r *mediocriter boni* i'r Purdan, gw. LlDC 11 (5.132–41); GMB 28.7 *Pan del rac Yessu trillu trallaϭd* (Einion ap Gwalchmai); HG Cref 139–40; J.E.C. Williams, 'Efengyl

Nicodemus yn Gymraeg', B xiv (1950–2), 108–12; J. Le Goff, *The Birth of Purgatory*, trans. A. Goldhammer (London, 1984), 223–4.

92 **i'th ddeheulaw** Tardda gobaith y bardd am le i'r credinwyr ar ddeheulaw Crist o Efengyl Mathew yn y Testament Newydd, gw. Math xxv.32–4.

93 **a'r rhai difedydd** Credo'r Oesoedd Canol ynghylch bedydd oedd a ganlyn: *Sef y6 rin6ed ybedyd. bot yn vaddeuedic diboen ydyn yholl pechodev g6edy bedyd. Aheb vedyd nyt oes fford. nagobeith ydyn caffel g6aret. na nef*, gw. LlA 145 (llau. 4–6). Tynghedwyd y sawl nas bedyddiwyd i ddamnedigaeth dragwyddol.

94 **asau** Amrywiad ar *aswy*, gw. GPC 219. Seiliwyd gweledigaeth y bardd mai ar law aswy Crist y lleolir yr anedifeiriol ar Ddydd y Farn ar Efengyl Mathew yn y Testament Newydd, gw. Math xxv.32–3, 41.

am wnaethesynt Sef cywasgiad o *am a wnaethesynt*; ffurf 3 ll.grb.myn. y f. *gwneuthur* yw *gwnaethesynt* a'r ffurf reolaidd mewn Cym.C. oedd *gwnaethoeddynt*.

96 **tâl** Cyfeirir yma, o bosibl, at y gred ganoloesol fod ysgrifen ar dalcen pob unigolyn a ddeuai i'r Farn, gw. y cymal yn 'Ymryson yr Enaid a'r Corff' *ddydd Brawdd pan vo yn ysgrifenedic gweithred pawb yni daal*; ystyrier hefyd y cwpled isod o waith Gruffudd Hiraethog *Pan ddêl, diogel digiaw, / Pob drwg yn nhalcen pawb draw*; a cheir cyfeiriad at ysgrifennu ar dalcen yn Nydd y Farn yng ngwaith Hywel Swrdwal *pob talcen ai scrifennv*; am y cyfeiriadau uchod, gw. E.I. Rowlands, 'Dydd Brawd a Thâl', LlCy iv (1956–7), 82. Bernid pob unigolyn yn ôl tystiolaeth ei dalcen. Am nodau eraill ar dalcen, gw. Llyfr y Datguddiad yn y Testament Newydd sy'n cyfeirio at sawl nod ar dalcen, sef sêl Duw (Dat vii.3), enw Duw (Dat xiv.1), nod y bwystfil (Dat xiii.16), a'r nod ar dalcen y Butain (Dat xvii.5). Y mae'n bosibl mai sêl Duw a olygir yma, gw. Dat vii.3 *Peidiwch â niweidio na'r ddaear na'r môr na'r coed nes inni selio gweision ein Duw ar eu talcennau*; *ib.* ix.4; GBF 33.78 *Dot not y'm h6yneb, a'm hadneppych* (Madog ap Gwallter).

97 **nawdd** Ar ystyr gyfreithiol y gair, gw. A.H. Pryce, 'Native law and the Church in medieval Wales' (D.Phil. Oxford, 1985), 220–5.

100 **geuog** Amrywiad ar *euog*, gw. GPC 1256.

19

Cerdd dduwiol ar destun canolog i'r ffydd Gristnogol, a thestun a oedd yn
ganolog i waith y beirdd canoloesol,[1] yw'r cywydd hwn o fawl i'r Drindod.
Er nad yw'r gair *Trindod* yn digwydd yn y Beibl, eto y mae'r cysyniad yn
amlwg drwy'r ysgrythurau. Egyr y cywydd yn llawn brwdfrydedd gyda
chyffes wresog i gred ddiysgog Gruffudd Llwyd yn Nuw, yng Nghrist, ac yn
yr Ysbryd Glân yn Dri Pherson ac yn Un sylwedd (llau. 1–20). Eithr nid
pawb sy'n deall nac yn credu yn y Drindod, meddir. Awgrymir datrysiad i
broblem y sawl na allai gysoni'r ffaith fod y Drindod yn Un ac yn Dri (llau.
5–6, 21–2) drwy ddarlunio'r Drindod ar ffurf cyrn carw, sy'n *dair osgl* (ll.
29) ac ar yr un pryd yn *un corn main* (ll. 31). Yna (llau. 33–8) darlunnir
Duw fel ywen deg, yn pontio daear a nefoedd. Er mai Duw a enwir yma,
nid yw'n amlwg bob amser at ba un o dri Pherson y Drindod y cyfeirir yng
ngwaith y Cywyddwyr nac yng ngwaith y Gogynfeirdd o'u blaenau,[2] ac y
mae'n ddigon posibl mai Duw'r Mab a olygir yn llinell 34. Sefydlodd ach y
Meseia le iddi'i hun yn y byd celf dros y canrifoedd ar ffurf coeden:

> The usual form is that of a tree springing from the loins of a recumbent
> Jesse, amid the branches of which are seated the ancestors of our Lord,
> culminating in the Virgin, above whom sits our Lord surrounded by
> seven doves typifying the sevenfold gifts of the Holy Ghost ... The Jesse
> tree was made in each century from the twelfth to the sixteenth century.[3]

Yr oedd y darlun o Grist yn 'Bren y Bywyd' hefyd yn rhan o'r
ddelweddaeth ganoloesol[4] ac mewn rhai murluniau canoloesol portreedid
Duw'r Mab ar ffurf Pren y Rhinweddau gyda'r canghennau yn cynrychioli
rhinweddau Crist, ac weithiau yn cynrychioli etholedigion Crist.[5] Nodir yn
y gymhariaeth rhwng y Drindod a'r ywen fod i'r ywen dair elfen, sef
gwraidd, corff, a brig, ac eto ei bod yn un goeden.

Cyflwynir trydedd cymhariaeth i egluro natur y Drindod (llau. 39–44),
gan weld y Drindod fel yr haul: y mae'n dair elfen, sef yn belen, yn
belydrau, ac yn wydr, ac eto un haul ydyw.

Gwelir patrwm i'r math hwn o ddisgrifiad esboniadol yn un o destunau
Llyfr yr Ancr, sef 'Y Drindod yn un Duw',[6] lle y cyffelybir tri Pherson ac un
sylwedd y Drindod i dair elfen ym myd natur sydd hefyd yn un hanfod.
Noda'r traethawd hwn yn Llyfr yr Ancr hefyd dair cymhariaeth. Yn

---

[1] Noder, e.e, LlDC (cerdd 10); cywydd Dafydd ap Gwilym 'Da fu'r Drindod' yn GDG[3] 8
(cerdd 3); cywydd enwog Siôn Cent 'I'r Drindod' yn IGE[2] 295–6 (cerdd XCVIII); awdl faith
Casnodyn yn GC 51–6 (cerdd 7); a chyfres hir o englynion Lewys Glyn Cothi, gw. GLGC 1
(cerdd 1).

[2] Gw. J.E. Caerwyn Williams, *Canu Crefyddol y Gogynfeirdd* (Abertawe, 1977), 24.

[3] A.J. de Havilland Bushnell, *Storied Windows* (London, 1914), 15.

[4] Yn seiliedig ar Dat ii.7; xxii.2, 14.

[5] J. Spiers, *Medieval English Poetry—the Non-Chaucerian Tradition* (London, 1971), 389.

[6] Gw. LlA 162–3.

gyntaf, fod y Drindod yn gof, meddwl ac ewyllys; yn ail, fod y Drindod yn haul, sef yn belen, yn belydr, ac yn wres; ac yn drydydd, fod y Drindod yn ffynnon, yn nant, ac yn llyn ond eto yn un dwfr.

Yn llinellau 45–66 disgrifir hanes cenhedlu Crist a'i enedigaeth i Fair er Ei fod yn bodoli o'r dechreuad (ll. 59). Cyflawnodd Crist Ei waith Iawnol yn fuddugoliaethus ac fe'i coronwyd â gogoniant ac anrhydedd oherwydd iddo farw dros bob dyn a'i brofi Ei hun yn unig frenin dynoliaeth (llau. 63–6). Nodir bod yn eglwys blwyf y Trallwng ddelw o'r Drindod (llau. 69–76) ac anogir cynulleidfa'r cywydd i addoli'r Drindod yn ôl gorchymyn y *Laudate* (llau. 87–8). Daw'r cywydd i ben gyda chân fuddugoliaethus, mydryddiad o Salmau 148–150, yn disgrifio moliant eiddgar gwahanol rannau o'r bydysawd i'r Crëwr a'r Cynhaliwr, Crist Iesu, oherwydd hebddo Ef ni ddaethai un dim i fod.

Ychydig a wnaed hyd yma i ddangos y berthynas agos a oedd rhwng barddoniaeth, drama, a chelf weledol yn ystod yr Oesoedd Canol, llai fyth i esbonio'r berthynas honno. Enghraifft o'r cysylltiad agos hwnnw rhwng delweddaeth a symboliaeth y gwahanol gelfyddydau yw llinellau 67–88 y cywydd hwn. Er bod ymhell dros 90 y cant o'r cerfluniau a fodolai yn yr eglwysi a'r Eglwysi Cadeiriol, yn Lloegr o leiaf, wedi diflannu,[7] eto fe gadwyd digon i fedru casglu bod yr hyn a welid yn ddyddiol gan bobl gyffredin yn ddelweddaeth gref a dylanwadol. Oddi mewn i'r eglwysi ceid delweddau o'r prif destunau crefyddol, megis Cyfarchiad yr Archangel Gabriel, Mair a'r Baban, y Dioddefaint, yr Atgyfodiad, y Farn, ac fel y gwelir yma, ddelwau o'r Drindod. Yr un pynciau a oedd ar feddwl cerflunwyr a beirdd fel ei gilydd am mai'r un syniadau a oedd ym meddyliau eu cynulleidfaoedd, ac am y credid bod y delweddau hyn yn dylanwadu'n llesol ar y gynulleidfa honno.

Perthyn y ddelw a grybwyllir gan Ruffudd Llwyd i'r categori o ddelwau y dylid plygu iddynt (ll. 68): delw sy'n ennyn addoliad ydyw. Lleolir y ddelw yng nghangell (ll. 73) eglwys y Trallwng (ll. 74) lle y mae'r Tad a'r Mab a'r Ysbryd Glân yn teilyngu mawl (llau. 74–6). Ar sail yr wybodaeth hon, awgrymir mai delw wydr o'r Drindod, wedi'i lleoli mewn ffenestr liw uwchben yr allor yng nghangell yr eglwys, fyddai hon (neu efallai gerfiad ar yr allor oddi tani). Yn y gangell, ar yr allor o dan y ffenestr liw, y byddid yn addoli'r Drindod yng ngwasanaeth y Cymun Bendigaid, ac felly fe ellid gweld y ddelwedd ar yr un pryd ag y byddid yn dathlu'r Cymun oddi tani.

Delwedd gyffredin o'r Drindod yn ystod yr Oesoedd Canol oedd ffigwr o'r Tad, yn fawrwych a thrugarog, yn dal breichiau'r croesbren y crogai'r Mab croeshoeliedig arno, a chyda'r Ysbryd Glân ar ffurf colomen wen ddof ar Ei fynwes. Y mae'n bosibl iawn mai delw felly a welodd Gruffudd Llwyd yn eglwys blwyf y Trallwng. Goroesodd enghreifftiau Cymreig o'r fath o gyfnod ychydig yn ddiweddarach na chyfnod y cywydd hwn, o tua 1450, sef

---

[7] L. Stone, *Sculpture in Britain: the Middle Ages* (Harmondsworth, 1972), 2.

cyfnod ailgodi'r eglwysi a'u hailaddurno yn dilyn eu difrodi yng nghyfnod Gwrthryfel Glyndŵr ddechrau'r bymthegfed ganrif. Goroesodd y ddelwedd, er enghraifft, yn ffenestr liw eglwys Llanrhychwyn, Nanconwy; yn eglwys Biwmares, Ynys Môn, lle y ceir trindod o'r fath mewn efydd; ac mewn tympanwm o Gaergybi, Ynys Môn, yn ddiweddar yn y bymthegfed ganrif.[8]

Delweddu aberth Iawnol Crist y Mab a wna'r delwau hyn o'r Drindod, athrawiaeth a oedd yn ganolog i athrawiaeth ganoloesol yr Ewcharist. Cynrychiolai'r croesbren aberth Crist ar Galfaria dros bechodau'r ddynoliaeth ac oherwydd bod croesbren y ddelwedd yn cael ei ddal a'i gynnal gan ddwylo Duw, portreedir y Tad yn cynnal ac yn derbyn aberth Crist y Mab yn nhangnefedd yr Ysbryd Glân.

Adlewyrchir gwybodaeth Gruffudd Llwyd o faterion a defodaeth eglwysig yma a thraw drwy'r farddoniaeth. Efallai fod briwsionyn o ateg i hynny, os gellir credu'r dystiolaeth, yn y cyfeiriad a geir wrth droed un o'r copïau o'r cywydd hwn fod Gruffudd Llwyd yn *Chawnsler o eglwys hennffordd*. Gwelir y datganiad hwnnw yn llawysgrif Card 2.26 [= RWM 18], 190; ysgrifennwyd y nodyn yn 1588, yn ôl G.J. Williams.[9] Pe bai'r haeriad yn wir, byddai Gruffudd Llwyd yn gynghorwr eglwysig, ond dyma'r unig awgrym o hynny. Byddai haeru bod cysylltiad rhwng Gruffudd Llwyd ac Esgobaeth Henffordd yn addas o ran daearyddiaeth o gofio mai bardd o Bowys ydoedd, ond y mae'n fwy arwyddocaol na ddigwydd ei enw yn rhestr John Le Neve o gangellorion Esgobaeth Henffordd yn ystod y cyfnod 1300–1541.[10]

Ceir tri thestun anghyflawn o'r cywydd hwn. Cynigia llawysgrif Gwyn 3 linellau 1–98 a gorffen gyda llinellau o gywydd Siôn Cent 'Rhag digio Duw',[11] a'r un patrwm sydd i destun llawysgrif LlGC 2014B [= Pant 46]. Cynigia llawysgrif Bangor (Mos) 2 linellau 1–24 yn unig; ac y mae rhestr John Jones Gellilyfdy yn cynnig y cwpled cyntaf yn unig, yn ôl y disgwyl.

Eto, o roi coel ar y nodiadau sydd wrth droed y cywydd, gellir dyddio'r gerdd rywbryd yn ystod teyrnasiad y Brenin Harri IV (1399–1413) yn ôl llawysgrifau BG, neu yn ystod oes Owain Glyndŵr (c. 1354–c. 1416)[12] o ddilyn llawysgrifau EJKMNQ. Tebyg yw barn D. Simon Evans, a ddywed: 'They [sef Tri Pherson y Drindod] are devoutly praised by Gruffudd Llwyd (c.1380–1420), as austerity tightens its grip on him in his later years.'[13]

---

[8] Diolchir i Dr J. Morgan-Guy am y cyfeiriadau hyn.

[9] Gw. IGE[2] xix.

[10] John Le Neve, *Fasti Ecclesiae Anglicanae 1300–1541 II Hereford Diocese*, compiled by J.M. Horn (London: University of London Institute of Historical Research, 1962), 12–14.

[11] Gw. IGE[2] 276 (ll. 5)–277 (ll. 18).

[12] CLC[2] 549; ByCy 650–1; ceir trafodaeth ar ddyddiad ei eni yn J.E. Lloyd, *Owen Glendower* (Oxford, 1931), 18, ac ar ddyddiad ei farwolaeth yn R.R. Davies: ROG 327–8.

[13] D.S. Evans, *Medieval Religious Literature* (Cardiff, 1986), 16.

Bu brwydro ffyrnig yn ardal y Trallwng yn ystod dyddiau cyntaf Gwrthryfel Glyndŵr, ganol Medi 1400.[14] Yn ôl tystiolaeth bellach *Chronicon Adae de Usk* fe anrheithiwyd yr eglwys yn yr hydref, 1401, eto yn rhan o ymosodiadau'r Gwrthryfel.[15] Go brin y byddai delw fel yr un a ddisgrifir yma wedi goroesi ymosodiadau o'r fath. Os gwir y dystiolaeth am y brwydro, y mae'n rhaid dyddio'r cywydd i'r bedwaredd ganrif ar ddeg, ac i'r flwyddyn 1400 man pellaf, gan na cheir ynddo ddim tystiolaeth i'r difrodi a fu ar eglwys y Trallwng yng nghyfnod Glyndŵr.

1–4 **Credu 'dd ydwyf ... / I Dduw Tad ... / Ac i'r Ysbryd ... / Ac i'r Mab** Mydryddir yma Gredo'r Eglwys Gatholig, gw. *Llyfr Offeren y Sul*, gol. J. Fitzgerald a P.J. Donovan ([Aberystwyth], 1988), 5.

  3 **cyd Gadair** Cyfeirir at Dduw'r Tad a Duw'r Ysbryd yn 'Arglwydd ar y cyd', cf. y cyfeiriad atynt yn *un Gadair* uchod 18.5n.

  4 **Mair** Sef mam Iesu; yn ôl credoau'r Eglwys Gatholig, fe'i cyfrifid yn flaenllaw ymysg ei saint, gw. ODCC³ 1047–9.

5–6 **Un ... / ... a Thri** Un o ddirgelion y Drindod yw fod yr un Duw yn bodoli yn un sylwedd, ac ar yr un pryd yn dri Pherson, sef Tad, Mab ac Ysbryd Glân: *Oblegid y mae tri yn tystiolaethu yn y nef; y Tad, y Gair, a'r Ysbryd Glân: a'r tri hyn un ydynt*, gw. 1 Io v.7 Ar natur y Drindod, gw. ODCC³ 1641–2; T.F. Torrance, *The Trinitarian Faith: The Evangelical Theology of the Ancient Catholic Church* (Edinburgh, 1985); id., *The Christian Doctrine of God, One Being Three Persons* (Edinburgh, 1996).

  6 **athrawon** Cyfeirir yma at ddysgawdwyr yr Eglwys, o bosibl, gyda'r pwyslais ar statws Duw yn feistr arnynt hwythau; ar gyfeirio at Dduw yn *Athro*, cf. GCBM ii, 18.90 *Can wyd Athro ym na'm ethryad—o'th fann.*

  7 **ydoedd** Diau fod yma gydnabod enw Duw 'Ydwyf yr hyn ydwyf', gw. Ecs iii.14–15 *Dywed hyn wrth feibion Israel, 'Ydwyf sydd wedi fy anfon atoch' ... Dyma fydd fy enw am byth, ac fel hyn y cofir amdanaf gan bob cenhedlaeth.* Dywedodd Iesu yr un peth amdano'i hun, gw. Io viii.58 *cyn geni Abraham, yr wyf fi.* Ymhellach, gw. ODCC³ 685, 1772 d.g. *Yahweh.*

 14 **aderyn gwyn gwâr** Cyfeiriad at golomen, aderyn a ddefnyddir yn symbol o'r Ysbryd Glân yn yr Ysgrythurau oherwydd fe'i hystyrid yn arwydd o dynerwch a diniweidrwydd, gw. Math x.16. Rhagfynega yr Archangel Gabriel hanes yr Ysbryd Glân yn syrthio ar Fair ac yn cenhedlu plentyn yn ei chroth, gw. Luc i.35. Sonnir am yr Ysbryd Glân

[14] R.R. Davies: ROG 102.
[15] Adam of Usk, *Chronicon Adae de Usk A.D. 1377–1421*, ed. E. Maunde Thompson, (London, 1904), 69–70, 237.

yn syrthio fel colomen hefyd adeg bedyddio Iesu: *pan gododd allan o'r dŵr, dyma'r nefoedd yn agor iddo, a gwelodd Ysbryd Duw yn disgyn fel colomen ac yn dod arno. A dyma lais o'r nefoedd yn dweud, 'Hwn yw fy Mab, yr Anwylyd; ynddo ef yr wyf yn ymhyfrydu'*, gw. Math iii.16–17. Dyma arwydd o law gynhaliol Duw ar Grist wrth iddo fynd at Ei waith yn achub pechaduriaid, gw. ll. 19 isod. Yn aml fe welir y ddelwedd o'r Ysbryd Glân fel colomen, ar y cyd â'r delwedd o Dduw a Christ, yn rhan o ddelwedd o'r Drindod.

16 **clust** Efallai fod yma awgrym fod yr aderyn yn treiddio yn llythrennol drwy glust Mair, 'yn gyson â'r syniad bod Mair wedi'i beichiogi â'r gair trwy'i chlust', gw. J. Cartwright, *Y Forwyn Fair, Santesau a Lleianod* (Caerdydd, 1999), 61 ynghyd â phlât 4.

morwyn Sef Mair Forwyn, gw. ll. 4n uchod.

19 **rhyfel gelyn** Nid rhyfel rhwng cenhedloedd a olygir yma ond y rhyfel ysbrydol a ymleddid rhwng Crist a'r Diafol a'i luoedd, sef rhyfel yr Oen, gw. Dat xvii.14.

20 **gwir Dduw ... gwâr ddyn** Ar ddwy natur Crist, sef y ddwyfol a'r ddynol, gw. uchod 18.8n.

22 **para drend!** Ar *pa ryw, para, pary, pa'r* 'what, what kind (*of*), what sort (*of*)', gw. GPC 2661 d.g. *pa*[1]. Rhoddir y cyfuniad *para drend* ym Mynegai IGE[2] 419 yn ddiesboniad. Ar *trend* awgrymir deall benthyciad o'r S. *trental* yr oedd iddo'r ffurf gryno *trent*, '*a set of thirty requiem masses said on the same day or on different days*' neu 'loosely. *An elegy or dirge*' (gw. OED[2] xviii, 485), cf. [*g*]*weddeiddlwyr wawd*, ll. 21. Neu tybed a ddylid deall yma y ffurf S. *trend* a oedd â ffurf H.S. *trinde* '*round lump, ball*' (gw. *ib.* 484) gan rag-weld y gymhariaeth rhwng y Drindod a'r haul yn llau. 39–44?

23–4 **Mi a'i gŵyr ... / ... poenau nis gad** Sylw a geir yma ar y datganiad a wnaed yn llau. 21–2, sef *Rhai ni ŵyr ... / ... pwy yw'r Drindod*. Y mae ymateb Gruffudd Llwyd i'r mater yn ddeublyg: pan fo'r bardd mewn cyflwr ysbrydol cywir fe ŵyr pwy yw'r Drindod ac y mae'n diffinio hynny drwy ddweud *mau ei gariad*; pan nad yw'r bardd mewn cyflwr ysbrydol da, daw *poenau* di-baid, a gellir deall wrth hynny boenau meddyliol a/neu gorfforol, neu gellir aralleirio *poenau* yn geryddau. Ar *Pan nas gwn*, gw. GMW 243 *Py na(t) ... Also pa ny(t)*.

25 **carw** Cymherir Duw â charw ac yn y disgrifiad trosiadol a thelynegol hwn o garw delfrydol (llau. 25–32) gwelir cyrn y carw ysblennydd yn ysgol i'w dringo, ac fe'u cymherir ag ywen ganghennog (llau. 33–4) sy'n ddarlun o Dduw. Y mae'n bosibl mai Duw'r Mab a olygir yma, sef yr un a weithredodd fel ysgol rhwng daear a nefoedd a chyfrwng cyfathrebu rhwng Duw a dyn, gw. y nodyn cefndir uchod. Ar y carw yn

arwydd o hirhoedledd (i'w gymharu, efallai, ag anfarwoldeb fel yn y darlun o'r ywen, gw. ll. 34n isod), gw. uchod 6.4n.

29 **tair osgl** Cf. yr un trosiad yng ngwaith Lewys Glyn Cothi yn ei gywydd i dri mab Dafydd ap Hywel ap Meilyr o Elfael *mae yn Elfael drihael draw / yn dair osgl wedy r' wisgaw*, gw. GLGC 333 (149.31–2).

30 **cyn hanner ei flwydd** Y mae carw yn colli ei gyrn ac yn tyfu cyrn newydd yn flynyddol. Ni ddisgwylid i gyrn carw dyfu i'w llawn faint mewn llai na chwe mis. Byddai carw gwyllt yn ei anterth yn ddeuddeng mlwydd oed, a dyna pryd y byddai'n tyfu ei ben gorau. Ymhellach, gw. J.G. Millais, *British Deer and their Horns* (London, 1897).

34 **ywen** Cymherir Duw ag ywen, coeden fytholwyrdd a gysylltir ag anfarwoldeb yn y dychymyg Indo-Ewropeaidd a phren a blennid mewn mynwentydd Cristnogol yn symbol o anfarwoldeb yr enaid. Darlunnir canghennau'r ywen yn bont rhwng Duw a dyn. Tybed ai cyfeiriad at Dduw'r Mab sydd yma, sef y cyfryngwr rhwng Duw a dyn? Gw. 1 Tim ii.5 *Oherwydd un Duw sydd, ac un cyfryngwr hefyd rhwng Duw a dynion, sef Crist Iesu, a oedd yntau yn ddyn*. Ffynhonnell bosibl i'r ddelwedd hon yw 'Credo Saint Athanasius' lle y disgrifir Mab Duw yn cymryd arno'i hun natur dyn *megys pei plennyt keing oryỽ brenn ymyỽn prenn arall*, gw. LlA 140 (llau. 3–4).

43 **llen a'r dröell** Cyflwynir yma drydedd cymhariaeth i esbonio natur y Drindod. Yn ogystal â gweld y Drindod fel cyrn carw ac fel canghennau'r ywen, fe'i gwelir y tro hwn fel yr haul. Topos yng nghanu'r Cywyddwyr oedd gweld cartref y Drindod yn yr haul disglair, cf. IGE² 93 (XXXI.21–2) *Bu'r Drindod, is rhod yr haul, / A'i hannedd yn y wennaul.* Yr oedd olwynion o bob math yn symbolau nerthol a welid yn aml mewn cerfluniau a murluniau eglwysig: 'there is the Wheel of Fortune, the Wheel of Heaven and its music, the Wheel of Life or of the Seven Ages of Man, the Wheel of the Senses, and so on', gw. J. Spiers, *Medieval English Poetry—the Non-Chaucerian Tradition* (London, 1971), 389. Ar y darlun o belydrau'r haul yn disgleirio drwy wydr yn ddelwedd o ymgnawdoliad Crist, gw. A. Breeze, 'The Blessed Virgin and the Sunbeam through Glass', *Celtica*, xxiii (1999), 19–29 (er na chytunir yn hollol â'r aralleiriad sydd yno o'r llau. hyn, gw. *ib.* 21).

48 **rhoi mab ar faeth** Cyffelybir gweithred Duw yn rhoi Iesu i gartrefu gyda Mair Forwyn ag arfer uchelwyr y cyfnod yn anfon eu plant i'w meithrin gyda rhai nad oedd yn rhieni gwaed iddynt. Nodwedd ar berthynas faeth oedd cryfder y cystlwn rhwng y ddwy ochr.

49 **Gabriel** Yr Archangel Gabriel, gw. ODCC³ 648. Traethir arno yn LlA 102 (llau. 1–2, 5–6) *Archegylyon tyỽyssogyon yr egylyon ynt. kannys ypetheu mỽwyhaf avanagant ... Gabiel agyfyeithir yngedernyt duỽ*. Yn llau. 49–51 cyfeirir at waith Gabriel yn cyhoeddi i Fair ei bod i eni

Crist, gw. y traethodyn 'Rhybudd Gabriel at Fair' yn LlA 159, a cf. Luc i.26–56.

gradd Ar y naw radd o angylion y nefoedd, gw. LlA 101 (llau. 25–8) *Naͼrad adyͼeit yr ysgrythur lan ybot or egylyonn. nyt amgen. Engylyon. Archegylyon. Kadeiryev. Arglͼydiaetheu. Tyͼyssogaetheu. Medyannev. Nerthoed. Cherubin. Aseraphin.*

57–60 Mydryddiad o adnodau cyntaf yr Efengyl yn ôl Ioan a geir yma, gw. Io i.1–2. Â'r llau. hyn, cf. 'Efengyl Ieuan Ebostol' yn LlA 160–2.

61 **sôn** Gw. uchod 15.35n.

64 **coron** Cyfeirir yn llau. 63–6 at Iesu yn cael ei goroni â gogoniant ac anrhydedd o'r nefoedd am ei farw Iawnol, gw. Heb ii.9 *eithr yr ydym yn gweld Iesu, yr un a wnaed am ryw ychydig yn is na'r angylion, wedi ei goroni â gogoniant ac anrhydedd oherwydd iddo ddioddef marwolaeth, er mwyn iddo, trwy ras Duw, brofi marwolaeth dros bob dyn.* Coron wrthgyferbyniol i'r goron hon fyddai'r goron ddrain a wisgai'r Iesu adeg ei groeshoelio, gw. Io xix.5.

68 **delw** Er nad oes tystiolaeth i fodolaeth delw o'r Drindod yn eglwys blwyf y Trallwng heddiw, deellir o'r cywydd hwn fod delw o'r fath yn bodoli yno ar ddechrau'r 15g. Mewn delwau cyfoes o'r Drindod, yn aml fe gynrychiolid Duw'r Tad yn eistedd ar orsedd, Duw'r Mab ar y groes, a Duw'r Ysbryd ar ffurf colomen. Weithiau byddai'r golomen yn annibynnol ar y ddelw ac yn cael ei chysylltu â'r ddelw â phin a osodid mewn twll bychan yn y garreg; dro arall byddai'r golomen yn rhan hanfodol o'r ddelw, gw. W.L. Hildburgh, 'Iconographical Peculiarities in English Medieval Alabaster Carvings', *Folk-Lore*, xliv (1933), 50–6 yn enwedig 53. Ymhellach, gw. y nodyn cefndir uchod. Gallai *delw* fod yn unsill (o geseilio *ni i'w*) neu'n ddeusill yma. Ar *delw* yn ddeusill, gw. uchod 13.24.

69 **llan diannod** Sef eglwys blwyf y Trallwng, gw. isod ll. 74n. Ar y calediad *-n dd-* yn *-n d-*, gw. Treigladau 26.

74 **y Trallwng** Tref farchnad, gw. WATU 204. Ar y posibilrwydd fod dwy eglwys yn y Trallwng, un yn yr ardal a enwid Trallwng Llywelyn ac a ddefnyddid gan y Cymry Cymraeg a'r llall yn y drefgordd Seisnig ac a ddefnyddid gan ddinasyddion Seisnig y fwrdeistref newydd, gw. R.L. Brown, *The Church of St Mary of the Salutation Welshpool* (Welshpool, 1998), 1–17. Gan nad yw'n debygol fod mynwent eglwys Trallwng Llywelyn yn cael ei defnyddio ar gyfer claddedigaethau ar ôl 1324 (gw. *ib.* 5), y mae'n debygol mai yn yr eglwys Seisnig y gwelodd Gruffudd Llwyd y ddelw hon o'r Drindod. Ymhellach ar hanes sefydlu'r eglwysi a'u hanes diweddarach, gw. D.R. Thomas: HDStA iii, 173–86. Gw. hefyd ll. 81n isod.

75 **tangnef** Gwaith tangnefedd oedd gwaith Crist ar y ddaear gan iddo ddod *i lewyrchu ar y rhai sy'n eistedd yn nhywyllwch cysgod angau, a chyfeirio ein traed i ffordd tangnefedd*, gw. Luc i.79. Pan ymddangosodd Iesu i'w ddisgyblion am y tro cyntaf wedi'r atgyfodiad, ei eiriau cyntaf iddynt oedd 'Tangnefedd i chwi', gw. Luc xxiv.36.

80 **clych** Cenid clychau'r eglwys i alw pobl i addoli, ond hefyd er mwyn mynegi newyddion rhyfeddol, cf. sut y bu *e vrodyr e lle hvnnv e canpwyt e clych* pan fynegwyd y rhyfeddodau hynny am y Forwyn Fair yn cynorthwyo gwraig drallodus mewn ffordd wyrthiol, gw. G. Jones, 'Gwyrthyeu y Wynvydedic Veir', B ix (1937–9), 335 (ll. 27). Gwneid defnydd o glychau hefyd i gynorthwyo mewn addoliad, gw. ODCC³ 182.

81 **brodyr** A olygir *brodyr* yma yn derm cyffredinol am y credinwyr addolgar, neu a olygir *brodyr* i olygu 'aelod o un o'r urddau cardodol a mynachaidd yn eglwys Rufain, ffrir' (gw. GPC 311)? Yn ôl disgrifiad y cywydd, dylai eglwys y Trallwng fod yn eglwys fynachaidd o ryw fath. Efallai fod yno glas o'r Eglwys Geltaidd a gafodd ei droi yn eglwys golegol yn yr Oesoedd Canol. Yn ateg i hynny sonnir yn un o gerddi crefyddol Llyfr Coch Hergest (cerdd a briodolir i Dysilio Sant) am Lywelyn Sant a'i fab Gwrnerth, *deuseint benydyaol yny trallong ym powys* (gw. R 1026.1–2), yn ymddiddan; yn nheitl y gerdd sonnir eu bod yn cyfarfod ar y *teir aor diwethaf or nos ar teir aor kyntaf or dyd ydywedut eu pylgeint ac oryeu y dyd yam hynny* (*ib.* 1026.3–6).

cân 'Llafarganu, siantio' yw'r ystyr, yn enwedig yng nghyd-destun gwasanaeth crefyddol, cf. LlDW 8 (ll. 16) *akanu epader, ib.* 29 (ll. 2) *akanu eferen.* Ymhellach, gw. *The New Grove Dictionary of Music & Musicians*, ed. S. Sadie (London, 1980), 800–44 d.g. *plainchant*.

82 **cwyrau** Gwnaed defnydd o ganhwyllau yng ngwasanaethau'r Eglwys Gatholig er yn gynnar: ceir tystiolaeth sy'n dyddio o *c.* 1175 fod dwy gannwyll ar yr allor yn gyffredin, ac y defnyddid un bob amser er mwyn goleuo'r misal, gw. ODCC³ 275.

83 **organ** Gwnaed defnydd litwrgïaidd o'r organ cyn 1400, er nad yw'r dystiolaeth yn eglur ar union ddull y defnydd hwnnw. O *c.* 1400 ymlaen 'the alternating of organ verses with plainsong or polyphony sung by the choir became an established custom in both the Mass and Office', gw. ODCC³ 1192.

88 ***Laudate*** Ar wasanaeth cyntaf oriau canonaidd y dydd, sef *Lauds*, un o rannau hynaf y Gwasanaeth Dwyfol a gynhwysai bob amser Salmau 148–50 lle y digwydd y gair *laudate* (Llad. am *molwch*), gw. ODCC³ 957–8. Fe'i cymerir yn enghraifft o ddysg ddiwinyddol Gruffudd Llwyd, a'r ffaith ei fod yn ysgolhaig Lladin.

95 **morfeirch** Ar y posibiliadau, gw. GPC 2489 a cf. BRh 18 (llau. 1–2) *a gwaec arnaw o amrant moruarch purdu*; GM 15 (ll. 10) *Bendigwch Duw, morueirch a morbysgawt.* Digwydd hefyd yn Gen i.21 *A Duw a greodd y morfeirch mawrion* ac y mae'r un gair Hebraeg yn cael ei gyfieithu yn *dreigiau* mewn mannau eraill yn yr Ysgrythur, noder yn enwedig Salm 148 adnod 7; hefyd 'Cân y Tri Llanc' yn yr Apocryffa, adnod 57.

101 **oes Ysbryd** Ar y cyfrinydd Joachim o Fiore, gw. ODCC³ 878. Athrawiaeth ganolog ei dri phrif waith, sef 'Liber Concordiae Novi ac Veteris Testamenti', 'Expositio in Apocalysim', a 'Psalterium Decem Cordarum', yw'r syniad Trindodaidd fod i hanes y byd dri chyfnod: Oes y Tad, Oes y Mab, ac Oes yr Ysbryd Glân. Dechreuai Oes yr Ysbryd *c.* 1260, meddai.

105 **cerdd iawn uniawn** Cadwer mewn cof syniadaeth Gruffudd Llwyd ynghylch ffynhonnell yr awen, gw. uchod 14.23n.

108 **Na throad llygad, na llaw** Ar y cyfuniad *tro'r llygad 'a look; also fig. of a confrontation'* gw. GPC (i'w gyhoeddi) a cf. DGG² 120 (LXVII. 43–4) *Tro llygad, dysgiad disgwyl, | Tröell golwg rhuddell gŵyl* (Madog Benfras). Ar y cyfuniad *tro(e)ad (y) llaw 'the slightest thing'*, lle y dyfynnir yr enghraifft hon, gw. GPC (i'w gyhoeddi).

112 **Na dim ynn hebddo nid oes** Atseinir yma adnodau cyntaf Io i.3–4, yn ddilyniant i lau. 57–60 uchod sy'n fydryddiad o Io i.1–2.

20

Seiliwyd y nodiadau isod ar erthygl yr Athro Emeritws R. Geraint Gruffydd, *l.c.* a diolchir iddo am ei ganiatâd parod i wneud hynny.

Dau gopi yn unig a gadwyd o'r englynion hyn. Y mae'r hynaf a'r gorau o ddigon yng nghasgliad Coleg Iesu yn Llyfrgell Bodley (J 139, 498) ac fe berthyn i chwarter cyntaf yr 17g. Y mae'r ail gopi yng nghasgliad Cwrtmawr yn Llyfrgell Genedlaethol Cymru (CM 552B, 177) ac fe'i hysgrifennwyd gan y Parchedig Owen Jones (1833–99) yn lled ddiweddar yn y 19g., eithr o gopi a wnaethpwyd yn y flwyddyn 1730 gan Robert Thomas, clochydd llengar Llanfair Talhaearn ym mlynyddoedd canol y ddeunawfed ganrif.

Dywed llawysgrif Coleg Iesu mai Gruffudd Llwyd ap Dafydd ab Einion Lygliw piau'r englynion. Yn llawysgrif Cwrtmawr fe'u priodolir i neb llai na Dafydd ap Gwilym. Dichon mai'r priodoliad cyntaf sy'n gywir: gwyddys mor chwannog fu copïwyr i briodoli i Ddafydd ap Gwilym gerddi na wyddent pwy oedd eu hawduron, a sut bynnag nid oes dim byd tebyg i'r englynion hyn yng nghyhorff canu dilys Dafydd ap Gwilym. Efallai hefyd fod mwy o flas diwedd y 14g. na'i chanol ar yr eirfa.

Meddai'r Athro Gruffydd: 'Y cwestiwn amlwg, wrth gwrs, yw i bwy y canwyd yr englynion. Un ymgeisydd posibl, ac nid yw'n ddim mwy na hynny, yw'r Tywysog Du, a fu farw yn 1376 yn chwe blwydd a deugain oed. Buasai'n ymladd yn Sbaen, er yn gymharol ddiweddar yn ei yrfa (1367) ac nid yn gynnar fel yr awgryma'r englyn cyntaf. Gwnaethpwyd ef yn Dywysog Cymru yn 1343, a byddai ei hanes felly yn hysbys i'r uchelwyr Cymreig o leiaf. Os ef yw gwrthrych yr englynion, yr argraff a geir yw nad oedd yn boblogaidd iawn ymhlith ei ddeiliaid yn y Dywysogaeth. Ar y llaw arall, gall yn hawdd mai ei gymryd yn *exemplum* hwylus o gwymp wedi mawrdra y mae Gruffudd Llwyd yma.'

Dyma sylwadau'r Athro R.R. Davies mewn llythyr at yr Athro Gruffydd yn ymateb i'r awgrym uchod: 'Dwn i ddim am y Tywysog Du. Byddai John o Gaunt yn ffitio'r disgrifiad (ar wahân i'r 'dywalwr du') yn go dda—bu yntau yn ymgyrchu yn Sbaen a chafodd ferch Pedro Greulon yn wraig a bu farw mewn gwth o oedran, Chwefror 1399. Ond prin ei fod ef na'r Tywysog heb 'na llawdr na chrys na llodredd'—ond yn ffigurol felly. A allai'r gwrthrych fod yn rhyw farchog o fri—cymh. Syr Gawain am farchog du os iawn y cofiaf—a ddaeth i fri a ffortiwn trwy ryfel ond a fu farw'n dlotyn. Rhywun fel Syr Grigor Sais (bu f. 1390) a ymladdodd yng Nghastîl hefyd yn 1367? Ond ni wn am dystiolaeth ei fod yntau chwaith wedi marw'n ddiymgeledd (er efallai mai tipyn o felancolia Siôn Cent yw'r ddau englyn olaf). Diddorol iawn.'

1 **dywalwr** Er mai *dyfalwr* sydd yn y ddwy lsgr. nid yw'n air sy'n digwydd yn gynnar, a phenderfynwyd felly ddiwygio yn *dywalwr* (*dywal* 'ffyrnig' a *gŵr*); rhaid cyfaddef, fodd bynnag, nad yw'r gair hwn yn digwydd o gwbl, a dichon fod y diwygiad yn rhy fentrus.

4 **Ysbaen** Cyfeirir yma at yrfa fentrus a llewyrchus y *dywalwr du* yn Sbaen. Bu brwydro ffyrnig rhwng Lloegr a Sbaen hyd 1388 pan ildiodd John o Gaunt ei uchelgais i hawlio gorsedd Castile. Y mae'n bosibl mai cyfeiriad at John o Gaunt (m. 1399) ei hun sydd yma, neu at un o'i filwyr, megis Syr Grigor Sais (m. 1390): gw. awgrym yr Athro R.R. Davies yn y nodyn cefndir uchod. Os felly gellid dyddio'r gerdd i flynyddoedd olaf y 14g.

13 **diwan** Er mai *düwan* / *du wan* sydd yn y ddwy lsgr., penderfynwyd diwygio'n *diwan*, a ddehonglir yn amrywiad ar *difan(t)*: cf. y f. *difannaf*: *difannu*, gw. GPC 977; eto nid amhosibl na fwriedid adlais yma o'r *dywalwr* / *dyfalwr du*.

16 **es** Sef y cyplad *es*, *ys*; digwydd gyda *mis* yma mewn cyfuniad adferfol, gw. GWM 142.

19 **bawdring** Cymerir mai benthyciad yw'r gair hwn o ryw ffurf ar y gair S. *baldric* 'gwregys at ddal cleddyf'.

Atodiad ii

Digwydd y cywydd hwn mewn pedair ar ddeg o lawysgrifau, yn dyddio o 1564–5 (llawysgrif Card 2.114) hyd y bedwaredd ganrif ar bymtheg (llawysgrif LlGC 670D). O'r rheini, priodolir y cywydd mewn deg llawysgrif i Ddafydd ap Gwilym: mewn un llawysgrif arall (Llst 186) nodir dewis, *D. ap G. medd Dr Davies—Gr. Llwyd ap Ddd ap Einion Lygliw medd arall.* Y mae tair llawysgrif yn dawel ar fater awduraeth, ond yn y teitl a roddir i'r cywydd mewn dwy o'r llawysgrifau hynny nodir mai Dafydd ap Gwilym yw'r bardd sy'n ymddiddan â'r ferch dlos *pan oedd ef dan ei Phared.*[1] Serch hynny, ni pherswadiwyd Thomas Parry mai Dafydd ap Gwilym a luniodd y cywydd hwn ac nid yw'n ei gynnwys yng nghanon y bardd hwnnw.[2] Cytuna'r Athro Dafydd Johnston â'i ddyfarniad.[3] Tueddu at yr ail ddewis a wnaeth Thomas Parry a gweld yma'r posibilrwydd mai gwaith Gruffudd Llwyd yw'r cywydd,[4] a dilynir ei farn gan Dr H.M. Edwards.[5] Eithr y mae'r diffyg priodoliad pendant yn y llawysgrifau, ynghyd â diweddarwch dyddiad copïo llawysgrif Llst 186 (fe'i copïwyd gan Richard Thomas yn 1778), yn faen tramgwydd, ac ni ellir cymryd bod mater yr awduraeth wedi'i ddatrys.

Y mae'n rhaid nodi'r tebygrwydd rhwng y gerdd hon a cherdd rhif 4 uchod lle yr adroddir stori debyg am fardd yn mynd i roi tro am wraig ieuanc hardd gyda'r bwriad o'i chael yn gariad iddo, ond gyda'r gwahaniaeth mai gwraig weddw ydyw yn yr achos hwnnw yn hytrach na gwraig briod fel yn yr achos hwn. Adroddir yn ogleisiol (yn y ddau gywydd) stori'r ddrama sy'n digwydd rhwng y ferch hardd anfoddog a'r darpar garwr eiddgar.

Egyr y cywydd hwn â llinellau disgrifiadol yn moli harddwch merch yng nghyd-destun prydferthwch bro (llau. 3–8),[6] elfen debyg iawn i gonfensiwn y *Natureingang.*[7] Ail elfen yn y canu hwn yw'r elfen o rwystr sydd yn ffordd y bardd. Wedi goddef *ôd a glaw* (ll. 24) ar ei daith i weld y ferch dlos ac eto o dan ei bargod, dim ond siom sy'n ei aros.[8] Y mae *mur maen* (ll. 45)

---

[1] Ar y canu 'tan bared', gw. Rh. Ifans, 'Y Canu Gwaseila a'r Gyfundrefn Farddol', YB xv (1988), 158–160; *id., Sêrs a Rybana* (Llandysul, 1983), 158 ac ymlaen.

[2] GDG clxxv.

[3] Gw. D. Johnston, 'The Serenade and the Image of the House in the Poems of Dafydd ap Gwilym', CMCS v (1983), 18.

[4] Yn GDG clxxv dywed: 'nid oes dim yn iaith nac arddull y cywydd hwn i wahardd tybio'i fod yn waith Gruffudd Llwyd ap Dafydd ab Einion'.

[5] Gw. DGIA 157n7, 'probably the work of Gruffudd Llwyd'.

[6] J.G. Davies, 'The Welsh Bard and the Poetry of External Nature', THSC, 1912–13, 98–9.

[7] Gw. J.E.C. Williams, 'Beirdd y Tywysogion: Arolwg', LlCy xi (1970–1), 74–8; B. von Wulffen, *Die Natureingang in Minnesang und frühem Volkslied* (München, 1963), 1–14.

[8] Cf. cerddi tebyg gan Ddafydd ap Gwilym: gw. yn benodol y cywydd 'Dan y Bargod', GDG³ 245 (89.33–4) *Ni byddwn dan law ac ôd / Ennyd awr onid erod.*

rhyngddo a'i gariad, ynghyd â phroblem fwy ei maint—cyndynrwydd ac anfodlonrwydd y ferch i ildio i'w ddyheadau (llau. 41–2).

Gŵr sy'n gyfarwydd â straeon caru mawr ei ddydd yw'r bardd hwn. Gŵyr am amgylchiadau anodd Tegau Eurfron yn enw cariad (ll. 1), am hanes helbulus Eigr hardd (ll. 8), ac am stori garu drist Trystan ac Esyllt (ll. 10); y mae'n gyfarwydd hefyd â'r Ysgrythurau ac â safle Pedr yng ngolwg yr Eglwys (ll. 32). Cyfeiriwyd at Ruffudd Llwyd gan Rys Goch Eryri yn ei farwnad iddo fel bardd serch meistraidd[9] a dyfala Thomas Roberts i Ruffudd Llwyd lunio nifer o gywyddau serch (ac i adar) nad ydynt bellach ar glawr[10] neu a briodolwyd i feirdd eraill.[11] Eithr tybed a welir yn y cywydd hwn enghraifft arall o gywydd serch ganddo y dylid ei ychwanegu at y pum cywydd a oroesodd?

1 **Tegau** Sef Tegau Eurfron, gwraig Caradog Freichfras, a safon o ddiweirdeb yng ngolwg y beirdd. Rhestrir ei mantell yn un o Dri Thlws ar Ddeg Ynys Prydain, ond rhybuddir na fyddai'r clogyn yn gweddu i'r sawl a dorrodd lw ei phriodas. Yn y traddodiad Cymraeg y mae Tegau yn enwog am ei hymdrechion i achub ei chariad rhag sarff, ond wrth wneud hynny brathwyd hi yn ei bron. Codwyd ei bron a gosod bron aur yn ei lle. Ymhellach ar Degau Eurfron, gw. TYP² lxxviin, cxxxi–cxxxii, 512–14; WCD 600–2.

4 **bedw a chyll** Y tymor caru i'r beirdd Cymraeg oedd mis Mai, cf. llau. Dafydd ap Gwilym GDG³ 321 (121.2–4) *Hawddamor ... / I fun lwys a'm cynhwysai / Mewn bedw a chyll, mentyll Mai.*

6 **gwinllan** Diddorol yw nodi bod gwinllannoedd wedi'u cofnodi mewn sawl rhan o Brydain yn ystod y 14g. a'r 15g., ar diroedd tai crefydd a thiroedd y Goron, e.e. abaty Abingdon a Chastell Windsor (1472), ond hefyd ar dir rhai o'r plastai llai megis y rheini yn Astwick (1479) ac o bosibl Great Wymondley yn ddiweddar yn y 14g., gw. P.D.A. Harvey, 'Farming Practice and Techniques: The Home Counties' yn *The Agrarian History of England and Wales 1348–1500*, ed. E. Miller (Cambridge, 1991), 261. Dyma un o arwyddion uchelwriaeth, sef perchenogi gwinllan deg. Cyfeirir yn y cywyddau at winllannoedd ar diroedd amryfal blastai Cymru a defnyddir y ddelwedd yn ffigurol wrth gyfeirio at 'ddisgynyddion bonheddig', gw. GO 209 (XXXVII.9–10) *Aed gwinwydd o waed Gwenwys / Yn sêr avr, ŵyrion Syr Rhys!*, yn ogystal ag wrth gyfeirio at 'riain' neu 'wraig', gw. DGG² 46 (XXIX.58) *Addo a wnâi'r winwydden* (Dafydd ap Gwilym meddir yno, ond ni dderbynnir y ll. i'w ganon yn GDG³). Eithr cofier hefyd am y topos *locus amoenus*, neu'r 'llecyn prydferth', a oedd yn elfen sylfaenol yn y grefft o

---

[9] Gw. IGE² 157 (llau. 21–4).
[10] Gw. *ib*. xxi.
[11] Gw. GDG clxxv.

ysgrifennu cywydd serch; yn aml fe'i ceid yn fan coediog gydag afon redegog. Llecynnau dychmygol oedd nifer o'r rhain ac ni ddylid, bob amser, gredu manylion y disgrifiad ohonynt.

7 **caer galch** Cf. GLIF 9.1 *Karaf-y gaer wennglaer o du g6ennlann* (Hywel ab Owain Gwynedd). Ymddengys fod byw mewn cartref gwyngalchog yn arwydd o statws cymdeithasol (gw. I. Peate, *The Welsh House: A Study in Folk Culture* (Liverpool, 1944), 29), a bod caru merch a oedd yn byw mewn plasty disglair ar godiad tir (gw. ll. 5) wedi'i amgylchynu â choed (gw. llau. 3–4) yn un o themâu bytholwyrdd y beirdd, cf. GLIF 6.9–10 *Caraf y morua a'e mynytet, / A'e chaer ger y choed a'e chein diret* (Hywel ab Owain Gwynedd); ac uchod 1.92n.

8 **Eigr** Eigr (sef Igerna) ferch Amlawdd Wledig, a mam y Brenin Arthur, gw. TYP² lxxxi, 366 ynghyd â throednodyn 3, 414; WCD 228–9. Yn ôl Brut y Brenhinoedd hi oedd y wraig decaf ym Mhrydain, gw. RB 177 (llau. 2–4) *Aphryt ywreic honno ae theg6ch aorchyfygei wraged ynys prydein oll. kany cheffyt vn kyn decket ahi.*

10 **Trystan** Sef Trystan (weithiau Drystan) fab Tallwch. Profiad o dristwch a chwerwedd fu stori garu Trystan ac Esyllt ac er mai stori Ffrengig yw honno, cytunir bod iddi elfennau Celtaidd hŷn. Ymhellach, gw. TYP² 329–33 a'r cyfeiriadau pellach yno, 445–6; R. Bromwich, 'The *Tristan* of the Welsh' yn *The Arthur of the Welsh* (Cardiff, 1991), 209–28; *id.*, 'The 'Tristan' Poem in the Black Book of Carmarthen', SC xiv–xv (1979–80), 54–65.

13 Ni cheir cynghanedd yn y ll. hon.

15 Y mae'r ll. fel y mae yn rhy hir o sillaf ond gellir naill ai cywasgu *a af*, neu gywasgu *o ofal*.

17 **gwydrin** Dilynir arweiniad G 730 a deall 'ffenestr'; ar y ffurf *gwydrin*, gw. I. Williams, 'Glasinfryn', TCHSG ix (1948), 102–7.

24 **ôd a glaw** Yr oedd y ddeubeth yn rhwystrau traddodiadol a ddeuai i ran y carwr tan bared, cf. GDG³ 244 (89.19–22) *Aml yw rhëydr o'r bargawd, / Ermyg nwyf, ar y mau gnawd. / Nid mwy y glaw, neud mau glwyf, / No'r ôd, dano yr ydwyf.*

30 **awr** Ar ei ystyr yn eg. 'aur', gw. G 48 d.g. *awr*¹ ac am yr ystyr a. 'euraid', gw. GPC 242 d.g. *awr*³. Ymhellach, gw. J. Morris-Jones, 'Taliesin', Cy xxviii (1918), 178.

31 **clydwy** Ni restrir y ffurf hon yn G na GPC, eithr gw. y nodyn ar y ffurf *clydwyan'* yn GDG³ 472 sy'n cymryd **clydwyo* yn fe. a 'gwneuthur yn glyd' yn ystyr: 'Dichon ei ffurfio o *clyd* ac *-wy* fel yn *gwobrwy*.'

32 **Pedr** Ym mhob rhestr o'r deuddeg apostol Pedr a enwir gyntaf; fe'i hystyrir yn flaenaf ohonynt ac yn llefarydd ar eu rhan. Seilir y gred fod Pedr *uchod* yn y nefoedd ar addewid Iesu (yn dilyn addefiad Pedr mai

Iesu yw'r Crist) yn Math xvi.19 *Rhoddaf iti allweddau teyrnas nefoedd.* Ymhellach arno, gw. ODCC³ 1260–1.

39 **dyred** Ffurf 2 un.grch. y f. *dyredaf*: *dyred* 'dod, nesáu'.

derwyf Mewn Cym.C. yr oedd i'r f. *darfod* 'trengi, marw, dihoeni', &c., y ffurf 1 un.pres.myn. *darwyf* yn ogystal â'r ffurf arferol *darfyddaf* ac yn aml yr oedd yr affeithiad yn digwydd o flaen *-wyf*, fel yma, yn ogystal ag o flaen y ffurfiau disgwyliedig *-yw*, *-ym*, *-ywch*, *-ynt*, gw. WG 351–2.

45 **mur maen** Â'r *mur maen* hwn sy'n cadw'r cariadon ar wahân, cf. *maenfur* enwocach Dafydd ap Gwilym yn GDG³ 382 (145.14) *Am y maenfur â meinferch.* Yr awgrym yw fod y wal garreg yn gaethiwus ac yn ddiffygiol o ran angerdd tra bo dail y coed yn gysgodol ac yn gartref dymunol i gariad.

47 **dysged ... disgwyl** Am y cyfuniad, cf. MA² 64ª33 *Bu Dduw i'm dyscu a'm disgwyliaw* (Canu Cyntaf Taliesin). Deellir *-ed* yn derfyniad berfenwol, e.e. *cerdded*, *clywed*, a chadwer mewn cof yr ystyr 'gwylio, gwarchod' yn ogystal ag 'aros (am)' i'r gair *disgwyl*. Mae *dysgaid* (yn amrywiad ar *dysged* (gw. GPC 1149)) hefyd yn bosibl.

48 **gŵyl** Gellid deall yma 'gwylaidd, diymhongar, anymwthgar' (ystyr tafod yn y foch) neu'r ystyr 'gwyliadwriaeth, gwarchodaeth' i gyd-fynd ag un o ystyron *disgwyl* yn y ll. flaenorol.

51 **gorllwyn** Be. y f. *gorllygaf*: *gorllwyn* 'aros, disgwyl, gwylio, gwarchod: canlyn, erlid, hebrwng', gw. GPC 1491.

54 **y Garllwyd** Deellir yma enw difrïol am ŵr y gariadferch, cf. y Bwa Bach. Gellid yr ystyr 'gwelw', neu'r gwrthwyneb 'tywyll', i *llwyd*: yr un a ddeuai â'r gwarth mwyaf fyddai'r ail ystyr. Petai'r cywydd hwn yn waith Gruffudd Llwyd, a fyddai wedi defnyddio'r term *Eiddig* yma, fel yng ngherddi 1 a 2 uchod, yn lle'r teitl hwn? Cynghanedd draws wreiddgoll sydd yn y ll. hon, gw. J. Morris-Jones: CD 185–6.

Geirfa

Rhestrir yn yr Eirfa hon y geiriau hynny sy'n digwydd mewn ystyr anarferol neu anghyfarwydd, yn hytrach na phob enghraifft o bob gair.

a 6.42n
â'i 13.14n
abad 6.25n
achlân cwbl, oll 19.44, 80
achub llanw 14.61
adail preswylfod 13.4
Adar Llwch Gwin 14.64n
adeilio llunio *1 un.grff.myn.*
  adeiliais 8.25
aderyn 19.14n
adnabod gwybod *1 un.pres.myn.*
  adwen 8.26
adwy bwlch 16.34
adwyth niwed 11.16
addas teilwng 6.43
addef[1] cyffes, arddeliad 7.11,
  19.65
addef[2] cysegru 6.44
addwyn hardd, lluniaidd,
  hawddgar, gwych 4.6, 13.27,
  16.55, 19.36, 67
ael ymyl, ael llygad 7.12, 8.6
aelaw gwerthfawr 13.5
ael-yn-ael wyneb yn wyneb 4.21
aer brwydr 11.27
aeron 8.14
aerwy torch 17.14
aesawr tarian 12.41
afarn gw. **aur afarn**
afrifed heb fesur, dros ben 11.1
agarw ffyrnig 16.1
agwrdd cadarn 11.3
angad gafaeliad 16.39
angel (weithiau'n ffigurol) 7.31n,

60, 17.40n
angerdd ysbrydoliaeth farddol
  15.15n
anghyflwr adfyd At.ii.13
ais mynwes 15.57
alaw lili 4.24n
allan yn ddeoledig o bob cwmni
  9.78n
am*d*wmiad ?chwyddedigrwydd
  5.17n
amherchi sarhau 18.50
amherodr ymerawdwr 12.29n
amnaid arwydd 19.65
amorth melltith, sen 14.15
amraint amarch 12.40n
anelw colled 16.22
anfad drygionus 16.5
anferth atgas 7.61n
anhoff cas 18.67
anhoyw anwych 4.46
anian natur 6.56n, 15.38, 17.28
anianawl yn ôl trefn natur 13.52
anllathraid anghoeth 16.8
anneddf sefyllfa anghyfreithlon
  12.81
annerch cyfarchiad 9.48n, 67
anniffygiawl diball, diderfyn 4.28
annof creadur gwyllt 18.29
annwyd anian, hwyl 6.55
anoddun o ddyfnder difesur 6.27
anterth y teirawr cyn canol dydd
  9.44n
antur enbydwaith 11.35n, 17.25
anudon 10.28, 64 (gw. hefyd

tyngu anudon)
anwylwych hoffus a rhagorol
10.13
âr amaethdir 12.24
ar darf ar wasgar 11.70
ar gyfair yn wynebu 9.59
ar gyoedd yng ngŵydd 9.63
ar helw dan nawdd 9.4
ar hynt ar unwaith 18.93
arab gwych, tirion 16.67, 19.51
aradr 15.7n, 12 (gw. hefyd **llog
... aradr**)
araf pwyllog, trist 9.27, 15.49n
arail gofalu am, gwarchod 7.4
araith traethiad 13.44n
arch gorchymyn 19.50
archoll 18.50n (gw. hefyd **pum
harcholl**)
arddatgor gwedd aredig 15.52n
arf *ll.* **arfau** 17.58n
arfod ergyd 11.3
arglwyddfab pendefig ieuanc
12.65
arial ffyrnigrwydd 11.63
arofun cyrchu 18.73
aros goddef 19.19
arwain cario, cludo 13.19, 19.25;
2 *un.grch.* **arwain** 9.35n
arwraidd gwych, ardderchog
6.11
arwydd ôl, argoel 6.57n, 15.44; *ll.*
arwyddion 15.46
arynaig dychryn 15.11
asau aswy 18.94n
asur glas 8.9
at *3 un.g.* **ato** 17.64n
atgnith ergyd wan *ll.* **atgnithion**
12.27
athro *ll.* **athrawon** 19.6n
au iau 5.4n
aur aur, anwylyd, euraid, gwych,
rhagorol, elw 5.23, 11.20,
12.48n, 14.63, 15.5, 15, 16.61,

17.9n, 22, At.ii.12, 36, 50
aur afarn aur drwg 10.56n
aur tawdd 15.8n
awdl cân 10.28, 18.67
awdur creawdwr, bardd, crëwr
(am Dduw), lluniwr 7.38n,
17.10, 18.1
awdurgrwn cyflawn ei awdurdod
17.13
awen[1] awen 10.30, 14.28, 29
awen[2] llinyn ffrwyn 15.48n
awenydd bardd 14.55
awr euraid At.ii.30n
bagad torf 16.25n
balch gŵr urddasol, un trahaus
ll. **beilch** 11.72, 17.68
barf 16.11, 24, 30, 38n, 42n, 43,
45n, 47, 49, 69 (gw. hefyd
cufarf)
bargod bondo 8.10
barn barnedigaeth 18.96
barn dyfarniad, dedfryd 10.32,
34
barwn 11.50, 12.72n, 16.36n
barwnwart amddiffynnydd
barwn[iaid] 10.12n
bas arwynebol 13.71
bawdring gwregys 20.19n
be pe 4.49, 7.45, 9.73n
bedwen *ll.* **bedw** At.ii.4n
bedyddio *1 un.grff.myn.*
bedyddiais 16.9n
bei pe 9.77n
beilch gw. **balch**
beio bwrw sen 20.3
berf gair [o glod] 16.30n
berw terfysglyd 18.64n
bery barcud *ll.* **berïon** 12.20n
blaen rhagorol *eith.* **blaenaf** 12.25
blaenor arweinydd 15.52n
blingo *3 un.grch.* **blinged** 16.18
blwng digysur 12.49
bocsach ymffrost 6.48

bod 9.78n; *1 un.pres.myn.* **'rwy'n**
8.22n; *amhrs.pres.myn.* (*fel*
cyplad) **es** 20.16n; *3*
un.amhff.myn. **ytoedd** (-d-)
17.64n, 19.7n; *3 un.amhff.dib.*
bai 4.57n
bollt saeth a saethid o fwa croes
15.63
bonedd llinach, genedigaeth
freiniol 7.43n
bonheddig rhagorol 16.63
bradychwawd cân foliant sy'n
bradychu 15.61n
braint urddas, anrhydedd 7.47,
18.63n
braisg nerthol, praff, helaeth
9.40, 14.78, 19.36
brân *ll.* **brain** 12.10n
braw aruthr 13.11n, 15.55n
brawd¹ brawd, un o'r un tylwyth
â, cyfaill, mynach 11.49, 12.32;
ll. **brodyr** 19.81n
brawd² gw. **Dydd Brawd**
brawdwr barnwr 13.58n
breiniol wedi ei ffafrio 16.35
brig blaen [pigog] 13.48, 15.29
bril llipryn 5.8
brisg llwybr 11.75n
bron calon, mynwes, llethr 15.14,
61n, 16.36, 64n
bru croth 18.6
brwnt ffiaidd, creulon 5.13, 26
brwydr gofid, byddin 11.38n,
15.29
brwysg meddw 12.10n, 18.63n
brychgroen croen crebachlyd
5.14
bryd meddylfryd, bwriad 12.26,
15.21
Brytaniad Brython, Cymro *ll.*
Brytaniaid 12.26n
brywder grymuster 13.11n
buan cyflym 11.41

budredd aflendid, budreddi 5.30,
20.20
bun merch At.ii.2, 6, 9
bwrdd tâl uchel fwrdd 12.80n
bwrw tywallt, traethu, cyfeirio
13.49, 19.98; *2 un.grff.myn.*
bwriaist 18.10
bwrw pen yr iau … i lawr marw
15.27–8n
bwy gw. **pwy**
by gw. **py**
byd trysor, anwylyd 4.12, At.ii.34
byr byrhoedlog 18.63n
byrllofiawg gwastraffus 18.64n
cad ymryson, brwydr 11.17,
16.25
cadair arglwydd (am Dduw'r
Tad a'r Ysbryd Glân) 18.5n,
19.3n
cadarn safadwy, diysgog *eith.*
cadarnaf 12.25
cadfuarth mangre brwydr 12.66
cadr gwych 4.20
cadw gwylio *3 un.pres.myn.* **ceidw**
4.20
cael cael, derbyn 6.22n;
amhrs.amhff.myn. **caid** 4.31, 35,
7.45, 9.54; *3 un.grff.myn.* **cafas**
16.21; *amhrs.grff.myn.* **cad**
16.23(2), 28, 41
cael … gafael ennill, cipio 4.11–
12
caer castell At.ii.7n
caeth dygn, caethiwus 11.17,
At.ii.19
cangen (am ferch ieuanc) 5.51
cain coeth, hardd 10.40n, 14.36
calch plastr Paris, *gesso*;
gwyngalchog 13.22n, At.ii.7n
calchaid gwyngalchog 9.50n
call doeth, cyfrwys 4.2
callor crochan 12.12n
cam camwedd 12.81

camfurnio camgelu *2 un.amhff.myn.* **camfurniai** 10.55
camp rhagoriaeth, gornest 11.82n; *ll.* **campau** 13.17, 72
campus rhagorol 8.8n
camrwysg gormes 12.9
camwri arwriaeth 12.32n
caniadu caniatáu *3 un.grff.myn.* **caniadodd** 5.29n
canlyn erlyniad [mewn cyfraith] 10.65
cannair cant o ddatganiadau 10.51
cannwyll disgleirdeb 13.70n
canon cyfraith Eglwysig 19.62
cant llu 11.77
cantorf lluoedd afrifed 14.46
canu[1] barddoniaeth fawl 5.25n
canu[2] llafarganu *3 un.pres.myn.* **cân** 19.81n
capten pennaeth 13.65n
câr aelod o'r un tylwyth, un annwyl *ll.* **ceraint** 17.51 **carwyr** 17.51 (gw. hefyd **ceraint**)
caredig anwylyd *ll.* **caredigion** 15.13n
cariad 13.49n
carol dawns[iwr] 6.5
carreg 14.71n, 18.34n
caru *3 un.pres.dib.* **caro** 13.46n
carw carw, arwr 6.4n, 56n, 12.76, 19.25n; *ll.* **ceirw** 12.38n, 15.17 (gw. hefyd **deugarw, elain, hydd**)
cas atgasrwydd 8.1
catholig ffyddlon 18.46
cawdd gofid, galar, tristwch, llid 7.26, 11.37, 15.51
cawr 16.21 (gw. hefyd **Rhita Gawr**)
ced haelioni, rhodd, 'cymwynas' 5.45n, 11.2, 12.7, 66, 13.23, 16.69

ceimiad campwr 13.65n
ceiniog gw. **chwe cheiniog**
ceinwych ysblennydd 4.44
ceithiw gwarchae At.ii.19
cêl cudd 7.59n (gw. hefyd **dan gêl**)
celain corff marw *ll.* **celanedd** 20.7
celfyddyd cywreinwaith 18.33
celi arglwydd (am Grist) 18.3n
celu cadw'n ddirgel *3 un.pres.myn.* **cêl** 16.31
cellweiriaw tynnu coes 11.9
cenedl cymdeithas o bobl 12.10n
cennad negesydd 11.25
ceraint tylwyth 14.57 (gw. hefyd **câr**)
cerdd cerdd, barddoniaeth 13.72, 19.105n
cerdd dant y grefft o ganu offeryn(nau) gyda thannau iddynt 13.62n
cerddgar yn caru barddoniaeth, cerddorol 4.39n, 40n
cerddwr bardd *ll.* **cerddwyr** 17.53n
certh sicr 9.43
ceulyfr llyfr crwm [ei siâp] 5.41n
cig cnawd 18.45n
cig Wener cig [ar ddydd] Gwener 5.56n
cil ymyl, min 6.18, 22n
ciriedu ?ewyllysio, mynnu *3 un.pres.myn.* **ciried** 6.15n
ciwdawd llu 18.84
claer gwych 15.10
clêr 13.20, 14.18n
clerddyn prydydd 10.47
cleuwawd barddoniaeth gywir, awen barod 4.27, 47
clo carchariad, rhwystr, undod 5.34, 39n, 19.44
cloch *ll.* **clych** 19.80n

ymddiddan 13.63n, 19.15

daear 18.79n

daeardor dyffryn cul 12.64

dail gw. **deilen**

daioni dewrder 11.79n

daly dal, ymgynnal *3*
un.pres.myn. **deily** 4.53

damwain trychineb 7.42n

dan bared At.ii.teitl n

dan ei phared At.ii.teitl n

dan gêl yn y dirgel, yn
gyfrinachol 4.35, 43

dangos amlygu 18.89n

darfod digwydd, cael ei gyflawni,
gwneud, trengi 6.14; *1*
un.pres.myn. **derwyf** At.ii.39n; *3*
un.amhff.myn. **daroedd** 6.42; *3*
un.grff.myn. **darfu** 5.15

darnu darnio 11.46

darogan *3 un.grff.myn.*
daroganawdd 11.29

darpar bwriad, darpariaeth
11.16, 18.79

dart gwaywffon 11.62

dawn bendith, cynneddf 7.68,
14.41, 18.24

dawngamp rhagoroldeb 19.77

dawr gw. **dori**

deall crebwyll At.ii.49

deau cywir, cyfiawn 15.27n

dechreunos cyfnos, rhwng dau
olau 7.14

deddf arfer, rheol, braint 6.29,
10.39, 12.53

dengnaw dengnaw gwaith
drosodd 13.5

deheulaw 18.92n

deilen *ll.* **dail** 13.59n

deily gw. **daly**

delw ymddangosiad, delw
13.24n, 19.68n

dellt ystyllod 11.66

deugarw dau garw (am ddau
arwr) 15.13n

deuliw dwywaith tecach ei lliw na
4.50

deunwyf angerdd 6.46n

deurudd wyneb, anrhydedd 6.42,
8.6n

dewin proffwyd â dawn hud
11.33

dewrnerth cadarn o nerth 11.46

diadwyth diddrwg 18.81

dial cosb 14.4, 18.95

diannod di-rwystr 16.29, 19.69n

diaur gw. **diheuro**

di-brid a gyfrennir heb gyfrif y
gost 14.53

dibrocuriwr heb ei drefnu
ymlaen llaw 13.49n

didaer mwyn 19.15

didwyll cywir 13.63

didyb sicr, dibetrus 4.34n

diegr diawydd, dihidio 7.13

difai di-ball 9.21

difalch gostyngedig 6.37

difas praff 8.3

difedydd di-gred 18.93n

diferydd bywiog 11.6

difoes anllad 14.19

difwyn di-fudd 19.97

difyr hir ei barhad 19.60

dig drwgdymer, *surliness*,
dicllonedd 5.43n, 15.46n

digoniant buddugoliaeth 11.78

digrif hyfryd, dymunol, tirion,
ffraeth 4.41, 6.37, 10.23, 11.1

digus sarrug At.ii.25

dihareb rhyfeddol 7.34

diheuro cyhoeddi'n ddieuog,
dyhuddo, gwneud iawn *3*
un.pres.myn. **diaur** 10.15n,
At.ii.49

dihir cnafaidd 5.19

dihyder na ellir ymddiried ynddi
10.21n

At.ii.38, 40, 50, 53

dyred nesáu *2 un.grch.* **dyred** At.ii.39n

dysged dysgu At.ii.47n

dywalwr gŵr ffyrnig 20.1n

dywedyd dweud *3 un.grff.myn.* **dywod** 7.16, 14.8n **dywawd** 13.42n

'e fe 13.14n

Ebrill mis Ebrill 9.34

ebrwydd parod 14.31

ebwch ochenaid 5.36

echwydd canol dydd 12.15

edifar [mater] edifeirwch 13.40

edn aderyn 6.11, 16, 17.16

eddyl bwriad 4.23

Efengyl Ieuan 19.57n

egin blagur 16.56

egni angerdd 18.44

engyrth arswydus 16.39

ei 11.38n

eiddo *1 ll.* **einym** sydd yn eiddo i ni 14.65

eiddun hawddgar, dymunol 4.13, 47, 6.43, 14.37, 19.67

eidduno dymuno, deisyfu *1 un.amhff.dib.* **eiddunwn** 4.49

eilchwyl unwaith yn rhagor 12.19

einym gw. **eiddo**

eirch gw. **erchi**

eirian hardd 8.13, At.ii.36

eiriol deisyfiad 7.32

eistedd eistedd, eistedd [yn swydd barnwr / ynad] 12.79n, 15.39n

eithefig ych hydrin a dibynadwy a ieuwyd yn y safle bwysicaf yn y wedd / ?ych bôn 15.26

elain carw ifanc 6.10 (gw. hefyd **carw, deugarw, hydd**)

elin asgwrn braich *ll.* **elinedd** 20.6

elw bendith, budd 13.5, 15.24

emyl ymyl 9.38

enaid cyfaill, anwylyd 11.31, 15.5, At.ii.22

entyrch uchelder 9.44

enw enw, clod, teitl anrhydeddus 9.5n, 11.78, 20.7 (gw. hefyd **henw**)

enwedig wedi ei enwi 16.32

enwi gw. **henwi**

enwog uchel ei fri, disglair ei glod 15.41, 17.65

er er mwyn *2 un.* **erod** At.ii.36

erchi gorchymyn *3 un.pres.myn.* **eirch** 19.96

erddig dicllon 5.8

erfyn deisyfiad 7.29

ermoed erioed 16.68

eryr eryr, arwr (weithiau am Owain Glyndŵr) 6.4, 11n, 10.44, 11.1n, 17.18n

es gw. **bod**

ethyw gw. **myned**

eurdo wedi ei addurno ag aur 10.3

eurfab gŵr ifanc annwyl, gŵr ifanc rhagorol, mab annwyl 7.1, 11.3

eurgrair trysor rhagorol, gwrthrych a addolir 10.73, 14.25n, 18.49n

euro addurno ag aur, gorchuddio ag aur; anrhydeddu *3 un.amhff.myn.* **eurai** 16.38; *3 ll.amhff.myn.* **eurynt** 14.39n; *3 un.grff.myn.* **eurawdd** 15.7; *amhrs.grff.myn.* **eurwyd** 8.15

eurwalch arwr gwych, arwr rhagorol 15.41; *ll.* **eurweilch** 14.65n

eurwych grymus a choeth 4.59

ewybr rhwydd 11.47

ewynlliw lliw ewyn [y môr] At.ii.6

finnau 10.62n

fry anterth 5.5n, 26

ffas wyneb 5.15

ffawd tynged, dedwyddwch, bendith 4.28, 7.51, 10.37

ffladrwas dyn tafodrydd, ffôl 5.18n

fflwch helaeth 5.17

ffon [teyrn]wialen 17.16

ffordd ymdaith 17.30

ffurfeiddia' mwyaf lluniaidd 7.51n

ffydd 16.4n

ffynidwydd pren bytholwyrdd 10.37n

ffynnon 11.44, 52

ffyrnicas milain a chas 5.13

gadu gadael, caniatáu i aros, cyfrif 5.52, 12.58; *3 un.pres.myn.* **gad** 6.25, 7.20, 8.21, 9.28, 19.24n; *amhrs.pres.myn.* **gedir** 11.49; *3 un.amhff.myn.* **gadai** 7.30

gafael gafaeliad 18.65

gafaelfin brathog 12.46

gair gair, hanes, ymadrodd, datganiad, dyfarniad, gorchymyn (ac yn ffigurol am Grist) 4.28, 30, 36n, 48, 10.25, 45, 53, 11.85, 12.48n, 16.4n, 22n, 17.19, 19.51, 52, 53, 54, 55, 59n, 60n; *ll.* **geiriau** 7.3, 42n

gair praw' gair o dystiolaeth 7.52n

galw annog 15.24

gallt llechwedd coediog 5.32, 17.44

gan gyda, yn llaw 6.52; *1 un.* **gennyf** 19.27; *2 un.* **gennyd** 11.55

garw creulon 10.27, 11.58, 83

gawr gwaedd 11.83

gefryn gafr 5.10n

geirfas gair diwerth At.ii.44

gelyn 19.19n

gem maen gwerthfawr (weithiau am ferch, weithiau am yr haul) 6.53, 7.18, 67, 9.17, At.ii.22

geuog euog 18.100n

girad creulon 13.61

glân hardd, prydferth, urddasol, pur, sanctaidd 14.43, 16.53, 17.9, 24, 55, 19.39, 58, 70, 82, At.ii.35

glas llwydlas 20.8

glasgryg gwelw a chornwydlyd 5.15

glaw At.ii.24n

gleisiad eog ifanc 6.19n

gloywged gwych dy rodd At.ii.46

gloywloer lleuad golau (am ferch) 4.19

gloywlwys disglair a hardd 6.45

gloywne o liw disglair 9.17n

gloywwawn gwawn disglair (am ferch) 4.43n

glud dyfal 16.17

glwys hardd, prydweddol 7.33n, 9.57, 10.47, 16.53

glwyswych glân a rhagorol 10.18

gobrudd doeth 13.2, 14.31

gobryn teilyngu *3 un.pres.myn.* **gobryn** 18.17n

goddef dioddefaint 11.37

gofain gw. **cofain**

gofal poen, anesmwythyd 15.45, At.ii.15

gofeg trachwant, meddwl, ymadrodd 7.71n, 13.31, 18.77, 19.90

gofwy derbyn 9.79

gogaled gerwin 12.8

gohedrydd cyfnerthwr 10.1n

goleuad disgleirdeb 9.57

goleuem gem olau, gem ddisglair (am ferch) 4.32n

goleufiant goleuni 7.31n

goleuni goleuni, disgleirdeb 9.5,

17, 37, 14.43
golwg ymddangosiad 13.28
gorallt bryn 17.46
gorchwyl [enbyd]waith 11.86
gorddwy gormes 6.47
gorddwyo gorthrymu *3
un.grff.myn.* **gorddwyodd** 13.62
goresgyn concwest 11.87
goreugamp rhagoriaeth uchaf
14.44
goreuraid wedi ei olchi â haenen
denau o aur 12.60
goreuryw o'r math gorau 12.71
gorfod[1] rheidrwydd 15.54
gorfod[2] gorchfygu, goresgyn *3
un.pres.myn.* **goryw** 6.57; *2
un.grff.myn.* **gorfuost** 18.12n; *3
un.grff.myn.* **gorfu** 19.56
gorfynt cenfigen 16.47
gorhoen tegwch, disgleirdeb,
goleuni, llawenydd 8.13n, 9.35n,
At.ii.21
gorhoff clodfawr 9.19
gorhoffi *1 ll.pres.myn.* **gorhoffwn**
17.38
gorllwyn aros, gwylio At.ii.51n,
53, 54
goror llechwedd 14.78
gorseddfa preswylfod 9.47n
gorwag ofer 18.52n
gorwedd 15.25n, 32, 36, 41, 44; *3
un.grff.myn.* **gorweddawdd**
15.51
gorwydd march 12.60
goryw gw. **gorfod**
gosodiad lleoliad 16.53
gostwng goresgyn, darostwng
12.50, 18.47
gotoyw ysbardun 12.48n
gra ffwr 9.66n, 12.72
gradd math, statws; lle 8.15,
19.49n; *ll.* **graddau** 14.61
'**gradd o nef**' 14.68n

gras rhodd 9.11, 16, 11.26
gro 6.22n
grudd grudd; anrhydedd 11.21n,
14.68n, 15.43n
gruddfalch urddasol ei grudd
At.ii.8
grug 6.22n
gryd brwydr 11.56n
grym nerthol 12.54, 72
gwad nacâd 4.56
gwaisg gwych 12.75
gwaith gweithred 15.23
gwalch hebog, pendefig 10.24,
13.28n; *ll.* **gweilch** 12.19
gwall diofalwch, celwydd 4.27
gwanddig trist a chwerw 13.44n
gwannwr dyn gwan 5.9
gwâr boneddigaidd, gwylaidd,
dof 13.39, 19.14n, 20n, 110
gwarant diogelrwydd 13.61
gwarantwr amddiffynnwr 15.31
gware chwarae 5.11 (gw. hefyd
lle gwarae)
gwarth cywilydd, dianrhydedd
5.11n
gwarwyfa lle chwarae 11.34n
gwas llanc 20.3
gwasgod ysbryd, drychiolaeth
7.20
gwawd cân, cân foliant 8.25,
11.34, 13.41, 14.10, 50, 15.39,
16.61, 19.21, 98
gwawdydd prydydd,
cyfansoddwr cerddi moliant
5.47, 11.71n
gwawr llewych, arglwyddes,
gwraig fonheddig 4.6n, 14.44
gwayw gwaywffon, picell 11.60n,
12.46n, 20.8; *ll.* **gwewyr** 11.46
gwedd wynepryd 20.3
gweddeiddlwyr perffaith weddus
19.21
gweddw 7.68; *ll.* **gweddwon** 7.72

gweld gweld, ystyried, barnu *3 un.pres.myn.* **gwŷl** 4.23, 6.21
gweli archoll *ll.* **gwelïau** 18.90n
gwen gw. **gwyn**
Gwener dydd Gwener 5.56n
gwenlloer 6.41
gwenwyn gwenwyn, ffyrnigrwydd, cenfigen, gofid 9.31n
gwep edrychiad sur, wyneb hir 5.28
gwêr 10.22
gwerin tyrfa 9.61
gwers adnod *ll.* **gwersi** 5.41
gwersyllt noddfa 19.109
gweryrfeirch meirch ffroenfoll, gweryrol 17.58n
gwewyr gw. **gwayw**
gwg anghymeradwyaeth 9.79
gwin 5.35, 6.50, 7.46, 9.60, 62
gwinau melyngoch 16.67; *ll.* **gwineuon** 8.14
gwindas esgid uchel yn cyrraedd hyd at y pen-glin neu groth y goes, botasen *ll.* **gwindasau** 12.75
gwineuddu a chanddo wallt [neu amrannau] tywyll, dwn 4.58
gwinllan At.ii.6n
gwinllys 6.41
gwinwlad bro ragorol 9.28n
gwinwydd At.ii.20
gwir gwir, didwyll 9.65, 71, 19.20n
gwirdda rhagorol 6.47n
gwirddawn o fudd mawr 14.59
gwiriawn dibechod 18.99
gwisg wen 11.75n
gwiw gwych, urddasol, teilwng, rhesymol 7.1, 8.25, 15.57, 18.46, 87, 98, 20.8, At.ii.20
gwiwdlos urddasol a thlos 7.67
gwiwddoeth urddasol a doeth

7.68
gwiwfain hardd a lluniaidd 4.12
gwiwged gwych ei fendith 15.23
gwiwglod clod teilwng 7.69
gwiwlan teilwng a phur 5.38
gwiwlas gwelwwych At.ii.48
gwiwloyw rhagorol a disglair 9.64
gwiwne harddliw 16.67n
gwladaidd di-foes 16.17
gwlân 10.22
gwleddfawr bras ei wleddoedd 12.65
gwn gwisg seremonïol 17.14
gwneuthur *2 un.amhff.myn.* **gwnaut** 11.48n; *3 ll.grb.myn.* **gwnaethesynt** 18.94n
gwr arwr 11.43; *ll.* **gwŷr** 11.45
gwrdd eofn 11.46
gwriog priod (am wraig) 5.6n, 7n
gwrol dewr, rhagorol, grymus 5.7
gwryd dewrder 15.21
gwst poen 18.62
gwybod gwybod, bod yn gyfarwydd â *1 un.pres.myn.* **gwn** 5.1n, 19.24n; *3 un.pres.myn.* **gwŷr** 16.29, 19.23n
gwydr 9.52n, 19.42
gwydrin ffenestr At.ii.17n
gwydws beius 14.7n
gwŷl gwylaidd At.ii.48n
gwŷl gw. **gweld**
gwyliadus effro 10.42
gwŷn artaith 16.17
gwyn gwyn, dymunol, yn ffefryn [gan], goleubryd, bendigaid, gwynfydedig 5.47, 9.66n, 16.68n, 18.91n, 19.14n; *b.* **gwen** 9.28n
gwyndw' corff lluniaidd 19.46
gwynfydig gofidus 15.47n
gwŷr gw. **Mair a ŵyr**
gwyrennig iraidd 19.35

gŵyth llidiowgrwydd; llidiog
11.15, 86n
gyriad ymlidiad 11.68
gyrru traethu 10.44
had disgynyddion 12.56
haeddu *3 un.amhff.myn.* **haeddai**
5.25n
hael gŵr hael; hael [ei rodd],
hynaws, llaw-agored 4.21, 39,
10.14, 19n, 26, 31, 18.64n, 65n
hael gw. **tad hael**
haf 4.8n
hafod *ll.* **hafodydd** 17.50
hail gwledd *ll.* **heiliau** 10.3,
16.36n
haint clefyd 6.33n
hanfod tarddu, deillio, disgyn (o)
2 un.pres.myn. **hanwyd** 11.72n; *3
un.pres.myn.* **henyw** 7.62, 12.67n
hanner ... blwydd 19.30n
haul 4.50, 9.1n, 4, 13n, 27
hawdd dedwydd *cmhr.* **haws**
15.37
hawddamawr 14.75n
hawl achos, cyfiawnder 4.4, 10.1,
35, 13.9n
heb y dywed *3 un.grff.myn.* 6.45
hebddo 19.112n
helm 11.2
helmlas durlas ei helm 10.19n
helw gw. **ar helw**
helynt trywydd, llwybr, ymlidiad
11.39, 13.9n. 18.27
hen *eith.* **hyna', hynaf** 6.33n,
17.30
henw teitl 9.69
henwalch milwr gwych ac
oedrannus 17.67
henwi enwi, datgan 19.5; *1
un.pres.myn.* **henwaf** 4.8n
henwr 17.30
henwydd hen wehelyth 17.8
henyw gw. **hanfod**

herod herodr 11.80
herwydd ar awdurdod 15.1
hinon heulwen 7.53, 9.69
hir tal 11.50
hirglod clod pellgyrhaeddol 18.58
holi cyhuddo 10.14
honnaid hysbys, enwog 10.45,
At.ii.22
hort datganiad 11.80
hoyw hardd, gwych, llawen 9.63,
10.26, 30, 12.47, 59
hoywdrefn gwych ei drefn 19.41
hoywferch merch nwyfus 7.4
hoywlen mantell hardd (am yr
haul) 9.27
hoywliw goleuni nwyfus 9.13n
hoywlun hardd, gosgeiddig 4.21
hoywlys harddlys 10.31
hoywlyw arweinydd gwych 12.55
hud hudolus At.ii.9
hudawl consuriwr 12.17
hurtrwth twp a chegagored 5.52
hwd penwisg 12.17
hwyl cyrch, rhawd, cwrs 11.74,
85, 14.63, 18.64n, At.ii.2
hwylio teithio *2 un.grff.myn.*
hwyliaist 11.39
hy beiddgar 11.85
hybu gwrthwynebu 17.68
hyd nad gan nad 12.24n
hydraul darfodedig; hael 12.1,
19.41
hydd 6.6 (gw. hefyd **carw, elain**)
hyf beiddgar 17.50
hyfr bwch gafr (yn enwedig un
wedi ei ysbaddu), memrwn
5.42n
hylwydd ffortunus 18.92, 19.29
hyna'[1] arglwydd, pennaf
hynafiad 17.35n, 38n
hyna'[2] gw. **hen**
hynod godidog 17.10
hyrddwayw gwaywffon a wthir /

wthiwyd 11.77
hysbys diamau 10.35
i *3 un.g.* **iddaw** 16.15n; *1 ll.* **ynn**
7.29n; *2 ll.* **ywch** 5.54n
i gennyf oddi wrthyf 9.48
i gyd oll 17.35n
iach dianaf 11.81
iaith iaith, datganiad 13.66n,
18.92
iarll *ll.* **eirll** 12.82
iawn cymwys, cyfiawn 8.23,
19.105n
iawndud gwlad berffaith 13.7n
iawnfaeth haelionus 19.47
iawnrhyw dilys 19.37
ieithrym grymus ei ymadrodd
13.63
ieuawr iau 15.8n
iewydd rhan o'r iau 15.48
iôn arglwydd (weithiau am y
Drindod) 12.64n, 19.6
ir llewyrchus 17.4
ireiddwallt hardd ei gwallt 5.31
irgoed 10.41n
isel gwylaidd, isel (ei statws)
4.36n; *eith.* **isaf** 12.13, 16
jestus ustus 12.42
lamp lamp, goleuni 14.43n, 19.78
Laudate 19.88n
Liwsidariws *Elucidarium* 14.7n
lladd lladd, taro 20.7;
amhrs.grff.myn. **llas** 8.4
llaes gwylaidd 8.20n
llafar huawdl 11.7
llafn cleddyf 11.48n
llafur [enbyd]waith 11.53, 65
llafurio peri *1 un.pres.myn.*
llafuriaf 7.11
llain llafn 11.73, 17.41
llan clos, eglwys 17.27, 19.69n
llariaidd tyner At.ii.11
llas gw. **lladd**
llathrwallt gwallt gloyw a llyfn

7.7
llaw llaw, corff, awdurdod 7.39n,
17.55, 19.108n
llawdr llodrau, trowsus 20.15
llawforwyn At.ii.12
llawrodd anrheg 13.53
lle cartrefle 17.2
lle gwarae chwaraefa 9.61n
lleasu llofruddio, gormesu 8.20
lledarw braidd yn gwrs 6.7
llednais addfwyn 12.43
lledw digonedd 9.62n
lledwg dicter, cilwg 4.57
lleidr anrheithiwr 6.7
llên dysg 14.27n
llen mantell (am gwmwl),
gwahanfur 9.40, 19.41, 43n
llenwi meddiannu 17.27
lles bendith 7.65
llestair rhwystr 4.29
lletgynt poen, tristwch 6.31, 16.1
lleuad 9.14n
llew llew, ymladdwr 12.52, 17.12,
39n
llif llifeiriant 18.64n
llin tras 14.43
llitgawdd llidiog ei nwyd 16.1
lliw goleuni, gwawr 4.32n, 9.8,
14n
lliwgaen haen o liw At.ii.46
lliwgain gwych ei ymddangosiad
14.45
lliwlamp golau lamp (am ferch)
4.19
llodredd [y] dim-o-beth mwyaf
diwerth 20.15
lloer merch hardd, anwylyd
6.36n, 7.53, 8.4
llog ... aradr tir âr 15.6n
llorf amddiffynnwr 14.45
llu byddin 9.61, 11.45, 68, 18.91n
llun delw, trefn, ffurf 7.65, 13.6,
23, 19.71

lluniaethu saernïo 15.18n
lluniaidd prydweddol 13.30
llunio cynllunio 20.2
lluosog dibrin 13.26n
llusweddferch merch o bryd llus 8.12n
llw llw, ymrwymiad 10.46, 52, 16.15
llwybr 11.48n
llwydner arglwydd hybarch 12.43
llwyn tyfiant trwchus (am farf), clwstwr 16.54n, 61, 17.4n
llwyrfraw llawn arswyd 16.15
llwytu llwyd a du, tywyll 7.54n
llwyth 13.67n
llyfn gloyw *b*. **llefn** 19.41
llyfr *ll*. **llyfrau** 14.27n
llygad 19.108n
llyna dyna 16.54
llys *ll*. **llysoedd** 7.33n
llysiau 8.12
llythr llythyr 16.8
llyweth torch o wallt 16.62
mab llanc ifanc (weithiau am Grist) 5.50n, 18.6; *ll*. **meibion** 17.57n (gw. hefyd **Mab Duw**)
mad daionus 13.65n
maddau rhoi heibio 13.51; *1 un.amhff.dib*. **maddeuwn** 13.54
mael pennaeth, tywysog 10.19n, 12.63
maen carreg, gem 6.18n, At.ii.45n; *ll*. **main** 18.32, 20.12
maenol ardal helaeth 6.5n
maenor arglwyddiaeth 11.31, 15.10
maer goruchwyliwr 4.33n, 14.50n
maes tir agored 9.54
maeth cynhaliaeth 11.12
magwyr pared 19.39
mainc sedd, *yn drosiadol* llys barn 10.34
Mair a ŵyr 4.10n

maith helaeth 11.8
mam mam, tarddiad 12.69n, 13.47, 14.41n
mân cain 12.72
marchog 11.52, 88, 12.53n
marchog duog, y 11.42n
mar*w*bwl marw a phŵl 5.14n
mau sy'n perthyn i mi, eiddo i mi 4.17, 53, 5.23, 24, 6.50, 12.14, 13.29, 71, 15.56, 16.35, 19.23,
mawr mawr, bonheddig, pwysfawr, rhyfeddol, pennaf 9.41, 13.36n, 18.86n, 17.28, 19.15, 40, 100
mawrair ymffrost 16.21
mawrddawn bendith ragorol 13.41
mawredd anrhydedd, rhwysg 4.17, 20.9
mawrNudd Nudd mawr 13.29n
Mawrth mis Mawrth 8.4n
medru bod yn dra chyfarwydd â *2 un.pres.myn*. **medry** 9.25n
medd[1] diod gadarn a wneir drwy eplesu mêl a dŵr 7.44, 9.54, 60, 11.8n, 11, 15.33, 17.5, 20.12
medd[2] *3 un.pres.myn. bf. ddiffygiol* 11.71n
meddiannus rheolwr 12.42
mefl cywilydd 14.11
meingan main a golau o bryd (am ferch) 7.58
meinlun meinllun, main a gosgeiddig 5.20n
meinwar merch fain a gwylaidd 6.52
meinwych tenau a hardd 5.23
meinwyn main a hardd 19.46
meistr 15.59n
melin melin ddŵr *ll*. **melinau** 17.47
melyn 16.55
mellten fflach *ll*. **mellt** 11.66

menestr tywalltwr diod 11.5
merch *ll.* **merched** 6.35n, 17.59n
merydd araf, difywyd, ynfyd
  6.8n, 16.25n
mewn yn rhwymedig i 10.66
milain taeog 10.43; *ll.* **mileiniaid**
  12.6
mirain ysblennydd, hardd,
  disglair 6.10, 20.9, At.ii.16
mireinwr un hardd 6.23n
moes ymarweddiad, dull,
  boneddigeiddrwydd, ymddygiad
  11.12, 14.54, At.ii.11; *ll.* **moesau**
  12.13
moesgar boneddigaidd 16.50
môr *ll.* **moroedd** 12.29n
môr tawch môr mawr, gweilgi
  18.68n
morfarch *ll.* **morfeirch** 19.95n
morwyn (am Fair) 19.16n
muchudd eboni 8.6n
mul diffuant, diniwed, addfwyn
  4.3
mur amddiffynnwr, mur,
  cynheiliad, mur [o filwyr] 11.5,
  54, 16.34, At.ii.45n; *ll.* **muriau**
  18.68n
mursen un sy'n chwarae â
  serchiadau 6.38n
mwnai cyfoeth 9.75
mwyalchen *ll.* **mwyalchod** 8.10
mwyngaer amddiffynfa dyner
  7.58n
mydr symudiad 20.19
mygr gogoneddus 19.39
myn draul! myn gost! 16.51
mynag datganiad 9.75
myned mynd, ymddatod 20.20; *2*
  un.pres.myn. **ei** 9.39n; *2*
  un.grff.myn. **aethost** 11.15n; *3*
  un.grff.myn. **aeth** 13.35n; *3*
  un.prff.myn. **ethyw** 12.61n
mynegi *2 un.grch.* **mynag** 7.29n,

43n
mynfyr *yn ffigurol am* uchelwr
  11.11n
mynnu ewyllysio 15.22
mynor o farmor 15.10
mynudyn symudiad 8.5
mynwesaidd annwyl, agos at
  galon 8.9
mynydd 18.86n; *ll.* **mynyddoedd**
  17.49n
naf arglwydd, brenin 11.65, 13.2
nâg gwrthodiad 9.76n
naill wyneb ?dwbl, ?y naill law
  12.4
nain *ll.* **neiniau** 5.24n
nawdd lloches, noddfa,
  gwarchodaeth, amddiffynfa
  6.27, 13.7, 15, 18.97n
nawnych nychdod cyflawn, aml
  nychdod 7.70n
nawrym grym perffaith 11.13n
nedd pryfed 20.19
neges diben 13.59
neidr 6.7n
nen cynheiliad 14.70
nêr arglwydd (weithiau am
  Dduw) 11.13, 32, 18.97
nerth cynhaliaeth, nerth 13.12n,
  18.13
neuadd *ll.* **neuaddau** 9.50n
newydd ir 8.14
ni 17.33n
nifer llu 19.91
noeth llwm 13.2
nych nychdod, dihoenedd 20.19,
  At.ii.18
nychu 8.22n
nyth lloches 12.58
o o, oherwydd, drwy gyfrwng
  19.7, 17, 41, 42; *3 ll.* **onaddun'**
  ohonynt 12.30
ôd eira At.ii.24n
od os 5.19, 9.39, At.ii.30

oed apwyntmant, cyfarfod 4.16,
7.26 10.64

oer digalon, diangerdd, anhyfryd,
trist 5.48, 6.42, 7.62, 18.52n

oerwas dihiryn 5.13n

oes Ysbryd oes yr Ysbryd Glân
19.101n

oeswr hynafgwr 17.36

oferfardd bardd gwamal 16.42n

olew 18.35

onnen gwaywffon 11.55n

organ 10.41n, 19.83n

osgl cangen 19.29n; *ll.* **osglau**
19.26

owi och 8.21n

ŵyr *ll.* **wyrion** 17.60n

pa ryw ...? pa fath ...? 5.34,
12.22

pabl bywiog 8.9

pais mantell 16.10n

paladr gwaywffon 11.20

pan nas pe na ... hynny 19.24n

pand onid 20.17

para pa fath 19.22n

paradwys y nefoedd 7.33n, 9.58n,
13.3, 19.81

pared gw. **dan bared, dan ei
phared**

parhäus arhosol 12.62

parthu rhannu *3 un.pres.myn.*
parth 13.69

pastynwr ffair 14.22

paun (am berson) 13.20n

pawb 13.45n

pedeiran pedwar darn 15.66

pegan pagan 16.17

peintiwr 13.22n

pell yn ymestyn dros bellter
mawr, di-ball 10.7n, 8, 15.46n

pellynt pellgyrhaeddol 9.33n

pen[1] genau 13.66n; *ll.* **pennau**
6.32

pen[2] prif, blaen 11.44, 52, 57

penadur pennaeth 16.6

penaig arglwydd 17.53

pencwd cwd i'w roi am y pen
12.18

pensel baner, baner fechan
12.47n, 16.55

penwn baner 9.36n, 13.20n

penydio cosbi At.ii.23

pêr melys 8.16

piau? eiddo pwy? 13.57

pill grym 9.33n

plaid cwmni, gwarchodwyr, pobl
12.25, 18.16, 59

planed 9.3n, 19

pluen *ll.* **plu** 5.18n

plwy plwyfolion 17.54n

poen 5.31n; *ll.* **poenau** 19.24n

poenedig llawn poenedigaeth
At.ii.25

pont *ll.* **pynt** 9.29

porthmon masnachwr *ll.*
porthmyn 10.22n

porthwin gwin sy'n gynhaliaeth
13.69

post gwasanaeth 14.22n

praff grymus 12.52

praw' 7.52n (gw. hefyd **gair**)

pregeth traethiad 13.48

prid costus 13.19

priodawl cyfrannog 13.10n

priodawr pennaeth cyfreithlon
12.31

priodol addas 14.32

procuriwr asiant *ll.* **procurwyr**
10.20n

proffwyd *ll.* **proffwydi** 7.49n

pryd harddwch 13.10n, 16, 16.65

prydol prydferth *cfrt.* **prydoled**
13.24

prydydd 9.58n

pryns tywysog 12.52n

pum harcholl pum archoll 18.50n

pum hugain 12.37n

seren *ll.* sŷr 6.3

siad copa, corun (neu efallai am het) 5.18n

sidan 16.54n

sôn datganiad, ymddiddan 13.35, 15.35n, 19.61n

sud ffurf, cyflwr 16.53, 54

Sul 9.5n, 19.70

swrn nifer go dda 7.3

swydd swyddogaeth 12.59, 62, 13.71

sygn arwydd y sidydd 9.31n; *ll.* sygnau 6.3

sŷr gw. seren

tablglos llys barnwrol 18.89n

tad tad, cyndad (weithiau am Dduw) 12.69n, 13.7n, 18.5, 19.7, 74, 86

tad hael 11.24n

taer dygn, aruthr 11.48n, 56n

taerfawl angerddol ei foliant 4.4n

tafell deilen At.ii.3

tafod huodledd 10.7

tangnef heddychlon 10.63, 19.75n

tair 19.29n

tâl talcen, blaen, taledigaeth, taliad 10.68, 13.27, 15.46n, 18.96n, 19.27, At.ii.16 (gw. hefyd bwrdd tâl)

talbarth llawr ystafell, ?llwyfan isel mewn neuadd 5.12n

talwrn maes 11.61

tân 18.33n

tan bared At.ii.teitl n

tan bwyth wrth ateb y cyhuddiad 14.17n

tancwd ceillgwd 12.18n

tant *ll.* tannau 19.89

taradr offer saer ar gyfer tyllu pren (am belydrau'r haul) *ll.* terydr 9.52n

tarf gw. ar darf

tario oedi 17.7

taro *3 ll.amhff.myn.* trewyn' 13.12n

tau eiddot ti, sy'n eiddo i ti 9.55, 18.89

tawlbwrdd gêm a chwaraeid yn y llys 5.12n

tefyll gw. tafell

teg clodforus 11.80

teilwng urddasol 19.27

telyn 13.60n, 18.37

têr llachar, disglair 5.55

tes gwres, goleuni 9.2, 18, 52

teuleiddwalch arwr bonheddig 13.27n

teuluwas bardd teulu 14.30n

tincwd cwd i'w roi am y tin 12.17n

tir 11.16n, 18.68n

tirion caredig 11.56n

tôn naws 10.63

ton gw. twn

torri malurio 11.75n; *3 un.pres.myn.* tyr 18.68n; *3 un.grff.myn.* torres 11.55n

torri ... croen anafu 4.59–60n

tors ffagl 11.58

tost yn peri loes, ffyrnig 8.17, 18.44, 47

tra y tu hwnt i 12.29n

tra da haelfrydig, cymwynasgar 9.13n

trafael trafferth 11.23, 15.19

trafel siwrnai, llafur 7.9, 20.17

trafn arglwydd 11.48n

trais gormes 12.40n, 13.37n

trasyth cwbl union 4.15

trawsair gair safadwy 4.15n

tref trigfan 6.12

treiddio ymweld â *3 un.pres.myn.* traidd 6.12

tremyg gwawd, dirmyg 4.7n, 7.5

tremyn taith, siwrnai 4.45, 5.48

trend cerdd 19.22n

tri (weithiau am y Drindod)
13.11n, 12n, 19.6n, 18, 62
trigedig arhosol 9.32
trin achos cyfreithiol, lladdfa,
brwydr 10.11, 12.33, 45, 13.69
triofn arswyd cyflawn 4.9n
tripheth 6.1n
tro achlysur, digwyddiad,
ymweliad, trobwynt 4.9, 7.9,
11.83, 17.5
troad llygad 19.108n
tröell pelen 19.43n
trum uchelfan 4.25
trwch anffodus 18.55
trwm trist, dwys, dyfal 7.5; eith.
trymaf 11.23, 53
trwydoll llwyr dyllog / glwyfedig
18.7n
trylwyn deheuig, ysblennydd
16.51n
trymfryd tristwch 18.55
trymlais llais trist, ochenaid drist
7.35
trymlawdd mawl dwys 11.29n
trysor anwylyd 14.76
trywyr tri gŵr 13.9n, 17.24n
tuchan ochain, grwgnach 5.38
tuedd tir [y byw] 20.1
twf cynnydd At.ii.44
twng taliad dirwy 10.66
twn clwyfedig b. ton 18.48, 19.66
twrneimant 12.77
twyll cuddiedig 4.25
twyllo siomi amhrs.grff.myn.
twyllwyd At.ii.37
tyfiad tyfiant, datblygiad 8.3,
17.1
tyfu cynyddu 3 un.pres.myn. tyf
14.24n
tympan offeryn cerdd ll.
tympanau 19.89
tyngu tyngu [llw] 3 un.pres.myn.
twng 18.48n; 3 ll.pres.myn.

tyngant 18.45n (gw. hefyd
tyngu anudon)
tyngu anudon dwyn
camdystiolaeth 10.64; 3
un.pres.myn. twng anudon 10.28
tyrchbryd un o ymddangosiad
torchau 5.55n
tywarchawr ych yn aredig 18.19
uchel uchel (ei statws) eith. uchaf
12.14, 15
ufeldan tân gwreichionog 11.60n
ufelfellt fflachiog 12.46n
ufydd anymwthgar, gwylaidd
4.30, 13.31, 51n, 14.74, 18.77;
eith. ufyddaf 12.16
ufydd-dawd 19.93
un (am y Drindod) 19.5n, 18, 62
unawr eiliad, un awr 15.28, 42,
17.6, 18.85
uniawn cywir 19.105n
uno dymuno 1 un.pres.myn. unaf
14.12n
unweithred o'r un weithred â
11.49
uswydd ysgyrion, darnau 12.41
uthr aruthrol 13.64
weithian erbyn hyn 20.13
weithion yn awr 12.61
wrls ymyl 12.70n
wrth o'i gymharu â, ar achlysur
8.3, 16.63
wybren cwmwl 9.39n
wyneb gw. naill wyneb
wythfed 13.35n
wythrym un o nerth wyth 13.63n
y mae mai 14.9n
ychen llog ychen cyflogedig
11.68n
yngod yn ymyl, yno 7.19, 17.40n
ymannos y noson o'r blaen 11.7n,
15.9n, 35
ymguraw ergydio 11.43
ymlaen cyn 13.37

ymwanwr trywanwr 11.41
ymwasgu cofleidio, cymdeithasu
â *3 un.pres.myn.* **ymwaisg**
12.82n
ymweld *2 un.grch.* **ymwŷl** 9.38
ymwriaw ymladd 11.54
ymysgaroedd tosturiaethau
13.25n
yn rhodd yr wyf yn erfyn 5.50n

ynfyd 7.61n
ynn gw. i
ysbrydol cysegredig 16.65
ysbys hysbys, amlwg, agored 6.41
ysgarlad gwisg ysgarlad 12.70n
ysgyren dernyn 11.58
ystad urddas 11.26n
ystondardd baner 16.58
ywen 19.34n

Llawysgrifau

Cynnwys nifer o'r llawysgrifau a restrir waith sawl copïwr. Ceisir dyddio'r rhannau hynny y mae gwaith beirdd y gyfrol hon yn digwydd ynddynt yn unig. Diolchir i Mr Daniel Huws am unrhyw ddyddiadau neu wybodaeth na chrybwyllir yn y ffynonellau printiedig a nodir.

Llawysgrifau yng nghasgliad Prifysgol Cymru, Bangor

Bangor 6: Owen Jones 'Owain Myfyr', 1768, gw. 'Catalogue of Bangor MSS. General Collection', 1–1216 (cyfrol anghyhoeddedig, Prifysgol Cymru, Bangor), 1.

Bangor 703: Richard Williams, Machynlleth (1747–1811), 1790, gw. *ib.*

Bangor 704: Richard Williams, Machynlleth (1747–1811), ?wythdegau'r 18g., gw. *ib.*

Bangor (Mos) 2: sawl llaw anh., *c.* 1598, gw. E. Gwynne Jones & A. Giles Jones, 'A Catalogue of the (Bangor) Mostyn Collection' i (cyfrol anghyhoeddedig Prifysgol Cymru, Bangor, 1967), dan rif y llawysgrif.

Bangor (Mos) 5: llaw gynnar Thomas Wiliems o Drefriw, yn ddiweddar yn yr 16g., gw. *ib.*

Bangor (Mos) 11: llaw anh., ail hanner yr 17g. (cyn 1681), gw. *ib.*

Bangor (Penrhos) 1573: sawl llaw, *c.* 1590–1637, gw. 'A Catalogue of the Penrhos Papers' (cyfrol anghyhoeddedig, Prifysgol Cymru, Bangor, 1940) dan rif y llawysgrif; Eurys I. Rowlands, 'Llaw dybiedig Siôn Brwynog', Cylchg LlGC vii (1951–2), 381.

Llawysgrifau Ychwanegol yn y Llyfrgell Brydeinig, Llundain

BL Add 10313: Dafydd Jones o Drefriw, ail hanner y 18g., gw. CAMBM 1836, 29; W. Gerallt Harries, 'Un arall o lawysgrifau Dewi Fardd', B xxvi (1974–6), 161–8.

BL Add 14866 [= RWM 29]: Dafydd Johns, 1587, gw. CAMBM 1844, 16; RWM ii, 1022–38.

BL Add 14867 [= RWM 54]: William Morris, 1758, gw. CAMBM 1844, 16–17; RWM ii, 1151–6.

BL Add 14870 [= RWM 53]: Lewis Morris, *c.* 1748, gw. CAMBM 1844, 17; RWM ii, 1144–51.

BL Add 14873 [= RWM 55]: William Morris, 1739–60, gw. CAMBM 1844, 18; RWM ii, 1156–9.

BL Add 14882 [= RWM 31]: Wiliam ap Wiliam ap Robert o Dregarweth, 1591, gw. CAMBM 1844, 21–2; RWM ii, 1048–53.

BL Add 14898 [= RWM 46]: 'llaw dybiedig Siôn Brwynog', *c.* 1600, gw. CAMBM 1844, 27–8; RWM ii, 1104–8.

BL Add 14902: llaw anh., 17g., gw. CAMBM 1844, 29.

BL Add 14906 [= RWM 45]: Wiliam ap Wiliam ap Robert o Dregarweth, 16/17g., gw. *ib.* 29–30; RWM ii, 1101–4.

BL Add 14932: William Morris, 1740–55, gw. CAMBM 1844, 36; GDG cl–clv.

BL Add 14935: Lewis Morris, 1759–61, gw. CAMBM 1844, 37–8; H. Owen, *The Life and Works of Lewis Morris* ([Llangefni], 1951), 79–86.

BL Add 14964: Owen Jones 'Owain Myfyr', 1768, gw. CAMBM 1844, 45.

BL Add 14965: Edward Kyffin, *c.* 1580, gw. *ib.* 45–6.

BL Add 14966: Wiliam Bodwrda a'i gynorthwywyr, *c.* 1644–6, gw. CAMBM 1844, 46–7; R. Geraint Gruffydd, 'Llawysgrifau Wiliam Bodwrda o Aberdaron (a briodolwyd i John Price o Fellteyrn)', Cylchg LlGC viii (1953–4), 349–50; Dafydd Ifans, 'Wiliam Bodwrda (1593–1660)', Cylchg LlGC xix (1975–6), 300–10.

BL Add 14967 [= RWM 23]: llaw anh., canol yr 16g. (ar ôl 1527), gw. CAMBM 1844, 47; RWM ii, 996–1014.

BL Add 14969: Thomas Prys, Huw Machno ac eraill, dechrau'r 17g., gw. CAMBM 1844, 48.

BL Add 14971 [= RWM 21]: John Davies, Mallwyd, *c.* 1610–20, gw. *ib.* 49; RWM ii, 977–86; Rh.F. Roberts, 'Bywyd a gwaith Dr. John Davies, Mallwyd' (M.A. Cymru [Bangor], 1950), 342.

BL Add 14976 [= RWM 22]: un o gynorthwywyr John Davies, Mallwyd, 1610–20, gw. CAMBM 1844, 52; RWM ii, 986–96.

BL Add 14978: llaw anh., *c.* 1600, gw. CAMBM 1844, 53.

BL Add 14979: John Fowk, *c.* 1590, gw. *ib.* 53–4.

BL Add 14984: llaw anh., *c.* 1600, gw. *ib.* 55–6.

BL Add 14991: Owen Jones a Hugh Maurice, *c.* 1800, gw. *ib.* 57–8.

BL Add 14997 [= RWM 24]: llaw anh., *c.* 1500, gw. *ib.* 60; RWM ii, 1014–1018.

BL Add 15000: Owen Jones 'Owain Myfyr', *c.* 1775, gw. CAMBM 1844, 60–1.

BL Add 15001: John Walters, ail hanner y 18g., gw. *ib.* 61–2.

BL Add 15034: Owen Jones 'Owain Myfyr', 1769–1804, gw. *ib*. 75.

BL Add 31055 [= RWM 32]: Thomas Wiliems, 1594–6, gw. CAMBM 1876–81, 154; RWM ii, 1053–65.

BL Add 31056: llaw anh., ail hanner yr 17g. (ar ôl 1658), gw. CAMBM 1876–81, 154.

BL Add 31058: llaw anh., ail hanner yr 17g., gw. *l.c*.

BL Add 31059: Rhisiart ap Siôn o Sgorlegan, *c*. 1590, gw. *l.c*.

BL Add 31062: Owen Jones 'Owain Myfyr' a Hugh Maurice, *c*. 1800, gw. *l.c*.

BL Add 31063: Hugh Maurice, *c*. 1800, gw. *l.c*.

BL Add 31077: Owen Jones 'Owain Myfyr' a Hugh Maurice, *c*. 1800, gw. *l.c*.

Llawysgrif yng nghasgliad Stowe yn y Llyfrgell Brydeinig, Llundain

BL Stowe 959 [= RWM 48]: llaw anh., chwarter olaf yr 16g., gw. RWM ii, 1110–1126; GLGC xxxii.

Llawysgrif yng nghasgliad Bodewryd yn Llyfrgell Genedlaethol Cymru, Aberystwyth

Bodewryd 1: Humphrey Davies, diwedd yr 16g./dechrau'r 17g., gw. 'Schedule of Bodewryd Manuscripts and Documents' (cyfrol anghyhoeddedig, Llyfrgell Genedlaethol Cymru, Aberystwyth, 1932), 1.

Llawysgrifau yng nghasgliad Llyfrgell Bodley, Rhydychen

Bodley Welsh e 7: llaw anh., 16/17g., gw. SCWMBLO vi, 216.

Bodley Welsh f 5: cylch Benjamin Simon, 18g., gw. SCWMBLO vi, 54.

Llawysgrifau yng nghasgliad Brogyntyn yn Llyfrgell Genedlaethol Cymru, Aberystwyth

Brog (y gyfres gyntaf) 1: Harri ap Llywelyn ap Siôn ac eraill, canol yr 16g., gw. 'Catalogue of Brogyntyn Manuscripts and Documents', i (cyfrol anghyhoeddedig, Llyfrgell Genedlaethol Cymru, 1937), 1–2; E.D. Jones, 'The Brogyntyn Welsh Manuscripts', Cylchg LlGC vi (1949–50), 309–16.

Brog (y gyfres gyntaf) 2: Humphrey Davies, 1599, gw. 'Catalogue of Brogyntyn Manuscripts and Documents', i (cyfrol anghyhoeddedig, Llyfrgell Genedlaethol Cymru, Aberystwyth, 1937), 3–5; E.D. Jones, *art.cit*, Cylchg LlGC v (1947–8), 234–6.

Brog (y gyfres gyntaf) 5: llaw anh., 1625–30, gw. 'Catalogue of Brogyntyn Manuscripts and Documents' i (cyfrol anghyhoeddedig, Llyfrgell Genedlaethol Cymru, Aberystwyth, 1937), 10–12; E.D. Jones, *art.cit.* 237–57.

Brog (y gyfres gyntaf) 6: llaw anh., 1627–30, 'Catalogue of Brogyntyn Manuscripts and Documents' i (cyfrol anghyhoeddedig, Llyfrgell Genedlaethol Cymru, Aberystwyth, 1937), 13–14; E.D. Jones, *art.cit.* Cylchg LlGC vi (1949–50), 223–48.

Llawysgrifau yn Llyfrgell Ganolog Caerdydd

Card 1.550: llaw debyg i law David Ellis, ail hanner y 18g., gw. G. Thomas & D. Huws, 'Summary Catalogue of the Manuscripts ... commonly referred to as the "Cardiff MSS" ' (Aberystwyth, 1994), 57.

Card 2.5 [= RWM 11], ii: llaw anh., 16/17g., gw. RWM ii, 141–5.

Card 2.13 [= RWM 34]: llaw anh., ar ôl 1819, gw. *ib.* 231.

Card 2.26 [= RWM 18]: cylch Siôn Dafydd Rhys, 1588, gw. *ib.* 172–8.

Card 2.40 [= RWM 26]: John Morgan, Matchin, *c.* 1714, gw. *ib.* 214–24; G. Thomas & D. Huws, *op.cit.* 79.

Card 2.114 [= RWM 7]: llaw anh., 1564–5, gw. RWM ii, 110–28; G. Thomas & D. Huws, *op.cit.* 88.

Card 2.619 [= Haf 5]: llaw anh., 1586, gw. RWM ii, 306–9; G. Thomas & D. Huws, *op.cit.* 142.

Card 2.623 [= Haf 13]: Iago ap Dewi, 1684, gw. RWM ii, 314–18.

Card 2.630 [= Haf 20]: Llywelyn Siôn, 16/17g., gw. *ib.* 193–202; G. Thomas & D. Huws, *op.cit.* 226.

Card 3.2 [= RWM 27]: llaw anh., 17/18g., gw. RWM ii, 224–9; G. Thomas & D. Huws, *op.cit.* 222.

Card 3.37 [= RWM 20]: llaw anh., 1614–36, gw. RWM ii, 193–202.

Card 4.9: William Jones, Llangadfan, 1794, gw. G. Thomas & D. Huws, *op.cit.* 314–15.

Card 4.10 [= RWM 84], ii: Dafydd Jones, Trefriw, ail hanner y 18g., gw. RWM ii, 790–3; G. Thomas & D. Huws, *op.cit.* 315.

Card 5.11 [= RWM 33]: llaw anh., ail hanner y 18g., gw. RWM ii, 230; G. Thomas & D. Huws, *op.cit.* 437.

Card 5.44: Llywelyn Siôn, cwblhawyd 1613, gw. *ib.* 440; Llywelyn Siôn, &c.: Gw 157–60, 212–36.

Card 5.167 [= Thelwall]: cylch Richard Longford, *c.* 1565, gw. G. Thomas & D. Huws, *op.cit.* 451; BaTh 303, 311–12; GO 26.

Llawysgrifau yng nghasgliad Cwrtmawr yn Llyfrgell Genedlaethol Cymru, Aberystwyth

CM 3: William Salesbury, *c*. 1564, gw. RWM ii, 873–7.

CM 5: Ifan Tudur Owen, Dugoed, o bosibl, *c*. 1600 a llaw anh. 17/18g. (CM 5 ii, 490), gw. *ib*. 878–86; B.G. Owens & R.W. McDonald, 'A Catalogue of the Cwrtmawr Manuscripts' i (cyfrol anghyhoeddedig, Llyfrgell Genedlaethol Cymru, Aberystwyth, 1980), 5–6.

CM 12: David Ellis, 1794, gw. RWM ii, 900–3; B.G. Owens & R.W. McDonald, *op.cit*. 14–15.

CM 14: Lewis Morris, 1727, gw. RWM ii, 903–8; B.G. Owens & R.W. McDonald, *op.cit*. 17; Dafydd Wyn Wiliam, *Cofiant Lewis Morris 1700/1–42* (Llangefni, 1997), 142.

CM 23, ii: 'llaw dybiedig Siôn Brwynog', *c*. 1600, gw. RWM ii, 921–3; B.G. Owens & R.W. McDonald, *op.cit*. 26.

CM 27: David Ellis, 1630, gw. RWM ii, 925–32; B.G. Owens & R.W. McDonald, *op.cit*. 30–1.

CM 129: Margaret Davies, Coetgae-du, Trawsfynydd, 1760–2, gw. *ib*. 165–6.

CM 204: William Morgan Llanymawddwy, yn ddiweddar yn yr 17g., gw. *ib*. 240–1.

CM 281: Mary Richards, 1835, gw. B.G. Owens, Rh.F. Roberts & R.W. McDonald, 'A Catalogue of the Cwrtmawr Manuscripts', ii (cyfrol anghyhoeddedig, Llyfrgell Genedlaethol Cymru, Aberystwyth, 1993), 333.

CM 312: llaw anh., *c*. 1600, gw. B.G. Owens, Rh.F. Roberts & R.W. McDonald, *op.cit*. 370; E.I. Rowlands, 'Llaw dybiedig Siôn Brwynog', Cylchg LlGC, vii (1951–2), 381–2.

CM 381: John Williams 'Ioan Rhagfyr', 1783, gw. B.G. Owens, Rh.F. Roberts & R.W. McDonald, *op.cit*. 435; GDG clxviii–clxix.

CM 552: Owen Jones, ail hanner y 19g., gw. B.G. Owens, Rh.F. Roberts & R.W. McDonald, *op.cit*. 586.

Llawysgrif yng nghasgliad Cotton yn y Llyfrgell Brydeinig, Llundain

Cotton Caligula A.iii: llaw anh., 15/16g., gw. RWM ii, 945–6; M.T. Burdett-Jones, 'A note on a Welsh legal manuscript, British Library, Cotton Caligula A iii', Cylchg LlGC xxv (1987–8), 349–51; Daniel Huws, *Medieval Welsh Manuscripts* (Cardiff and Aberystwyth, 2000), 187–8.

Llawysgrif yng nghasgliad Esgair a Phantperthog yn Llyfrgell Genedlaethol Cymru, Aberystwyth

Esgair 1: llaw anh., 17g., gw. 'A Schedule of Manuscripts, Deeds, and Papers' (cyfrol anghyhoeddedig, Llyfrgell Genedlaethol Cymru, 1950), 1–11.

Llawysgrifau yng nghasgliad Gwyneddon Davies ym Mhrifysgol Cymru, Bangor

Gwyn 3: Jasper Gryffyth, 1590, gw. GSCMB 30; *Gwyneddon 3*, gol. I. Williams (Caerdydd, 1931), v–xii; *Early Welsh Poetry: Studies in the Book of Aneirin*, ed. B.F. Roberts (Aberystwyth, 1988), 46.

Gwyn 4: William Middleton, o bosibl, *c.* 1575, gw. GSCMB 30; I. Williams, 'Protestaniaeth Wiliam Midleton', B viii, 245–7.

Llawysgrifau yng nghasgliad Coleg Iesu, Rhydychen

J 101 [= RWM 17]: Humphrey Davies, *c.* 1630, gw. RWM ii, 68–86; 'Schedule of Bodewryd Manuscripts and Documents' (cyfrol anghyhoeddedig, Llyfrgell Genedlaethol Cymru, Aberystwyth, 1932), 1; E.D. Jones, 'The Brogyntyn Welsh Manuscripts', Cylchg LlGC v (1947–8), 234–6, plât rhif 32.

J 139 [= RWM 14]: llaw anh., dechrau'r 17g., gw. RWM ii, 56–7.

Llawysgrifau yng nghasgliad Llyfrgell Genedlaethol Cymru, Aberystwyth

LlGC 37B: Edward Jones 'Bardd y Brenin' a William Jones, Llangadfan, ail hanner y 18g., NLWCM 81–4.

LlGC 95B: John Rowlands, canol y 19g., gw. *ib.* 105.

LlGC 170C: Edward Jones 'Bardd y Brenin', 18/19g., gw. *ib.* 140–2.

LlGC 560B: cynorthwyydd Wiliam Bodwrda, canol yr 17g., gw. HMNLW i, 34; GDG cxlii–iv; R.G. Gruffydd, 'Llawysgrifau Wiliam Bodwrda o Aberdaron (a briodolwyd i John Price o Fellteyrn)', Cylchg LlGC viii (1953–4), 350; Dafydd Ifans, 'Bywyd a Gwaith Wiliam Bodwrda (1593–1660) o Aberdaron' (M.A. Cymru [Aberystwyth], 1974), 572–8.

LlGC 642B: llaw anh., hanner cyntaf yr 17g., gw. HMNLW i, 43.

LlGC 643B: llaw anh., hanner cyntaf yr 17g., gw. *l.c.*

LlGC 670D: William Jones 'Bleddyn', Llangollen, 19g., gw. *ib.* 46–7.

LlGC 872D [= Wrecsam 1]: John Brooke o Fawddwy, 1590–1, gw. RWM ii, 346–60.

LlGC 970E [= Merthyr Tudful]: Llywelyn Siôn, *c.* 1613, gw. *ib.* 372–94; HMNLW i, 77; D.H. Evans, 'Ieuan Du'r Bilwg (*fl. c.* 1471)', B xxxiii (1986), 106.

LlGC 1246D: Rhys Jones o'r Blaenau, canol y 18g., gw. HMNLW i, 101; CLC² 414.

LlGC 1247D: Rhys Jones o'r Blaenau, canol y 18g., gw. HMNLW i, 101.

LlGC 1553A: Roger Morris, Coedytalwrn, 1580–1600, gw. *ib.* 128–9; CLC² 520.

LlGC 1559B: Wiliam Bodwrda, canol yr 17g., gw. HMNLW i, 130; R.G. Gruffydd, 'Llawysgrifau Wiliam Bodwrda o Aberdaron (a briodolwyd i John Price o Fellteyrn)', Cylchg LlGC viii (1953–4), 350; Dafydd Ifans, 'Bywyd a Gwaith Wiliam Bodwrda (1593–1660)' (M.A. Cymru [Aberystwyth], 1974), 579–601.

LlGC 1971B [= Pant 2]: Evan Evans 'Ieuan Fardd', ?trydydd chwarter y 18g., gw. RWM ii, 802–4.

LlGC 1979B [= Pant 10]: Evan Evans 'Ieuan Fardd', *c.* 1780, gw. *ib.* 813–15.

LlGC 1982B [= Pant 13]: Evan Evans 'Ieuan Fardd', trydydd chwarter y 18g., gw. *ib.* 816–18.

LlGC 2010B [= Pant 42]: Evan Evans 'Ieuan Fardd', 1772, gw. *ib.* 853–5.

LlGC 2014B [= Pant 46]: Evan Evans 'Ieuan Fardd', ?trydydd chwarter y 18g., gw. *ib.* 856.

LlGC 2021B [= Pant 53]: Evan Evans 'Ieuan Fardd' a'i gylch, ?trydydd chwarter y 18g., gw. *ib.* 859–61.

LlGC 2023B [= Pant 56]: Evan Evans 'Ieuan Fardd', ?trydydd chwarter y 18g., gw. *ib.* 862–3.

LlGC 2026B [= Pant 59]: Evan Evans 'Ieuan Fardd', 1764, gw. HMNLW i, 176.

LlGC 2033B [= Pant 67]: llaw anh., 18g., gw. RWM ii, 866.

LlGC 3047C [= Mos 144]: William Phylip, ail chwarter yr 17g., gw. RWM i, 131–51.

LlGC 3049D [= Mos 146]: llaw anh., chwarter olaf yr 16g., gw. *ib.* 168–79.

LlGC 3050D [= Mos 147]: Edward Kyffin, *c.* 1577, gw. *ib.* 180–96.

LlGC 3051D [= Mos 148]: llaw anh., ail hanner yr 16g. ond cyn 1594, gw. *ib.* 196–212.

LlGC 3057D [= Mos 161]: llaw anh., cyn 1563, gw. *ib.* 242–55.

LlGC 3058D [= Mos 162]: llaw anh., *c.* 1600, gw. *ib.* 255–9.

LlGC 3061D [= Mos 165]: John Davies 'Siôn Dafydd Laes', *c*. 1690, gw. *ib*. 267–74.

LlGC 4710B: Gwilym Pue, 1676, gw. HMNLW ii, 36–7.

LlGC 4973B: John Davies, Mallwyd, *c*. 1631, gw. *ib*. 59.

LlGC 5269B: un o gopïwyr John Davies, Mallwyd, *c*. 1630, gw. *ib*. 82.

LlGC 5272C: Edward Kyffin, *c*. 1580, gw. *ib*. 83.

LlGC 5273D: William Davies, 1642, gw. *ib*. 83.

LlGC 5283B: llaw anh., hanner cyntaf yr 17g., gw. *ib*. 85.

LlGC 5474A [= Aberdâr 1]: Benjamin Simon, 1747–51, gw. RWM ii, 395–408; HMNLW ii, 104; GP xv.

LlGC 5475A [= Aberdâr 2]: Benjamin Simon, 1754, gw. RWM ii, 395–408; HMNLW ii, 104.

LlGC 6077C: Thomas Lloyd Jones 'Gwenffrwd', 1810–34, gw. *ib*. 147.

LlGC 6209E: William Jones, cynorthwyydd Edward Lhuyd, *c*. 1700, gw. *ib*. 158–9; Garfield H. Hughes, *Iaco ab Dewi 1648–1722* (Caerdydd, 1953), 32–3.

LlGC 6511B: Llywelyn Siôn, *c*. 1593–5, gw. HMNLW ii, 188; D.H. Evans, 'Ieuan Du'r Bilwg (*fl. c*. 1471)', B xxxiii (1986), 106.

LlGC 6681B: John Jones, Gellilyfdy, 1604, gw. HMNLW ii, 204–5; N. Lloyd, 'A History of Welsh Scholarship in the First Half of the Seventeenth Century, with Special Reference to the Writings of John Jones, Gellilyfdy' (D.Phil. Oxford, 1970), 27–8.

LlGC 6735B: Richart Robert, 17/18g., gw. HMNLW ii, 211.

LlGC 8330B [= Neuadd Wen 1]: llaw anh., *c*. 1635, gw. HMNLW iii, 35.

LlGC 11087B: llaw anh., diwedd yr 16g., gw. *ib*. 304.

LlGC 13061B: Tomas ab Ieuan, 1675–1700, gw. HMNLW iv, 353–4.

LlGC 13062B: Thomas ab Ieuan, 1675–1700, gw. *ib*. 353–4.

LlGC 13068B: Sils ap Siôn, *c*. 1600, gw. *ib*. 356–7; D.H. Evans, 'Bywyd a Gwaith "Gyles ap Sion" o Radur Ucha', SC xxvi/xxvii (1991–2), 88ff.

LlGC 13071B: llaw anh., hanner cyntaf yr 17g., gw. *ib*. 358–9.

LlGC 13072B: Jenkin Richards, *c*. 1650, gw. *ib*. 359; R.G. Gruffydd, 'Awdl wrthryfelgar gan Edward Dafydd', LlCy v (1958–9), 158.

LlGC 13079B: llaw anh., 16/17g., gw. HMNLW iv, 363.

LlGC 13081B: Owen John, *c*. 1600, gw. *ib*. 363–4; TLlM 44.

LlGC 13166B: Roger Williams, *c*. 1611–21, gw. HMNLW iv, 480–2.

LlGC 13167B: Gwilym Pue, 1674–6, gw. *ib*. 482–3.

LlGC 13168A: Owen John, *c*. 1600, gw. *ib*. 483.

LlGC 17113E [= Gwysanau 24]: llaw anh., canol yr 16g., gw. H.D. Emanuel, 'The Gwysaney Manuscripts', Cylchg LlGC vii (1952), 339–40; 'Catalogue of the Gwysaney Mss' (cyfrol anghyhoeddedig, Llyfrgell Genedlaethol Cymru, Aberystwyth, 1953), 29–31.

LlGC 17114B [= Gwysanau 25]: llaw anh., *c*. 1560, gw. H.D. Emanuel, *art.cit.* 339; 'Catalogue of the Gwysaney Mss' (cyfrol anghyhoeddedig, Llyfrgell Genedlaethol Cymru, Aberystwyth, 1953), 31–45; E. Bachellery, Études v (1950–1), 116–18; GO 21–2 (er iddo gamsynied am y dyddiad); BaTh 306.

LlGC 21290E [= Iolo Aneurin Williams 4]: Llywelyn Siôn, 16/17g., gw. Rh.F. Roberts, 'A List of Manuscripts from the Collection of Iolo Morganwg among the Family Papers Presented by Mr Iolo Aneurin Williams and Miss H. Ursula Williams, 1953–4' (cyfrol anghyhoeddedig yn Llyfrgell Genedlaethol Cymru, Aberystwyth, 1978), 3–4.

LlGC Mân Adnau 55B [= Abertawe 1]: David Ellis, *c*. 1788, gw. Dafydd Ifans, 'Schedule of … Minor Deposits' (cyfrol anghyhoeddedig, Llyfrgell Genedlaethol Cymru, Aberystwyth, 1975), 4.

Llawysgrifau yng nghasgliad Llanstephan yn Llyfrgell Genedlaethol Cymru, Aberystwyth

Llst 11: llaw anh., *c*. 1575–1620, gw. RWM ii, 443–5.

Llst 35: Wmffre Dafis, *c*. 1620, gw. *ib*. 478–82; ByCy 117; E.D. Jones, 'The Brogyntyn Welsh Manuscripts', Cylchg LlGC v (1947–8), 234.

Llst 47: Llywelyn Siôn, 1586–90, gw. RWM ii, 516–23.

Llst 48: llaw anh., 16/17g., gw. *ib*. 523–5.

Llst 53: Siâms Dwnn; *c*. 1647, gw. *ib*. 534–45.

Llst 54: cynorthwyydd Moses Williams, hanner cyntaf y 18g., gw. *ib*. 545–9.

Llst 55: Siôn Dafydd Rhys, 1579, gw. *ib*. 549–53.

Llst 117: Ieuan ap William ap Dafydd ab Einws, 1544–52, gw. *ib*. 568–79; Graham C.G. Thomas, 'From Manuscript to Print—I. Manuscript', yn *A Guide to Welsh Literature c. 1530–1700*, ed. R.G. Gruffydd (Cardiff, 1997), 245–6.

Llst 118: Humphrey Davies, *c*. 1600–20, gw. RWM ii, 579–92; E.D. Jones, 'The Brogyntyn Welsh Manuscripts', Cylchg LlGC v (1947–8), 234.

Llst 122: Wiliam Bodwrda, *c*. 1648, gw. RWM ii, 609–20; R.G. Gruffydd, 'Llawysgrifau Wiliam Bodwrda o Aberdaron (a briodolwyd i John Price o Fellteyrn)', Cylchg LlGC viii (1953–4), 350; Dafydd Ifans, 'Bywyd a Gwaith Wiliam Bodwrda (1593–1660) o Aberdaron' (M.A. Cymru [Aberystwyth], 1974), 384–98.

Llst 125: Wiliam Bodwrda a chynorthwyydd, ar ôl 1638, gw. RWM ii, 649–62; Dafydd Ifans, 'Bywyd a Gwaith Wiliam Bodwrda (1593–1660) o Aberdaron' (M.A. Cymru [Aberystwyth], 1974), 375–83.

Llst 133: Samuel Williams, yn gynnar yn y 18g., gw. RWM ii, 664–94; G.H. Hughes, *Iaco ab Dewi 1648–1722* (Caerdydd, 1953), 37–40.

Llst 134: Llywelyn Siôn, *c.* 1609–10, gw. RWM ii, 695–712; D.H. Evans, 'Ieuan Du'r Bilwg (*fl. c.* 1471)', B xxxiii (1986), 106; CLC² 478–9.

Llst 135: llaw anh., *c.* 1600, gw. RWM ii, 712–15.

Llst 186: Richard Thomas, 1778, gw. *ib.* 774.

Llawysgrifau yng nghasgliad Peniarth yn Llyfrgell Genedlaethol Cymru, Aberystwyth

Pen 49: John Davies, Mallwyd, 16/17g., gw. RWM i, 382–9.

Pen 54, i: llaw anh., *c.* 1480, gw. *ib.* 409–19; Daniel Huws, *Medieval Welsh Manuscripts* (Cardiff and Aberystwyth, 2000), 95–6.

Pen 55: llaw anh., *c.* 1500, gw. RWM i, 421–5; Daniel Huws, *op.cit.* 63.

Pen 57: llaw anh., canol y 15g., gw. RWM i, 428–32; Daniel Huws, *op.cit.* 93.

Pen 64: Simwnt Fychan, ar ôl 1577, gw. RWM i, 448–54.

Pen 77: llaw gynnar Thomas Wiliems, *c.* 1570–90, gw. *ib.* 509–18; GP liii.

Pen 80: llaw anh., *c.* 1550–80, gw. RWM i, 524–7.

Pen 82: llaw anh., *c.* 1540–80, gw. *ib.* 531–9.

Pen 83: llaw anh., ail hanner yr 16g., gw. *ib.* 540–3.

Pen 90: Siôn Cain, *c.* 1630–43, gw. *ib.* 565–6.

Pen 97: llaw anh., *c.* 1605, gw. *ib.* 603–9.

Pen 99: William Salesbury, ail hanner yr 16g., gw. *ib.* 613–24.

Pen 100: John Davies, Mallwyd, a chynorthwyydd, *c.* 1610–20, gw. *ib.* 624–34.

Pen 122: Evan Evans, yn ifanc, ym mhumdegau'r 18g., gw. *ib.* 748–54.

Pen 184, iii: llaw anh., hanner cyntaf yr 17g., gw. *ib.* 1008–1011.

Pen 197: David Ellis (1736–95), ail hanner y 18g., gw. *ib.* 1026.

Pen 198: llaw anh., *c.* 1693–1701, gw. *ib.* 1026.

Pen 221: John Jones, Gellilyfdy, ar ôl 1620, gw. *ib.* 1045; N. Lloyd, 'A History of Welsh Scholarship in the first half of the Seventeenth century, with Special Reference to the Writings of John Jones, Gellilyfdy' (D.Phil. Oxford, 1970), 26–7; M.T. Burdett-Jones, 'Trydydd Llyfr Cywyddau John Jones Gellilyfdy', YB xvi (1990), 127–40.

Pen 240: William Wynn o Langynhafal, canol y 18g., gw. RWM i, 1066–7.

Pen 312: John Jones, Gellilyfdy, 1610–40, gw. *ib*. 1114–18.

Llawysgrif yng nghasgliad Coleg Balliol, Rhydychen

Rhydychen, Coleg Balliol 353 [copi ffotostat yn LlGC 9048E]: Syr Siôn Prys o Aberhonddu, ail chwarter yr 16g., gw. GP cx–cxi; HMNLW iii, 106; E.D. Jones, 'Llyfr Amrywiaeth Syr Siôn Prys', *Brycheiniog*, viii (1962), 97–104; R.A.B. Mynors, *Catalogue of the Manuscripts of Balliol College Oxford* (Oxford, 1963), 349–51.

Llawysgrif yng nghasgliad Wynnstay yn Llyfrgell Genedlaethol Cymru, Aberystwyth

Wy 2: Wiliam Bodwrda, canol yr 17g., gw. 'Schedule of the Wynnstay Manuscripts and Documents', (cyfrol anghyhoeddedig, Llyfrgell Genedlaethol Cymru, Aberystwyth, 1934–40), 2; R.G. Gruffydd, 'Llawysgrifau Wiliam Bodwrda o Aberdaron (a briodolwyd i John Price o Fellteyrn)', Cylchg LlGC viii (1953–4), 350; Dafydd Ifans, 'Bywyd a Gwaith Wiliam Bodwrda (1593–1660) o Aberdaron' (M.A. Cymru [Aberystwyth], 1974), 624–47.

Mynegai i'r llinellau cyntaf

Mynegai i'r noddwyr a'r gwrthrychau